Kohlhammer

Die Herausgeber

Prof. i. R. Dr. Rainer Benkmann war Inhaber des Lehrstuhls »Pädagogik bei Lernbeeinträchtigungen« am Fachgebiet Sonder- und Sozialpädagogik der Universität Erfurt. Seine Forschungs- und Arbeitsschwerpunkte sind Integrations-/Inklusionsforschung in der Schule, inklusionsorientierte Professionalisierung von Lehrkräften, Lehrerhabitus, Sozialisation von Kindern in Armutslagen und Kindeswohlgefährdung.

Dr. paed. Ulrich Heimlich ist Universitätsprofessor für Lernbehindertenpädagogik an der Ludwig-Maximilians-Universität München. Seine Arbeits- und Forschungsschwerpunkte liegen im Bereich der inklusiven Förderung und Inklusionsforschung sowie im Bereich der präventiven Förderung und Spielpädagogik bezogen auf gravierende Lernschwierigkeiten.

Rainer Benkmann
Ulrich Heimlich (Hrsg.)

Inklusion im Förderschwerpunkt Lernen

Verlag W. Kohlhammer

Dieses Werk einschließlich aller seiner Teile ist urheberrechtlich geschützt. Jede Verwendung außerhalb der engen Grenzen des Urheberrechts ist ohne Zustimmung des Verlags unzulässig und strafbar. Das gilt insbesondere für Vervielfältigungen, Übersetzungen, Mikroverfilmungen und für die Einspeicherung und Verarbeitung in elektronischen Systemen.

Die Wiedergabe von Warenbezeichnungen, Handelsnamen und sonstigen Kennzeichen in diesem Buch berechtigt nicht zu der Annahme, dass diese von jedermann frei benutzt werden dürfen. Vielmehr kann es sich auch dann um eingetragene Warenzeichen oder sonstige geschützte Kennzeichen handeln, wenn sie nicht eigens als solche gekennzeichnet sind.

1. Auflage 2018

Alle Rechte vorbehalten
© W. Kohlhammer GmbH, Stuttgart
Gesamtherstellung: W. Kohlhammer GmbH, Stuttgart

Print:
ISBN 978-3-17-025126-7

E-Book-Formate:
pdf: ISBN 978-3-17-025127-4
epub: ISBN 978-3-17-025128-1
mobi: ISBN 978-3-17-025129-8

Für den Inhalt abgedruckter oder verlinkter Websites ist ausschließlich der jeweilige Betreiber verantwortlich. Die W. Kohlhammer GmbH hat keinen Einfluss auf die verknüpften Seiten und übernimmt hierfür keinerlei Haftung.

Vorwort der Reihenherausgeber

Vor dem Hintergrund der UN-Behindertenrechtskonvention, die seit 2009 für Deutschland verbindlich gilt, entwickelt sich die Idee der Inklusion zu einem neuen Leitbild in der Behindertenhilfe. Sowohl in der Schule als auch in anderen gesellschaftlichen Bereichen sollen Menschen mit Behinderung von vornherein in selbstbestimmter Weise teilhaben können. Inklusion in Schule und Gesellschaft erfordert einen gesamtgesellschaftlichen Reformprozess, der sowohl auf die Umgestaltung des Schulsystems als auch auf weitreichende Entwicklungen im Gemeinwesen abzielt. Der Ausgangspunkt dieser Entwicklung wird in Deutschland durch ein differenziertes Bildungssystem und eine stark ausgeprägte spezialisierte sonderpädagogische Fachlichkeit bezogen auf unterschiedliche Förderschwerpunkte bestimmt. Vor diesem Hintergrund soll die Buchreihe »Inklusion in Schule und Gesellschaft« Wege zur selbstbestimmten Teilhabe von Menschen mit Behinderung in den verschiedenen pädagogischen Arbeitsfeldern von der Schule über den Beruf bis hinein in das Gemeinwesen und bezogen auf die unterschiedlichen sonderpädagogischen Förderschwerpunkte aufzeigen. Der Schwerpunkt liegt dabei im schulischen Bereich. Jeder Band enthält dabei sowohl historische und empirische als auch organisatorische und didaktisch-methodische sowie praxisbezogene Aspekte bezogen auf das jeweilige spezifische Aufgabenfeld der Inklusion. Ein übergreifender Band wird Ansätze einer interdisziplinären Grundlegung des neuen bildungs- und sozialpolitischen Leitbildes der Inklusion umfassen. Als Herausgeber fungieren die Mitglieder des Wissenschaftlichen Beirats »Inklusion« beim Bayerischen Landtag.

Die Reihe umfasst folgende Einzelbände:

Band 1: Inklusion in der Primarstufe
Band 2: Inklusion im Sekundarbereich
Band 3: Inklusion im Beruf
Band 4: Inklusion im Gemeinwesen
Band 5: Inklusion im Förderschwerpunkt emotionale und soziale Entwicklung
Band 6: Inklusion im Förderschwerpunkt geistige Entwicklung
Band 7: Inklusion im Förderschwerpunkt Hören

Band 8: Inklusion im Förderschwerpunkt körperliche und motorische Entwicklung
Band 9: Inklusion im Förderschwerpunkt Lernen
Band 10: Inklusion im Förderschwerpunkt Sehen
Band 11: Inklusion im Förderschwerpunkt Sprache
Band 12: Inklusive Bildung – interdisziplinäre Zugänge

Die Herausgeber
Erhard Fischer
Ulrich Heimlich
Joachim Kahlert
Reinhard Lelgemann

Inhaltsverzeichnis

Vorwort der Reihenherausgeber		**5**

Einleitung		**11**

Ulrich Heimlich & Rainer Benkmann

1	**Zwischen Nachhilfeklassen und inklusiven Schulen – Schulorganisatorische Aspekte der Inklusion bei gravierenden Lernschwierigkeiten**	**14**

Ulrich Heimlich & Andrea C. Schmid

Vorbemerkung		15
1.1	Zur Geschichte der Inklusion bei gravierenden Lernschwierigkeiten	16
1.2	Das Konzept der inklusiven Schule – eine aktuelle Perspektive für Schülerinnen und Schüler mit gravierenden Lernschwierigkeiten	34
1.3	Inklusion als Schulentwicklungsaufgabe – Potenziale bezogen auf gravierende Lernschwierigkeiten	45
Schlussbemerkung		56
Literaturverzeichnis		57

2	**Zwischen Inklusion und Exklusion – Empirische Aspekte der schulischen Inklusion im Förderschwerpunkt Lernen**	**66**

Clemens Hillenbrand & Conny Melzer

Vorbemerkung		66
2.1	Grundlagen empirischer Forschung zum Förderschwerpunkt Lernen	69

2.2	Forschungsstand zur schulischen Inklusion im Förderschwerpunkt Lernen	77
2.3	Konsequenzen für Praxis und Forschung	112
2.4	Kritischer Ausblick	121
Literaturverzeichnis		122

3	**Zwischen individueller Leseförderung und inklusivem Unterricht – Didaktische Aspekte der Inklusion im Förderschwerpunkt Lernen**	**133**

Franz B. Wember & Michaela Greisbach

Vorbemerkung		134
3.1	Schriftspracherwerb	137
3.2	Erstlesen	164
3.3	Lesen von Texten	173
3.4	Über Inklusion und Qualifikation	205
Literaturverzeichnis		206

4	**Zwischen individueller Rechenförderung und inklusivem Unterricht – (Fach)didaktische Aspekte der Inklusion im Förderschwerpunkt Lernen**	**214**

Birgit Werner & Andrea Schäfer

Vorbemerkung		215
4.1	Mathematikunterricht, Bildungsstandards und mathematische Kompetenzen	218
4.2	Mathematik im Primarbereich	226
4.3	Diagnose- und Förderkonzepte im Sekundarbereich I	244
Schlussbemerkung		268
Literaturverzeichnis		269

5	Zwischen Spezialisierung und Generalisierung in der Lehrerbildung – Professionalisierung für Inklusion im Förderschwerpunkt Lernen	276

Rainer Benkmann & Magdalena Gercke

Vorbemerkung		277
5.1	Inklusionsorientierte Lehrerbildung	280
5.2	Basisqualifizierung für alle Lehramtsstudiengänge im Förderschwerpunkt Lernen	283
5.3	Sonderpädagogische Qualifizierung für Inklusion im Förderschwerpunkt Lernen	305
5.4	Eigenständigkeit oder Inklusion sonderpädagogischer Studiengänge?	320
Schlussbemerkung		321
Literaturverzeichnis		321

Ausblick	**332**

Rainer Benkmann & Ulrich Heimlich

Autorenverzeichnis	**336**

Einleitung

Ulrich Heimlich & Rainer Benkmann

Der Förderschwerpunkt Lernen umfasst im Jahr 2014 mit knapp 38 % die größte Gruppe innerhalb der Schülerinnen und Schüler mit sonderpädagogischem Förderbedarf. Gleichwohl befinden sich bundesweit mehr als 43 % dieser Schülergruppe in der allgemeinen Schule. Vor dem Hintergrund der UN-Konvention über die Rechte von Menschen mit Behinderung, die in Deutschland im Jahre 2009 in Kraft getreten ist, gilt nunmehr das inklusive Bildungssystem auf allen Ebenen als neues bildungspolitisches Leitbild. Die hohe Komplexität der Lernschwierigkeiten und Lernbeeinträchtigungen erweist sich dabei nach wie vor als große Barriere auf dem Weg zur Inklusion. Kinder und Jugendliche mit Problemen im Bereich Lesen, Schreiben, Rechnen und auf dem Gebiet der Lerntechniken und -strategien (Lernen des Lernens) kommen zum größten Teil aus sozial benachteiligenden Lebenssituationen. Ihre Grundversorgung in den Bereichen Wohnung, Ernährung, Hygiene und medizinische Vorsorge befindet sich häufig in einem prekären Zustand. Bereits bei Schuleintritt lassen sich bis zu zweijährige Entwicklungsrückstände in den verschiedenen Entwicklungsschwerpunkten wie Kognition, Sensomotorik, emotionale und soziale Kompetenz sowie Sprache feststellen. Sie verlieren meist in den ersten Monaten in der Grundschule schon den Anschluss an den Lernfortschritt der Mitschülerinnen und -schüler. Ohne sonderpädagogische Förderung in der allgemeinen Schule ist die Überweisung in das Sonderpädagogische Förderzentrum bzw. die Förderschule bereits sehr früh vorgezeichnet.

Mit der Schaffung eines inklusiven Bildungssystems eröffnet sich nun die Chance, dass Schülerinnen und Schüler im Förderschwerpunkt Lernen in der allgemeinen Schule verbleiben und ihnen der Weg in eine Förderschule bzw. ein Sonderpädagogisches Förderzentrum erspart bleibt. In heterogenen Lerngruppen werden Zugänge zu Prozessen des Voneinander-Lernens und damit der Unterstützung innerhalb einer Peergroup eröffnet. Sind die Lerngegenstände auf die unterschiedlichen Lern- und Entwicklungsvoraussetzungen der Schülerinnen und Schüler konsequent ausgerichtet, so hat dies auch positive Auswirkungen auf die pädagogische Qualität des Unterrichts, was wiederum allen Schülerinnen und Schülern zugutekommt. Sonderpädagogische Förderung erhält in diesem Zusammenhang eine unterstützende Aufgabe, im Förderschwerpunkt Lernen in

Form der individuellen Lernförderung. Sowohl im Unterricht als auch in der Einzelförderung ist es erforderlich, einen engen Zusammenhang zwischen Diagnose, Intervention und Evaluation herzustellen. Nur auf der Basis einer gründlichen Förderdiagnostik der individuellen Lern- und Entwicklungsvoraussetzungen kann eine gezielte sonderpädagogische Intervention erfolgen, deren Effekte wiederum über entsprechende Maßnahmen der Evaluation nachzuweisen sind. Aber die Entwicklung der inklusiven Schule beschränkt sich nicht auf Veränderungen im Bereich der Förderung oder im Unterricht. Inklusion erfordert einen Schulentwicklungsprozess, in dem die Kooperation aller Beteiligten, das Schulleben und das Schulkonzept sowie die Vernetzung der Schule mit dem Sozialraum in den Blick genommen werden. Entwicklungseinheit ist in diesem Zusammenhang stets die einzelne Schule, die als System nur in begrenzter Weise von außen oder gar administrativ gesteuert werden kann.

Der Band zur »Inklusion im Förderschwerpunkt Lernen« soll die spezifischen Herausforderungen der Entwicklung des inklusiven Unterrichts und der inklusiven Schule im Förderschwerpunkt Lernen behandeln. Nach einer gemeinsamen Einleitung der Herausgeber des Bandes folgt zunächst eine Betrachtung der schulorganisatorischen Aspekte. Die Aufgabe der Schulentwicklung erhält gerade bezogen auf den Förderschwerpunkt Lernen eine besondere Bedeutung (Beitrag von Ulrich Heimlich und Andrea C. Schmid, ▶ Kap. 1). Der internationale Stand der Forschung zur schulischen Inklusion im Förderschwerpunkt Lernen wird im Beitrag von Clemens Hillenbrand und Conny Melzer (▶ Kap. 2) zusammengefasst. Das Problem der spezifischen Lernförderung und didaktische Fragen des inklusiven Unterrichts im Förderschwerpunkt Lernen behandeln im Blick auf den Leselernprozess Franz B. Wember und Michaela Greisbach (▶ Kap. 3) und im Blick auf das Rechnen Birgit Werner und Andrea Schäfer (▶ Kap. 4). Fragen der Professionalisierung von Lehrkräften für die Inklusion im Förderschwerpunkt Lernen stehen abschließend im Fokus des Beitrags von Rainer Benkmann und Magdalena Gercke (▶ Kap. 5). Ein Autorenspiegel beschließt den Band. Jedes Kapitel wird durch eine Zusammenfassung eingeleitet, in der die zentrale Fragestellung des jeweiligen Schwerpunkts noch einmal umrissen und der Aufbau des Kapitels beschrieben wird. Eine Schlussbemerkung soll das jeweilige Kapitel abrunden und einen Ausblick auf zukünftige Entwicklungen enthalten. Das Literaturverzeichnis ist jedem Kapitel separat beigefügt.

Das Buch richtet sich an Studierende aller Lehramtsstudiengänge, da sich potenziell alle angehenden Lehrkräfte zukünftig mit dem Thema Inklusion beschäftigen werden. Die Bewältigung von Lernschwierigkeiten bzw. Lernbeeinträchtigungen und die damit verbundenen spezifischen Inklusionsbedarfe im Förderschwerpunkt Lernen werden zukünftig in allen Schulformen zur Aufgabe jeder Lehrkraft. Zugleich gilt es in diesem Prozess für die Berücksichtigung der spezifischen Bedürfnisse von Schülerinnen und Schülern im Förderschwerpunkt Lernen einzutreten. Gerade angesichts der Komplexität von Lernschwierigkeiten und Lernbeeinträchtigungen ist die Gefahr im Förderschwerpunkt Lernen besonders hoch, dass die erforderliche sonderpädagogische Fachkompetenz in Frage gestellt wird. Zugleich sind Kinder und Jugendliche mit gravierenden Lernschwierigkeiten der großen Gefahr ausgesetzt, dass sie in inklusiven Settings keine spezifische individuelle Lernförderung mehr erhalten. Aus diesem Grund wird es eine entscheidende Frage der Qualitätsentwicklung innerhalb inklusiver Schulen sein, inwieweit es gelingt, die sonderpädagogische Fachkompetenz im Förderschwerpunkt Lernen in die allgemeinen Schulen zu verlagern.

Den Autorinnen und Autoren der Buchbeiträge möchten die Herausgeber ganz herzlich für ihre Mitarbeit danken. In einer Zeit, in der sich die Sonderpädagogik infolge der breiten bildungspolitischen und disziplinären Diskussion um Inklusion in einem tiefgreifenden Wandel befindet und dies kaum Zeit für die Anfertigung längerer Beiträge lässt, ist es umso erfreulicher, dass das vorliegende Buch zustande gekommen ist. Wir freuen uns auch deswegen, weil es aktuellen Stimmen, die die Existenzberechtigung des Förderschwerpunkts Lernen infrage stellen, ihn abschaffen oder mit anderen Schwerpunkten zusammenlegen wollen, überzeugende Konzepte, Forschungsergebnisse und Argumente entgegenhält. Das Buch macht mit Blick auf die wissenschaftliche Auseinandersetzung in zentralen Bereichen des Faches deutlich, warum der Förderschwerpunkt Lernen weiterhin erhalten werden muss, und zwar nicht nur aufgrund seiner wissenschaftlichen Spezialisierung und seiner über viele Jahrzehnte hinweg gewonnenen Erkenntnisse, sondern auch aufgrund seines Mandats für Kinder und Jugendliche in prekären Lebenslagen.

Jeder Beitrag ist von einer Nachwuchswissenschaftlerin, in einem Fall gemeinsam mit einer Wissenschaftlerin, in den anderen Fällen mit Wissenschaftlern verfasst worden. Sie unterscheiden sich in Alter und Dauer der beruflichen Tätigkeit. Diese Konstellation war beabsichtigt und mit der Hoffnung der Herausgeber verbunden, die Zusammenarbeit der beiden Beteiligten könne die Erstellung ihres Beitrags bereichern. Leserinnen und Leser mögen beurteilen, ob das Ergebnis dieser Kooperation gelungen ist. Aus Gründen der besseren Lesbarkeit gelten alle Personenbezeichnungen, sofern nicht anders angegeben, für beide Geschlechter.

1

Zwischen Nachhilfeklassen und inklusiven Schulen – Schulorganisatorische Aspekte der Inklusion bei gravierenden Lernschwierigkeiten

Ulrich Heimlich & Andrea C. Schmid

> Aufbauend auf einem historischen Rückblick zur Inklusion von Kindern und Jugendlichen mit gravierenden Lernschwierigkeiten im Bildungssystem wird das Konzept der inklusiven Schule und sein Potenzial für Schülerinnen und Schüler im Förderschwerpunkt Lernen vorgestellt. Als besonderes Problem erweist sich dabei die Einbeziehung der sonderpädagogischen Fachkompetenz im Förderschwerpunkt Lernen in die allgemeinen Schulen. Dazu ist letztlich ein Schulentwicklungsprozess auf mehreren Arbeiten der pädagogischen Arbeit in Schulen notwendig, damit Schulen sich auch auf Schülerinnen und Schüler mit gravierenden Lernschwierigkeiten einstellen können. Zu dieser Herausforderung

des Bildungssystems wird abschließend das Mehrebenenmodell der inklusiven Schulentwicklung vorgestellt und für den Förderschwerpunkt Lernen adaptiert. Nach vorliegenden Erfahrungen aus der Praxis und ersten Ergebnissen aus der Begleitforschung gilt es festzuhalten, dass letztlich jede Schule die Chance haben muss, ihr eigenes inklusives Profil zu entwickeln.

Vorbemerkung

Inklusion beinhaltet eine Umgestaltung des Bildungssystems. Das gilt nicht nur für den Unterricht, sondern für alle Ebenen der pädagogischen Arbeit in Schulen. Insofern ist für die Umsetzung inklusiver Bildung in die Erziehungspraxis eine ökologisch-systemische Perspektive leitend. Inklusion bedeutet nicht nur ein bisschen mehr Diagnostik, etwas intensivere Förderung oder nur einen alternativen Unterricht. Inklusion betrifft die Schule als System. Sie umfasst eine Veränderung der Kooperationsstrukturen ebenso wie die Arbeit am Schulkonzept bzw. am Schulleben und letztlich auch die externe Vernetzung mit dem Sozialraum. Die Erfahrung aus der Praxis der inklusiven Schulen zeigt, dass Inklusion eine Schulentwicklungsaufgabe ist. Der Begriff »Inklusion« wird hier im Anschluss an die UN-Konvention über die Rechte von Menschen mit Behinderung (United Nations, 2006) in einem engen Verständnis verwendet, das sich vorrangig auf Kinder und Jugendliche mit Behinderung fokussiert. Unter dieser Perspektive gerät die zunehmende Einbeziehung von Kindern mit gravierenden Lernschwierigkeiten in der Geschichte öffentlicher Bildung zu einem Weg der Inklusion, auf dem immer weitere Schritte hin zum Ziel der selbstbestimmten sozialen Teilhabe unternommen werden.

Insofern steht im folgenden Beitrag die Frage im Vordergrund, wie sich inklusive Bildung bei Kindern und Jugendlichen mit Behinderung schulorganisatorisch umsetzen lässt. Dabei sollen Schülerinnen und Schüler mit gravierenden Lernschwierigkeiten besonders berücksichtigt werden. Während allgemeine Lernschwierigkeiten bei allen Lernenden auftreten können, ist nach wie vor davon auszugehen, dass es eine Gruppe von Kindern, Jugendlichen und Erwachsenen gibt, die ihre Lernschwierigkeiten nicht mehr selbstständig bewältigen können. Sie benötigen pädagogische Begleitung und Unterstützung, in gravierenden Fällen auch sonderpädagogische Förderung (Benkmann, 1998; Heimlich, 2016). Insofern kann hier auch von einem sonderpädagogischen Förderbedarf im Förderschwerpunkt Lernen gesprochen werden (Drave/Rumpler/Wachtel, 2000).

Zur Beantwortung der Frage nach der schulorganisatorischen Umsetzung inklusiver Bildung bei gravierenden Lernschwierigkeiten empfiehlt sich zunächst ein historischer Rückblick auf die Anfänge der Inklusion in diesem Bereich (▶ Kap. 1.1). Gerade im historischen Überblick zeigt sich im Rahmen der Institutionengeschichte, wie sehr bildungspolitische Innovationen von einem »langen Atem« begleitet werden sollten. In den gegenwärtigen Konzepten inklusiver Schulen drohen nun Schülerinnen und Schüler mit gravierenden Lernschwierigkeiten vernachlässigt zu werden, da ihre »Behinderung« nicht wie in anderen Förderschwerpunkten auf Anhieb sichtbar ist und die Lernprobleme häufig mit weiteren Auffälligkeiten im Verhalten und in der Sprachentwicklung einhergehen. Gerade, weil Kinder und Jugendliche mit gravierenden Lernschwierigkeiten häufig aus sozial benachteiligenden Lebenssituationen kommen und im öffentlichen Schulsystem auf eine für sie fremde Umgebung stoßen, bedarf die inklusive Schulentwicklung bei dieser Schülergruppe einer besonderen Akzentuierung, die speziell ihre größtenteils prekäre Lebenslage mitberücksichtigt (▶ Kap. 1.2). Allerdings enthält das Konzept der inklusiven Schule auch Potenziale für Schülerinnen und Schüler mit gravierenden Lernschwierigkeiten, die es zu nutzen gilt, insbesondere wenn es um die bedeutsamen Prozesse des Voneinander-Lernens geht. Anhand von ersten Erfahrungen aus der Praxis inklusiver Schulen und Ergebnissen aus der Begleitforschung soll abschließend gezeigt werden, wie sich inklusive Schulen als System auf die Bedürfnisse dieser Schülerinnen und Schüler einstellen können (▶ Kap. 1.3).

1.1 Zur Geschichte der Inklusion bei gravierenden Lernschwierigkeiten

Wer sich mit der Inklusion von Menschen mit Behinderung beschäftigt, könnte den Eindruck gewinnen, dass es sich hier um ein Problem des 20. Jahrhunderts handelt. Die Frage der gesellschaftlichen Teilhabe von Menschen mit Behinderung ist jedoch so alt wie die Geschichte der Menschheit selbst (zur Ur- und Frühgeschichte: Liedtke, 1996). Besonders in ihren

Anfängen überschatten viele dunkle Kapitel den gesellschaftlichen Umgang mit Behinderung. Im alten Ägypten werden Kinder mit Behinderung sofort nach der Geburt getötet oder ausgesetzt. Erwachsene mit Behinderung (z. B. Zwerge, Blinde und Körperbehinderte) sind aber teilweise auch Gegenstand der religiösen Verehrung. Das Alte Testament spiegelt diese zwiespältige Haltung gegenüber Behinderung in ähnlicher Weise (Antor/Bleidick, 2000, S. 60ff.; Wisotzki, 2000, S. 11ff.). In der griechischen und römischen Antike ist das Lebensrecht von Kindern und Jugendlichen mit Behinderung ebenfalls keineswegs gesichert. Selbst Philosophen wie Aristoteles (384–322 v. Chr.) und ebenso Platon (427–347 v. Chr.) sprechen sich dagegen aus, »deformierte Kinder« überhaupt aufzuziehen (deMause, 2000, S. 47). Die griechische Gesellschaft kennt zu dieser Zeit weder eine gesetzliche noch eine moralische Grundlage für die Verhinderung der Kindstötung. Sowohl Mädchen und als auch Kinder mit Behinderung beiderlei Geschlechts sind von dieser gesellschaftlichen Tolerierung der Tötung insbesondere bei Neugeborenen betroffen. Unabhängig von diesem barbarischen Akt liegt zusätzlich die Sterblichkeitsrate in dieser Zeit auf einem hohen Niveau, so dass die Überlebenschancen von Kindern seinerzeit insgesamt sehr gering sind. Dies verhindert die Entstehung intensiverer emotionaler Bindungen zwischen Eltern und Kindern.

Das ändert sich auch in der römischen Gesellschaft lange Zeit nicht. Die Tötung von »gebrechlichen und missgestalteten« Kindern (v. a. Neugeborenen) hält der römische Philosoph Seneca (4 v. Chr.–65 n. Chr.) für selbstverständlich. Erst im Jahre 374 n. Chr. wird die Kindstötung im römischen Reich verboten (Postman, 1993, S. 20; deMause, 2000, S. 48). Gleichwohl ist es noch lange Zeit notwendig, die Kindstötung öffentlich anzuprangern. Der erste Schritt zur Inklusion von Menschen mit Behinderung in die Gesellschaft ist somit von der Anerkennung ihres Lebensrechts geprägt.

Die Anfänge der Inklusion liegen wiederum in der Entdeckung der Bildungsmöglichkeiten von Kindern und Jugendlichen mit Behinderung. In dem Maße, wie dieser Nachweis der Bildsamkeit (Ellger-Rüttgardt, 2008) gelingt, werden sie auch in die öffentlichen Bildungs- und Erziehungseinrichtungen einbezogen. Gleichzeitig entwickelt sich dazu bereits die Kritik der Sondereinrichtungen, deren gesellschaftliche Integrationskraft somit von Beginn an bezweifelt wird. Als wahre Fundgrube für eine inklusive Pädagogik erweist sich bis heute die Zeit der Reformpädagogik, die immer wieder die Frage nach inklusiven Bildungsmöglichkeiten aufwirft. Allerdings kommt die Inklusionsentwicklung in der Bundesrepublik Deutschland erst in den 1960er Jahren des vergangenen Jahrhunderts richtig in

Schwung, so dass hier in Verbindung mit der Ära der Bildungsreform auch umfassendere Impulse im Bildungs- und Erziehungssektor gesetzt werden können. Zum Ende des letzten Jahrhunderts zeichnet sich schließlich als bildungs- und sozialpolitische Leitvorstellung ein breiter Konsens zur Aufgabe einer selbstbestimmten gesellschaftlichen Teilhabe von Menschen mit Behinderung ab, wie er in der UN-Konvention über die Rechte von Menschen mit Behinderung (United Nations, 2006) zum Ausdruck kommt. Auch wenn die Geschichte der inklusiven Pädagogik in der Bundesrepublik Deutschland gegenwärtig noch nicht geschrieben ist, so wird hier doch davon ausgegangen, dass sich im Rückblick einige größere Phasen unterscheiden lassen. Der Begriff der Integration steht dabei für die in der Vergangenheit festzustellenden Anstrengungen zur Einbeziehung von Kindern und Jugendlichen mit Behinderung in das Bildungssystem. In dieser Perspektiven können auch die Sondereinrichtungen (z. B. »Hilfsschulen«) im Sinne separierter Bildungsinstitutionen als erster Schritt zur Integration gewertet werden. Der Begriff der Inklusion wird hier aufbauend auf der UN-Konvention über die Rechte von Menschen mit Behinderung ab 2009 für die gegenwärtigen und zukünftigen Bemühungen um ein inklusives Bildungssystem verwendet.

1.1.1 Anfänge der Inklusion bei gravierenden Lernschwierigkeiten

Die Geschichte inklusiver Pädagogik beginnt nach Andreas Möckel (2009, S. 80) in dem Moment, »wenn Kinder mit Behinderung öffentlich beachtet, als Schüler akzeptiert und in öffentlich zugänglichen Schulen unterrichtet worden sind«. Inklusion als pädagogische Aufgabenstellung ist von Anfang an mit der Geschichte der Heil- und Sonderpädagogik eng verknüpft, auch wenn damit sicher kein spannungsfreies Verhältnis beschrieben ist. Der erste Schritt zur Inklusion von Menschen mit Behinderung in die Gesellschaft bleibt gleichwohl ihre bewusste Einbeziehung in öffentliche Bildungs- und Erziehungseinrichtungen – und d. h. zunächst einmal ihre Aufnahme in Schulen (Sander, 2004). Dieser Schritt kann allerdings immer erst dann vollzogen werden, wenn der Nachweis der Effektivität von entsprechenden Fördermaßnahmen erbracht worden ist. Vielfach sind diese Methoden zunächst einmal buchstäblich zu »erfinden«. Bildungs- und Erziehungsinstitutionen für Menschen mit Behinderung entstehen deshalb in einem zweiten Schritt zum »Schutze bewährter Methoden« (Möckel, 1988, S. 27). In einem umfassenden Sinne sind solche Bildungs- und Erziehungsbemühungen bei Menschen mit Behinderung erst im Zeitalter der Aufklärung zu verzeichnen. Dies gilt besonders für den Einsatz von berufsmäßigen Lehrkräften in dieser Aufgabe (Möckel, 1988, S. 23). Der von Immanuel Kant (1724–1804) formulierte Slogan der Aufklärungsphilosophie vom »Ausgang des Menschen aus seiner selbstverschuldeten Unmündigkeit« beinhaltet im Grunde ein verändertes Menschenbild. Die Fähigkeit, »sich seines eigenen Verstandes zu bedienen«, ist allen Menschen zu eigen und bedingt so auch die Notwendigkeit der Erziehung und Bildung als Voraussetzung für die Menschwerdung des Menschen (Schmid, 1997, S. 19f.). Dieser Optimismus der Aufklärungsphilosophie schafft letztlich auch die Voraussetzung für die ersten Versuche zur Bildung und Erziehung von Menschen mit Behinderung. Behinderung wird fortan nicht mehr als schicksalhafte bzw. »göttliche« Fügung und damit als unveränderlich angesehen. Vielmehr geht man davon aus, dass Menschen mit Behinderung sich entwickeln können und etwas zur Verbesserung ihrer Lebenssituation beitragen können. Hier kommt zugleich der Gedanke der »bürgerlichen Brauchbarkeit« bzw. gesellschaftlichen Nützlichkeit zum Tragen.

Eine erste Bedingung für mehr gesellschaftliche Teilhabe sind sicher grundlegende Formen von Bildung. Am Beispiel von Lernschwierigkeiten sollen nun die Anfänge der Inklusion genauer vorgestellt werden (zur Weiterentwicklung die Übersicht bei Myschker/Ortmann, 1999). Dies darf jedoch nicht darüber hinwegtäuschen, dass Kinder, Jugendliche und Erwachsene mit Behinderung Ende des 18. und Anfang des 19. Jahrhunderts in der Regel am Rande der Gesellschaft stehen und größtenteils in völliger Armut leben. Die »Rettungshausbewegung« schafft für verwahrloste Kinder Bildungs- und Versorgungsangebote. Sie wird deshalb als Ausdruck der »Solidarität mit den Armen« (Möckel, 2009, S. 82) besonders seitens der evangelischen Kirche gesehen (z. B. Johann Heinrich Wichern (1808–1881), der Gründer des »Rauhen Hauses« im Jahre 1833).

Bereits im Mittelalter sind arme und sozial benachteiligte Kinder in sog. »Armenschulen« untergebracht worden, mit denen v. a. die Städte dem Problem des Bettelns Herr werden wollten. Nur wer die »Armenschule« besucht, darf auch in der Stadt betteln, so wird es seinerzeit z. B. in Nürnberg festgelegt (Heimlich, 2016, S. 101). Mit der einsetzenden Industrialisierung entstehen auch Industrie- und Fabrikschulen, in die arme und sozial benachteiligte Kinder und Jugendliche aufgenommen werden, um sie frühzeitig an die sog. »Arbeitstugenden« heranzuführen (Altstaedt, 1977; Begemann, 1970, S. 85ff.; Konrad, 2007, S. 65). Diese Einrichtungen werden vielfach kritisiert, weil die Schülerinnen und Schüler auch zum Unterhalt der Schule durch ihre Arbeitstätigkeiten beitragen müssen. Einzelne Gemeinden entwickeln allerdings auch ein Stipendien- und Almosenwesen, um benachteiligten Kindern die Teilhabe an Bildung zu ermöglichen (Konrad, 2007, S. 38). Dabei spielen die Kirchen ebenfalls eine wichtige Rolle. Jedoch erst mit Einführung der Schulpflicht in Preußen im Jahre 1717 und den darauffolgenden Bemühungen um einen Ausbau des öffentlichen Bildungswesens wird es möglich, Schülerinnen und Schüler mit gravierenden Lernschwierigkeiten ein regelrechtes Bildungsangebot zu machen. Ihre Einbeziehung in die Elementarschule und spätere Volksschule erweist sich jedoch rasch als große Herausforderung.

Im Jahre 1820 veröffentlicht Traugott Weise (1793–1859), ein Lehrer aus Zeitz im heutigen Sachsen-Anhalt, seine Schrift »Betrachtung über geistesschwache Kinder in Hinsicht der Verschiedenheit, Grundursachen, Kennzeichen und der Mittel, ihnen auf leichte Art durch Unterricht beizukommen« (Klink, 1966, S. 44ff.). Neben Überlegungen zur Einteilung der sog. »Geistesschwäche« und deren Ursachen entwickelt Weise hier erstmalig ein durch den *Nachhilfegedanken* bestimmtes Unterrichtskonzept für solche Schülerinnen und Schüler, die dem Unterricht der Volksschule nicht folgen können. Er ist jedoch weiterhin dafür, diese Kinder und Jugendlichen am Unterricht der Volksschule teilnehmen zu lassen. Weise richtet sich in seiner Schrift folglich auch direkt an Volksschullehrkräfte. Damit ist in den Anfängen der Geschichte der Lernbehindertenpädagogik (Myschker, 1983, S. 124ff.) zugleich der Anstoß für die *inklusive Förderung bei gravierenden Lernschwierigkeiten* gegeben. Die Kinder erhalten hier stundenweise zusätzlichen Unterricht und kehren wieder in den Unterricht der Volksschule zurück. Nachhilfeklassen werden ebenfalls in Chemnitz (1835), Halle a. d. S. (1859), Dresden (1867), Gera (1874), Apolda (1875) und Elberfeld (1879) gegründet. Etwa ab 1850 entwickeln sich die Nachhilfeklassen zunehmend zu eigenständigen Sonderklassen und werden dann unter dem Eindruck der Schrift »Schulen für schwachbefähigte Kinder. Erster Entwurf zur Begründung derselben« (1864) des Leipziger Taubstummenlehrers Heinrich Ernst Stötzner (1832–1910) mehr und mehr durch den Gedanken der eigenständigen »Hilfsschule« abgelöst (ab 1881 in Braunschweig und Leipzig, Myschker, 1983, S. 127ff.). Mit den Berliner Nebenklassen und den Mannheimer Förderklassen (beide ab 1898) werden zwar noch einmal intensive Versuche gemacht, eine integrative Alternative zur »Hilfsschule« zu etablieren (Sonderklassen als Bestandteil der Volksschule). Aber an der bildungspolitischen Entscheidung für den weiteren Ausbau der »Hilfsschule« ändern diese Versuche nichts mehr.

Festzuhalten bleibt, dass der Nachweis der Effektivität von Bildungsangeboten für Kinder und Jugendliche mit Behinderung und die daraufhin mögliche Einbeziehung in öffentliche Bildungs- und Erziehungseinrichtungen als erster Schritt zur gesellschaftlichen Inklusion gewertet werden sollte. Die Geschichte der Heil- und Sonderpädagogik ist somit keineswegs nur durch die Bemühungen um eigenständige Sondereinrichtungen zur Förderung von Kindern und Jugendlichen mit Behinderung gekennzeichnet (Möckel, 2007). Dieser Weg der organisatorischen Eigenständigkeit ist vielmehr bereits in den Anfängen Gegenstand heftiger Kontroversen. Die kritischen Stimmen artikulieren sich seinerzeit auch öffentlich.

1.1.2 Kritiker der »Hilfsschule« und Alternativen

Besonders die »Hilfsschule« sieht sich in ihrer Gründungsphase erheblicher Kritik von pädagogischer Seite aber auch von Seiten der Eltern ausgesetzt. Berühmt wird beispielsweise der Fall des Lehrers Louis Esche (1856–1908) aus Braunschweig, der ab 1884 in den 1881 gegründeten »Hilfsschulklassen« von Heinrich Kielhorn (1847–1934) als Lehrer tätig ist. Wegen seiner Kritik an der Konzeption dieser Hilfsschulklassen und deren Ausbau zur eigenständigen »Hilfsschule« wird Esche jedoch im Jahre 1890 wieder in die »Bürgerschule« versetzt. Sieglind Ellger-Rüttgardt (1981) hat die daraufhin einsetzende, teils öffentlich geführte Auseinandersetzung ausführlich dokumentiert. Esche vertritt in einem Aufsatz von 1902 die Konzeption von »Hilfsklassen« in der allgemeinen Schule zur Unterstützung von Kindern und Jugendlichen, die den Anforderungen dort nicht gewachsen sind und setzt sich zeitlebens dafür ein, möglichst viele Kinder vor der Überweisung in die »Hilfsschule« zu bewahren (Ellger-Rüttgardt, 1981, S. 81ff.). Überdies zeigen zahlreiche Elternbriefe und Einsprüche, dass die Eltern keineswegs immer einverstanden sind mit der Überweisung und der Besuch der »Hilfsschule« teilweise mit schulrechtlichen Zwangsmaßnahmen durchgesetzt werden muss (Ellger-Rüttgardt, 1981, S. 69).

Ebenfalls als Kritiker der »Hilfsschule« bekannt wird Johann Heinrich Witte (1846–1908), der nach der Promotion zunächst als außerordentlicher Professor an der Universität Bonn tätig ist und ab 1889 mehrere Stellen als Kreisschulinspektor bekleidet, ab 1897 in Thorn (Westpreußen). In seiner Schrift »Die mehrfach bedenkliche Einrichtung von Hilfsschulen als Schule nur für schwachbegabte Kinder« aus dem Jahre 1901 stellt Witte heraus, dass die Förderung der sog. »Schwachbegabten« zur Aufgabe der Volksschule zählt. Dazu bedürfe es eines »gediegenen gemeinsamen, geistbildenden Klassenunterrichts« und der Vermeidung von überfüllten Klassen (zit. n. Klink, 1966, S. 77). Ihm schwebt wohl im wesentlichen ein

Gesamtunterricht im Sinne Berthold Ottos (1859–1933) vor, bei dem die Schülerinnen und Schüler bekanntlich im Wesentlichen fächerübergreifend tätig sind. Besondere Sorge bereitet ihm, dass durch die Einrichtung von »Hilfsschulen« möglicherweise »die Volksschullehrer in dem Eifer, die Schwachen zu fördern, erlahmen und das Geschick sie zu fördern verlieren werden« (zit. n. Klink, 1966, S. 71). Dieser von Witte befürchtete Kompetenzverlust der Lehrkräfte an allgemeinen Schulen kann im historischen Rückblick wohl als bestätigt gelten und ist gegenwärtig immer noch Thema von alternativen Modellen zur Lehrerbildung (Heimlich, 1999a). Ireneus Lakowski (1999) trägt das verfügbare Quellenmaterial zu Witte zusammen und kann anhand von statistischem Material über die Provinzen Westpreußen und Posen für diese Zeit zeigen, dass der größte Teil der Volksschulklassen damals aus 70 und mehr Schülerinnen und Schülern besteht, zusätzlich etwa ein Fünftel der Schülerinnen und Schüler aus ethnischen Minderheiten stammen bzw. die deutsche Sprache nicht beherrschen und zahlreiche Lehrerstellen zu dieser Zeit nicht besetzt werden können. Die Rahmenbedingungen für die Arbeit in den Volksschulen sind also in dieser Region als extrem schwierig einzuschätzen. Trotzdem entscheidet sich Witte im Wesentlichen aus einem christlichen Weltbild heraus für die Konzeption der integrativen Förderung. Ihm kommt deshalb berechtigterweise die Rolle eines »Vorläufers der Integrationsbewegung in Deutschland« (Lakowski, 1999, S. 337) zu. Allerdings bleiben seine Ideen weitgehend folgenlos und es liegen bislang keine Angaben über seinen weiteren Lebensweg nach dem Jahre 1901 vor (Lakowski, 1999, S. 333).

Auch der Lehrer Armack aus Hamburg nimmt im Jahre 1890 kritisch zur »Hilfsschule« Stellung. Er fordert demgegenüber eine Volksschulbildung, in der die Schülerinnen und Schüler nicht nach ihren Fähigkeiten getrennt unterrichtet werden und erkennt bereits die Bedeutung der Prozesse des Voneinander-Lernens zwischen den Schülerinnen und Schülern (Ellger-Rüttgardt, 1990, S. 41). Dabei formuliert er eine Aussage, die auch heute noch das zentrale Anliegen einer inklusiven Pädagogik treffend zusammenfasst:

> »Will man einen Menschen das Schwimmen lehren, so bringt man ihn ins Wasser; soll ein Mensch lernen, mit Menschen umzugehen, so darf man ihn nicht absondern« (zit. n. Ellger-Rüttgardt, 1990, S. 42).

Und es ist bis heute immer wieder zu ergänzen: Das gilt auch für Menschen mit Behinderung! Armack teilt das Schicksal vieler Kritiker der »Hilfsschule« zu dieser Zeit: Seine Äußerungen werden in der öffentlichen Debatte nicht zur Kenntnis genommen.

1.1 Zur Geschichte der Inklusion bei gravierenden Lernschwierigkeiten

Einige Kritiker der »Hilfsschule« können ihre alternativen Vorschläge allerdings eine Zeitlang in die Tat umsetzen. Im Gegensatz zum Konzept der »Hilfsschulen« werden beispielsweise in Berlin mit Unterstützung des Magistrats ab 1898 sog. »*Nebenklassen*« eingerichtet (Myschker, 1983, S. 141f.). Etwa 12–14 Kinder bilden eine Lerngruppe in der Volksschule, die stundenweise in bestimmten Fächern am Regelunterricht teilnimmt, darüber hinaus aber auch eine spezifische Förderung erhält. Das ausdrückliche Ziel der »Nebenklassen« ist die Rückführung der Schülerinnen und Schüler in die Klassen der Volksschulen. Die Lehrkräfte sind ebenfalls in anderen Klassen der Volksschule tätig. Bis zur Jahrhundertwende steigt die Zahl der »Nebenklassen« auf über 50 in 33 Gemeindeschulen an, bis zum Jahre 1907/08 sogar auf fast 150. Unter dem Eindruck der teils heftigen öffentlichen Auseinandersetzung über die Frage »Nebenklasse« oder »Hilfsschule« entscheidet sich die preußische Regierung im Jahre 1911 allerdings endgültig für die Bevorzugung weiterer Hilfsschulgründungen. Der Direktor der Berliner Idiotenanstalt in Dalldorf, Piper, und der Volksschulrektor Hintz gehören seinerzeit zu den schärfsten Kritikern der »Hilfsschule« (Ellger-Rüttgardt, 1990, S. 38). Piper fordert demgegenüber eine Volksschule, die die schwachbefähigten Schülerinnen und Schüler mit den anderen Schülerinnen und Schülern zusammen lernen lässt und so das »Zusammenleben, das Arbeiten, das Spielen mit diesen« (ebd.) und die individualisierte Förderung in den Mittelpunkt stellt. Allerdings scheitern die »Nebenklassen« seinerzeit wohl ebenfalls an überfüllten Volksschulklassen, so dass sich eine Rückführung der Schülerinnen und Schüler als eher problematisch darstellt. Teilweise entwickeln sich die »Nebenklassen« sogar zu mehreren Jahrgangsstufen, die in »Hilfsschulen« umgewandelt werden (Stoellger, 1998, S. 267).

In Mannheim setzt sich der Stadtschulrat Joseph Anton Sickinger (1858–1930) für einen Verbleib von »geistig zurückgebliebenen Schulkindern« in der Volksschule ein (Stadtarchiv Mannheim, 2000). Es werden ab 1901 sog. »Wiederholungsklassen« gegründet (später als »Förderklassen« bezeichnet). Sickinger stellt im Jahre 1898 fest, dass fast ein Drittel der Schülerinnen und Schüler aus den 4., 5. und 6. Klassen entlassen werden, einige sogar aus den 2. und 3. Klassen (Möckel, 2007, S. 140). Gut 70 % verlassen die Volksschulen in Mannheim seinerzeit ohne Abschluss (Stoellger, 1998, S. 267f.). Förderklassen werden nun parallel zu den Volksschulklassen aufgebaut und sind offenbar geeignet, die Zahl der Hilfsschulüberweisungen wirksam zu reduzieren. Außerdem zeigen ärztliche Untersuchungen, dass etwa 40 % der Schüler und Schülerinnen Hörschäden aufweisen, was ab 1912 zur Einrichtung eines entsprechenden Klassensys-

23

tems für Hörgeschädigte führt. Sickinger kann sein Modell sogar auf der Reichsschulkonferenz im Jahre 1920 vorstellen. Er fordert eine stärkere Differenzierung für die Volksschule und es gelingt ihm, dass die Prinzipien der Mannheimer Förderklassen in den Entwurf für ein Reichsschulgesetz aufgenommen werden. Allerdings scheitert dieser Entwurf und es bleibt damals bei der Verabschiedung des Grundschulgesetzes (Möckel, 2001, S. 110). Nachahmer findet die Mannheimer Konzeption ebenfalls im Charlottenburger Schulsystem (Stoellger, 1998, S. 268f.), im Baseler Kleinklassensystem (Ehinger/Mattmüller, 1986) sowie bei den Diagnose-Förderklassen in Bayern (Breitenbach, 1992). Im Gegensatz zu vielen anderen Projekten mit integrativer Förderung in der allgemeinen Schule haben die Mannheimer Förderklassen wohl nicht nur eine vergleichsweise lange Lebensdauer (vermutlich bis Anfang der 1930er Jahre). Sie können auch überregionale Wirkungen entfalten.

Insgesamt gilt jedoch, dass etwa ab 1910 die »Hilfsschule« als Förderort bildungspolitisch weitgehend durchgesetzt ist und in den Folgejahren weiter ausgebaut wird. Impulse für eine integrative Förderung gehen auf der konzeptionellen Ebene begleitend dazu von den reformpädagogischen Entwürfen dieser Zeit aus.

1.1.3 Reformpädagogik als Quelle inklusiver Pädagogik bei Lernschwierigkeiten

Die Reformpädagogik wird in der gegenwärtigen pädagogischen Geschichtsschreibung nicht mehr als abgegrenzter Zeitraum verstanden (etwa von 1890 bis 1933), sondern vielmehr über einige zentrale Motive definiert. Jürgen Oelkers (1996) hat zeigen können, dass Prinzipien wie Selbsttätigkeit, Anschauung und Schulkritik bereits bei Jean-Jacques Rousseau (1712–1778) oder Johann Heinrich Pestalozzi (1746–1827) zu finden sind. Auch wenn das Gespräch zwischen Reformpädagogik und Hilfsschulpädagogik zu Beginn des 20. Jahrhunderts immer wieder unterbrochen ist, so lassen sich doch reformpädagogische Impulse für die Entwicklung einer inklusiven Pädagogik ausmachen. Bezeichnend ist dabei, dass von reformpädagogischen Ansätzen stets auch Hinweise auf integrative Förderkonzepte ausgehen (Hillenbrand, 1994, S. 310). Das gilt sogar für die pädagogische Arbeit in einigen reformpädagogischen arbeitenden Hilfsschulen (Heimlich, 1999b).

In der Zeit von 1902 bis 1904 versucht Johannes Langermann (1848–1923) in *Barmen-Carnap (Wuppertal)* den Freiraum der »Hilfsschule«

1.1 Zur Geschichte der Inklusion bei gravierenden Lernschwierigkeiten

reformpädagogisch zu nutzen (Langermann, 1911, S. 7ff.). Zusammen mit einer Lehrerin unterrichtet Langermann in zwei Klassen 40 Mädchen und Jungen im Alter von 8 bis 13 Jahren. Langermann zählt ebenfalls zu den Kritikern der Hilfsschule:

»Welches pädagogische Talent mag wohl auf den genialen Gedanken verfallen sein, alle Ignoranz und alles Elend, anstatt es möglichst zu verteilen, zu sammeln und auf einen Haufen zu werfen, um es dadurch zu – beseitigen?« (Langermann, 1911, S. 416).

Diese recht drastische Stellungnahme zeigt, dass die »Hilfsschule« für Langermann allenfalls als Notlösung akzeptiert wird. Im Grunde bevorzugt er ein integratives Förderkonzept, wenn er z. B. fragt:

»Denn an wem soll denn der Schwache sich aufrichten, wenn nicht an dem Starken? Und umgekehrt: wodurch soll der Keim zur Moralität und Religion entwickelt und geübt werden, wenn nicht durch Hilfeleistung des Stärkeren gegenüber dem Schwächeren« (Langermann, 1911, S. 416).

Entscheidend ist für Langermann die Möglichkeit, ein verändertes Unterrichtskonzept in der »Hilfsschule« zu erproben. Im Mittelpunkt steht dabei der Schulgarten. Er nutzt das Interesse der Schülerinnen und Schüler für die praktische Tätigkeit und zeigt ihnen dabei die Notwendigkeit zum gemeinsamen Lernen. Zahlreiche Unterrichtsvorhaben werden aus dieser fächerübergreifenden Thematik entwickelt (z. B. der Bau eines Pavillons). Aber auch Messen und Wiegen, Rechnen, Lesen und Schreiben leiten sich aus der Gartenarbeit ab. Langermann entwickelt dieses Unterrichtskonzept im Laufe seiner späteren Tätigkeit an der »Stein-Fichte-Schule« in Darmstadt weiter zu einem handlungsorientierten Mathematik- und Sprachunterricht, was allgemein als Ursprung des handelnden Unterrichts (Heimlich, 1999b, S. 37ff.) angesehen wird.

Von 1919 an ist Frieda Stoppenbrink-Buchholz (1897–1993) an einer »Hilfsschule« in *Hamburg-Bergedorf* für insgesamt dreißig Jahre tätig. Während dieser Tätigkeit praktiziert sie das Konzept der Jena-Plan-Schule nach Peter Petersen, bei dem sie 1939 promoviert (Ellger-Rüttgardt, 1997). Ihr ist die soziale Benachteiligung der »Hilfsschülerinnen und -schüler« bereits bewusst, wenn sie darauf hinweist,

»…daß alle diese Kinder, die je nach der Zusammensetzung einer Hilfsschulklasse etwa 50–75 % ausmachen, in der Normalschule nicht versagt hätten, wären sie in einem guten Haus erzogen worden« (Buchholz, 1939, S. 159).

Sie beschreibt ihre Schülerinnen und Schüler folgerichtig unter einer kompetenzorientierten Sichtweise, in dem sie – völlig im Gegensatz zur damals vorherrschenden Doktrin – nicht die angeblich »konstitutionellen«

25

Defekte des »Hilfsschulkindes« in den Vordergrund stellt, sondern sehr anschaulich die Leistungen der Kinder in den einzelnen Schulfächern (Buchholz, 1939, S. 120ff.) und bezogen auf die »Fähigkeit zur Gemeinschaft« (Buchholz, 1939, S. 146ff.) in verschiedenen sozialen Situationen schildert. Das Versagen des »Hilfsschulkindes« in der Normalschule wird von ihr auch als Problem des Unterrichtskonzepts gesehen:

»Der Klassenunterricht, der Inhalt und Form eines Normalwissens vorschreibt, Zeitpunkt und Dauer von Übermittlung und Einprägung bestimmt, ist für ein Normalkind gedacht, das nie und nirgends existiert. So wirkt der einseitige Klassenunterricht hemmend auf die Entwicklung eines jeden Kindes« (Buchholz, 1939, S. 159).

Ihre eigene Unterrichtspraxis zeichnet sich durch Elemente des Gruppenunterrichts, Kreisgespräche sowie Feste und Feiern aus. Außerdem entwickelt sie mit ihren Schülerinnen und Schülern Materialien zum »Selbstunterricht« (Buchholz, 1939, S. 164ff.), mit denen sie die heutigen Freiarbeitsmaterialien vorwegnimmt. Stoppenbrink-Buchholz führt so in der »Hilfsschule« den Nachweis, dass ein reformpädagogisch konzipierter Unterricht bei »Hilfsschülern/-innen« möglich ist. Von daher ist es naheliegend, wenn sie sich auch der Kritik an der »Hilfsschule« anschließt, die bereits Petersen formuliert hat (Buchholz, 1939, S. 169ff.).

Die »Hilfsschulpädagogik« nimmt diese reformpädagogischen Stimmen aus den eigenen Reihen seinerzeit kaum wahr, stehen sie doch ihrer Begründung für die eigenständige Schulform (Defizite der Kinder, möglichst homogene Lerngruppe) völlig entgegen. Auch die Auseinandersetzung mit den Konzepten der internationalen Reformpädagogik findet von Seiten der »Hilfsschulpädagoginnen und -pädagogen« nicht statt. Einer der Gründe dafür dürfte darin liegen, dass hier bereits erste Entwürfe einer inklusiven Pädagogik geliefert werden.

Aus ihrer Arbeit mit sozial benachteiligten Kindern in der *Casa dei Bambini* in *San Lorenzo (Rom)* entwickelt Maria Montessori (1870-1952) ein integratives Förderkonzept, das bis heute auch im heil- und sonderpädagogischen Bereich intensiv genutzt wird (Holtstiege, 1989). Anregungen erhält sie aus den heilpädagogischen Schriften von Jean-Marc Gaspard Itard (1775-1838) und Éduard Séguin (1812-1880) und der von ihnen besonders für Kinder und Jugendliche mit geistiger Behinderung entwickelten sog. »physiologischen Methode«. Grundlage des Förderkonzeptes ist die Aktivierung der Sinnestätigkeit. Zu diesem Zweck werden schon von Itard und Séguin spezielle Fördermaterialien entworfen. Montessori greift diese Idee auf und schafft ein umfassendes System der Montessori-Materialien. In ihrem »Kinderhaus« beobachtet sie, welche Konzentration Kinder (»Polarisation der Aufmerksamkeit«) erreichen, wenn sie mit geeigneten Materialien (wie den Einsatzzylindern) spielen und lernen dürfen. Das Montessori-Material umfasst inzwischen auch den gesamten Lernbereich Mathematik, Sprache und Sachunterricht bis in die höheren Klassen hinein. Auf dieser Grundlage entwirft Montessori eine Entwicklungspädagogik, die von der Selbsttätigkeit der Kinder ausgeht und letztlich in einen Prozess der »Selbstunterrichtung« mündet. In der so »vorbereiteten Umgebung« lernen die Kinder selbstständig (zur Geschichte des Prinzips Selbsttätigkeit: Heimlich, 1997). Durch die Altersmischung der Spiel- und Lerngruppen in den zahlreichen Montessori-Kinderhäusern und Montessori-Schulen ist das pädagogische Konzept von vornherein auf die Unterschiedlichkeit der Kinder ausgerichtet (Prinzip der Heterogenität). In einem eigenen Fortbildungssystem zum Erwerb des Montessori-Diploms werden bis heute auch die notwendigen pädagogischen Qualifikationen für ein solches Unterrichts- und Erziehungskonzept vermittelt. Montessori-Schulen und -Kinderhäuser haben sich von daher bereits sehr frühzeitig für die integrative Förderung geöffnet. So nimmt beispielsweise die Montessori-Schule der Aktion Sonnenschein e. V. in München bereits seit Ende der 1960er Jahre Kinder mit Behinderung auf (Hellbrügge, 1977). Nachdem zunächst nur an eine Realisierung der Montessori-Pädagogik in privaten Schulen gedacht ist, greifen die Prinzipien und die damit verbundene Ausstattungskonzeption zwischenzeitlich auch auf inklusive Schulen über. Die Montessori-Pädagogik stellt deshalb eine wichtige Grundlage für die Weiterentwicklung der inklusiven Förderung in Kindertageseinrichtungen und Schulen dar (Biewer, 1997). Zugleich besteht eine große Nähe der Montessori-Pädagogik zu den Prinzipien einer Pädagogik bei Lernschwierigkeiten (Klein, 1994; Busch, 1994), wie Anschauung, Handlungsorientierung usf.

Eine ähnliche Bedeutung für die Entwicklung inklusiver Schulen in der Gegenwart hat der *Jena-Plan* von Peter Petersen (1884–1952). Mit der Übernahme seines Lehrstuhls für Pädagogik in Jena im Jahre 1923 gründet Petersen auch eine Universitätsschule. In sein Schulkonzept gehen die Erfahrungen anderer reformpädagogischer Konzepte bereits ein. Petersen sieht im Prinzip der Gemeinschaft die Grundlage für das gesamte Schulleben und richtet auch seinen Unterricht nach diesem Grundsatz aus. Es werden altersgemischte Stammgruppen gebildet, die in Tischgruppen zusammensitzen und ihr gemeinsames Lernen weitgehend selbstständig organisieren. Die Arbeit wird um zentrale »pädagogische Situationen« wie Arbeit, Gespräch, Spiel und Feier herum inhaltlich gestaltet. Im Jena-Plan tauchen aber ebenso Phasen der Freiarbeit, Wochenpläne und der Gruppenunterricht auf. Petersen praktiziert gleichzeitig wohl als einer der ersten Pädagogen im deutschsprachigen Raum den gemeinsamen Unterricht. Die »Hilfsschule« stellt er grundsätzlich in Frage:

> »Wer jene schulmäßig wenig Begabten sich in ihrer Weise frei und froh ohne Anzeichen irgendwelcher seelischen Gedrücktheit unter den Mitschülern bewegen sieht, versteht, was ich meine. Sie können in dem reicheren Arbeitsleben der Normalschule vielseitiger und auf natürliche Weise lernen, auswählen, was ihnen zugänglich ist, und in ihrer Art dem freien Bildungserwerb nachgehen. Stets findet sich Gelegenheit, sie mit ihren Fähigkeiten einzustellen« (Petersen, 1927/1972, S. 19).

Damit sind wichtige didaktisch-methodische Elemente eines modernen integrativen Unterrichts bereits benannt (zum integrativen Ansatz der Jena-Plan-Pädagogik: Retter, 1993). Besonders die geringen Rücküberweisungsquoten aus der »Hilfsschule« in die Volksschule werden von Petersen kritisiert. Diese Kritik hat den »Hilfsschulpädagogen« Rössel (1928, S. 90) seinerzeit zu der öffentlichen Feststellung gedrängt, dass auch einem Hochschullehrer für Pädagogik der »pathologische Charakter« des »Hilfsschulkindes« nicht verborgen bleiben dürfe. Damit ist lange Zeit die Möglichkeit eines fruchtbaren Dialogs zwischen der Jena-Plan-Pädagogik und der Heil- und Sonderpädagogik verstellt. Erst im Zuge der Bildungsreform Ende der 1960er Jahre knüpft die Integrationsbewegung wieder an Petersen an. In *Köln-Höhenhaus* arbeitet beispielsweise seit 1982 die gleichnamige Grundschule als integrative Schule nach dem Jena-Plan (Klinke, 1993).

Reformpädagogische Schul- und Unterrichtskonzepte haben erstmals in der Geschichte der Pädagogik auch praktisch gezeigt, dass Kinder und Jugendliche mit und ohne Behinderung gemeinsam unterrichtet werden können. Erst damit ist ein dritter Entwicklungsschritt der inklusiven Pädagogik möglich geworden: die Einbeziehung von Kindern und Jugendlichen mit Behinderung in das allgemeine Bildungs- und Erziehungssystem außerhalb der »Hilfsschule«. Die Hoffnungen vieler Reformpädagoginnen und -pädagogen auf eine breite gesellschaftliche Wirkung erfüllen sich indes auch in der Zeit der Weimarer Republik nicht. Auf der Reichsschulkonferenz im Jahre 1920 bleibt es bei der Verabschiedung der Grundschule als »Schule für alle«. Die »Einheitsschule« als Grundmodell für alle Jahrgänge ist hingegen politisch nicht konsensfähig. Insofern lebt die Reformpädagogik bis heute auch von vielen kleinen und kurzlebigen Reformprojekten, deren Wirkungen erst langfristig ausgemacht werden können (Becker, 1992, S. 70).

Sowohl die Reformpädagogik als auch die Bemühungen um integrative Bildungsangebote für Kinder und Jugendliche mit Behinderung werden nach der Machtübernahme der Nationalsozialisten im Jahre 1933 jäh unterbrochen. Bereits in den 1920er Jahren ist der unsägliche Begriff des »lebensunwerten Lebens« in die politische Diskussion eingedrungen (Binding/Hoche, 1922). Über Zwangssterilisationen und Euthanasieprogramme wollen die Nationalsozialisten die Gruppe der Menschen mit Behinderung ebenso vernichten wie die Juden. Sie kehren damit bezogen auf den gesellschaftlichen Umgang mit Behinderung historisch betrachtet auf die barbarische Entwicklungsstufe der Antike zurück. Auch die »Hilfsschullehrerschaft« kann sich der Tötungsmaschinerie der Nationalsozialisten nicht immer entziehen und ist über Gutachtertätigkeiten an der Aussonderung von Kindern und Jugendlichen aus den »Hilfsschulen« zur Vorbereitung ihrer Ermordung beteiligt (Höck, 1979). Erst in der Zeit der Bildungsreform erhält die inklusiven Pädagogik wieder neue Impulse.

1.1.4 Geschichte der Inklusion bei Lernschwierigkeiten nach 1945

Nach dem Zweiten Weltkrieg knüpft die Sonderpädagogik an ihre historischen Wurzeln in der Weimarer Republik an. Das Ziel besteht hier vor allem im Wiederaufbau des Sonderschulwesens. Diese Phase wird im Jahre 1960 durch das »Gutachten zur Ordnung des Sonderschulwesens« der »Ständigen Konferenz der Kultusminister der Länder der Bundesrepublik Deutschland (KMK)« beendet. Dieses 1948 entstandene koordinierende Gremium der Kultusminister der Länder postuliert nunmehr den bedarfsdeckenden Ausbau des Sonderschulwesens. Mit der »Empfehlung zur Ordnung des Sonderschulwesens« von 1972 erreicht diese Ausbauphase ihren vorläufigen Höhepunkt. Die »alte« Bundesrepublik hat damit im europäischen Vergleich eher den Sonderweg eines hochdifferenzierten Sonderschulsystems beschritten (Wittmann, 2007). Gleichzeitig regen sich Anfang der 1970er Jahre kritische Stimmen und Bemühungen um inklusive Alternativen (Schnell, 2003).

Erste Schritte werden beispielsweise in München gegangen, wo die »Aktion Sonnenschein e. V.« unter der Leitung von Theodor Hellbrügge nach der Konzeption der Montessori-Pädagogik die Idee der integrativen Förderung in Bildungs- und Erziehungseinrichtungen ab 1968 im Kinderhaus und ab 1970 in der Grundschule praktisch werden lässt (Hellbrügge, 1977). Im Jahre 1972 können Eltern in Berlin die Erzieherinnen des Kinderhauses Friedenau überzeugen, ihre Kinder mit Behinderung aufzunehmen und gemeinsam mit Kindern ohne Behinderung spielen und lernen zu lassen. Fortgesetzt wird diese integrative Arbeit von der Fläming-

Grundschule in Berlin, die die Kinder in den gemeinsamen Unterricht übernimmt (Projektgruppe Integrationsversuch, 1988) und der Uckermark-Grundschule, die die Idee einer wohnortnahen integrativen Schule umsetzt (Heyer/Preuss-Lausitz/Zielke, 1990). Weitere Standorte integrativer Förderung entstehen in der Folgezeit in Hamburg, Bremen, Hessen und dem Saarland. Nach dieser *Pionierphase* der Integrationsentwicklung folgt eine *Modellphase*, in denen die Effekte integrativer Förderung in zahlreichen Modellversuchen in den Ländern Bremen, Hamburg, Hessen und dem Saarland untersucht werden.

Parallel zu dieser Modellphase entstehen immer mehr *Elterninitiativen*, die sich unter dem Motto »Gemeinsam leben, gemeinsam lernen« zum Ziel setzen, auch politisch und öffentlich auf die Idee der Integration aufmerksam zu machen. Inzwischen bestehen nicht nur Landesarbeitsgemeinschaften in allen 16 Bundesländern, sondern ebenso eine Bundesarbeitsgemeinschaft, die seit 1984 regelmäßige Bundeselterntreffen organisiert (Rosenberger, 1998). Aus der Elternverbandszeitschrift »Gemeinsam leben« entsteht die gleichnamige Fachzeitschrift für integrative, später inklusive Erziehung (ab 1993 beim Luchterhand Verlag, jetzt Beltz bzw. Juventa).

Sind die Schulversuche zur integrativen Förderung noch von kontroversen Diskursen zwischen Integrationsbefürwortern und Integrationsgegnern gekennzeichnet, so entstehen ab Mitte der 1980er Jahre erste gesetzliche Regelungen zur integrativen Förderung bezogen auf die verschiedenen Stufen des Bildungs- und Erziehungssystems der Bundesrepublik (z. B. im Jahre 1987 im Saarland). In dieser *Konsolidierungsphase* greifen die Bundesländer nach und nach die positiven Erfahrungen mit der integrativen Förderung auf und schreiben sie gesetzlich fest. Dieser Prozess wird durch die Änderung des Grundgesetzes (GG) im Jahre 1994 vorläufig abgeschlossen. In Artikel 3, Abs. 3 ist der Diskriminierungsschutz seither auf Menschen mit Behinderung explizit ausgeweitet. Auch die KMK nimmt die Entwicklung der integrativen Förderung nun zum Anlass, in ihren »Empfehlungen zur sonderpädagogischen Förderung in den Schulen in der Bundesrepublik Deutschland« aus dem Jahre 1994 (Drave/Rumpler/Wachtel, 2000) der sonderpädagogischen Förderung eine subsidiäre (also unterstützende) Funktion zuzuschreiben. Zunächst sind die Förderungsmöglichkeiten im gemeinsamen Unterricht in der allgemeinen Schule auszuschöpfen (Wittmann, 2007). Die meisten Bundesländer erlassen daraufhin entsprechende gesetzliche Regelungen und Rechtsverordnungen bezogen auf die integrative Förderung in der allgemeinen Schule.

Im Überblick kann so für Westdeutschland (bzw. die »alten« Bundesländer) festgehalten werden, dass die Integrationsentwicklung seit Anfang der 1970er Jahre ihren Weg ausgehend von Kindertageseinrichtungen über die Grundschulen und die Sekundarschule in den Wohn- und Arbeitsbereich genommen hat (Heimlich, 2003). Die Übersichten (Lersch, 2001) etwa zur schulischen Integrationsentwicklung von Anfang der 2000er Jahre zeigen, dass hier inzwischen intensive bildungspolitische Anstrengungen zur Unterstützung in den Bundesländern unternommen werden.

Nach der Vereinigung der beiden deutschen Staaten im Jahre 1989 zählen die ostdeutschen (bzw. die »neuen«) Bundesländer zunächst zu den weißen Flecken der Integrationsentwicklung (Heimlich, 2000a; 2000b). Die Integrationsdiskussion ist in Ostdeutschland überwiegend Ausdruck der Wendezeit. Sonderschulwesen und Sonderschulpädagogik sind bereits frühzeitig nach 1945 in der DDR wieder etabliert. Erste Gespräche zwischen den beiden Landesteilen fördern zwar überraschend zahlreiche Übereinstimmungen zwischen den nunmehr »wiedervereinigten« Systemen der sonderpädagogischen Förderung der DDR und der alten Bundesrepublik zu Tage (Bleidick/Ellger-Rüttgardt, 1994). Gleichwohl findet auch hier letztlich ein Export des westdeutschen Bildungs- und Erziehungssystems statt, ohne dass auf gewachsene Strukturen und beispielhafte Modelle der ehemaligen DDR (z. B. Frühförderung, Horterziehung, berufliche Rehabilitation) Rücksicht genommen würde. Spätestens in den 1980er Jahren kommt es in der DDR zumindest auf der Ebene sonder- bzw. rehabilitationspädagogischer Studienstätten zu einer Diskussion über Integration im schulischen Bereich. Im öffentlichen erziehungswissenschaftlichen Diskurs schlägt sich dies allerdings nicht nieder (ablesbar etwa an den Inhaltsverzeichnissen der Zeitschrift »Die Sonderschule«). Die zielgleiche Integration von Kindern mit Hör-, Sprach- und Sehschwierigkeiten in der Polytechnischen Oberschule (POS) wird beispielsweise in einzelnen Fällen befürwortet. Auch eine sonderpädagogische Unterstützung hätte durch die entsprechenden ambulanten Beratungsstellen gewährleistet werden können. Verlässliche Zahlen darüber liegen jedoch nicht vor. Auch die Klassen für Kinder mit Lese-Rechtschreib-Schwäche (LRS-Klassen) zählen zu den allgemeinen Schulen und zielen auf die Rückführung der Schülerinnen und Schüler in die Klasse der allgemeinen Schule. Die westdeutschen Integrationsmodelle sind hingegen kaum einer breiteren Öffentlichkeit bekannt. Betrachten wir die Integrationsaufgabe jedoch unter Einschluss des Systems der beruflichen Rehabilitation, so bietet sich mit der »Arbeitsplatzgarantie« für Absolventen der Sonderschulen ein anderes Bild (Bröse, 1998). Das System der beruflichen Rehabilitation hat zu DDR-Zeiten vor dem Hintergrund eines entschlossenen staatlichen Eingriffs zumindest zu einer recht weitreichenden Integration von Menschen mit Behinderung in den Arbeitsmarkt geführt. Nicht vergessen werden sollte gleichzeitig, dass Menschen mit geistiger Behinderung vom Bildungssystem in dieser Zeit fast vollständig ausgeschlossen sind und in Heimen bzw. psychiatrischen Kliniken ein teilweise erschütterndes Dasein führen müssen.

Als im Jahre 1970 die 7. Arbeitstagung der Hochschullehrer an sonderpädagogischen Studienstätten in Reutlingen zum Thema Isolation und Integration behinderter Kinder stattfindet, hat der fachliche Diskurs um integrative Förderung auch die Sonderpädagogik als Wissenschaft erreicht (Heimlich, 1998). Vorausgegangen ist ein Beschluss der Nürnberger Jahreshauptversammlung des Verbandes Deutscher Sonderschulen (vds) von 1969 zum *Verhältnis von Sonderschule und Gesamtschule.* Zum gleichen Thema wird eine Diskussion in der Zeitschrift für Heilpädagogik des Jahrgangs 1970 dokumentiert (Eberwein, 1970) sowie eine Tagung im Pädagogischen Zentrum in Berlin. In kritischer Auseinandersetzung mit der Konzeption von Bach zur Fördererziehung (Bach, 1971) entwickelt Ulf Preuss-Lausitz (1971) zum Auftakt der Reutlinger Arbeitstagung aus der Gesamtschuldiskussion heraus erste Ansätze eines Konzeptes integrativer Förderung.

Der bedeutendste Anstoß zur Entwicklung eines integrativen Förderkonzeptes geht von den Empfehlungen des Deutschen Bildungsrates (1974) »Zur pädagogischen Förderung behinderter und von Behinderung bedrohter Kinder und Jugendlicher« aus. Vom Ausschuss Sonderpädagogik unter Beteiligung namhafter Vertreter der Sonderpädagogik und unter Vorsitz von Jakob Muth (1927–1993) wird hier ein Gesamtkonzept integrativer Förderung vorgestellt, das von der Frühförderung über die schulische bis hin zur Freizeitförderung reicht. Auch organisatorische, qualifikatorische und finanzielle Aspekte dieses Entwurfes sind zu Ende gedacht. Die schulische Integration fungiert hier von Beginn an als normative Prämisse. Die neue Konzeption der pädagogischen Förderung fordert »eine weitmögliche gemeinsame Unterrichtung von Behinderten und Nichtbehinderten« (Deutscher Bildungsrat, 1974, S. 15f.). Für die Organisation des schulischen Bereichs werden kooperative Schulzentren entworfen, die neben dem Unterricht für Kinder und Jugendliche mit Behinderung Maßnahmen der Teilintegration und ebenso der inneren Differenzierung umfassen. Als Unterstützungssysteme werden pädagogisch-therapeutische Stationen und ambulante behinderungsspezifische Hilfen aufgeführt (a. a. O., S. 78f.). Allerdings zählt dieses flexible, integrative Fördersystem bis in die Gegenwart hinein noch zu den uneingelösten Hoffnungen der Bildungsreform (Muth, 1986).

Ein weiterer Ursprung integrativer Förderkonzepte kann in den Bemühungen zur Förderung schulschwacher Kinder in der Grundschule gesehen werden (Reinartz/Sander, 1977; 1978). Mit dem Ziel, die Schulschwäche der Grundschule zu vermindern, stellt das Autorenteam seinerzeit einen Katalog von Thesen zusammen, die im Grunde ein differenziertes Fördersystem darstellen, um die Grundschule auf den Weg zu einer Schule für alle zu bringen. Spätestens mit den Empfehlungen des Arbeitskreises Grundschule »Die Zukunft beginnt in der Grundschule« (Faust-Siehl u. a., 1996, S. 128ff.) nimmt diese Utopie bezogen auf die Primarstufe konkrete Gestalt an.

Die verschiedenen erziehungswissenschaftlichen Teildisziplinen der Allgemeinen Pädagogik, Schulpädagogik, Sozialpädagogik und Heil- bzw. Sonderpädagogik befinden sich nun seit einiger Zeit in einem Prozess der Annäherung angesichts der gemeinsamen pädagogischen Aufgabe im Zusammenhang mit der gesellschaftlichen Integration von Menschen mit Behinderung (Lersch/Vernooij, 1992). Dabei bleibt gegenwärtig zu hoffen, dass die inklusive Pädagogik in diesem interdisziplinären Feld als gemeinsame Aufgabe anerkannt wird.

Ein neues Entwicklungsstadium hat die Integrationsentwicklung in der Bundesrepublik mit der Ratifizierung der UN-Konvention über die Rechte von Menschen mit Behinderung im Jahre 2008 erreicht, die seit März 2009 in Kraft getreten ist (United Nations, 2006). In Artikel 24 wird das »inklusive Bildungssystem auf allen Ebenen« gefordert. Während in allen europäischen Nachbarländern der Bundesrepublik Deutschland der überwiegende Teil der Schülerinnen und Schüler mit sonderpädagogischem Förderbedarf im Förderschwerpunkt Lernen in allgemeinen Schulen gefördert wird, hat die Bundesrepublik Deutschland mit ihrem ausgebauten System von Förderschulen bzw. Sonderpädagogischen Förderzentrum hier vergleichsweise ungünstige Voraussetzungen. Eine Umgestaltung dieses Systems im Sinne der übergreifenden Zielsetzung der UN-Konvention, die Mehrheit der Schülerinnen und Schüler mit sonderpädagogischem Förderbedarf in allgemeinen Schulen zu unterrichten, wird von daher in der Bundesrepublik Deutschland noch eine erhebliche bildungspolitische Kraftanstrengung erforderlich machen.

1.1.5 Zusammenfassung: Auf dem Weg zur Inklusion

Der historische Blick auf die fast zweihundertjährige Geschichte der pädagogischen Bemühungen um Inklusion dokumentiert die Mühen des Prozesses der Einbeziehung von Kindern und Jugendlichen mit Behinderung in das Bildungs- und Erziehungssystem mit dem Ziel der Überwindung von deren Ausschluss aus Bildungsangeboten (*Phase der Exklusion*). Ein erster Schritt der Inklusion wird im Übergang zum 19. Jahrhundert mit der Erfindung von pädagogischen Methoden geleistet, die geeignet sind, die Bildungsfähigkeit von Menschen mit Behinderung nachzuweisen. Der zweite Schritt der Inklusion erfolgt durch die damit möglich gewordene Einbeziehung in die entstehenden öffentlichen Bildungs- und Erziehungseinrichtungen im Laufe des 19. Jahrhunderts durch den Aufbau von eigenständigen Institutionen ausschließlich für Kinder und Jugendliche mit Behinderung (*Phase der Separation*). Aus der Kritik an den eigenständigen Sondereinrichtungen und ersten Versuchen mit integrativen Alternativen entwickelt sich auf der Basis reformpädagogischer Unterrichts- und Erziehungskonzepte im bundesdeutschen Raum erst in den 1970er Jahren eine umfassende Praxis der integrativen Förderung (*Phase der Integration*). Damit wird der dritte Schritt hin zur Inklusion möglich: die Einbeziehung aller Kinder und Jugendlichen mit Behinderung in allgemeine Bildungs- und Erziehungseinrichtungen, wie das die UN-Konvention fordert (*Phase der Inklusion*). Zu Beginn des 21. Jahrhunderts entstehen somit erstmals günstige Voraussetzungen für die gesellschaftliche Inklusion von Menschen mit Behinderung (Bürli/Strasser/Stein, 2009).

1.2 Das Konzept der inklusiven Schule – eine aktuelle Perspektive für Schülerinnen und Schüler mit gravierenden Lernschwierigkeiten

Für die Umsetzung eines inklusiven Bildungskonzeptes auch auf schulorganisatorischer Ebene erweisen sich in der jüngeren Vergangenheit die folgenden politischen Beschlüsse bzw. rechtliche Grundlagen als internationale Meilensteine. Zunächst werden auf der *Konferenz von Salamanca* 1994 die Themenfelder Inklusion und Schule als wichtigstes Ziel interdisziplinärer Bildungspolitik hervorgehoben (UNESCO, 1994). Die später folgende *Erklärung von Madrid* 2002 bestätigt ebenso die hohe Bedeutung der Inklusion für alle Lebensbereiche und Lebensphasen mit der Vision einer umfassenden sozialen und gesellschaftlichen Teilhabe (Vereinte Nationen, 2002). Aktuell bietet die *UN-Konvention über die Rechte von Men-*

schen mit Behinderung (UN-BRK) von 2006 die Grundlage für die Umsetzung und Entwicklung von inklusiven Schulen (United Nations, 2006).

1.2.1 Die UN-Konvention über die Rechte von Menschen mit Behinderung

Die UN-BRK von 2006 beinhaltet im Art. 24 die Forderung nach einem inklusiven Bildungssystem auf allen Ebenen, d. h. es sollen

- keine Menschen mit Behinderungen vom allgemeinen Schulsystem ausgeschlossen sein,
- für Menschen mit Behinderungen gleichberechtigte Zugänge zu einem inklusiven, qualitativ hochwertigen und unentgeltlichen Unterricht an Grundschulen und weiterführenden Schulen sowie
- notwendige Unterstützungsmaßnahmen für Menschen mit Behinderungen innerhalb des allgemeinen Bildungssystems geschaffen werden, um deren nachhaltige Bildung zu erleichtern (United Nations, 2006, S. 14f.).

Die Ratifikation der UN-BRK in Deutschland erfolgt im Jahr 2009, wobei die Übersetzung des Begriffs der *Inklusion* in der Gleichsetzung mit dem Begriff der *Integration* Missverständnisse provoziert. Inklusion beinhaltet jedoch inhaltlich eine Qualitätssteigerung v. a. insofern, dass die entsprechenden Bildungseinrichtungen von vornherein auf jegliche Formen von Aussonderung verzichten und zudem folgende zentrale Charakteristika aufweisen:

- ein selbstverständliches Miteinander,
- mit gewollter Heterogenität,
- einem Qualitäts-Exklusivitäts-Dilemma,
- einer heilpädagogischen Unterstützung für alle Kinder und
- einer Veränderung der Systeme zum Zwecke der Inklusion (Heimlich, 2012a, S. 14).

Integration hingegen setzt Separation voraus und

- stellt eine Wiederherstellung des Miteinanders dar,
- mit Heterogenität als Belastung,
- einem Etikettierungs-Ressourcen-Dilemma,

- einer heilpädagogischen Unterstützung für Kinder mit Behinderung und
- einer Veränderung der Kinder zum Zwecke der Integration (Heimlich, 2012a, S. 14).

Der *Nationale Aktionsplan der Bundesregierung zur Umsetzung der UN-BRK* (Bundesregierung Deutschland, 2012) führt zu schulbezogenen Rechts- bzw. Verordnungsänderungen in den Bundesländern, wie z. B. in Bayern zum Bayerischen Gesetz über das Erziehungs- und Unterrichtswesen (BayEUG) vom 1.8.2011. Dort wird in Art. 2 der inklusive Unterricht als Aufgabe aller Schulen und in Art. 30b das neue Schulprofil der *Inklusiven Schule* eingeführt, neben den etablierten Organisationsformen der *Kooperationsklassen, Mobilen Sonderpädagogischen Dienste* (MSD), *Sonderpädagogischen Diagnose- und Förderklassen, Partnerklassen* und *Sonderpädagogischen Förderzentren* (Staatsregierung von Bayern, 2011).

Als eine inhaltlich wegweisende Grundlage auch für den deutschen Aktionsplan zur Umsetzung eines inklusiven Schulsystems kann der Index für Inklusion (Booth/Ainscow, 2011) gelten. Der von der britischen Forschergruppe etablierte Leitfaden bezieht sich auf den Ablauf einer inklusiven Schulentwicklung zur Einführung bzw. als Daueraufgabe für die Errichtung von inklusiven Kulturen, Strukturen und Praktiken. Er umfasst insgesamt 44 Indikatoren und 500 Fragen auf etwa 50 Seiten, die Aufschluss über den Stand des Schulentwicklungsprozesses für die Lehrkräfte, Schulleitungen, Eltern, Schülerschaft sowie Schulaufsicht geben. In der Übertragung auf den deutschsprachigen Raum sind jedoch mannigfache Probleme festzustellen (Biewer/Fasching, 2012, S. 130). Bevor auf einen auf deutsche Verhältnisse und auf verstärkte Praktikabilität ausgerichteten Leitfaden für Inklusion in Kapitel 1.3 näher eingegangen wird, ist zunächst auf die Möglichkeiten und Grenzen einer inklusiven Beschulung für Kinder und Jugendliche mit (gravierenden) Lernschwierigkeiten hinzuweisen.

1.2.2 Die inklusive Schule – Möglichkeiten und Grenzen bei Lernschwierigkeiten

Folgende Merkmale kennzeichnen eine inklusive Schule und zugleich auch deren Möglichkeiten (Fischer/Heimlich/Kahlert/Lelgemann, 2012):

- *Stadtteilschule*: wohnortnah, d. h. alle Kinder und Jugendliche stammen aus der Wohnumgebung,

- *heterogene Lerngruppen*: d. h. gewollte bzw. bewusst heterogene Zusammensetzung,
- *zieldifferenter Unterricht und ein Curriculum für alle*: z. B. verwirklicht durch sog. Rahmenlehrpläne mit Kompetenzorientierung, diagnosegeleiteter Förderung, idealerweise ohne Sitzenbleiben bzw. Benotung,
- *Kooperation im interdisziplinären Team*: Lehrkräfte allgemeiner Schulen, Sonderpädagogen, Sozialpädagogen und weiterer Fachkräfte wie Psychologen, Therapeuten, Ärzten arbeiten in enger Vernetzung im sozialen Umfeld zusammen und
- *barrierefreie, ästhetisch ansprechende sowie kommunikationsfördernde Gestaltung*, die eine Öffnung und Nutzung auch außerhalb des Unterrichts umfasst.

Diese Charakteristika einer inklusiven Schule stehen schon in langer Tradition zur Diskussion, beispielsweise mit dem Label einer »Schule für alle Kinder« (Feuser, 1989, S. 14), »Schule für kindorientiertes Lernen« (Bundschuh, 2008, S. 49) oder eben wörtlich der »inklusiven Schule« (Heimlich, 2012c, S. 102). Das Sekretariat der Ständigen Konferenz der Kultusminister der Länder der Bundesrepublik Deutschland (KMK) spricht in diesem Zusammenhang aktuell in einer Pressemitteilung von einer »Schule der Vielfalt« (KMK, 2015, S. 1), die sich auch einer äußerst heterogenen Schülerschaft mit komplexen Problemen beim Lernen und der gezeigten Leistung annehmen soll. Diese Namensgebung rekurriert auf die allgemeine »Pädagogik der Vielfalt« (Prengel, 2006). Diese Vielfalt zeigt sich im Hinblick auf die Zielgruppe durch folgende unterschiedlich ausgeprägten Bereiche (Schmid, 2011, S. 285): Intelligenz, Leistung, Vorwissen, Verhalten, Alter, Geschlecht, Kultur bzw. Milieu, Sprache, evtl. vorhandener Migrationshintergrund, physischer und psychischer Gesundheit.

Thematisch liegt die inklusive Beschulung von Kindern und Jugendlichen mit Lern- und Leistungsproblemen, also mit Lernschwierigkeiten, bezogen auf das schulische Setting im Fokus. Wie kann dieses Phänomen begrifflich eingegrenzt und wissenschaftlich definiert werden? *Lernschwierigkeiten* können speziell als »Ausdruck erschwerter Lebens- und Lernsituationen« (Heimlich, 2016, S. 21) definiert werden, wobei der Zusatz *gravierend* darauf hinweist, dass diese nicht ohne Hilfe von außen bewältigt werden (Heimlich, 2016, S. 31). Auf den schulischen Bereich bezogen ist folglich zusätzliche sonderpädagogische Förderung notwendig, die laut der KMK-Empfehlungen seit 1994 explizit formuliert ist:

»Sonderpädagogischer Förderbedarf ist bei Kindern und Jugendlichen gegeben, die in ihrer Lern- und Leistungsentwicklung so erheblichen Beeinträchtigungen unterliegen, dass sie auch mit zusätzlichen Lernhilfen der allgemeinen Schulen nicht ihren Möglichkeiten entsprechend gefördert werden können. Sie benötigen sonderpädagogische Unterstützung« (Drave/Rumpler/Wachtel, 2000, S. 302).

Ein festgestellter sonderpädagogischer Förderbedarf im Förderschwerpunkt Lernen hängt hierbei meist eng mit dem sowohl im Förderschwerpunkt Sprache als auch der emotionalen und sozialen Entwicklung, also dem Verhalten, zusammen (Schor, 2012, S. 19). Die notwendige sonderpädagogische Unterstützung ist unter schulorganisatorischen Aspekten insgesamt unabhängig vom Förderort und kann an auch allgemeinen bzw. inklusiven Schulen durchgeführt werden.

Nach den zu Beginn dargelegten Merkmalen und Möglichkeiten inklusiver Schulen insbesondere auch für Kinder und Jugendliche mit gravierenden Lernschwierigkeiten ist festzustellen, dass in den aufgezeigten Möglichkeiten zugleich die entsprechenden Grenzen liegen. Aus *ökologischer Sicht* können sich Grenzen auf eine erschwerte Person-Umwelt-Interaktion ergeben, die auf folgende verschiedene *Interaktionssysteme* zu beziehen sind (Bronfenbrenner, 1989, S. 38 ff.):

- *Mikrosystem* (Interaktionen eines Menschen mit seiner unmittelbaren Umwelt, z. B. der Kinder mit seinen Eltern): Qualität und Quantität der sozialen Interaktionen, Elternersatz, Gesprächsbereitschaft, Erziehungsstile, Perspektivenübernahme etc.,
- *Mesosystem* (Wechselbeziehungen zwischen den wichtigsten Lebensbereichen mit unmittelbaren Interaktionen zwischen Personen, z. B. zwischen verschiedenen Mikrosystemen wie Familie, Nachbarschaft, Schule): Konfliktmanagement, Raum für Kommunikation und Beratung, Kooperation, Wahrnehmung individueller sowie Gruppenbedürfnisse, unterschiedliche Erwartungen und Leistungsansprüche etc.,
- *Exosystem* (Lebensbereiche, an denen die Person meist nicht mehr aktiv beteiligt ist, z. B. Behörden, Massenmedien, Arbeits- und Ausbildungsplatz): Abläufe, Zwänge bzw. Vorgaben öffentlicher Institutionen und Ganztageseinrichtungen, wirtschaftlicher Unternehmen oder der Politik, speziell geregelte Kommunikationswege und Regulierungen etc.,
- *Makrosystem* (gesamtgesellschaftliche Ebene mit ihren kulturellen Maßstäben, Weltanschauungen und Ideologien): gesetzliche Vorgaben, interkulturelle und historische Perspektiven, Mechanismen einer sozialkapitalistischen Leistungsgesellschaft, Einfluss von Religion bzw. spirituellen Sichtweisen etc.,

* *Chronosystem* (Zeitebene): kurz-, mittel- oder längerfristige Projekte wie z. B. zur inklusiven Schulentwicklung mit Planungsunsicherheiten und schwer absehbarer Dauer bzw. als Daueraufgabe.

Zum einen bedarf außerdem die räumlich-materielle bzw. personelle Ausstattung, also das Setting, der verstärkten Berücksichtigung, zum anderen ebenso die jeweils individuellen Kompetenzen wie Defizite. So fordert Hiller (1994, S. 15) eine *realitätsnahe Schule*, die auf die tatsächlichen (zukünftigen) Lebenswelten und Bedürfnisse von Kindern und Jugendlichen mit gravierenden Lernschwierigkeiten eingeht. Er wirft den Schulen organisatorisch und inhaltlich vor, einseitig eine *kulturimperialistische* Einrichtung zu sein, die lediglich kleinbürgerliche Normen und Ideale reproduziere (Hiller, 1994, S. 13). Damit werden eben nicht alle Lebenswelten aufgegriffen und nur unzureichend auf zukünftige Lebenswirklichkeiten vorbereitet. So liegen letztlich die Chancen wie auch Begrenzungen inklusiver (Schul-) Entwicklungen in der Wechselwirkung von Gesellschaft, Schule bzw. Schulpolitik und den beteiligten Individuen.

1.2.3 Das RTI-Konzept – Sonderpädagogische Förderung bei Lernschwierigkeiten in der allgemeinen Schule

Das evidenzbasierte Rügener Inklusionsmodell (RIM) gilt als ein aktuelles Beispiel für sonderpädagogische Förderung bei gravierenden Lernschwierigkeiten in der allgemeinen Schule:

> »Seit dem Schuljahr 2010/2011 werden auf der Insel Rügen Kinder mit und ohne sonderpädagogischen Förderbedarf gemeinsam in die erste Klasse der Grundschule eingeschult und kontinuierlich inklusiv unterrichtet. Das Rügener Inklusionsmodell (RIM) liefert dazu den konzeptuellen Rahmen. Damit kommt in Deutschland erstmals ein US-amerikanisches inklusionsorientiertes Beschulungskonzept großflächig zum Einsatz: der Response to Intervention-Ansatz (RTI)« (Voß/Blumenthal/Sikora/Mahlau/Diehl/Hartke, 2014, S. 114).

Der RTI-Ansatz basiert auf Modellen der klinischen Einzelfallforschung aus der Medizin und Psychologie (z. B. *behavior assessment, functional assessment* und Modellen aus der formativen Evaluation) und wird in den USA entwickelt (Bineham/Shelby/Pazey/Yates, 2014). Ausgangslage und Zielsetzung der RTI-Forschung ist es, Methoden und Verfahren zu finden, mit denen festgestellt werden kann, ob Schüler und Schülerinnen vom Unterricht profitieren. Um die Lernfortschritte effizient messen zu können, entwickelt die Forschergruppe curriculumbasierte Messinstrumente

(CBM), die sich in kleinschrittigen Lernstandsanalysen niederschlagen (ebd.). Dadurch soll der Lernerfolg der Schülerschaft gesichert, frühzeitig Lernlücken mit der Hilfe evidenzbasierter Diagnoseinstrumente erkannt und ferner geklärt werden, ob die Ergebnisse aus den Screenings, Unterrichtsbeobachtungen sowie der formativen Evaluation ausreichend sind oder eine zusätzliche intensive Förderung notwendig ist. Hartke und Diehl (2013, S. 138) beschreiben RTI als ein »strukturierendes Konzept einer drei- bzw. vierstufigen Förderung, das diagnostische Verfahren und Interventionen zugunsten von Leistungssteigerungen von Schülern und zur Vermeidung von sonderpädagogischem Förderbedarf integriert, wobei bei einem messbar ausbleibenden Fördererfolg Veränderungen in der Förderung vorgenommen werden«. Analog zur primären, sekundären und tertiären Prävention nach Caplan (1966) unterscheiden Bineham et al. (2014, S. 231) folgende drei Förderstufen:

- *Förderstufe 1* (primäre Prävention): *evidenzbasierter Unterricht* als präventive Grundausrichtung für alle mit Schulleistungs- und Verhaltensscreenings und Lernverlaufsdiagnostik,
- *Förderstufe 2* (sekundäre Prävention): *intensive Förderung* als zusätzliche Kleingruppenförderung sowie
- *Förderstufe 3* (tertiäre Prävention): *intensive Einzelförderung* als individualisierte Intervention.

Mit steigender Förderstufe verstärkt sich also die Intensität und Häufigkeit der Förderung bzw. Verlaufsdiagnostik und die Größe der Instruktionsgruppe nimmt parallel dazu ab bis hin zur Einzelförderung. Die amerikanischen Wirksamkeitsstudien ergeben aktuell keine eindeutigen Resultate über positive Effekte des RTI-Ansatzes, was v. a. auf Mängel bei der Implementierung des Modells zurückzuführen sei:

> »Despite increased literature addressing RTI, no consensus on implementation has been reached [...] The wide variances, misunderstandings, and lack of training reported in this nationwide study could explain the mixed results of recent research on RTI« (Bineham et al., 2014, S. 230).

Auch beim RIM können nach gut drei Jahren Evaluation trotz des hohen diagnostischen und personellen Aufwands keine signifikanten Unterschiede bezogen auf die Art der Beschulung (inklusive Beschulung versus Diagnoseförderklassen: DFK) festgestellt werden, im Gegenteil: Im Hinblick auf den Lernbereich Mathematik zeigt die Kontrollgruppe sogar signifikant bessere Leistungen (Voß et al., 2014, S. 125). Insgesamt besteht noch ein erhebliches Forschungsdesiderat zu den Programmen RTI wie auch RIM, wobei die Konzepte kontinuierlich weiterentwickelt werden sollten, um deren Bedeutung für den Lern- und Leistungserfolg an inklusiven Schulen weiter zu erhellen. Trotzdem wird gut aufgezeigt, dass das Rügener Inklusionsmodell geeignet ist, die sonderpädagogische Förderung auch in den allgemeinen Schulen zu etablieren, wobei hier die Tendenz zu Maßnahmen äußerer Differenzierung entsteht und der RTI-Ansatz lediglich auf eine Ebene der Schulentwicklung abzielt, nämlich auf die des diagnosegeleiteten Unterrichts. Demgegenüber geraten mit zu berücksichtigende Implikationen beispielsweise auf der Teamebene, auf der Ebene des Schulkonzeptes sowie auf der Ebene der externen Vernetzung möglicherweise aus dem Blick.

1.2.4 Wirkungen und Grenzen der inklusiven Schule

Mit Prengel (2010, S. 7 ff.), die als eine Anhängerin weitgehender Inklusion gilt, sind für die Praxis – auch inklusiver Schulen – Dilemmata, Widersprüche und Paradoxien festzustellen. Diese resultieren letztlich aus dem Spannungsfeld des Individuums mit seinen Bedürfnissen wie auch Fähigkeiten und den verschiedensten Anforderungen der gesellschaftlichen Wirklichkeit. Brodkorb (2014) spricht in diesem Zusammenhang vom Gegensatzpaar der (elterlichen) *Liebe* und den gesellschaftlichen Erwartungen zu einem Beitrag durch *Leistung*:

> »Was immer man vorzieht: Auf eine gewisse Weise bleibt jede dieser Optionen problematisch. In dem einen Fall entscheidet man sich für die heile Welt der Schule und die umso brutalere Ankunft auf dem leistungsorientierten Arbeitsmarkt nach der Schulpflicht, in dem anderen Fall gibt man Leistungsorientierung und Vorbereitung auf das spätere Leben den Vorzug, mutet dem Kind dafür jedoch möglicherweise unangenehme Erlebnisse in der Schule zu. Wir alle müssen uns stets zwischen diesen Polen entscheiden. So herausfordernd kann das Leben sein – und auch die Inklusion« (Brodkorb, 2014, S. 441).

In diesem andauernden Spannungsfeld gibt er der Leistung und dem späteren Leben den Vorzug, »auch, weil nur so die Schule als schonungsvoll und demokratisch operierende Institution für Allokation und Enkulturation erhalten werden kann. Und nur dies ermöglicht eine Form der Inklusion, die über den Tellerrand der Schule hinausblickt und mit der erfolgreichen Integration in den Arbeitsmarkt eine Form gesellschaftlicher Teilhabe realisiert, die sich letztlich über das ganze Leben hinweg erstreckt« (ebd.).

1 Zwischen Nachhilfeklassen und inklusiven Schulen

Die Frage nach dem besten Förderort, also nach inklusiver Beschulung, ist momentan empirisch (noch) nicht eindeutig geklärt (Heinrich/Urban/Werning, 2013, S. 89). Zum einen stellt sich daher die Aufgabe nach weiterer Effektivitätsforschung (Schor, 2012, S. 21; Ellinger/Stein, 2012; Gebhardt, 2015), zum anderen leisten auch wertbezogene Reflexionen wie sogar normative Debatten ihren Beitrag zur Einschätzung der Wirksamkeit (Wocken, 2014a; b). Wie bereits unter Punkt 1.2.2 eingeführt, können die möglichen Wirkungen und Grenzen inklusiver Schulen auf den verschiedenen Ebenen des Individuums, der Institutionen und Gesellschaft mit ihrer Schul- sowie Finanzpolitik zum Tragen kommen. Angestrebte Wirkungen lassen sich wie folgt beschreiben (Moser, 2012; vds, 2013; Wember, 2013; Lütje-Klose/Urban, 2014; Wissenschaftlicher Beirat »Inklusion« beauftragt durch den Bayerischen Landtag, 2014):

- *Individuelle Ebene* (z. B. Schüler und Schülerinnen, Eltern, Lehrkräfte): individuelle sowie ressourcenorientierte Diagnostik und Förderung aller Kinder und Jugendlichen unter Berücksichtigung der Gruppe samt ihrer Heterogenität innerhalb des inklusiven bzw. inklusionsorientierten Unterrichts, Diskriminierungsverbot, physische und psychische Gesundheit aller Beteiligten, Ermöglichung der Kooperation im multiprofessionellen Team, unabhängige Beratung, Wahrung des Elternwahlrechts und Elternbeteiligung, Haltung der Akzeptanz und Wertschätzung, Inklusion als Qualitätsaspekt von Schule.
- *Institutionelle Ebene* (z. B. Schule, Administration): inklusive Schulentwicklung mit möglichen Reformen im Schulsystem, Tageseinrichtungen und Betreuungsmöglichkeiten, wohnortnahe Beschulung im Schulsprengel, bauliche Maßnahmen unter sowohl praktischen als auch ästhetischen Gesichtspunkten, angemessene Ausstattung der Schulen, evtl. Abbau von Besoldungsunterschieden zur Ermöglichung von Kooperation auf Augenhöhe, nachhaltige Entwicklung von Bildungs- bzw. Erziehungsstandards und Curricula mit Mindeststandards, Beschreibung der Bildungsaufgaben, wissenschaftliche Begleitforschung.
- *Gesellschaftspolitische Ebene* (z. B. kapitalistische Leistungsgesellschaft, Schul-, Bildungspolitik): Ressourcenbereitstellung, inklusive Lehrerbildung in Aus-, Fort- und Weiterbildung als Professionalisierungsmerkmal, Öffentlichkeitsarbeit zur Akzeptanz einer inklusiven Gesellschaft als Ideal, gute Vorbereitung auf die Platzierung für den Arbeitsmarkt, Ermöglichung einer gesellschaftlichen Partizipation, Schaffung der rechtlichen Grundlagen.

Die kritischen Diskussionen in Theorie und Praxis wie auch Hürden bei der Umsetzung und Implementierung inklusiver Beschulung verweisen auf mannigfache Grenzen. Auf der Basis aktueller Forschungsbeiträge sollen beispielhaft und evidenzbasiert mögliche Schwierigkeiten auf den verschiedenen Ebenen aufgezeigt werden. Auf der *individuellen Ebene* weisen Bless und Mohr (2007) Effekte der Stigmatisierung und Etikettierung von Schülern und Schülerinnen mit sonderpädagogischem Förderbedarf im Förderschwerpunkt Lernen sowie emotionale und soziale Entwicklung im gemeinsamen Unterricht nach. Die schulischen Leistungen sind durch den »Zugpferdeffekt« jedoch besser geworden (Bless/Mohr, 2007). Für die Klassenlehrkräfte der allgemeinen Schule stellt sich der Umgang mit der leistungsmäßigen Heterogenität als eine große Herausforderung dar, wohingegen die Förderschullehrkräfte v. a. die Teamarbeit und das Erreichen einer Haltungsänderung bezüglich einer positiven Einstellung zur Inklusion bei den Klassenlehrkräften als schwierig angeben (Pool Maag/Moser Opitz, 2014). Förderschullehrkräfte zeichnen sich vergleichsweise durch eine positive, wertschätzende Haltung im Sinne eines *Mandats* gegenüber den Schülern und Schülerinnen aus, ebenso durch ihre Handlungsfähigkeit in Gefährdungssituationen (Weiß/Kollmansberger/Kiel, 2013; Kuhl/Moser/Schäfer/Redlich, 2013). Gleichzeitig lassen sich jedoch aufgrund z. B. der hohen Ansprüche und idealistischen Einstellung gesundheitsgefährdende Bewältigungsstrategien bei Förderschullehrkräften feststellen (Schmid/Höfler, 2010; Schmid, 2015). Im Zusammenspiel von *institutioneller* und *gesellschaftlichen* Ebene ist vor allem das Thema der Finanzen und Ressourcen umstritten:

> »Wer also Inklusion in der allgemeinen Schule befürwortet, muss im gleichen Schritt und ohne Verzug die hierfür nötigen Ressourcen und spezifischen Rahmenbedingungen zwingend einfordern« (Schor, 2012, S. 13).

Viele Landesregierungen stellen in diesem Zusammenhang den Ausbau inklusiver Schulen als gesetzliche Vorgabe jedoch unter einen sog. »Ressourcenvorbehalt«, wobei hier zusätzlich auf die mitunter zwiespältigen Wirkungen gesetzlich verordneter Schulentwicklung hinzuweisen ist. Barth und Kocher (2011) ermitteln diesbezüglich in ihrer Studie v. a. drei herausfordernde Aspekte, nämlich die erschwerte Adaptivität bei der Implementierung sonderpädagogischer Angebote in den Unterricht der allgemeinen Schule, Inter-Rollenkonflikte in multiprofessionellen Teams und unterschiedliche Macht- bzw. Prestigekonstellationen von Schulleitungen. Nicht zuletzt sollte auch die stark voneinander abweichenden Interpretationsmöglichkeiten von offiziellen Schulstatistiken Beachtung und Reflexion finden (Wocken, 2014b). Insgesamt betrachtet ist für die Entwicklung und den Ausbau inklusiver Schulen ein großes Potenzial an Innovation wie auch an Überforderung festzustellen (Werning, 2010). Gerade deshalb ist ein intensiver dialogischer Theorie-Praxis-Austausch mit wissenschaftlicher Begleitforschung dringend notwendig, um sich für die Zukunft dem Ideal einer inklusiven Gesellschaft bzw. Schullandschaft plus Realitätsabgleich Schritt für Schritt anzunähern.

1.2.5 Zusammenfassung: Individualisierung und Teilhabe

Spätestens mit der Ratifizierung und dem Inkrafttreten der UN-BRK in Deutschland 2009 stellt die inklusive Schulentwicklung eine Aufgabe aller (!) Schulen bzw. Schularten dar. Auch Schülerinnen und Schüler mit Lernschwierigkeiten sollen gleiche Bildungschancen und die Möglichkeit der gesellschaftlichen Teilhabe erhalten. Gravierende Lernschwierigkeiten verweisen hierbei auf derart massive Benachteiligungen, dass die erschwerten Lern- und Lebenssituationen nicht ohne (sonderpädagogische) Hilfen von außen bewältigt werden können und ein sogenannter sonderpädagogischer Förderbedarf festzustellen ist. Aus ökologischer Perspektive liegen die Möglichkeiten wie auch Grenzen im Hinblick auf die inklusive Beschulung von Kindern und Jugendlichen im Förderschwerpunkt Lernen erstens in einem qualitäts- bzw. respektvollen Miteinander aller Interaktionspartner (z. B. Schüler-, Eltern- und Lehrerschaft) und einem individualisierten gemeinsamen Unterricht, zweitens in der positiven und konstruktiven Kooperation aller am inklusiven Bildungsprozess Beteiligter und der Bildung von professionellen Netzwerken, drittens in der Öffnung der Schulen mit dem Profil Inklusion mit Außenwirkung auf die Gesellschaft und viertens in einer Sensibilisierung der Gesellschaft und Kultur für die Gesamtaufgabe der Umsetzung von Inklusion. Als ein Hauptdiskussionspunkt kristallisiert sich hierbei die Frage nach der angemessenen Bereitstellung von Ressourcen und die Gestaltung der spezifischen Rahmenbedingungen für die Schulen mit dem Schulprofil Inklusion heraus. Insgesamt besteht also der Prozess einer inklusiven Schulentwicklung als eine Daueraufgabe mit sowohl Planungs- als auch Durchführungsunsicherheiten. Eine wissenschaftliche Begleitung des Schulentwicklungsprozesses erscheint unabdingbar, wie beispielsweise im Zusammenhang mit dem RTI-Ansatz (*Response to Intervention*) und dem Rügener Inklusionsmodell (RIM) aktuell deutlich wird.

1.3 Inklusion als Schulentwicklungsaufgabe – Potenziale bezogen auf gravierende Lernschwierigkeiten

Immer mehr allgemeine Schulen machen sich in der Bundesrepublik Deutschland auf den inklusiven Weg. Erste Erfahrungen mit der inklusiven Schulentwicklung dokumentieren, dass zunächst die Schülerinnen und Schüler mit ihren individuellen Bedürfnissen im Mittelpunkt der Entwicklungsarbeit stehen. Die beteiligten pädagogischen Fachkräfte fragen sich zuerst, ob sie den vielfältigen Bedürfnissen von Schülerinnen und Schülern in einer heterogenen Lerngruppe gerecht werden können. Es zeigt sich jedoch in vielen Schulen bald, dass neben der individuellen Förderung auch Veränderungen im Unterricht, in der Zusammenarbeit der Fachkräfte, im Schulleben und in der Vernetzung der Schule mit dem Umfeld erforderlich sind. Diese Entwicklung kann nicht ad hoc erfolgen, sie benötigt Zeit und die Einwilligung aller Beteiligten. Auch diese muss vielfach erst angebahnt werden. Inklusive Schulentwicklung sollte auf der Entscheidung aller Beteiligten beruhen. Sie kann nicht bildungspolitisch-administrativ verordnet werden. Das gilt ganz besonders bezogen auf Schülerinnen und Schüler mit gravierenden Lernschwierigkeiten. Gerade in dieser Schülergruppe ist die Gefahr groß, dass die Kinder und Jugendlichen einfach nur dabei sind, ohne eine gezielte Förderung zu erhalten. Es handelt sich scheinbar »nur« um Probleme mit dem Lernen. Die sonderpädagogische Förderpraxis bei Schülerinnen und Schülern mit gravierenden Lernschwierigkeiten zeigt allerdings, dass hinter diesen offensichtlichen Lernproblemen häufig höchst komplexe Lernbiographien stehen, schwierige Lebenssituationen in den Familien von Kindern und Jugendlichen zu bewältigen sind und der Umgang mit prekären Lebensverhältnissen von ihnen erwartet wird. Bei näherem Zusehen erweist sich in der Praxis der inklusiven Schulentwicklung, dass gerade diese Schülerinnen und Schüler eine der größten Herausforderungen für die Umsetzung des Leitbildes der Inklusion im Schulsystem darstellen. Das gilt ganz besonders, wenn zu den Lernproblemen noch Verhaltens- und Sprachprobleme hinzutreten (Ellinger/Wittrock, 2005). Es ist fachlich allgemein anerkannt, dass diese Förderschwerpunkte nicht strikt voneinander getrennt auftreten (Schröder, 2005; Heimlich, 2009; Werning/Lütje-Klose, 2012). Insofern stellen gerade Kinder und Jugendliche mit gravierenden Lernschwierigkeiten die pädagogischen Fachkräfte in inklusiven Schulen vor Zerreißproben. Auch deshalb sollte inklusive Schulentwicklung stets auf mehreren Ebenen der Schule als System konzipiert werden und dabei die Bedürfnisse dieser Schülerinnen und Schüler explizit berücksichtigen. Inklusive Schulentwicklung wird deshalb nun als Mehrebenenmodell dargestellt und auf die spezifischen Ansprüche von Kindern und Jugendlichen mit gravierenden Lernschwierigkeiten hin betrachtet.

1.3.1 Die inklusive Schulentwicklung bei Lernschwierigkeiten als Mehrebenenmodell

Wenn eine allgemeine Schule auch nur eine Schülerin oder einen Schüler mit sonderpädagogischem Förderbedarf aufnimmt, so verändert sich die Schule als System: So könnte eine zentrale Erfahrung aus der inklusiven Schulentwicklungspraxis zusammengefasst werden (Heimlich, 2003). Auf dem Hintergrund des ökologischen Paradigmas in der Heil- und Sonderpädagogik (Speck, 2008; Sander, 2009; Heimlich, 2016) lassen sich im Anschluss an Bronfenbrenner (1989) mehrere Ebenen der inklusiven Schulentwicklung unterscheiden (zur Schulentwicklung allgemein auch: Fend, 1998; Wiater, 2012):

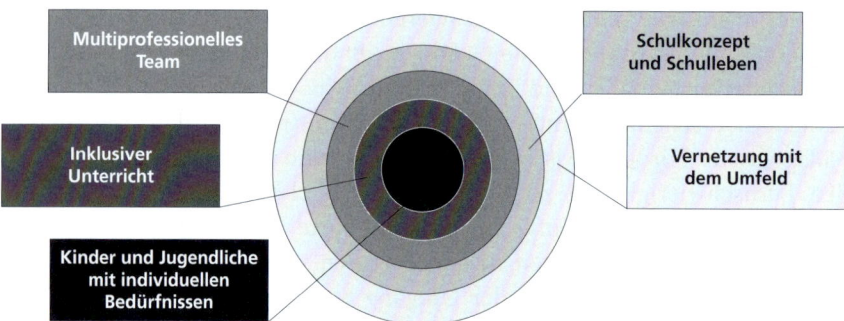

Abb. 1.1: Inklusive Schulentwicklung als Mehrebenenmodell

Im Rückblick auf die Geschichte der Inklusionsbewegung in Deutschland zeigt sich bereits, dass die Veränderung von Bildungseinrichtungen unter dem Leitbild der Inklusion am ehesten als ein Prozess der Ausweitung im Sinne konzentrischer Kreise systematisiert werden kann. Zu unterscheiden sind die Ebenen Kinder und Jugendliche mit individuellen Bedürfnissen (Ebene 1), der inklusive Unterricht (Ebene 2), die interdizisplinäre Teamkooperation (Ebene 3), das inklusive Schulkonzept und das inklusive Schulleben (Ebene 4) sowie die externe Vernetzung der inklusiven Schule mit dem Sozialraum (Ebene 5) (Heimlich/Jacobs, 2001; Heimlich, 2003). Diese kleinräumige Betrachtung fokussiert die einzelne Bildungseinrichtung, also z. B. eine bestimmte Schule und ihren Einzugsbereich bzw. Sprengel. In den Hintergrund treten dabei die überregionalen und gesamtgesellschaftlichen Einflussfaktoren der inklusiven Schulentwicklung. Diese sind selbstverständlich nicht auszuklammern, stehen aber angesichts der drängenden Entwicklungsaufgaben in der Schule und in deren Umfeld zunächst im Hintergrund. Das hier vorliegende Mehrebenenmodell der inklusiven Schulentwicklung zielt also auf unmittelbare Handlungsmöglichkeiten ab, die den Beteiligten in Schulen, also z. B. Lehrkräften, Eltern, Schülerinnen und Schülern zur Verfügung stehen. Inklusive Schulentwicklung auf diesen fünf Ebenen kann nur im engen Zusammenwirken aller Beteiligten gelingen. Im schulischen Alltag wird es immer wieder zu netzwerkartigen Verbindungen zwischen den verschiedenen Ebenen der inklusiven Schulentwicklung kommen. Jede Schülerin und jeder Schüler steckt im Grunde in einem Netzwerk an sozialen Beziehungen innerhalb des Systems Schule, das nicht aus dem Blick geraten darf. Inklusive Schulentwicklung hat es also mit einer Vielfalt an vernetzten sozialen Beziehungen zu tun. Nicht ohne Grund bestätigen alle Beteiligten, dass sich der Aufwand für Kooperation und Gespräche in inklusiven Schulen vervielfacht (Heimlich/Jacobs, 2001).

Der Wissenschaftliche Beirat »Inklusion« in Bayern, der vom Bayerischen Landtag beauftragt ist, die inklusiven Schulen in Bayern zu begleiten und zu beraten, hat im Jahre 2012 einen Leitfaden »Profilbildung inklusive Schule« (Fischer/Heimlich/Kahlert/Lelgemann, 2012, 2. Auflage 2013) herausgegeben. Dieser ist an alle bayerischen Schulen versendet worden und wird inzwischen auch in anderen Bundesländern in der Lehrerfortbildung sowie in der inklusiven Schulentwicklung verwendet. Der Leitfaden enthält Qualitätsstandards und Leitfragen zu den fünf Ebenen der inklusiven Schulentwicklung:

Tab. 1.1: Qualitätsstandards in der inklusiven Schulentwicklung

1.	Kinder und Jugendliche mit individuellen Förderbedürfnissen
1.1	Sonderpädagogische Förderschwerpunkte werden in die individuelle Förderung miteinbezogen.
1.2	Die Schüler mit sonderpädagogischem Förderbedarf haben einen förderdiagnostischen Bericht als Grundlage für die individuelle Förderung.
1.3	Die Schüler mit sonderpädagogischem Förderbedarf haben einen Förderplan.
1.4	Der Stand der Lernentwicklung der Schüler wird regelmäßig überprüft.

1 Zwischen Nachhilfeklassen und inklusiven Schulen

Tab. 1.1: Qualitätsstandards in der inklusiven Schulentwicklung – Fortsetzung

1.5	Die Schüler können im Bedarfsfall individuelle Förderung in Anspruch nehmen.
2.	**Inklusiver Unterricht**
2.1	Inklusiver Unterricht berücksichtigt die individuellen Zugänge der Schüler zu den Lerninhalten.
2.2	Der Unterricht trägt den unterschiedlichen Lern- und Leistungsvoraussetzungen der Schüler angemessen Rechnung.
2.3	Der Unterricht ist für die Schüler klar, verständlich und transparent.
2.4	Inklusiver Unterricht bietet den Schülern einen wohlorganisierten Lern- und Entwicklungsraum.
2.5	Inklusiver Unterricht bemüht sich um ein lernförderliches Klima.
3.	**Interdisziplinäre Teamkooperation**
3.1	Im Unterricht wird im Team gearbeitet.
3.2	Der Unterricht wird gemeinsam geplant und in Absprache durchgeführt.
3.3	Die Unterrichts- und Erziehungsarbeit wird gemeinsam reflektiert.
3.4	Die pädagogische Arbeit wird so organisiert, dass diese möglichst zeitnah und effektiv zu bewältigen ist.
3.5	Kooperation findet auch über die Grenzen der Klasse hinaus statt.
4.	**Schulkonzept und Schulleben**
4.1	Die Schulleitung eröffnet Möglichkeiten, über die Chancen einer inklusiven Schule zu reflektieren.
4.2	Die Schulleitung ist aktiv an der Entwicklung eines inklusiven Schulkonzepts beteiligt.
4.3	Im Schulleben ist es selbstverständlich, dass die Schüler an den schulischen und außerunterrichtlichen Aktivitäten teilnehmen können.
4.4	Die Schule hat das Leitbild der Inklusion in ihrem Schulkonzept verankert.
4.5	Vom Kollegium wird das Thema Inklusion unterstützt.
5.	**Vernetzung mit dem Umfeld**
5.1	Die Schule kooperiert mit den am direkten pädagogischen Prozess Beteiligten, damit den Schülern bestmögliche Lernbedingungen eröffnet werden.
5.2	Die Schule strebt die Entwicklung eines Netzwerkes an, damit den Schülern bestmögliche Lebens- und Entwicklungsbedingungen in der Gesellschaft eröffnet werden.
5.3	Die Zusammenarbeit mit den Eltern wird als Voraussetzung betrachtet, um die inklusive Schule voranzubringen.
5.4	Das Umfeld wird mit in die inklusive Schulentwicklung einbezogen.
5.5	Die Schule kann auf fachliche Beratung und Begleitung zurückgreifen.

Im Einzelnen stellen sich nach vorliegenden Erfahrungen auf den verschiedenen Ebenen insbesondere folgende Schulentwicklungsaufgaben bezogen auf Schülerinnen und Schüler mit gravierenden Lernschwierigkeiten.

- Ebene 1: Kinder und Jugendliche mit individuellen Förderbedürfnissen

Unter dem Leitbild der Inklusion stehen die Kinder und Jugendlichen in ihrer individuellen Eigenart im Mittelpunkt. Es gilt ihre Bedürfnisse zu berücksichtigen, ihre Interessen und Fähigkeiten in die inklusive Schulentwicklung mit einzubeziehen und das gesamte Bildungsangebot stärker zu individualisieren. Sowohl Schülerinnen und Schüler mit Hochbegabung als auch Schülerinnen und Schüler mit sonderpädagogischem Förderbedarf sind zu berücksichtigen. Dazu müssen in der Regel entsprechende Methoden der pädagogischen und auch sonderpädagogischen Förderdiagnostik eingesetzt werden, die Informationen über den Lern- und Entwicklungsstand des einzelnen Kindes bzw. Jugendlichen liefern. Darüber hinaus gilt es die individuelle Förderung entsprechend zu planen. Das reicht von Wochenplänen für die gesamte Klasse mit entsprechender Differenzierung bezogen auf einzelne Schülerinnen und Schüler bis hin zu individuellen Tagesplänen in Verbindung mit den Förderplänen bei Schülerinnen und Schülern mit gravierenden Lernschwierigkeiten (Heimlich/Lutz/Wilfert de Icaza, 2013; 2014). Auch entsprechende Fördermaterialien für die individuelle Förderung sollten im Klassenraum bzw. in der Schule verfügbar sein und flexibel eingesetzt werden.

- Ebene 2: Inklusiver Unterricht

Im Unterricht gilt es solche Lernsituationen zu gestalten, an denen alle Schülerinnen und Schüler teilhaben können und zu denen alle Schülerinnen und Schüler etwas beitragen (Heimlich, 2012). Damit sind Lernerfahrungen angesprochen, die das Voneinander-Lernen der unterschiedlichen Schülerinnen und Schüler ebenso beinhalten wie das differenzierte individuelle Lernen (Wocken, 1998). Oberstes Prinzip bleibt im inklusiven Unterricht allerdings stets der gemeinsame Lerngegenstand (Feuser, 1998), der für unterschiedliche Lernwege und Zugangsweisen geöffnet wird. Neben den Grundelementen des offenen Unterrichts mit Phasen der Freiarbeit, des Stationenlernens und des kooperativen Lernens sind ebenso lehrerzentrierte Phasen erforderlich, bei denen in strukturierter und fachkompetenter Weise neue Lerninhalte präsentiert werden. Gerade Schülerinnen und Schüler mit gravierenden Lernschwierigkeiten profitieren davon sehr (Weinert/Helmke, 1997) Als hilfreich hat sich in diesem Zusammenhang das Modell der inklusionsdidaktischen Netze erwiesen (Heimlich/Kahlert, 2014), da es ein Planungsmodell für den inklusiven Unterricht liefert, in dem nicht nur die fachlichen Aspekte eines Unterrichtsinhaltes ausdifferenziert werden, sondern ebenso die vielfältigen Entwicklungsbereiche der Schülerinnen und Schüler mit ihren kognitiven, sprachlichen, sozialen, emotionalen und sensomotorischen Aspekten. Der »Rahmenlehrplan für den Förderschwerpunkt Lernen« in Bayern (Bayerisches Staatsministerium für Unterricht und Kultus, 2012) bietet hier über diagnostische Leitfragen und entwicklungsorientierte Fördermaßnahmen eine Fülle von Hilfen bezogen auf Schülerinnen und Schüler mit gravierenden Lernschwierigkeiten. Über diesen Weg kann dann auch das komplexe Problem eines zieldifferenten Unterrichts für Schülerinnen und Schüler mit gravierenden Lernschwierigkeiten nicht nur organisatorisch sondern ebenfalls inhaltlich gelöst werden.

• Ebene 3: Interdisziplinäre Teamkooperation

Inklusive Schulentwicklung ist kein Feld für Einzelkämpfertum. Lehrkräfte der allgemeinen Schulen und sonderpädagogische Lehrkräfte sind auf eine enge Zusammenarbeit angewiesen, um den vielfältigen Bedürfnissen der Schülerinnen und Schüler in einer inklusiven Schule gerecht werden zu können. Fallberatungen im Team, gemeinsame Entwicklung von Förderplänen und die ständige Bereitschaft zum informellen Gespräch »zwischen Tür und Angel« zählen hier ebenso zu den Erfolgsbedingungen wie die Bereitschaft zu Offenheit und Flexibilität während der Phasen des Teamteaching im Klassenunterricht (Heimlich/Jacobs, 2007; Jacobs, 2005). Bei Schülerinnen und Schülern mit gravierenden Lernschwierigkeiten kann es zusätzlich erforderlich sein, weitere Fachkräfte hinzuziehen. Gerade bei diesen Kindern und Jugendlichen kommt es im außerschulischen Bereich immer wieder zu belastenden Situationen, deren Bewältigung eine sensible Begleitung erfordert. Um die zahlreichen Lebensprobleme sozial benachteiligter Familien meistern zu können, ist nicht selten die Schulsozialarbeit und eine enge Zusammenarbeit mit der Jugendhilfe vonnöten. In jedem Fall steigt der Kooperationsaufwand in inklusiven Schulen beträchtlich, mit entsprechenden Konsequenzen für das Zeitmanagement von Lehrkräften über den Unterricht hinaus. Diese erhebliche zusätzliche Beanspruchung von Lehrkräften im Sinne eines eigenständigen Aufgabenschwerpunktes in inklusiven Schulen sollte bei den Ermäßigungsstunden berücksichtigt werden und ist auf die Unterrichtsverpflichtung entsprechend anzurechnen.

- Ebene 4: Inklusives Schulkonzept und Schulleben

Je nach Größe der jeweiligen Schule wird früher oder später das Schulleben in inklusiven Schulen zum Thema. Nicht nur die Pausengestaltung, auch Feste und Feiern, Schullandheimaufenthalte, Ausflüge, Wanderungen und klassenübergreifende Projekte sind nunmehr unter die Anforderungen des Leitbildes Inklusion gestellt. Es geht in allen schulischen Bereichen um die selbstbestimmte Teilhabe aller Schülerinnen und Schüler. Insofern sind besonders in den großen Schulen des Sekundarbereichs Begegnungs- und Rückzugsmöglichkeiten für Schülerinnen und Schüler zu schaffen. Gerade für Schülerinnen und Schüler mit gravierenden Lernschwierigkeiten eignet sich die Ganztagsschule in besonderer Weise. Hier kann auch auf mögliche Engpässe in der Ernährung der Schülerinnen und Schüler aus armen und sozial benachteiligten Familien eingegangen oder beispielsweise auf eine gesunde und ausgewogene Ernährung geachtet werden. Außerdem sind Anregungen zu einer aktiveren Freizeitgestaltung erforderlich. Die Arbeit am inklusiven Schulkonzept sollte wiederum von allen Beteiligten getragen werden, also Lehrkräfte, Eltern sowie Schülerinnen und Schüler (Lumer, 2001). Bei diesem Schulentwicklungsprozess kommt den Schulleitungen eine besonders wichtige Rolle zu, weil sie vor der Aufgabe stehen, immer wieder Gespräche mit allen Beteiligten anzuregen und dabei alle Gruppen in der inklusiven Schule einzubeziehen. Besonders die Partizipation von Schülerinnen und Schülern mit gravierenden Lernschwierigkeiten muss immer wieder unterstützt werden, da diese Schülerinnen und Schüler sich möglicherweise nur mit Hilfe in der Schulgemeinschaft artikulieren können oder aufgrund von Verhaltensproblemen von anderen Schülerinnen und Schülern eher abgelehnt werden (Heimlich, 2008).

- Ebene 5: Vernetzung mit dem Sozialraum

Inklusive Schulen versichern sich früher oder später der engen Kontakte zu ihrem Umfeld. Das gilt nicht nur für die Kooperation zwischen allgemeiner Schule und Förderschule bzw. Sonderpädagogischen Förderzentrum, sondern auch für begleitende soziale Dienste wie Frühförderung, das Jugendamt, Erziehungsberatungsstellen und betreuende Dienste. Aber auch Kontakte zu weiteren Institutionen im Umfeld wie Kirchengemeinden, Kommunalverwaltungen, Sportvereine oder auch Betriebe sind für die Arbeit an dem Leitbild Inklusion unabdingbar. Nicht selten wirken inklusive Schulen auf diese Weise auch in den Stadtteil bzw. Sprengel hinein und zeigen mit Hilfe konkreter Projekte auf, welche inklusiven Entwicklungen in der Kommune in Angriff genommen werden sollten oder beteiligen sich an entsprechenden lokalen Gremien (Preuss-Lausitz, 1999). Inklusive Schulen benötigen allerdings auch eine intensive Beratung und Begleitung. Insofern ist der Aufbau entsprechender unabhängiger Beratungsstellen auf Schulamtsebene, die sowohl Anlaufstelle für Eltern als auch Ansprechpartner für Lehrkräfte sind, sicher hilfreich (Moser, 2012).

Im »Begleitforschungsprojekt inklusive Schulentwicklung (B!S)« werden in Kooperation der Ludwig-Maximilians-Universität München und der Julius-Maximilians-Universität Würzburg die inklusiven Schulen in Bayern auf der Basis dieses Mehrebenenmodells wissenschaftlich begleitet. In fünf Teilstudien ist der inklusive Unterricht, die Teamkooperation, die externe Vernetzung, die Qualität der inklusiven Entwicklungsarbeit insgesamt und eine Befragung aller Beteiligten durchgeführt worden (Heimlich/Kahlert/Lelgemann/Fischer, 2016). Auf der Basis des Mehrebenenmodells der inklusiven Schulentwicklung ist in der Teilstudie »Qualitätsskala zur inklusiven Schulentwicklung (QU!S)« ein Forschungsinstrument entstanden, mit dem es möglich ist, die inklusive Qualität von Schulen zu messen. Die Ergebnisse aus der QU!S-Studie mit insgesamt 72 Schulen in Bayern, die seit vielen Jahren Erfahrungen mit Kindern und Jugendlichen mit sonderpädagogischem Förderbedarf sammeln bzw. das Profil Inklusion haben (Heimlich/Wilfert de Icaza, 2014; Heimlich/Ostertag/Wilfert de Icaza 2016), deuten darauf hin, dass inklusive Schulen eine gute inklusive Qualität entwickeln. Die folgenden Überlegungen zur praktischen Umsetzbarkeit inklusiver Schulentwicklung bei Schülerinnen und Schülern mit gravierenden Lernschwierigkeiten basieren auf Schulbesuchen und Unterrichtshospitationen in Grund- und Mittelschulen mit dem Profil Inklusion in Bayern, die in den Jahren 2015 bis 2016 durchgeführt werden.

1.3.2 Die Praxis der Schulentwicklungsarbeit bei gravierenden Lernschwierigkeiten

In dem Maße, wie sich die Zahl der inklusiven Schulen vergrößert, liegen auch zunehmend Beispiele aus der Praxis der inklusiven Schulentwicklungsarbeit bei Schülerinnen und Schülern mit Lernschwierigkeiten vor. Besonders Grund- und Mittelschulen sind hier aufgefordert, sich für Schülerinnen und Schüler mit gravierenden Lernschwierigkeiten zu öffnen. Inklusive Schulentwicklung bei Schülerinnen und Schülern mit gravierenden

Lernschwierigkeiten erfordert zuallererst Offenheit und Flexibilität. Alle Beteiligten sollten bereit sein, sich auf einen Prozess einzulassen, der prinzipiell nicht abgeschlossen ist und dessen Ende nicht vorherbestimmt werden kann. Selbst die Arbeit an einem inklusiven Schulkonzept ist als kontinuierlicher Prozess der Weiterentwicklung und Optimierung anzusehen, in den fortlaufend die praktischen Erfahrungen eingehen. Das ist bereits eines der Qualitätsmerkmale von inklusiven Schulen: die Bereitschaft die pädagogisch-konzeptionelle Arbeit als eine dauernde Aufgabe anzunehmen. Jedes neue Schuljahr bringt mit jeder neuen Schülergruppe wieder neue Herausforderungen. Das Bemühen, sich auf die individuellen Voraussetzungen der immer unterschiedlicher werdenden Schülerinnen und Schüler einzustellen, ist stets neu anzuregen. Inklusive Schulen benötigen sicher auf der einen Seite gute Rahmenbedingungen für ihre Arbeit. Dazu zählen herabgesetzte Klassengrößen (ca. 20–23 Schülerinnen und Schüler) bei möglichst weitgehender Doppelbesetzung mit einer sonderpädagogischen Lehrkraft (mindestens die Hälfte des wöchentlichen Stundenplans). Zusätzlich werden Schulbegleitungen für einzelne Schülerinnen und Schüler notwendig sein. Die räumlich-materielle Ausstattung der inklusiven Schulen ist ebenfalls weiterzuentwickeln. Es werden v. a. mehr Gruppenräume für die Differenzierung benötigt. Die Fördermaterialien für die individuelle Diagnose und Förderung müssen im Klassenraum verfügbar sein. Zudem sind Zeitdeputate für die Kooperation der Lehrkräfte zur Verfügung zu stellen. Auf der anderen Seite benötigen inklusive Schulen Handlungsspielräume, in denen sie sich entwickeln können und auch ermutigt werden, neue Wege zu gehen. Dazu ist ein erheblicher Vertrauensvorschuss der Schulaufsicht unabdingbar. Zu bedenken ist dabei, dass die Schulleitungen und Lehrerteams der inklusiven Schulen mit der Entscheidung für die Entwicklung eines inklusiven Schulkonzepts zeigen, dass sie bereit sind, eine hohe Verantwortung für ihre Arbeit zu übernehmen. Dieser Schulentwicklungsprozess muss durch Beratung und Supervision und schulinterne Lehrerfortbildungsangebote (SCHILF) begleitet und unterstützt werden. Das Engagement der Schulleitungen und Lehrkräfte ist in diesem Prozess nicht die einzige und sicher auch nicht eine unerschöpfliche Ressource. Insofern ist es stets erforderlich, über Grenzen der Belastbarkeit von Lehrkräften nachzudenken und präventive Angebote zur Erhaltung der Gesundheit von Lehrkräften vorzuhalten.

Schülerinnen und Schüler mit gravierenden Lernschwierigkeiten stellen inklusive Schulen vor große Herausforderungen. Nur in der Kombination von guten Rahmenbedingungen und weitreichenden Handlungsspielräumen können diese Aufgaben angemessen bewältigt werden. Soll dieser

Prozess in der nötigen Qualität stattfinden, so ist auch die sonderpädagogische Fachkompetenz bezogen auf gravierende Lernschwierigkeiten unverzichtbar. Die Feststellung des sonderpädagogischen Förderbedarfs im Förderschwerpunkt Lernen ist in inklusiven Schulen eine zentrale Aufgabe. Förderpläne für die individuelle sonderpädagogische Förderung in inklusiven Schulen können von sonderpädagogischen Lehrkräften aufgrund ihrer Ausbildung in besonders intensiver Weise entwickelt und umgesetzt werden. Dazu ist die enge Zusammenarbeit mit den Eltern, den Schülerinnen und Schülern und den Lehrkräften der inklusiven Schulen erforderlich. Die dort ausgewählten und begründeten Maßnahmen der sonderpädagogischen Förderung sind sowohl in der Einzelförderung als auch in der Kleingruppenförderung und im Klassenunterricht umsetzbar. In Phasen der Freiarbeit können individuelle sonderpädagogische Fördermaßnahmen ebenso stattfinden, wie über differenzierte und individualisierte Wochenpläne für Schülerinnen und Schüler mit gravierenden Lernschwierigkeiten. So wird die sonderpädagogische Fachkompetenz im Förderschwerpunkt Lernen nach und nach in die inklusive Schule eingebunden. Es eröffnen sich zugleich Möglichkeiten des Kompetenztransfers zwischen den Lehrkräften. Lehrkräfte der allgemeinen Schulen können von sonderpädagogischen Lehrkräften angeregt werden, noch stärker auf die individuellen Lernvoraussetzungen und Lerntempi von Schülerinnen und Schülern mit Lernproblemen zu achten. Sonderpädagogische Lehrkräfte verlieren durch die Mitarbeit im Unterricht der allgemeinen Schule nicht den Anschluss an die Leistungsanforderungen dieser Schulformen und vermeiden so die Gefahr der Unterforderung. Auf diesem Wege ergeben sich dann in naher Zukunft auch Realisierungschancen für die Inklusion der Mehrzahl der Schülerinnen und Schüler mit sonderpädagogischem Förderbedarf im Förderschwerpunkt Lernen, wie das in den meisten europäischen Nachbarländern bereits jetzt der Fall ist. Eine Anbindung der sonderpädagogischen Fachkompetenz im Förderschwerpunkt Lernen an Sonderpädagogische Förderzentren ist dazu nicht erforderlich. Sonderpädagogische Lehrkräfte im Förderschwerpunkt Lernen werden vielmehr zukünftig in regionalen und überregionalen Teams den fachlichen Austausch pflegen und so allmählich zum festen Bestandteil der Lehrerteams in einer inklusiven Schule werden, wie das in z. B. Finnland bereits jetzt der Fall ist.

Die Zukunft der Förderschulen und Sonderpädagogischen Förderzentren ist in zwei Entwicklungsrichtungen zu sehen. Zum einen wird es Förderschulen geben, die sich für Schülerinnen und Schüler ohne sonderpädagogischen Förderbedarf öffnen. Diese Schulen können durch eine jahrgangsweise Einbeziehung von inklusiven Klassen so über einen längeren Entwicklungsprozess zu inklusiven Schulen werden mit Ausrichtung auf einen enger begrenzten Schulsprengel. Der Vorteil ist hier insbesondere in der Erhaltung von Schulstandorten zur Absicherung der regionalen Bildungsversorgung zu sehen. Zum anderen werden Sonderpädagogische Förderzentren ihre Kooperation mit den allgemeinen Schulen ausweiten, nach und nach eine immer größere Zahl von Schülerinnen und Schüler mit gravierenden Lernschwierigkeiten in der allgemeinen Schule unterbringen und dort über Angebote der mobilen sonderpädagogischen Förderung bzw. über die kontinuierliche Mitarbeit im inklusiven Unterricht begleiten. Sie tendieren dazu »Schulen ohne Schüler« zu werden bzw. »Ambulanzlehrerzentren« oder »Kompetenzzentren«, die lediglich Dienstsitz der sonderpädagogischen Lehrkräfte sind, mit der Möglichkeit zu gemeinsamen Teamtreffen, zum Angebot einer sonderpädagogischen Beratungsstelle für Eltern oder zum Aufbau eines Materialpools (z. B. mit Materialien, die nicht immer an allen Schulen benötigt werden) für die Sicherstellung der sonderpädagogischen Förderung in der Region.

Ein inklusives Schulsystem bezogen auf Schülerinnen und Schüler mit gravierenden Lernschwierigkeiten besteht von daher nicht nur aus inklusiven Schulen, die alle Schülerinnen und Schüler willkommen heißen und ein qualitativ hochstehendes Bildungsangebot machen. Darüber hinaus sind besonders im überregionalen Zusammenhang mobile sonderpädagogische Förderangebote notwendig, um die nötige Flexibilität in der Versorgung mit sonderpädagogischen Lehrkräften sicherzustellen und auf wechselnde Bedarfe in den inklusiven Schulen reagieren zu können. Außerdem ist die inklusive Schulentwicklung durch Sonderpädagogische Förderzentren als »Schulen ohne Schüler« fachlich zu begleiten, die die Verantwortung für die Qualität der sonderpädagogischen Förderung in der Region übernehmen. Die organisatorische Zukunftsvorstellung der sonderpädagogischen Förderung im Förderschwerpunkt Lernen ist deshalb auch das regionale Fördernetzwerk, in dem inklusive Schulen, mobile sonderpädagogische Förderangebote, Sonderpädagogische Förderzentren und begleitende soziale Dienste zusammenwirken.

1.3.3 Zusammenfassung: Inklusive Schulentwicklung als Profilbildung

Inklusive Schulentwicklung bezogen auf Schülerinnen und Schüler mit gravierenden Lernschwierigkeiten stellt Schulen vor die Aufgabe, ihr eigenes Profil zu entwickeln. Dies kann nicht auf dem Verordnungsweg durch einen *Top Down*-Prozess allein erzwungen werden. Vielmehr ist das inklusive Schulkonzept in einem *Bottom-Up*-Prozess aus der einzelnen Schule heraus zu entwickeln. Auf diesem Weg müssen gute Rahmenbedingungen ebenso so gesichert werden wie die Bereitstellung und aktive Ausgestaltung von Handlungsspielräumen. Letztlich ist es in inklusiven Schulen erforderlich, einen Prozess der Schulentwicklung auf allen Ebenen anzustoßen. Dazu benötigen inklusive Schulen nicht nur einen Vertrauensvorschuss, sie benötigen ganz besonders Zeit. Und sie sind angewiesen auf die externe Begleitung im Sinne eines Qualitätssicherungssystems. Nur so kann inklusive Schulentwicklung zu einer nachhaltigen Veränderung des Bildungssystems im Sinne der Berücksichtigung der vielen unterschiedlichen Schülerinnen und Schüler beitragen.

Schlussbemerkung

Betrachten wir rückblickend den historischen Prozess der Herausbildung eines inklusiven Schulsystems vom Mittelalter bis in die Gegenwart, so wird deutlich, dass für die vielfältigen Bedürfnisse von Schülerinnen und Schülern mit gravierenden Lernschwierigkeiten nicht nur immer wieder neue schulorganisatorische Lösungen gefunden worden sind. Diese Organisationsmodelle sind auch ständig weiterentwickelt und ausdifferenziert worden. Ein Moment des Wandels ist der Arbeit mit diesen Schülerinnen und Schüler gleichsam a priori eingeschrieben. Um sozial benachteiligten Kindern und Jugendlichen im Bildungssystem gerecht werden zu können, gilt es besonders die Erfahrungen aus ihrer Lebenswelt und den teils schwierigen Familiensituationen zu berücksichtigen. Dazu ist ein Organisationsmodell erforderlich, dass zum einen die notwendige Verlässlichkeit im Sinne haltgebender Strukturen in krisenhaften Lebenssituationen bietet. Zum anderen benötigen diese Schülerinnen und Schüler eine hoch professionelle individuelle Lernbegleitung durch sonderpädagogische Lehrkräfte, die sich in vielfältigen flexiblen Organisationsformen von der Einzel- über die Kleingruppenförderung bis hin zum zieldifferenten Klassenunterricht manifestiert. Inklusive Schulen für Schülerinnen und Schüler mit gravierenden Lernschwierigkeiten sollten nach Möglichkeit Ganztagsschulen sein, wie es bereits seit Mitte des 19. Jahrhunderts immer wieder gefordert wird. Außerdem ist das enge Zusammenwirken dieser inklusiven Schulen mit der Schulsozialarbeit und begleitenden sozialen Diensten unabdingbar. Unter diesen Voraussetzungen könnte sich auch für die beteiligten Lehrkräfte das Potenzial der inklusiven Schule im Sinne einer Bereicherung und Weiterentwicklung der eigenen Professionalität auswirken im Vergleich zur Arbeit in den Förderschulen. So fasst eine sonderpädagogische Lehrkraft während eines Schulbesuchs in einer inklusiven Schule kürzlich ihre Erfahrungen wie folgt zusammen:

> »In der Förderschule müssen alle Impulse zur Förderung der Schülerinnen und Schüler mit gravierenden Lernschwierigkeiten von mir ausgehen, in der inklusiven Schule übernehmen die Kinder diese Aufgabe mit, in dem sie sich gegenseitig zum Lernen anregen und sich dabei helfen.«

Diese Aussage bestätigt die grundlegende Bedeutung der Lehrerpersönlichkeit mit ihrer Fähigkeit, gemeinsamen Unterricht zu planen, durchzuführen und kritisch zu reflektieren. So scheinen die schulorganisatorischen Strukturen sogar vor der Entwicklung einer professionellen Lehrerpersönlichkeit nachrangig zu sein, wie auch Hattie (2009) in seinen Metaanalysen beschreibt. Bezogen auf die Aus-, Fort- und Weiterbildung von (sonderpädagogischen) Lehrkräften darf also insbesondere die Schulung der personalen Kompetenz keinesfalls vernachlässigt werden, neben der Ausbildung von Fach-, Methoden- sowie Sozialkompetenz. Nur unter dieser Prämisse kann ein inklusiver Schulentwicklungsprozess für alle Beteiligten realistisch gelingen, ohne dass die Gefahr der Überforderung oder eines drohenden *Burnouts* besteht. Insgesamt zeigt sich erneut, wie auch die internationalen Schulleistungsstudien wie PISA usf. immer wieder deutlich gemacht haben, dass Inklusion nicht in erster Linie eine Frage der Schulstruktur, sondern v. a. eine Frage der Qualität ist.

Literaturverzeichnis

Altstaedt, Ingeborg: Lernbehinderte. Kritische Entwicklungsgeschichte eines Notstandes: Sonderpädagogik in Deutschland und Schweden. Reinbek b. Hamburg: Rowohlt, 1977

Antor, Georg/Bleidick, Ulrich: Behindertenpädagogik als angewandte Ethik. Stuttgart, Berlin, Köln: Kohlhammer, 2000

Ariès, Philippe: Geschichte der Kindheit. München: dtv, 12. Auflage 1998

Bach, Heinz: Notwendigkeiten und Grenzen eines Systems der Fördererziehung. In: Zeitschrift für Heilpädagogik 22 (1971) 3, S. 172–183

Barth, Daniel/Kocher, Mirjam: Wirkungen gesetzlich verordneter Schulentwicklung. In: Sonderpädagogische Forderung heute, 56 (2011) 4, S. 414–436

Bayerisches Staatsministerium für Unterricht und Kultus (StMUK) (Hrsg.): Rahmenlehrplan für den Förderschwerpunkt Lernen. München: StMUK, 2012 (zu beziehen über: www.isb.bayern.de)

Becker, Hellmut: Widersprüche aushalten. Aufgaben der Bildung in unserer Zeit. Hrsg. v. Frithjof Hager. München: Piper, 1992

Begemann, Ernst: Die Erziehung der soziokulturell benachteiligten Schüler. Hannover: Schroedel, 1970

Benkmann, Rainer: Entwicklungspädagogik und Kooperation. Sozial-konstruktivistische Perspektiven der Förderung von Kindern mit gravierenden Lernschwierigkeiten in der allgemeinen Schule. Weinheim: Deutscher Studien Verlag, 1998

Biewer, Gottfried: Montessori-Pädagogik mit geistig behinderten Schülern. Bad Heilbrunn: Klinkhardt, 2. Auflage 1997

Biewer, Gottfried/Fasching, Helga: Von der Förderschule zum inklusiven Bildungssystem – die Perspektive der Schulentwicklung. In: Heimlich, Ulrich/Kahlert, Joachim (Hrsg.): Inklusion in Schule und Unterricht. Wege zur Bildung für alle. Stuttgart: Kohlhammer, 2012, S. 117–152

Binding, Karl/Hoche, Alfred: Die Freigabe der Vernichtung lebensunwerten Lebens, ihr Maß und ihre Form. Leipzig: Meiner, 1922

Bineham, Susan C./Shelby, Liz/Pazey, Barbara L./Yates, James R.: Response to Intervention: Perspectives of General and Special Education Professionals. In: Journal of School Leadership 24 (2014) 3, pp. 230–252

Bleidick, Ulrich/Ellger-Rüttgardt, Sieglind (Hrsg.): Behindertenpädagogik im vereinten Deutschland. Über die Schwierigkeiten eines Zwiegesprächs zwischen Ost und West. Weinheim: Deutscher Studien Verlag, 1994

Bless, Gérard/Mohr, Kathrin: Die Effekte von Sonderunterricht und gemeinsamem Unterricht auf die Entwicklung von Kindern mit Lernbehinderungen. In: Walter, Jürgen/Wember, Franz B. (Hrsg.): Sonderpädagogik des Lernens. Handbuch Sonderpädagogik Band 2. Göttingen u. a.: Hogrefe, 2007, S. 375–383

Booth, Tony/Ainscow, Mel: Index for Inclusion: developing learning and participation in schools. Bristol: CSIE, third revised edition 2011

Breitenbach, Erwin: Unterricht in Diagnose- und Förderklassen. Neuropsychologische Aspekte schulischen Lernens. Bad Heilbrunn: Klinkhardt, 1992

Brodkorb, Mathias: Warum totale Inklusion unmöglich ist. Über schulische Paradoxien zwischen Liebe und Leistung. In: Sonderpädagogische Förderung heute, 59 (2014) 4, S. 422–447

Bröse, Bodo: Die DDR – ein deutsches Land ohne den Verband Deutscher Sonderschulen. In: Möckel, Andreas: Erfolg, Niedergang, Neuanfang. 100 Jahre Verband Deutscher Sonderschulen – Fachverband für Behindertenpädagogik. München u. Basel: Reinhardt, 1998, S. 208–219

Bronfenbrenner, Urie: Die Ökologie der menschlichen Entwicklung. Natürliche und geplante Experimente. Frankfurt a. M.: Fischer, 1989

Buchholz, Frieda: Das brauchbare Hilfsschulkind – ein Normalkind. Weimar: Herrmann Böhlaus Nachf., 1939

Buerli, Alois/Strasser, Urs/Stein, Anne-Dore (Hrsg.): Integration/Inklusion aus internationaler Sicht. Bad Heilbrunn: Klinkhardt, 2009

Bundesregierung Deutschland (Hrsg.): Nationaler Aktionsplan Integration vom 31. Januar 2012. Im Internet unter http://www.bundesregierung.de/Webs/Breg/DE/Bun¬desregierung/BeauftragtefuerIntegration/nap/nationaler-aktionsplan/_node.html [29.08.2014]

Bundschuh, Konrad: Heilpädagogische Psychologie. Stuttgart: UTB, 4. überarb. u. erw. Aufl. 2008

Busch, Carola: Freie Arbeit nach Montessori an der Schule für lernbehinderte Kinder und Jugendliche – Beispiele aus der Praxis. In: Reiss, Günter/Eberle, Gerhard (Hrsg.): Offener Unterricht – Freie Arbeit mit lernschwachen Schülerinnen und Schülern. Weinheim: Deutscher Studien Verlag, 2. Auflage 1994, S. 226–239

Caplan, Gerald: Principles of Preventive Psychiatry (amerikanische Originalausgabe 1964). London: Tavistock, 1966

deMause, Lloyd (Hrsg.): Hört ihr die Kinder weinen. Eine psychogenetische Geschichte der Kindheit. Frankfurt a. M.: Suhrkamp, 10. Auflage 2000

Deutscher Bildungsrat: Zur pädagogischen Förderung behinderter und von Behinderung bedrohter Kinder und Jugendlicher. Empfehlungen der Bildungskommission. Verabschiedet am 13.10.1973. Stuttgart: Klett, 1974

Drave, Wolfgang/Rumpler, Franz/Wachtel, Peter (Hrsg.): Empfehlungen zur sonderpädagogischen Förderung. Allgemeine Grundlagen und Förderschwerpunkte (KMK) mit Kommentaren. Würzburg: edition bentheim, 2000

Eberwein, Hans: Die Sonderschule als Integrationsfaktor der Gesamtschule – ein pädagogisch-soziologisches Problem. In: Zeitschrift für Heilpädagogik 21 (1970) 6, S. 311–327

Ehinger, Marcus/Mattmüller, Felix: Die Basler Kleinklassen. In: Behinderte in Familie, Schule und Gesellschaft 9 (1986) 2, S. 14–45

Ellger-Rüttgardt, Sieglind: Widerstände gegen die Braunschweiger Hilfsschule. In: Bleidick, Ulrich (Bearb.): Heinrich Kielhorn und der Weg der Sonderschulen. Braunschweig: Verlag Braunschweig, 1981, S. 69–91

Ellger-Rüttgardt, Sieglind: Kritiker der Hilfsschule als Vorläufer der Integrationsbewegung. In: Eberwein, Hans (Hrsg.): Behinderte und Nichtbehinderte lernen gemeinsam. Weinheim u. Basel: Beltz, 1990, S. 38–44

Ellger-Rüttgardt, Sieglind: Frieda Stoppenbrink-Buchholz (1897–1993). Hilfsschulpädagogin, Anwältin der Schwachen, Soziale Demokratin. Weinheim: Deutscher Studien Verlag, 2. Auflage 1997

Ellger-Rüttgardt, Sieglind: Geschichte der Sonderpädagogik. Eine Einführung. München, Basel: Reinhardt, 2008

Ellinger, Stephan/Stein, Roland: Effekte inklusiver Beschulung: Forschungsstand im Förderschwerpunkt emotionale und soziale Entwicklung. In: Empirische Sonderpädagogik 3 (2012) 2, S. 85–109

Ellinger, Stephan/Wittrock, Manfred (Hrsg.): Sonderpädagogik in der Regelschule. Konzepte – Forschung – Praxis. Stuttgart: Kohlhammer, 2005

Faust-Siehl, Gabriele/Garlichs, Ariane/Ramseger, Jörg (Hrsg.): Die Zukunft beginnt in der Grundschule. Empfehlungen zur Neugestaltung der Primarstufe. Frankfurt a. M.: Ak Grundschule, 1996

Fend, Helmut: Qualität im Bildungswesen. Schulforschung zu Systembedingungen, Schulprofilen und Lehrerleistung. Weinheim u. München: Juventa, 1998

Feuser, Georg: Gemeinsames Lernen am gemeinsamen Gegenstand. Didaktisches Fundamentum einer allgemeinen (integrativen) Pädagogik. In: Hildeschmidt, Anne/Schnell, Irmtraud (Hrsg.): Integrationspädagogik. Auf dem Weg zur Schule für alle. Weinheim u. München: Juventa, 1998, S. 19–35

Feuser, Georg: Allgemeine integrative Pädagogik und entwicklungslogische Didaktik. In: Behindertenpädagogik 28 (1989) 1, S. 4–48

Fischer, Erhard/Heimlich, Ulrich/Kahlert, Joachim/Lelgemann, Reinhard: Profilbildung inklusive Schule – ein Leitfaden für die Praxis. München: Bayerischen Staatsministerium für Unterricht und Kultus, 2. Auflage 2013 (zu beziehen über: www.km.¬bayern.de)

Gebhardt, Markus: Gemeinsamer Unterricht von Schülerinnen und Schülern mit und ohne sonderpädagogischen Förderbedarf – ein empirischer Überblick. In: Kiel, Ewald (Hrsg.): Inklusion im Sekundarbereich. Stuttgart: Kohlhammer, 2015

Hartke, Bodo/Diehl, Kirsten: Schulische Prävention im Bereich Lernen. Problemlösungen mit dem RTI-Ansatz. Stuttgart: Kohlhammer, 2013

Hattie, John A. C.: Visible Learning. A synthesis of over 800 meta-analyses relating to achievement. London, New York: Routledge, 2009

Heimlich, Ulrich (Hrsg.): Zwischen Aussonderung und Integration. Schülerorientierte Förderung bei Lern- und Verhaltensschwierigkeiten. Neuwied u. a.: Luchterhand, 1997

Heimlich, Ulrich: 25 Jahre Integration – Bilanz und Perspektiven einer Bildungsreform. In: Forum E. Zeitschrift des Verbandes Bildung und Erziehung 51 (1998) 5, S. 8–13

Heimlich, Ulrich: Sonderpädagogische Fördersysteme. Auf dem Weg zur Integration. Stuttgart, Berlin, Köln: Kohlhammer, 1999a

Heimlich, Ulrich: Gemeinsam lernen in Projekten. Bausteine für eine integrationsfähige Schule. Bad Heilbrunn: Klinkhardt, 1999b

Heimlich, Ulrich: 10 Jahre Integrationsentwicklung in Ostdeutschland – Ein Rückblick nach vorn. In: Gemeinsam leben 8 (2000a) 4, S. 156–159

Heimlich, Ulrich: Zur Entwicklung der schulischen Integration in den neuen Bundesländern. In: Ellger-Rüttgardt, Sieglind/Wachtel, Grit (Hrsg.): Zehn Jahre Sonderpädagogik und Rehabilitation im vereinten Deutschland. Neuwied u. a.: Luchterhand, 2000b, S. 176–191

Heimlich, Ulrich: Integrative Pädagogik. Eine Einführung. Stuttgart: Kohlhammer, 2003

Heimlich, Ulrich: Die »Schule der Armut« – Armut und soziale Benachteiligung als Herausforderung an die Lernbehindertenpädagogik. In: VHN 77 (2008) 1, S. 11–22

Heimlich, Ulrich: Pädagogik bei Lernschwierigkeiten. Sonderpädagogische Förderung im Förderschwerpunkt Lernen. Bad Heilbrunn: Klinkhardt, 2. Auflage 2016

Heimlich, Ulrich: Einleitung: Inklusion und Sonderpädagogik. In: Heimlich, Ulrich/Kahlert, Joachim (Hrsg.): Inklusion in Schule und Unterricht. Wege zur Bildung für alle. Stuttgart: Kohlhammer, 2012a, S. 9–26

Heimlich, Ulrich: Gemeinsamer Unterricht im Rahmen inklusiver Didaktik. In: Heimlich, Ulrich/Wember, Franz B. (Hrsg.): Didaktik des Unterrichts im Förderschwerpunkt Lernen. Ein Handbuch für Studium und Praxis. Stuttgart: Kohlhammer, 2. Auflage 2012b, S. 69–80

Heimlich, Ulrich: Schulische Organisationsformen sonderpädagogischer Förderung auf dem Weg zur Inklusion. In: Heimlich, Ulrich/Kahlert, Joachim (Hrsg.): Inklusion in Schule und Unterricht. Wege zur Bildung für alle. Stuttgart: Kohlhammer, 2012c, S. 80–116

Heimlich, Ulrich/Jacobs, Sven: Integrative Schulentwicklung in der Sekundarstufe. Das Beispiel der Integrierten Gesamtschule Halle/S. Bad Heilbrunn: Klinkhardt, 2001

Heimlich, Ulrich/Jacobs, Sven: Kooperation. In: Bundschuh, Konrad/Heimlich, Ulrich/ Krawitz, Rudi (Hrsg.): Wörterbuch Heilpädagogik. Bad Heilbrunn: Klinkhardt, 3. Auflage 2007, S. 167–170

Heimlich, Ulrich/Kahlert, Joachim (Hrsg.): Inklusion in Schule und Unterricht. Wege zur Bildung für alle. Stuttgart: Kohlhammer, 2. Auflage 2014

Heimlich, Ulrich/Kahlert, Joachim/Lelgemann, Reinhard/Fischer, Erhard (Hrsg.): Inklusives Schulsystem. Analysen, Befunde, Empfehlungen zum bayerischen Weg. Bad Heilbrunn: Klinkhardt, 2016

Heimlich, Ulrich/Lutz, Stephanie/Wilfert de Icaza, Kathrin: Ratgeber Förderdiagnostik. Feststellung des sonderpädagogischen Förderbedarfs im Förderschwerpunkt Lernen. Hamburg: Persen, 2013

Heimlich, Ulrich/Lutz, Stephanie/Wilfert der Icaza, Kathrin: Ratgeber Förderplanung. Individuelle Lernförderung im Förderschwerpunkt Lernen. Hamburg: Persen, 2014

Heimlich, Ulrich/Ostertag, Christina/Wilfert de Icaza, Kathrin: Qualität inklusiver Schulentwicklung. In: Heimlich, Ulrich/Kahlert, Joachim/Lelgemann, Reinhard/Fischer, Erhard, a. a. O., S. 87–106

Heimlich, Ulrich/Wilfert de Icaza, Kathrin: Qualität inklusiver Schulentwicklung – Erste Konsequenzen für die Lehreraus- und -weiterbildung. In: Lehrerbildung auf dem Prüfstand 7 (2014) 2, S. 104–119

Heinrich, Martin/Urban, Michael/Werning, Rolf: Grundlagen, Handlungsstrategien und Forschungsperspektiven für die Ausbildung und Professionalisierung von Fachkräften für inklusive Schulen. In: Döbert, Hans/Weishaupt, Horst (Hrsg.): Inklusive Bildung professionell gestalten, Münster: Waxmann, S. 69–133

Hellbrügge, Theodor: Unser Montessori-Modell. Erfahrungen mit einem neuen Kindergarten und einer neuen Schule. München: Kindler, 2. Auflage 1977

Heyer, Peter/Preuss-Lausitz, Ulf/Zielke, Gitta: Wohnortnahe Integration. Gemeinsame Erziehung behinderter und nichtbehinderter Kinder in der Uckermark-Grundschule in Berlin. Weinheim u. München: Juventa, 1990

Hillenbrand, Clemens: Reformpädagogik und Heilpädagogik – unter besonderer Berücksichtigung der Hilfsschule. Bad Heilbrunn: Klinkhardt, 1994

Hiller, Gotthilf G.: Ausbruch aus dem Bildungskeller. Pädagogische Provokationen. Langenau-Ulm: Vaas, 1994

Höck, Manfred: Die Hilfsschule im Dritten Reich. Berlin: Marhold, 1979

Holtstiege, Hildegard: Montessori-Pädagogik. In: Lenzen, Dieter (Hrsg.): Pädagogisches Grundwissen. Bd. 1. Reinbek b. Hamburg: Rowohlt, 1989, S. 1060–1071

Jacobs, Sven: Integrative Prozesse bei der Teamarbeit im Gemeinsamen Unterricht. Qualitative Studie aus der Innenperspektive eines Teams an der Integrierten Gesamtschule. Hamburg: Kovac, 2005

Klein, Gerhard: Montessori-Pädagogik in der Schule für Lernbehinderte. In: Reiss, Günter/Eberle, Gerhard (Hrsg.): Offener Unterricht – Freie Arbeit mit lernschwachen Schülerinnen und Schülern. Weinheim: Deutscher Studien Verlag, 2. Auflage 1994, S. 213–225

Klink, Job-Günter: Zur Geschichte der Sonderschule. Bad Heilbrunn: Klinkhardt, 1966

Klinke, Erwin: Integration von behinderten Kindern in einer Ganztagsschule. In: Retter, Hein: Jenaplan-Pädagogik als Chance. Kindergerechte Schulpraxis im Zeichen europäischer Verständigung. Bad Heilbrunn: Klinkhardt, 1993, S. 141–164

KMK (Sekretariat der Ständigen Konferenz der Kultusminister der Länder der Bundesrepublik Deutschland) (Hrsg.): Inklusion in der Lehrerbildung. Empfehlungen für Lehrkräfte für eine Schule der Vielfalt. Pressemeldung vom 18.03.2015. Im Internet unter http://www.kmk.org/presse-und-aktuelles/meldung/inklusion-in-der-lehrerbildung.html [30.03.2015]

Konrad, Franz-Michael: Geschichte der Schule. Von der Antike bis zur Gegenwart. München: Beck, 2007

Kuhl, Jan/Moser, Vera/Schäfer, Lea/Redlich, Hubertus: Zur empirischen Erfassung von Beliefs von Förderschullehrerinnen und -lehrern. In: Empirische Sonderpädagogik 5 (2013) 1, S. 3–24

Lakowski, Ireneus: Johann Heinrich Witte. Gegner der Hilfsschulbewegung oder Verfechter einer integrativen Pädagogik. In: Zeitschrift für Heilpädagogik 50 (1999) 7, S. 332–338

Langermann, Johannes: Steins politisch-pädagogisches Testament – Volksgesundung durch Erziehung. Berlin-Zehlendorf: Mathilde Zimmer-Haus Verlagsabteilung, 1910

Langermann, Johannes: Der Erziehungsstaat nach Stein-Fichteschen Grundsätzen in einer Hilfsschule durchgeführt. Berlin-Zehlendorf: Mathilde-Zimmer-Haus Verlagsabteilung, 8. Auflage 1911 (Erstausgabe: 1910)

Lersch, Rainer: Gemeinsamer Unterricht – Schulische Integration Behinderter. Berlin u. a.: Luchterhand, 2001

Lersch, Rainer/Vernooij, Monika A. (Hrsg.): Behinderte Kinder und Jugendliche in der Schule. Herausforderungen an Schul- und Sonderpädagogik. Bad Heilbrunn: Klinkhardt, 1992

Liedtke, Max: Behinderung – Anthropologische und pädagogische Aspekte. In: Liedtke, Max (Hrsg.): Behinderung als pädagogische und politische Herausforderung. Historische und systematische Aspekte. Bad Heilbrunn: Klinkhardt, 1996, S. 21–31

Lütje-Klose, Birgit/Urban, Melanie: Professionelle Kooperation als wesentliche Bedingung inklusiver Schul- und Unterrichtsentwicklung. Teil 1: Grundlagen und Modelle inklusiver Kooperation. In: Vierteljahresschrift für Heilpädagogik und ihre Nachbargebiete 83 (2014) 1, S. 112–123

Lumer, Beatrix: Integration behinderter Kinder. Erfahrungen, Reflexionen, Anregungen. Berlin: Cornelsen Scriptor, 2001

Möckel, Andreas: Geschichte der Heilpädagogik. Stuttgart: Klett-Cotta, 1988

Möckel, Andreas: Geschichte der besonderen Grund- und Hauptschule. Heidelberg: Edition Schindele, 4. Auflage 2001

Möckel, Andreas: Geschichte der Heilpädagogik oder Macht und Ohnmacht der Erziehung. Stuttgart: Klett-Cotta, 2. Auflage 2007

Möckel, Andreas: Die Funktion der Sonderschulen und die Forderung der Integration. In: Eberwein, Hans/Knauer, Sabine (Hrsg.): Handbuch Integrationspädagogik. Weinheim u. Basel: Beltz, 7. Auflage 2009, S. 80–90

Moser, Vera (Hrsg.): Die inklusive Schule. Standards für die Umsetzung. Stuttgart: Kohlhammer, 2012

Muth, Jakob: Die Integration von Behinderten. Über die Gemeinsamkeit im Bildungswesen. Essen: neue deutsche Schule, 1986

Myschker, Norbert: Lernbehindertenpädagogik. In: Solarová, Svetluse (Hrsg.): Geschichte der Sonderpädagogik. Stuttgart u. a.: Kohlhammer, 1983, S. 120–166

Myschker, Norbert/Ortmann, Monika (Hrsg.): Integrative Schulpädagogik. Grundlagen, Theorie und Praxis. Stuttgart: Kohlhammer, 1999

Oelkers, Jürgen: Reformpädagogik. Eine kritische Dogmengeschichte. Weinheim u. München: Juventa, 3. Auflage 1996

Petersen, Peter: Der kleine Jena-Plan. Weinheim u. Basel: Beltz, 1927 (52./53. Auflage 1972)

Pool Maag, Silvia/Moser Opitz, Elisabeth: Inklusiver Unterricht – grundsätzliche Fragen und Ergebnisse einer explorativen Studie. In: Empirische Sonderpädagogik 6 (2014) 2, S. 133–149

Postman, Neil: Das Verschwinden der Kindheit. Frankfurt a. M.: Fischer, 1993

Prengel, Annedore: Pädagogik der Vielfalt: Verschiedenheit und Gleichberechtigung in Interkultureller, Feministischer und Integrativer Pädagogik. Wiesbaden: VS, 3. Auflage 2006

Prengel, Annedore: Inklusion in der Frühpädagogik. München: Deutsches Jugendinstitut, 2010

Preuss-Lausitz, Ulf: Probleme der Integration von Sonderschülern in die Gesamtschule. In: Zeitschrift für Heilpädagogik 22 (1971) 3, S. 183–193

Preuss-Lausitz, Ulf: Integrationsnetzwerke – Zukunftsperspektiven eines Bildungs- und Erziehungssystems ohne Selektion. In: Heimlich, Ulrich (Hrsg.): Sonderpädagogische Fördersysteme. Auf dem Weg zur Integration. Stuttgart, Berlin, Köln: Kohlhammer, 1999, S. 45–62

Projektgruppe Integrationsversuch (Hrsg.): Unser Fläming-Modell. Weinheim u. Basel: Beltz, 1988

Reinartz, Anton/Sander, Alfred (Hrsg.): Schulschwache Kinder in der Grundschule. Bd. 1. Frankfurt a. M.: Arbeitskreis Grundschule, 1977

Reinartz, Anton/Sander, Alfred (Hrsg.): Schulschwache Kinder in der Grundschule Bd. 2. Frankfurt a. M.: Arbeitskreis Grundschule, 1978

Retter, Hein: Jenplan-Pädagogik als Chance. Kindgerechte Schulpraxis im Zeichen europäischer Verständigung. Bad Heilbrunn: Klinkhardt, 1993

Rössel, Fritz: Jenaplan und Hilfsschule. In: Die Hilfsschule 21 (1928) 2, S. 90–91

Rosenberger, Manfred: Ratgeber gegen Aussonderung. Heidelberg: Edition Schindele, 2. Auflage 1998

Sander, Alfred: Inklusive Pädagogik verwirklichen – Zur Begründung des Themas. In: Schnell, Irmtraut/Sander, Alfred (Hrsg.): Inklusive Pädagogik. Bad Heilbrunn: Klinkhardt, 2004, S. 11–22

Sander, Alfred: Behinderungsbegriffe und ihre Integrationsrelevanz. In: Eberwein, Hans/Knauer, Sabine (Hrsg.): Hb. Integrationspädagogik. Weinheim u. Basel: Beltz, 7. Auflage 2009, S. 99–108

Schmid, Pia: Pädagogik im Zeitalter der Aufklärung. In: Harney, Klaus/Krüger, Heinz-Hermann (Hrsg.): Einführung in die Geschichte von Erziehungswissenschaft und Erziehungswirklichkeit. Opladen: Leske+Budrich, 1997, S. 17–37

Schmid, Andrea C.: Heterogenität und Unterrichtsgestaltung. In: Kiel, Ewald/Zierer, Klaus (Hrsg.): Unterrichtsgestaltung als Gegenstand der Wissenschaft. Basiswissen Unterrichtsgestaltung Band 2. Hohengehren: Schneider, 2011, S. 285–295

Schmid, Andrea C.: Burnout bei Lehrkräften im sonder-/heilpädagogischen Arbeitsfeld. In: Sonderpädagogische Förderung heute, 60 (2015) 2, S. 192–203

Schmid, Andrea C./Höfler, Maria: Bericht über das Projekt »Bewältigungsmuster von Lehrkräften an Schulen mit dem Förderschwerpunkt Lernen«. In: Heilpädagogische Forschung 36 (2010) 4, 186–192

Schnell, Irmtraud: Geschichte schulischer Integration. Gemeinsames Lernen von SchülerInnen mit und ohne Behinderung in der BRD seit 1970. Weinheim u. München: Juventa, 2003

Schor, Bruno: Inklusive Schule. Das neue bayerische Schulgesetz fordert zum Aufbruch, aber auch zum Diskurs heraus. In: Spuren 55 (2012) 2, S. 11–23

Schröder, Ulrich: Lernbehindertenpädagogik. Grundlagen und Perspektiven sonderpädagogischer Lernhilfe. Stuttgart: Kohlhammer, 2. Auflage 2005

Speck, Otto: System Heilpädagogik. Eine ökologisch reflexive Grundlegung. München: Reinhardt, 6. Auflage 2008

Staatsregierung von Bayern (Hrsg.): Gesetz zur Änderung des Bayerischen Gesetzes über das Erziehungs- und Unterrichtswesen vom 20. Juli 2011. Im Internet unter https://www.verkuendung-bayern.de/kwmbl/jahrgang:2011/heftnummer:18/seite:278 [27.08.2014]

Stadtarchiv Mannheim: Der Herr Stadtschulrat – ein gestrenger gleichwohl beliebter Pädagoge. (http://www.mannheim.de/io2/browse/Webseiten/Aktuell/Archiv/November_2005/0511111338sickinger_de.xdoc [15.09.2008])

Stoellger, Norbert: Der Verband und die Integration behinderter Kinder und Jugendlicher. In: Möckel, Andreas (Hrsg.): Erfolg, Niedergang, Neuanfang. 100 Jahre Verband Deutscher Sonderschulen, Fachverband Behindertenpädagogik. München, Basel: Reinhardt, 1998, S. 265–279

Tenorth, Heinz-Elmar: Geschichte der Erziehung. Einführung in die Grundzüge ihrer neuzeitlichen Entwicklung. Weinheim, München: Juventa, 2. Auflage 1992

UNESCO (Hrsg.): The Salamanca Statement and Framework for Action on Special Needs Education. Access and Quality. Salamanca, Spain, 7–10 June 1994. Paris: UNESCO, 1994

United Nations (Hrsg.): Convention on the Rights of Persons with Disabilities (6. December 2006).
Im Internet unter http://www.institut-fuer-menschenrechte.de/fileadmin/user_upload/PDF-Dateien/Pakte_Konventionen/CRPD_behindertenrechtskonvention/crpd_en.pdf [19.06.2015]

Vds (Verband Sonderpädagogik) (Hrsg.): Leitlinien/Guidlines. In: Zeitschrift für Heilpädagogik 64 (2013) 2, S. 70–81

Vereinte Nationen (Hrsg.): Zweite Weltversammlung über das Altern. Madrid, 8.-12. April 2002. Im Internet unter http://www.un.org/depts/german/conf/altern/ac197¬-9.pdf [28.08.2014]

Voß, Stefan/Blumenthal, Yvonne/Sikora, Simon/Mahlau, Kathrin/Diehl, Kirsten/Hartke, Bodo: Rügener Inklusionsmodell (RIM) – Effekte eines Beschulungsansatzes nach dem Response to Intervention-Ansatz auf die Rechen- und Leseleistungen von Grundschulkindern. In: Empirische Sonderpädagogik 6 (2014) 2, S. 114–132

Weinert, Franz E./Helmke, Andreas: Entwicklung im Grundschulalter: Weinheim u. Basel: Beltz/PVU, 1997

Weiß, Sabine/Kollmannsberger, Markus/Kiel, Ewald: Sind Förderschullehrkräfte anders? Eine vergleichende Einschätzung von Expertinnen und Experten aus Regel- und Förderschulen. In: Empirische Sonderpädagogik 5 (2013) 2, S. 167–186

Wember, Franz B.: Herausforderung Inklusion: Ein präventiv orientiertes Modell schulischen Lernens und vier zentrale Bedingungen inklusiver Unterrichtsentwicklung. In: Zeitschrift für Heilpädagogik 64 (2013) 10, S. 380–388

Werning, Rolf/Lütje-Klose, Birgit: Einführung in die Pädagogik bei Lernbeeinträchtigungen. München, Basel: Reinhardt, 3. Auflage 2012

Werning, Rolf: Inklusion zwischen Innovation und Überforderung. In: Zeitschrift für Heilpädagogik 61 (2010) 8, S. 284–291

Wiater, Werner: Theorie der Schule. Prüfungswissen – Basiswissen Schulpädagogik. Donauwörth: Auer, 5. Auflage 2012

Wisotzki, Karl Heinz: Integration Behinderter. Modelle und Perspektiven. Stuttgart, Berlin, Köln: Kohlhammer 2000

Wissenschaftlicher Beirat »Inklusion« beauftragt durch den Bayerischen Landtag (Hrsg.): Bericht zum 1. Beauftragungszeitraum des Wissenschaftlichen Beirats »Inklusion«. München, Würzburg: Ludwig-Maximilians-Universität/Julius-Maximilians-Universität, 2014 (zu beziehen über www.edu.lmu.de/lbp)

Wittmann, Bernhard: KMK-Empfehlungen. In: Bundschuh, Konrad/Heimlich, Ulrich/Krawitz, Rudi (Hrsg.): Wörterbuch Heilpädagogik. Bad Heilbrunn: Klinkhardt, 3. Auflage 2007, S. 155–156

Wocken, Hans: Inklusion im Nebel. Kritik des Konzepts »Vielfalt schulischer Angebote« in einer »inklusiven Bildungslandschaft« vom 1.11.2014a. Im Internet unter http://¬www.magazin-auswege.de/data/2014/11/Wocken_Inklusionsnebel.pdf [1.04.2015]

Wocken, Hans: Verkehrte Inklusion: Über die ungerührte Fortsetzung der Separation und die ungeziemende Eingemeindung der Nichtbehinderten. Eine statistische Analyse der schulischen Inklusionsentwicklung in Bayern. In: Sonderpädagogische Förderung heute, 59 (2014b) 4, S. 405–421

Wocken, Hans: Gemeinsame Lernsituationen. Eine Skizze zur Theorie des gemeinsamen Unterrichts. In: Hildeschmidt, Anne/Schnell, Irmtraud (Hrsg.): Integrationspädagogik. Auf dem Weg zur Schule für alle. Weinheim u. München: Juventa, 1998, S. 37–52

2

Zwischen Inklusion und Exklusion – Empirische Aspekte der schulischen Inklusion im Förderschwerpunkt Lernen

Clemens Hillenbrand & Conny Melzer

Auf Basis der internationalen Forschungen zur inklusiven Bildung werden die empirischen Befunde für den Förderschwerpunkt Lernen in schulischer Perspektive zusammenfassend dargestellt. Insbesondere die vorliegenden Meta-Analysen finden im Überblick Beachtung, die Darstellung unterscheidet auch systematisch zwischen Längsschnitt- und Querschnittuntersuchungen. Grundlegende Forschungsergebnisse liegen sowohl zum Vergleich der verschiedenen inklusiven Settings als auch bezogen auf wirksame Interventionsansätze bei Lernschwierigkeiten vor. Die Ergebnisse relativieren die Bedeutung schulorganisatorischer Faktoren und unterstreichen die hohe Relevanz der Qualität pädagogischer Arbeit. Damit wird zugleich deutlich, welch komplexe

Aufgaben sich für die Lehrkräfte in inklusiven Settings stellen und wie hoch die Bedeutung der Lehrerbildung für eine gelingende inklusive Bildung einzuschätzen ist.

»*If, as many would argue, inclusion is essentially a matter of rights and entitlements, then those rights cannot be strengthened by a finding that inclusion enhances attainment and neither can they be weakened by a finding to the contrary*« *(Dyson/Farrell/ Polat/Hutchenson/Gallanough, 2004, S. 18f.).*

Vorbemerkung

Das Recht auf eine inklusive Bildung in einer inklusiven Gesellschaft stellt ein Menschenrecht dar, das für alle Mitglieder einer Gesellschaft Geltung beansprucht. Wissenschaftliche, insbesondere empirische Befunde stellen dabei keine Stärkung oder Schwächung dieses Rechts dar, wie Dyson und Kollegen im Zitat ausdrücken. In diesem Kapitel werden die Ergebnisse sowohl von internationalen als auch nationalen Studien zu den Auswirkungen von Projekten inklusiver Bildungssysteme auf die Leistung, den Lernerfolg bzw. die sozialen Kompetenzen von Schülerinnen und Schülern rezipiert und kritisch diskutiert. Die Ergebnisse argumentieren nicht auf juristisch-menschenrechtlicher Ebene, können keine Begründung oder In-Frage-Stellung des Auftrags inklusiver Bildung sein, sondern zeigen Ansatzpunkte und Problemstellen, wie das Recht realisiert und damit der Prozess inklusiver Bildung im schulischen Alltag umgesetzt werden können. Die Berücksichtigung empirischer Befunde dient der Maximierung positiver Auswirkungen inklusiver Bildungssysteme bei gleichzeitiger Reduktion der Risiken. Für das Bildungssystem gelten auch die gesellschaftspolitischen Zielsetzungen der UN-Konvention über die Rechte von Menschen mit Behinderungen, zu denen u. a. »non-discrimination; full and effective participation and inclusion in society; respect for difference and acceptance of persons with disabilities as part of human diversity and humanity; equality of opportunity; Accessibility« (UN-BRK, Art. 3) gezählt werden.

Bildung stellt in dieser Perspektive eine wichtige soziale Lebensaufgabe dar, die über alle Ebenen des Systems hinweg, also von der frühen Bildung bis ins hohe Erwachsenenalter hinein, diese Prinzipien wirksam zu realisieren hat – inklusive Bildung muss eine »effective education« (UN-BRK, Art. 24, (3)) verwirklichen. Der erste Weltbericht über Behinderung der Weltgesundheitsorganisation und der Weltbank argumentiert daher: Inklusive Bildung »is based on the right of all learners to a quality education that meets basic learning needs and enriches lives. Focusing particularly on vulnerable and marginalized groups, it seeks to develop the full potential of every individual« (World Health Organization/World Bank, 2011, S. 304).

Im Mittelpunkt des Kapitels steht die zusammenfassende Darstellung des empirischen Forschungsstands zu den Wirkungen inklusiver Bildungsprozesse im nationalen und internationalen Kontext zur Verwirklichung dieser Zielsetzungen. Dazu gehört auch die Darstellung von Vorgehensweisen für eine Realisierung inklusiver Bildung durch eine »effective education«, von evidenzbasierten Merkmalen und Ansätzen auf verschiedenen Ebenen im Kontext inklusiver Bildungssysteme und die Ableitung von Handlungsmöglichkeiten für den pädagogischen Alltag. Daraus resultieren zudem Konsequenzen für die pädagogische Professionalisierung und die Lehrerbildung, die eine Vermittlung notwendiger Kompetenzen zur Umsetzung einer qualitativ hochwertigen inklusiven Bildung verlangt.

Der vorliegende Band konzentriert sich auf Problemstellungen des Lernens in unserem Bildungssystem, die in der Fachdiskussion als »Förderschwerpunkt Lernen« (Kultusministerkonferenz, 1994; 1999), als komplexe Lernschwierigkeiten (Heimlich, 2016), scheiternde Lernprozesse im Unterricht (Möckel, 2001) oder als Lernschwierigkeiten (Gold, 2011) verstanden werden.

Nimmt man die Definition der UN-Konvention zum Ausgangspunkt (UN-BRK, Art.1), müssen solche Problemstellungen als Produkte der Interaktion zwischen individuellen Merkmalen und sozialen, hier insbesondere der unterrichtlichen, Barrieren verstanden werden. Die Interaktion, nicht die individuellen Merkmale allein, führen also zu diesen Problemlagen. Die mangelhafte Berücksichtigung individueller Merkmale im Unterrichtsprozess führt zu einem scheiternden Lernprozess. Die Klärung des Interaktionsprozesses verlangt also einerseits eine wissenschaftliche Untersuchung der Merkmale, die häufig mit scheiternden Lernprozessen verbunden sind, und zugleich die Beachtung, welche Barrieren auf Seiten des Bildungsangebots, z. B. der Schule und des Unterrichts, zu einem Scheitern beitragen. Beide Dimensionen interagieren, für eine bessere Berücksichtigung der Bedürfnisse der Lernenden müssen Vorkehrungen (»accomodations«, UN-BRK, Art.2) getroffen werden, um wirksame Bildung (effective education) zu gewährleisten.

Dieser spezifische Gegenstandsbereich wird aus der Perspektive der (empirischen) Forschung zunächst näher dargestellt. Fragen eines inklusiven Bildungssystems für die Unterstützung und Berücksichtigung der spezifischen Bedürfnisse in diesen Situationen werden international und auch national intensiv erforscht, die Ergebnisse sollen anschließend vorgetragen werden, bevor die empirischen Befunde zu wirksamen Maßnahmen in diesem Kontext dargestellt werden.

2.1 Grundlagen empirischer Forschung zum Förderschwerpunkt Lernen

Die Fragen im Kontext von Lernschwierigkeiten, die individuellen und sozialen Merkmale, die erschwerten Lernprozesse und damit die Zielgruppe von Lernenden mit dem Förderschwerpunkt Lernen werden in der internationalen Forschung intensiv untersucht. Wenn die Befunde im Folgenden dargestellt werden, muss mit Blick auf die UN-Konvention immer beachtet werden, dass diese nur eine Seite darstellen, die erst in der Interaktion mit den Barrieren, und damit den schulischen Lernbedingungen und -angeboten, zu einer Beeinträchtigung und Behinderung des Lernens führen. In den folgenden Teilen dieses Beitrags wird daher auf die hinderlichen sozialen Faktoren eingegangen, die als Barrieren das Lernen erschweren.

2.1.1 Häufigkeit

Die Frage der Häufigkeit (Prävalenz) weist einerseits auf eine hohe Stabilität hin, andererseits zeigen die Befunde hohe Variabilität (Autorengruppe Bildungsberichterstattung, 2014, 162ff.). Die absolute Zahl der Schüler mit sonderpädagogischem Förderbedarf, alle Formen zusammengenommen, ist seit dem Schuljahr 2000/2001 sehr konstant. Während zu Beginn des Jahrtausends, also vor der Unterzeichnung der UN-Konvention, 479.940 Schülerinnen und Schüler eine sonderpädagogische Förderung erhalten, davon knapp 60.000 (12,4 %) in allgemeinen Schulen ein integratives Bildungsangebot nutzen, werden im Schuljahr 2011/12 durch die Schulstatistik 493.200 Schülerinnen und Schüler mit sonderpädagogischem Förderbedarf registriert, von denen 138.061 (28 %) integrative Beschulungsformen nutzen. Durch den allgemeinen Schülerrückgang steigt in diesem Zeitraum bei gleichbleibenden absoluten Zahlen die relative Häufigkeit eines sonderpädagogischen Förderschwerpunkts von 5,3 % auf 6,6 %. Die Entwicklung der Zahlen im Förderschwerpunkt Lernen weist hingegen bemerkenswerte Veränderungen auf. Die Gruppe der Schülerinnen und Schüler im Förderschwerpunkt Lernen stellt in Deutschland traditionell die größte Gruppe innerhalb der Schülerinnen und Schüler mit einem sonderpädagogischen Förderbedarf dar. Allerdings sind die Anteile in den letzten Jahren stark rückläufig: von 258.854 (54 %) im Schuljahr 2000/2001 auf 197.356 (40 %) im Schuljahr 2012/13. Die aktuellen Statistiken der ständigen Konferenz der Kultusminister (KMK) zeigen für 2014 einen weiteren Rückgang auf 37,7 % aller Schülerinnen und Schüler mit Bedarf an sonderpädagogischer Unterstützung (Kultusministerkonferenz, 2016, S. 3). Die absolute Zahl und auch der Anteil der Schülerinnen und Schüler in anderen Förderschwerpunkten, insbesondere in den Förderschwerpunkten Geistige Entwicklung, Sprache und emotional-soziale Entwicklung, nehmen hingegen deutlich zu (Autorengruppe Bildungsberichterstattung, 2014, S. 163). Diagnosen in den Schwerpunkten Geistige Entwicklung stiegen von 66.181 und 14 % der Förderschüler im Schuljahr 2000/2001 auf 79.466 und 16 % im Schuljahr 2012/13, während sich die absolute Zahl wie auch der Anteil im Förderschwerpunkt emotionale und soziale Entwicklung im gleichen Zeitraum von 34.902 Personen und 7 % der Förderschüler auf 70.448 Schülerinnen und Schüler und 14 % der Förderschüler verdoppelte. Es drängt sich die Frage auf, ob andere Diagnosen ersatzweise für die frühere Bezeichnung »Lernbehinderung« eingesetzt werden. Bleidick vermutete schon 1988 das oft zitierte Etikettierungs-Ressourcen-Dilemma, in dem zum Zweck der Gewinnung von Mitteln (Personal, Sachmittel, räumliche Ausstattung) eine Diagnose eingesetzt wird (Bleidick, 1988) und daher auch verändert genutzt werden kann.

Werden nun die Orte des Lernens betrachtet, zeigt sich auf den ersten Blick ein fortschreitender Prozess hin zu mehr gemeinsamem Lernen: Nicht nur dass Förderschulen (mit dem Schwerpunkt Lernen) in einigen Ländern geschlossen werden (z. B. in Niedersachsen oder in Nordrhein-Westfalen), es lernen auch quantitativ mehr Schülerinnen und Schüler mit dem Förderschwerpunkt Lernen in allgemeinen Schulen. Während 2014 ca. 36.000 Schülerinnen und Schüler mit diagnostiziertem Förderbedarf im Lernen mehr an allgemeinen Schulen lernen als noch zu Beginn des Jahrtausends, lernen 63.000 weniger an Förderschulen (Kultusministerkonferenz, 2016).

Diese statistischen Entwicklungen sind durchaus mit anderen Ländern vergleichbar. So nennen McLeskey, Landers, Williamson und Hoppey (2012, S. 135) für die USA einen Anteil von 48,9 % an Schülerinnen und Schülern mit »specific learning disabilities« an allen Kindern und Jugendlichen mit Unterstützungsbedarf (2007). Davon lernen 59 % in einer allgemeinen Klasse, 30 % in einer Förderklasse (»Pullout-Service«; »Resource room«) und 11 % in einer Förderschule. Auch in den USA gibt es einen *Prozess* hin zu mehr gemeinsamen Lernen: 1990 besuchten 23 % aller Schüler mit learning disabilities eine Förderschule und 54 % eine Spezialklasse. Allerdings verdeutlicht die Zeitspanne auch eindrucksvoll, dass dieser Prozess längere Zeit benötigt, setzt man nicht nur geänderte Quoten, sondern eine qualitativ hochwertige inklusive Bildung zum Ziel.

Allerdings stellt sich die Frage, ob die internationalen Statistiken wie die der USA tatsächlich vergleichbar mit deutschen Zahlen sind und damit, wie über den *(internationalen)* Forschungsstand im Bereich der inklusiven Bildung im Förderschwerpunkt Lernen berichtet werden kann, insbesondere wenn die Zielgruppe kaum eindeutig definiert wird.

2.1.2 Begriff

Aktuelle Lehrbücher führender internationaler Fachvertreter bestätigen die Schwierigkeit einer klaren Begriffsbildung (Fletcher/Stuebing/Morris/Reid Lyon, 2014, S. 33). Internationale Definitionen verstehen unter »Specific learning disabilities« oftmals definierte Teilleistungsstörungen wie Lese-Rechtschreibschwäche oder Rechenschwäche, (z. B. für Südkorea: Sung, 2010), umfangreichere Beeinträchtigungen im Lernen werden international meist als »learning disabilities« bezeichnet. Innerhalb seines internationalen Reviews für die OECD nutzt Robson (2005, S. 53) folgende Definition:

> »›Specific learning disability‹ means a disorder in one or more of the basic psychological processes involved in understanding or in using language, spoken or written, that may manifest itself in an imperfect ability to listen, think, speak, read, write, spell, or to do mathematical calculations. The term includes such conditions as perceptual disabilities, brain injury, minimal brain dysfunction, dyslexia, and developmental aphasia. The term does not apply to children who have learning problems that are primarily the result of visual, hearing, or motor disabilities, of mental retardation, of emotional disturbance, or of environmental, cultural, or economic disadvantage (34 Code of Federal Regulations §300.7)«.

Im amerikanischen Raum können umfangreichere Beeinträchtigungen im Lernen auch dem Bereich der »mild cognitive impairments« oder »mild intellectual disabilities« subsummiert werden. Dies zeigt die Definition von Tkachyk (2013, S. 17):

> »Students with mild cognitive impairments, on the other hand, typically score in the low or extremely low range on most of all cognitive subtests in the areas of working memory, verbal comprehension, perceptual reasoning and processing speed.«

Diese Vielfalt verdeutlicht die Schwierigkeit, Probleme im schulischen Lernprozess begrifflich klar zu fassen.

Aber auch in Deutschland liegt keine allgemein gültige Definition für die Probleme im Lernen vor, noch nicht einmal die Bezeichnung des Personenkreises erfolgt einheitlich. So werden die Begriffe »Lernbeeinträchtigung« und »Lernbehinderung« in Abgrenzung (z. B. Ellinger, 2013, S. 21) oder synonym (z. B. Lauth/Grünke/Brunstein, 2014, S. 18) verwendet. Ferner finden sowohl der Begriff »Lernschwierigkeiten« (z. B. Gold, 2011, S. 11) als auch der Begriff »Lernstörung« (z. B. Lauth/Grünke/Brunstein, 2014, S. 18) als Oberbegriff Verwendung, wobei beide explizit die Teilleistungsstörungen und allgemeine (auch vorübergehende) Schwierigkeiten im Lernen einschließen. Relativ einig sind sich die Autorinnen und Autoren darin, Ausprägungsgrade anhand der Kriterien Umfang, Schweregrad und Dauer voneinander abzugrenzen (Heimlich/Hillenbrand/Wember, 2015).

Der dimensionale Ansatz einer Begriffsklärung von Lernstörungen geht von empirischen Befunden aus (Klauer/Lauth, 1997) und unterscheidet die Dimensionen Umfang und Dauer: Langandauernde Schwierigkeiten in mehreren Lernbereichen sind von gravierenderer Bedeutung und in der Förderung problematischer als umgrenzte Schwierigkeiten im Lernen mit geringerer zeitlicher Dauer. Diese kurze Übersicht zeigt, dass »choosing the appropriate definition and criteria for LD eligibility is one of the most commonly debates tasks in the field of special education« (Sung, 2010, S. 152; vgl. auch Fletcher et al., 2014). Daher und angesichts der begrifflichen Vielfalt greift der vorliegende Beitrag auf die von der Kultusministerkonferenz für die deutsche Bildungslandschaft vorgeschlagene Begrifflichkeit der »Beeinträchtigungen im schulischen Lernen, in der Leistung sowie im Lernverhalten« (Kultusministerkonferenz, 1994, (2)) und damit dem »Förderschwerpunkt Lernen« zurück. Zusätzlich findet der Ausdruck »Lernschwierigkeiten« (»Learning Difficulties«) als Oberbegriff für schulische Lernprobleme (Gold, 2011) Verwendung. Dieses weite Verständnis wird zugrunde gelegt, da einerseits eine Unterscheidung zwischen »Learning Disabilities« und »Learning Difficulties« in der Praxis nur schwer möglich ist (Sung, 2010, S. 153) und andererseits Teilleistungsstörungen oftmals spezifische Forschungsthemen und Schwerpunkte praktischer Unterstützung des Lernens darstellen. Diese weite Definition geht damit von einer vergleichsweise großen Personengruppe mit entweder partiellen, zeitlich begrenzten oder übergreifenden und überdauernden Schwierigkeiten im Lernen aus.

2.1.3 Inklusive Bildung

Die fehlende Eindeutigkeit in der Definition der Zielgruppe setzt sich beim zentralen Thema dieses Bandes, der inklusiven Bildung, fort. »Bislang existiert keine allgemein anerkannte Definition von Inklusion, die trennscharf, logisch konsistent und widerspruchsfrei wäre« (Grosche, 2015, S. 20). Dies ist nicht verwunderlich, bedenkt man den Kontext des Begriffs, wie es für eine Begriffsanalyse unverzichtbar ist: »Inclusive Education« stellt den zentralen Begriff der bildungspolitischen Strategie der UNESCO seit der Salamanca-Konferenz 1994 und insbesondere in der UN-Konvention über die Rechte von Menschen mit Behinderung dar, mit dessen Hilfe die gesellschaftliche Situation von Menschen mit Behinderung für mehr Teilhabe und Autonomie weiterentwickelt werden soll (Biewer, 2010; Kiuppis, 2016; Lindmeier, 2009). Die UN-Konvention wendet diesen Auftrag auf die gesamte Lebensspanne an (Lindmeier 2009; 2011; Bielefeldt, 2010), geht also weit über schulische Fragen und das Bildungssystem hinaus. Die politische, auch bildungspolitische Programmatik des Dokuments zielt darauf, Behinderungen der gesellschaftlichen Teilhabe, die aus der Interaktion von individuellen Merkmalen und sozialen Barrieren resultieren könnten, gar nicht erst entstehen zu lassen, indem die Unterzeichnerstaaten »angemessene Vorkehrungen« (Art. 2) treffen. Diese Vorkehrungen betreffen in den verschiedenen Artikeln der Konvention die gesamte Lebensspanne und alle Lebensbereiche: das Recht auf Leben (Art. 10), die besondere Situation von Kindern und Frauen mit Behinderungen (Art. 7, Art. 6), das Recht auf Wohnung und Privatsphäre (Art. 22), das Recht auf Teilhabe an der Arbeitswelt (Art. 27) oder auf einen kulturell angemessenen Lebensstandard (Art. 28). Für die gesamte Lebensperspektive fordert die UN-Konvention also von den Staaten, Vorkehrungen für die umfassende Barrierefreiheit für Menschen mit Behinderungen zu treffen, damit das Menschenrecht auf Teilhabe angesichts besonderer Benachteiligungen in Anspruch genommen werden kann (Bielefeldt, 2010).

Der Artikel 24 ist in diesen Gesamtkontext einzuordnen und fordert in der Anwendung der politischen Zielvorstellungen auf das Bildungssystem der Unterzeichnerstaaten die uneingeschränkte Teilhabe an den Bildungsangeboten: »States Parties recognize the right of persons with disabilities to education« (United Nations, 2006, Art. 24). Der in der Nachfolge zur UN-Konvention verfasste erste Weltbericht über Behinderung versteht unter inklusiver Bildung konsequenterweise »the right of all learners to a quality education that meets basic learning needs and enriches lives. Focusing particularly on vulnerable and marginalized groups, it seeks to develop the full potential of every individual« (World Health Organization/World Bank, 2011, S. 304). Inklusive Bildung fordert also barrierefreie Bildungssysteme mit qualitativ hochwertigen Bildungsangeboten, die jedem Lernenden, aber insbesondere benachteiligten Personengruppen, die bestmögliche Chance zur Verwirklichung der individuellen Potenziale anbieten (Hillenbrand, 2014). Damit steht der Begriff im Kontext einer bildungspolitischen Diskussion, er stellt zunächst keinen wissenschaftlichen Begriff dar. Bildungsphilosophische Reflexionen schließen daran an und diskutieren neue Argumentationsstränge (Lindmeier, 2011; Liesen, 2006), empirische Forschungen suchen nach fundierten Ansätzen und Problemstellen zur Verwirklichung dieses politischen Auftrags (Dyson et al., 2004; Farrell/Dyson/Polat/Hutcheson/Gallannaugh, 2007; Kalambouka/Farrell/Dyson/Kaplan, 2007). Wenn also begriffliche Unschärfen beklagt werden, liegt dies an dem politischen Kontext der Begriffsbildung. Wissenschaftliche Diskurse stehen damit vor der Aufgabe, eine Klärung der jeweils verwendeten Begrifflichkeit vorzulegen.

Hilfreich ist dabei die Klärung der grundlegenden Axiome, die zu unterschiedlichen Argumentationssträngen führen. Die Diskussion lässt sich mit Farell in zwei Strömungen einordnen (Farrell, 2000, S. 37)

1. der Ansatz des »mainstreaming« oder der »full inclusion«, wonach die allgemeine Schule grundsätzlich als beste Wahl für Schülerinnen und Schüler mit Bedarf an sonderpädagogischer Unterstützung gesehen wird, während alle anderen Organisationsformen der Beschulung als weniger geeignete, das Menschenrecht in Frage stellende und inklusionsfeindliche Möglichkeiten gelten;
2. der Ansatz der *»educational inclusion«*, die für eine Vielfalt von Organisationsformen der Beschulung steht, an empirischer Forschung orientiert ist und die Qualität der Förderung fokussiert. Kavale und Mostert (2003, S. 192) fassen die gegensätzlichen Argumentationsstränge zusammen und charakterisieren die »full inclusion« als ideologisch unter-

mauert (»rivers of ideology«) und setzen dem das Konzept der Evidenzbasierung gegenüber.

Aus diesen beiden unterschiedlichen Axiomen leiten sich konsequenterweise divergierende Positionen zu zahlreichen Fragen inklusiver Bildung ab (Hillenbrand/Melzer/Sung, 2014, S. 154f.). Die aktuelle Debatte zwischen diesen Ansätzen wird auch in Deutschland vehement geführt.

2.1.4 Organisationsformen

Die schulische Praxis, auch im Förderschwerpunkt Lernen, bietet eine große Bandbreite von Organisationsformen, die sehr pragmatisch entwickelt und genutzt werden. Sie gelten als unterschiedliche Herangehensweisen zur Umsetzung inklusiver Bildungssysteme (Lindsay, 2007). Es gibt neben der Unterstützung im allgemeinen Schulsystem, der »full inclusion« sowohl mit als auch ohne zusätzliche sonderpädagogische Unterstützung, die zeitlich umfangreichere Unterstützung in Kleingruppen (Pull-Out-Systeme) wie auch Spezialklassen (»special classes«, »resource room«) sowie spezielle Schulen (»special schools«) (McLeskey et al., 2012; auch Dyson et al., 2004; Farrell et al., 2007; Kalambouka et al., 2007; Lindsay, 2007, Ruijs/Peetsma, 2009). Das US-Bildungsministerium definiert die Unterschiede der Settings nach dem zeitlichen Umfang der in der allgemeinen Klasse stattfindenden Unterrichtung. Grosche (2015, S. 30) unterscheidet diese Herangehensweisen vom Konzept Inklusion selbst, indem er sie als Modelle zur »Steuerung von Inklusion« bezeichnet.

Der entscheidende Unterschied zu einem segregierenden Schulsystem liegt in der wirksamen Unterstützung gemäß den Bedürfnissen der Lernenden: »Effective individualized support measures are provided in environments that maximize academic and social development, consistent with the goal of full inclusion« (United Nations, 2006, Art.24, 3). Inklusive Bildung erfordert demnach effektive Lern- und Entwicklungsangebote für eine gelingende Teilhabe und damit eine Gestaltung von Bildungsprozessen, die tatsächlich positive Wirkungen besitzen.

Die verschiedenen Zieldimensionen – individuelle Unterstützung *und* Gestaltung der Umgebung, akademische *und* soziale Entwicklungsförderung – verdeutlichen den bildungspolitischen Charakter des Begriffs, der in der Salamanca-Erklärung wie auch in der UN-Konvention positive Veränderungen auf allen Ebenen des Schulsystems fordert, dabei die Zielrichtung der »full inclusion« formuliert und zugleich differenzierende Systeme

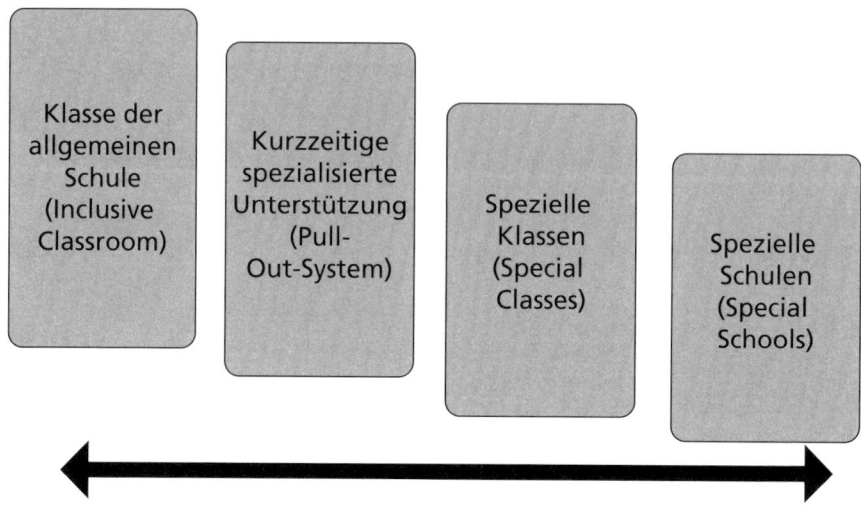

Abb. 2.1: Settings inklusiver Unterstützung (McLeskey et al., 2012, S. 133; auch Lindsay, 2007)

nicht ausschließt (Mitchell, 2010, S. 2016). Mitchell spricht gar von einer bewussten Zweideutigkeit bezüglich der Bedeutung des Begriffs Inklusion (ebd.). Diese Mehrdeutigkeit spiegelt sich in der deutschen Debatte wider, in den heftigen Auseinandersetzungen um die Frage, wie ein inklusives Bildungssystem aussehen kann, zu beobachten sind (zum Überblick: Ahrbeck, 2011; Speck, 2010; Speck, 2011). An dieser Stelle wird diese Diskussion nicht wiedergegeben, da sie sich bislang eher auf schulorganisatorische Fragen konzentriert, wie die Neustrukturierung (Klemm, 2009; Klemm, 2010; Klemm/Preuss-Lausitz, 2011) oder die Auflösung (Hinz, 2009) des sonderpädagogischen Systems mit speziellen Schulformen bzw. auf eine umfassende Reform der Schulstruktur insgesamt (Klemm, 2010; Werning/Löser, 2010) bezieht (Hillenbrand, 2014, S. 287ff.).

Die Diskussion um die schulstrukturellen Aspekte wird im deutschen Sprachraum wie auch international intensiv und häufig mit normativen Aufladungen geführt (für Deutschland z. B. Ahrbeck, 2014; Hillenbrand/Melzer/Sung, 2014; Grosche, 2015 sowie international z. B. Farrell, 2000, S. 37 oder Kavale/Mostert, 2003), die dann wissenschaftlich kaum zu prüfen sind (Mitchell, 2010, S. 138). Die darzustellenden Forschungsergebnisse sind im Folgenden als Hinweise zu verstehen, wo Aufgaben und Probleme in der Realisierung inklusiver Bildung zu beachten sind, um keine Benachteiligungen entstehen zu lassen. Die Frage schulischer Organisationsform stellt jedoch einen distalen Faktor mit wenig Bezug zum direkten Bildungsprozess dar (Wild/Schwinger/Lütje-Klose et al., 2015, S. 9).

Der vorliegende Beitrag stellt daher die Frage der Umsetzung des Auftrags inklusiver Bildung in einem vielfältigen und durchlässigen Schulsystem, vor allem auch auf der unterrichtlichen Ebene, in den Mittelpunkt.

Um allerdings empirische Befunde vergleichen zu können, ist zumindest eine Definition notwendig, die die verschiedenen Ansätze miteinander vereint bzw. den »kleinsten gemeinsamen Nenner« bildet. Die aktuelle Definition der UNESCO stellt eine hilfreiche und anerkannte Grundlage dar, da sie von der für die Entwicklung verantwortlichen UN-Organisation formuliert wurde. Inhaltlich hebt sie den Prozesscharakter hervor, der gerade für empirische Forschung essentiell ist und explizit auch den Blick auf alle Bildungsbereiche richtet.

> »Inklusive Bildung ist ein Prozess, der die Kompetenzen im Bildungssystem stärkt, die notwendig sind, um alle Lernenden zu erreichen. Inklusive Bildung geht auf die verschiedenen Bedürfnisse von Kindern, Jugendlichen und Erwachsenen ein. Erreicht wird dies durch verstärkte Partizipation an Lernprozessen, Kultur und Gemeinwesen, sowie durch eine konsequente Reduktion von Exklusion in der Bildung. Dazu bedarf es Veränderungen in den Inhalten, Ansätzen, Strukturen und Strategien im Bildungswesen. Diese Veränderungen müssen von einer gemeinsamen Vision getragen werden, die alle Menschen einbezieht, und die von der Überzeugung getragen wird, dass es in der Verantwortung des regulären Systems liegt, alle Lernenden angemessen zu unterrichten« (Deutsche UNESCO-Kommission e. V., 2014, S. 9).

Auch wenn Inklusion im Bildungssystem immer in einem gesamtgesellschaftlichen Kontext stehen muss, alle Lebens-, Arbeits- und Freizeitbereiche beinhaltet und inklusive Bildung grundsätzlich alle Bildungsangebote innerhalb der Lebensspanne eines Menschen einbezieht, konzentriert sich der Beitrag auf den Teilbereich des Kontexts Schule, der jedoch eine zentrale Bedeutung für die gelingende gesellschaftliche Teilhabe gerade bei Lernschwierigkeiten besitzt.

2.2 Forschungsstand zur schulischen Inklusion im Förderschwerpunkt Lernen

Die deutschsprachige Diskussion im Rahmen inklusiver Bildung im Schulbereich, sofern sie empirische Befunde aufgreift, stützt sich weitgehend auf Befunde aus integrativen Schulen der letzten Jahrzehnte (Demmer-Dieckmann, 2010; Klemm, 2009; Klemm, 2010; Preuss-Lausitz, 2012). Dabei darf nicht vergessen werden, dass die Untersuchungen oftmals unter den Rahmenbedingungen von Schulversuchen erfolgten, die in zentralen Parametern nicht der Situation und den heutigen Rahmenbedingungen des gesamten Bildungssystems entsprechen. Während in den Schulversuchen über eine günstige Lehrer-Schüler-Relation (bspw. 16 Schüler ohne und 4 Schüler mit Beeinträchtigungen mit einer durchgängigen Doppelbesetzung von Lehrkraft der allgemeinen Schule und Sonderpädagogin) die Frage der Ressourcen definiert wurde, gelten heute in aller Regel deutlich ungünstigere Bedingungen. Diese Diskrepanz bestätigen auch ältere amerikanische Untersuchungen (Hocutt, 1996, S. 77). Eine ganze Reihe deutschsprachiger Studien bereichern die aktuelle Diskussion (Voß/Blumenthal/Sikora/Mahlau/Diehl/Hartke, 2014; Wild et al., 2015) und stehen neben aktuellen Befunden internationaler Studien im Mittelpunkt dieses Kapitels.

Von besonderer Bedeutung sind die Wirkungen eines inklusiven Bildungssystems, die neben den Einstellungen und Bewertungen zur inklusiven Bildung die zentrale Frage darstellen, jedoch viel zu selten erforscht werden (Lindsay, 2007). »Research into inclusive education can be divided into studies concerned with ascertaining the perceptions various stakeholders hold towards inclusion and those investigating academic and social outcomes« (Mitchell, 2010, S. 130). Der Schwerpunkt liegt dabei auf den akademischen und sozialen Lernerfolgen im Hinblick auf die Gruppe der Schülerinnen und Schüler im Förderschwerpunkt Lernen. Dies erfolgt sowohl auf der allgemeinen Ebene des Lernerfolgs als auch auf der Ebene des Unterrichts, also welche Methoden für einen möglichst hohen Lernerfolg im Sinne einer wirksamen Bildung, wie sie die UN-Konvention fordert, am besten für heterogene Klasse im Allgemeinen und für Schülerinnen und Schüler mit Lernschwierigkeiten im Besonderen geeignet sind. Besondere Berücksichtigung finden evidenzbasierte Unterrichtsmethoden und Möglichkeiten der Förderung.

2.2.1 Der Einfluss des schulischen Settings auf den Lernerfolg und die sozialen Kompetenzen von Schülerinnen und Schülern

In der aktuellen Diskussion steht die strukturelle Veränderung des Systems sonderpädagogischer Unterstützung im Mittelpunkt des Interesses: Das System Förderschule wird in einflussreichen Stellungnahmen als teuer und ineffektiv bezeichnet (Klemm, 2009) und die Auflösung der Förderschulen Lernen in manchen Ländern der Bundesrepublik Deutschland als

Beitrag für ein barrierefreies Bildungssystem verstanden, z. B. in der Schulgesetznovelle Niedersachsens (2015). Bildungspolitisch besteht demnach ein Trend zur Abschaffung spezieller Organisationsformen bei Problemen im Bereich schulischen Lernens, zu erwarten wären empirische Befunde, die Begründungen dafür liefern.

Schon der erste Überblick aus anerkannten internationalen Zusammenfassungen empirischer Studien liefert jedoch durchaus unerwartete Erkenntnisse. Für die Zeit von 2000 bis ins Jahr 2005 dokumentiert Lindsay (2007) einen erheblichen Mangel empirischer Studien zu den Wirkungen inklusiver Settings: Von 1373 ermittelten Studien beschäftigen sich nur 14 Publikationen mit den Wirkungen inklusiver Systeme. In seiner Diskussion gelangt er zu folgendem Schluss (Lindsay, 2007, S. 16):

> »Overall, the weight of evidence reviewed in this paper cannot be said to provide a clear endorsement for the positive effects of inclusion ... Just 1 % of over 1300 studies published 2000–2005 reviewed addressed effectiveness and the results from these studies were only marginally positive overall«.

Eine gleiche Wirksamkeit kann jedoch, so Lindsay, auch als positives Ergebnis inklusiver Settings interpretiert werden, wenngleich kein Vorteil allein aus schulstrukturellen Maßnahmen zu erwarten ist.

Eine wichtige Zusammenfassung der weltweiten Erkenntnisse bildet der in Folge der UN-Konvention erstellte World-Report on Disabilities (2011) ab. Überraschenderweise sieht der Bericht in den Befunden zu veränderten Organisationsformen und strukturellen Aspekten keine Evidenz für einen Beitrag zu wirksamer, inklusiver Bildung.

> »While placement was not the critical factor in student outcomes, the review found: slightly better academic outcomes for students with learning disabilities placed in special education settings« (World Health Organization/World Bank, 2011, S. 211f.).

Das zweite unterwartete Ergebnis ist hier die positive Einschätzung sonderpädagogischer Unterstützungssysteme, also von speziellen Klassen und Schulen mit intensiver Lernunterstützung, die, entgegen dem konstatierten bildungspolitischen Trend, als die empirisch erfolgreicheren, wirksameren Modelle der Unterstützung genannt werden. Beide Reviews nutzen die internationalen Studien zu den Wirkungen struktureller Veränderungen, die nicht allein zur Erfüllung des Auftrags inklusiver Bildung, nämlich der wirksamen Unterstützung bei Problemen im schulischen Lernen, führen können.

Weitere Reviews zeigen etwas positivere Befunde. Die in den internationalen Studien ermittelten Effekte struktureller Veränderungen stellen sich nach Ruijs und Peetsma (2009) überwiegend neutral bis leicht positiv dar.

Nach dem Review von Kalambouka und Kollegen (Kalambouka/Farrell/ Dyson/Kaplan, 2007) werden nur wenige negative Auswirkungen berichtet: 81 % aller Studien zeigen positive bis neutrale Einflüsse auf die Schülerinnen und Schüler ohne Bedarf an sonderpädagogischer Unterstützung, nur wenige Studien berichten Nachteile (Hocutt, 1996; Salend/ Garrick Duhany, 1999; Dyson et al., 2004; Mitchell, 2010). Teilweise profitieren sogar die Schülerinnen und Schüler ohne Unterstützungsbedarf (»High Achiever«) *mehr* von der sonderpädagogischen Unterstützung als Kinder und Jugendliche mit Beeinträchtigungen (Klinger/Vaughn/Hughes/ Schumm/Elbaum, 1998; Cole/Waldron/Majd, 2004).

Die Befundlage bezogen auf die Wirksamkeit des Settings als einen distalen Faktor auf den Lernerfolg im Förderschwerpunkt Lernen muss auf Basis dieser häufig genannten Reviews als uneinheitlich und divergierend, mit tendenziell leicht positiven Effekten, beurteilt werden. Zur Gewinnung differenzierter Erkenntnisse lohnt folglich ein genauerer Blick in die vorliegenden Untersuchungen.

Welche Befunde berichten die Studien, wenn man den Fokus auf den Lernerfolg von Schülerinnen und Schülern mit Unterstützungsbedarf Lernen legt? Tabelle 1 bietet in einem ersten Teil zunächst einen Überblick zu den vorliegenden Zusammenfassungen von Studien (Reviews, Metaanalysen), der zweite Teil berichtet dann von einzelnen Studien in verschiedenen Bildungssystemen. Die Analyse fokussiert die Effekte für den Förderschwerpunkt Lernen im Hinblick auf die schulischen Settings »Mainstream«, »Pullout-Service«, »Spezialklassen« bzw. »Förderschulen«. Während im Mainstream die größte Zeit der Unterricht und auch die sonderpädagogische Unterstützung in der allgemeinen Klasse erfolgen, werden Schüler und Schülerinnen im Pullout-Service für eine längere Zeit aus der Klasse genommen und in speziellen Situationen mit eigenen Maßnahmen unterstützt, um anschließend in die Klasse zurückgeführt zu werden. In Spezialklassen erfolgt die Unterstützung über eine längere Zeit in relativ festen Gruppen innerhalb der allgemeinen Schule. Die Förderschulen bieten ein eigenes Schulsystem, was jedoch die zeitweise Kooperation mit allgemeinen Schulen nicht ausschließt. Während sich die Reviews und Metaanalysen oftmals auf mehrere Förderschwerpunkte beziehen und eher allgemeine Aussagen zulassen, fokussieren die im zweiten Abschnitt dargestellten Einzelstudien den Förderschwerpunkt Lernen. Die Tabelle beschränkt sich auf Veröffentlichungen der letzten 20 Jahre und erhebt trotz intensiver Literaturrecherche keinen Anspruch auf Vollständigkeit. Auf ältere Studien und Metaanalysen (Carlberg/Kavale, 1980; Wang/Baker, 1985), obgleich sie sehr häufig rezipiert werden, wird an dieser Stelle nur

2.2 Forschungsstand zur schulischen Inklusion im Förderschwerpunkt Lernen

verwiesen (Lindsay, 2007, S. 6f.). Wiederholungen von Studien werden in der folgenden Darstellung eliminiert, zudem werden Reviews nicht aufgeführt, wenn sie jeweils gleiche Studien berichten.

Tab. 2.1: Reviews und Metaanalysen

Autoren	Zusammenfassung wichtiger Ergebnisse	Bewertung inklusiver Settings	Kritik
Reviews und Metaanalysen nach 1990			
Hocutt, 1996 (Review)	Studien sowohl zum Placement in verschiedenen Settings als auch zu den Unterrichtsmethoden; die Ergebnisse zum Placement sind sehr gemischt, weshalb die Schlussfolgerung gezogen wird, dass die Unterrichtsmethoden für den Lernerfolg ausschlaggebend sind; Schülerinnen und Schüler mit Lernschwierigkeiten haben in Spezialklassen leichte Leistungsvorteile und schätzen sich kompetenter ein; positive Ergebnisse für Schülerinnen und Schülern mit dem Förderschwerpunkt emotionale und soziale Entwicklung; es gibt einen höheren Dropout von Schülerinnen und Schülern mit Lernschwierigkeiten aus der allgemeinen Schule.	+/–	Keine Effektstärken berichtet
Manset/Semmel, 1997 (Review)	Gemischte Ergebnisse, Schülerinnen und Schüler mit Lernschwierigkeiten profitieren von inklusiven Settings, aber nicht alle; Mainstreaming hat scheinbar einen Vorteil gegenüber reinen Pullout-Systemen.	+/–	Keine Effektstärken berichtet
Dyson et al., 2004 (Review)	Mehrheitlich kleine (z. T. nicht signifikante) positive Effekte, wobei ein fehlender Unterschied als Erfolg des inklusiven Settings gewertet wird, es wird ein negativer Einfluss des inklusiven Settings auf den sozialen Status innerhalb der Gruppe berichtet.	(+)/=/–	Sehr unterschiedliche Studien aufgenommen, die schwer zu vergleichen sind
Lindsay, 2007 (Review)	Gemischte Ergebnisse, in der Mehrzahl gibt es keinen Unterschied zwischen den Settings; positive Effekte sind nur klein, viele positive Effekte nicht signifikant; negative Effekte gibt es im Hinblick auf Dropout, die sozialen Kompetenzen und das Selbstkonzept.	+/=/–	Nur sehr wenige Studien entsprechen den Kriterien des Reviews

Tab. 2.1: Reviews und Metaanalysen – Fortsetzung

Autoren	Zusammenfassung wichtiger Ergebnisse	Bewertung inklusiver Settings	Kritik
Reviews und Metaanalysen nach 1990			
Ruijs/Peetsma, 2009 (Review)	Positive, negative und gemischte Ergebnisse; wenn eine Kontrollgruppe in einer Studie involviert ist, dann sind gemischte Ergebnisse beobachtbar (S. 74); negative Ergebnisse im Bereich der sozialen Stellung.	+/=/–	Die meisten Studien sind deskriptiv und teilweise ohne Kontrollgruppe; die (inklusiven) Konzepte sind sehr unterschiedlich
Mitchell, 2010 (Review)	Sehr gemischte Ergebnisse, reichen von kleinen positiven Effekten pro Mainstreaming über keine Unterschiede zwischen den Settings bis hin zu negativen Effekten im inklusiven Setting in Abhängigkeit von der Art der Beeinträchtigung und vom Alter. Keine systematischen Erfolge im Lesen oder in Mathematik.	(+)/=/–	Nur selten Angaben zur Zielgruppe und zum Förderschwerpunkt
Klemm, 2010 (Review)	Narrative Darstellung deutschsprachiger Studien innerhalb eines bildungspolitischen Gutachtens. Schülerinnen und Schüler haben in integrativen Settings einen deutlichen Leistungsvorsprung vor Schülerinnen und Schülern in Förderschulen. Auch das Leistungsselbstkonzept und das Selbstwertgefühl entwickelt sich im Gemeinsamen Lernen besser.	+	Kaum Beachtung internationaler Quellen, keine forschungsmethodischen Auswahlkriterien angelegt; verwendete Studien untersuchen meist Modellversuche mit besonders günstigen Bedingungen; es werden keine Angaben zur methodischen Vorgehensweise der genannten Studien getätigt
World Health Organization/ World Bank, 2011 (Review)	Grundsätzlich keine Unterschiede in den Lernerfolgen der Schülerinnen und Schüler in den unterschiedlichen Settings; leicht bessere Lernerfolge für Schülerinnen und Schüler mit Lernstörungen in den spezialisierten Settings; eine höhere Dropoutrate von Kindern und Jugendlichen mit Verhal-	+/=/–	Bezieht sich teilweise auf ältere Daten von 1995; keine Angaben zu Einschluss- und Ausschlusskriterien von berichteten Reviews

Tab. 2.1: Reviews und Metaanalysen – Fortsetzung

Autoren	Zusammenfassung wichtiger Ergebnisse	Bewertung inklusiver Settings	Kritik
Reviews und Metaanalysen nach 1990			
	tensauffälligkeiten aus allgemeinen Schulen; höherer sozialer Kompetenzzuwachs für Schülerinnen und Schüler mit schwerer kognitiver Beeinträchtigung.		
Oh-Young/Filler, 2015 (Meta-Analyse)	Höchst signifikante Ergebnisse (kleine Effektstärken (zwischen .25 und .31) pro inklusiver Settings bezogen auf akademische und soziale Lernerfolge.	+	Keine Unterscheidung nach Förderschwerpunkt; keine Unterscheidung zwischen »full inclusion« und zeitweisen gemeinsamen Unterrichts
O'Rourke, 2015 (Review von Meta-Analysen und Reviews)	In der Mehrheit positive Effekte für Inklusion oder keinen Unterschied; eine Studie (mit der größten Stichprobe) berichtet weniger Lernfortschritt für Schülerinnen und Schüler in der allgemeinen Schule.	+/=/(–)	Keine Methode beschrieben, warum welche Studie eingegangen ist; es werden keine Effektstärken berichtet
Szumski/Karwowski, 2015 (Meta-Analyse)	Stellen drei Studien vor, die die Merkmale von Schülerinnen und Schülern in Förderschulen und in inklusiven Schulen gegenüberstellen: Schüler in Förderschulen kommen eher aus Familien mit niedrigerem sozial-ökonomischen Status, haben ein höheres akademisches Selbstkonzept, sind stärker emotional in ihre Schule integriert und ein niedrigeres Leistungsniveau als die Schüler und Schülerinnen in inklusiven Schulen.	+/–	Cross-sectual design, daher sind keine kausalen Schlüsse möglich

Der Überblick über die aktuell vorliegenden Reviews und Metaanalysen, die als hochwertige Verfahren der Zusammenfassung anerkannt sind, führt zu einer Bestätigung der eingangs referierten Stellungnahmen:

* Die Forschungsmethodik ist oftmals schwierig.
* Die Befunde sind uneinheitlich.

- Positive Effekte werden durchaus ermittelt, sie liegen meist im Bereich kleiner Effekte.
- Negative Effekte werden ebenfalls beobachtet, insbesondere in den Dimensionen Selbstkonzept, sozialer Status und Dropout bei vorliegenden Lernschwierigkeiten.

Längsschnittliche Untersuchungen verfolgen die Entwicklung von spezifischen Gruppen, z. B. mit dem Förderschwerpunkt Lernen. Der Vergleich mit möglichst randomisiert ermittelten Kontrollgruppen ermöglicht dann kausale Aussagen. Solche experimentellen oder quasi-experimentellen Designs erlauben die Einschätzung der Evidenzbasierung einer Maßnahme und gelten als höchste Standards der Evaluationsforschung (Hillenbrand, 2015). Ihre Realisierung stellt jedoch hohe Anforderungen und gelingt eher selten.

Tab. 2.2: Längsschnittstudien

Autoren	Zusammenfassung wichtiger Ergebnisse	Bewertung inklusiver Settings	Kritik
Längsschnittuntersuchungen			
Marston, 1996	Zwei Messungen zum Lesen in einem Schuljahr, N=240 Schülerinnen und Schüler mit »mild disabilities« in drei Settings (Inklusion mit Beratung durch Sonderpädagogen; Inklusion und Pullout-Service kombiniert; nur Pullout-Service in Spezialklasse); in allen drei Settings gibt es einen Lernzuwachs; größter Lernzuwachs in der kombinierten Gruppe: Inklusion mit zeitweiser Kleingruppenförderung; kein Unterschied zwischen Inklusion und Spezialklasse.	=	Relativ kurze Zeitspanne
Vaughn/Elbaum/Schumm, 1996	Es werden Schülerinnen und Schüler mit Lernschwierigkeiten (N=16), mit geringen Leistungen (N=27) und mit durchschnittlichen bis hohen Leistungen (N=21) inklusiver Klassen hinsichtlich ihrer sozialer Fähigkeiten zweimal innerhalb eines Schuljahres verglichen; Schülerinnen und Schüler mit Lernschwierigkeiten werden weniger gewählt und häufiger abgelehnt; das Selbstwertgefühl und die Einsamkeit unterscheiden sich nicht, allerdings zei-	(=)/–	Sehr kleine Stichprobe; Entwicklung nur über ein Schuljahr (Vergleich von 2 Messzeitpunkten)

2.2 Forschungsstand zur schulischen Inklusion im Förderschwerpunkt Lernen

Tab. 2.2: Längsschnittstudien – Fortsetzung

Autoren	Zusammenfassung wichtiger Ergebnisse	Bewertung inklusiver Settings	Kritik
Längsschnittuntersuchungen			
	gen die Kinder mit Lernschwierigkeiten ein signifikant niedrigeres akademisches Selbstkonzept.		
Klingner et al., 1998	20 % der Schülerinnen und Schüler mit Lernschwierigkeiten und 27 % der Low Achiever haben keinen Lernzuwachs im Mainstream der Schule; High Achiever werden nicht benachteiligt (N=144).	=/–	Vergleich nur über ein Schuljahr und nur innerhalb einer Schule
Dyson et al., 2004	Kein Zusammenhang zwischen Inklusion und Leistung (auf allen Stufen kein Einfluss); sehr kleiner negativer Effekt zwischen den Stufen der Inklusion, wobei der negative Effekt bei Schülerinnen und Schülern mit Förderbedarf größer ist.	=/–	Methodik erlaubt nur Aussagen zu Zusammenhängen, aber keine kausalen Aussagen
Cole/Waldron/ Majd, 2004	Vergleich der Lernerfolge im Lesen und Rechnen von Schülerinnen und Schüler (SuS) ohne Beeinträchtigung und mit »learning disabilities« sowie »mild disabilities« (N=1102; Klassenstufe 2–5). Verglichen werden »mainstream« und »pulloutsettings« für die SuS mit Beeinträchtigung; bei den SuS ohne Beeinträchtigung werden inklusive und nicht inklusive Klassen gegenübergestellt; SuS ohne Beeinträchtigungen haben einen signifikant stärkeren Lernzuwachs in der inklusiven Klasse; keine Unterschiede existieren zwischen Settings bei den SuS mit Lernschwierigkeiten.	=	Keine Erhebung der Einstellungen der Lehrkräfte und welche Methoden sie einsetzen, sodass keine Analyse der einzelnen Klassen möglich ist
Markussen, 2004	In einer Längsschnittstudie über 5 Jahre in Sekundarschulen werden N=777 Schülerinnen und Schüler (SuS) mit sonderpädagogischem Förderbedarf (SPF) untersucht (davon 285 in Spezialklassen und 493 in Inklusion); Schülerinnen und Schüler in der Regelklasse erreichen ein höheres Kompetenzniveau als Schülerinnen und Schüler in Spezialklassen; Kleingruppenunterricht von SuS in Regelklassen	+/–	Lernerfolg wird mit dem Notendurchschnitt operationalisiert; Lernschwierigkeiten (allgemein und komplex) als unabhängige Variable erhoben (also zusätzlicher Faktor

Tab. 2.2: Längsschnittstudien – Fortsetzung

Autoren	Zusammenfassung wichtiger Ergebnisse	Bewertung inklusiver Settings	Kritik
Längsschnittuntersuchungen			
	bringen keinen Vorteil in der Leistung; allerdings nimmt die Anzahl an SuS mit SPF in den Regelklassen zu; Benachteiligungen werden weder in Regelklassen noch in Spezialklassen ausgeglichen: SuS mit niedrigem Notendurchschnitt zu Beginn der Sekundarstufe erreichen auch die niedrigsten Level der beruflichen Bildung.		zur bestehenden Beeinträchtigung)
Murawski, 2006	Vergleich von Mainstream mit Co-Teaching und Spezialklassen. Die Schülerinnen und Schülern mit den schwächsten Lernvoraussetzungen befinden sich in den Spezialklassen. Die Ergebnisse sind gemischt – unterschiedliche Settings haben in den verschiedenen Bereichen sowohl positive, negative als auch vergleichbare Effekte; klare Vorteile der Spezialklasse in Mathematik.	+/=/–	Relativ kleine Stichprobe (N=38), Instrumente wurden nach Verfügbarkeit und Einfachheit in der Nutzung ausgewählt
Cosier/Causton-Theoharis/ Theoharis, 2013	Schülerinnen und Schüler, die mehr Zeit in der allgemeinen Klasse verbringen, haben einen höheren Lernzuwachs als Schülerinnen und Schüler mit mehr Zeit in Pull-out-Systemen; es gibt eine signifikant negative Korrelation zur Art der Beeinträchtigung: Schülerinnen und Schüler mit stärkeren Behinderungen finden sich häufiger im Pull-out-Setting, das heißt, dass Kohorteneffekte nicht auszuschließen sind.	+	Kein System-Vergleich, sondern von Intensität des Pullouts; keine speziellen Aussagen zu Schülerinnen und Schülern im Förderschwerpunkt Lernen; keine Generalisierbarkeit der Ergebnisse möglich, weil evtl. Kohorteneffekte vorliegen
Trembley, 2013	Inkonsistente Ergebnisse: mal profitieren eher die Schülerinnen und Schüler (SuS) im inklusiven Setting (mit kompletter Doppelbesetzung), mal die SuS in den Förderschulen (dies verändert sich im Laufe des Längsschnitts. Unterschiede im Lesen nur in Klasse 1 signifikant, in Mathematik wer-	+/=/–	Durchgängige Doppelbesetzung der Lehrkräfte kommt in der Praxis eher selten vor.

2.2 Forschungsstand zur schulischen Inklusion im Förderschwerpunkt Lernen

Tab. 2.2: Längsschnittstudien – Fortsetzung

Autoren	Zusammenfassung wichtiger Ergebnisse	Bewertung inklusiver Settings	Kritik
Längsschnittuntersuchungen			
	den keine signifikanten Unterschiede berichtet. 25 % der SuS mit Lernschwierigkeiten wechselten nach der 1. Klasse aus dem Mainstream in die Förderschule.		
Casserly/Gildea, 2015	Fallstudie: Vergleich von Spezialklassen ohne Mainstream (Leseklassen) zur Förderung bei LRS; sowohl bei Lesegenauigkeit als auch beim Leseverständnis Fortschritte in den Leseklassen. Nach drei Jahren größerer Lernfortschritt als nach zwei Jahren; Schülerinnen und Schüler erreichen nach drei Jahren teilweise überdurchschnittliche Lesewerte.	–	Sehr kleine Stichprobe (N=3 Leseklassen); kein Vergleich der Settings (nur Dauer)
Voß et al., 2014; 2016a und 2016b	Vergleich zweier integrativer Settings: allgemeine Schulen ohne spezifisches Rahmenkonzept und mit dem Rahmenkonzept RTI: vergleichbare Ergebnisse in der Leseleistung, Vorteile für die Kontrollgruppe in den mathematischen und Rechtschreib-Leistungen; in der Kontrollgruppe gibt es ca. 11 % der Schülerinnen und Schüler mit abweichenden Schulkarrieren (besondere Klassen an Grundschulen, wie Leseklassen, Sprachheilgrundschulklassen, oder Umschulung in Förderschulen bzw. Rückstufungen), in der Treatmentgruppe betrifft dies nur ca. 5 % der SuS.	+/–	Kohorten-Unterschiede zwischen der Treatmentgruppe und der Kontrollgruppe (KG hat wesentlich höhere Ausgangswerte)

Neben den erneut divergierenden Befunden zeigt der Überblick über die Längsschnittstudien, wie schwierig solche Studien sind und wie unsystematisch die Erkenntnislage derzeit ist. Querschnittstudien hingegen vergleichen Daten zu einem bestimmten Zeitpunkt, können also keine kausalen Zusammenhänge aufdecken, sondern höchstens deskriptive Aussagen treffen. Dadurch können sie auf bestimmte Konstellationen und Probleme in gegebenen Situationen hinweisen.

Tab. 2.3: Querschnittsstudien

Autoren	Zusammenfassung wichtiger Ergebnisse	Bewertung inklusiver Settings	Kritik
Querschnittsuntersuchungen			
Rea/McLaughlin/Walther-Thomas, 2002	Vergleich von Schülerinnen und Schülern (SuS) im Mainstream (mit Co-Teaching) und Pullout-Services (einige Fächer werden im gemeinsamen Unterricht angeboten, Hauptfächer als Pullout-Service in Kleingruppen durch sonderpädagogische Lehrkräfte). SuS im Mainstream erhalten signifikant bessere Schulnoten als die Kinder und Jugendlichen mit Pullout-Angeboten in Naturwissenschaften, in Sozialwissenschaften und in Mathematik. Die Ergebnisse in den landesweiten Vergleichstests unterscheiden sich kaum (nicht signifikant).	+/=	Begrenzte Stichprobe in einem kleinen Gebiet
Klicpera/Gasteiger-Klicpera, 2003	N=175 Schülerinnen und Schüler, davon N=37 mit Förderbedarf (51 % davon mit dem Förderschwerpunkt Lernen); Schülerinnen und Schüler (SuS) mit Förderbedarf berichten von negativeren sozialen Erfahrungen; sie fühlen sich signifikant weniger wohl sowie akzeptiert in der Klasse und sind signifikant häufiger Opfer indirekter und direkter Aggressionen. In der Beurteilung durch die Mitschüler werden SuS mit Förderbedarf signifikant als zurückgezogener und viktimisiert eingeschätzt; es werden sehr große Schwankungen im Klassenklima registriert, die in dieser Untersuchung nicht mit getrenntem Unterricht oder weniger gemeinsamer Planungszeit zwischen den Fachkräften zusammenhängen.	–	Kein Vergleich der Settings, sondern der SuS mit und ohne Förderbedarf; sehr große Unterschiede zwischen einzelnen Klassen im sozialen Klassenklima; relativ kleine Anzahl an Klassen
Wiener/Tardif, 2004	Vergleich von N=117 Schülerinnen und Schülern (SuS) mit Lernschwierigkeiten in vier verschiedenen Settings (inklusive Klasse mit Co-Teaching, inklusive Klasse mit 90 min/Tag sonderpädagogischer Unterstützung in dieser Klasse; allgemeine Klasse mit max. 90min/Tag im Resource Room; Spezialklasse mit wenig Zeit in all-	+/=	Relativ kleine Stichprobe für den Vergleich von vier Settings; Studie zielt nur auf soziale Bereiche ab, Leistungen werden deskriptiv berichtet

Tab. 2.3: Querschnittsstudien – Fortsetzung

Autoren	Zusammenfassung wichtiger Ergebnisse	Bewertung inklusiver Settings	Kritik
Querschnittsuntersuchungen			
	gemeiner Klasse) hinsichtlich ihrer Leistungen, ihres akademischen Selbstkonzepts, sozialer Kompetenzen und Akzeptanz durch die Mitschüler; SuS im Resource Room haben ein signifikant schlechteres Selbstkonzept als SuS in der inklusiven Klasse; restliche Werte nicht signifikant und alle SuS mit Lernschwierigkeiten haben niedrigere Werte als SuS ohne Beeinträchtigungen, sodass die Platzierung scheinbar wenig einwirkt; Leistungsunterschiede sind sehr gemischt.		
Martinéz, 2006	N=120 Schülerinnen und Schülern (SuS) mit unterschiedlich ausgeprägten Lernschwierigkeiten (nur Mathematik, nur Lesen oder Mathematik und Lesen) in Spezialklassen in Middle Schools (Klassenstufe 5–7). Mit zunehmender Lernschwierigkeit nehmen SuS weniger soziale Unterstützung seitens der Eltern, der Mitschüler und Freunde wahr; dabei gibt es einen Gendereffekt zugunsten von Mädchen, die generell mehr Unterstützung erhalten als Jungen.	k.A.	Relativ kleine Stichprobe, SuS werden ausschließlich in Spezialklassen unterrichtet – keine vergleichende Aussage möglich, sondern Benennung eines Risikofaktors
Fore/Hagan-Burke/Boon/Smith, 2008	N=57 Schülerinnen und Schüler in vier verschiedenen Settings (mit unterschiedlicher Intensität an sonderpädagogischer Begleitung sowie des Mainstreams und Pullout-Service). Die Unterschiede im Lesen und in Mathematik sind nur geringfügig und nicht signifikant.	=	Relative kleine Stichprobe in zudem unterschiedlichen Settings, die Gruppen sind zudem sehr heterogen
Huber, 2009	Evaluationsstudie mit N=650 Viertklässlern (davon N=110 mit SPF in den Bereichen Lernen, emotionale und soziale Entwicklung sowie Sprache) aus Grundschulen in NRW; es gibt signifikante Unterschiede zwischen Schülerinnen und Schülern (SuS) ohne und mit SPF: SuS mit SPF sind weniger beliebt oder durch-	–	Es gibt mehrere Faktoren, die die soziale Integration zu beeinflussen scheinen – die Daten sind allerdings deskriptiv, sodass keine Aussagen zur

Tab. 2.3: Querschnittsstudien – Fortsetzung

Autoren	Zusammenfassung wichtiger Ergebnisse	Bewertung inklusiver Settings	Kritik
Querschnittsuntersuchungen			
	schnittlich integriert, fast jeder zweite Schüler mit SPF wird abgelehnt (im Vergleich zu 16,5 % Schüler ohne SPF).		Verursachung getroffen werden können
Phillips, 2012	Vergleich von Schülerinnen und Schülern mit Lernschwierigkeiten (N=314) in Spezialklassen (Resource Room) und inklusiven Klassen; Vorteil (kleine, signifikante Effekte) im Fach Mathematik für die Spezialklasse (Resource Room); es gibt keinen Unterschied im Lesen.	=/–	Es wird versucht, die Ergebnisse mit den Unterrichtsmethoden in den Settings zu verknüpfen. Dies gelingt wenig aufgrund niedriger Rückläufe und fehlender Werte
Kocaj/Kuhl/ Kroth/Anand Pand/Stanat, 2014	Vergleich von Schülerinnen und Schülern (SuS) in allgemeinen Schulen (N=658) und in Förderschulen (N=413) zum Lernerfolg (Deutsch und Mathe), der Vergleich findet nach einem Matching statt. SuS mit SPF in Grundschulen unterscheiden sich in nahezu allen erhobenen Daten signifikant von denen in Förderschulen (deutlichste Differenzen sind kognitive Grundfähigkeiten, sozioökonomischer Status und Bildungsniveau der Eltern). SuS mit SPF in Regelschulen weisen in allen Bereichen höhere Leistungen auf (Effektgröße gering bis mittel).	+	Findet zu fast 50 % der SuS in den Förderschulen keine Matching-Partner in den integrativen Settings; der Schweregrad der Beeinträchtigung der SuS wurde nicht erhoben – ob sich die Gruppen hier unterscheiden, ist unklar. Keine kausalen Aussagen möglich
Spörer/Maaz/ Vock et al., 2015	N=1280 SuS in brandenburgischen Grundschulen, 2. und 3. Klassenstufe (alle FSP), bedeutsamer positiver Zusammenhang zwischen Leistung und Selbstkonzept, je höher die Leistung desto höher das Selbstkonzept; SuS mit vergleichbaren Leistungen, aber mit/ohne sonderpädagogischen Förderbedarf unterscheiden sich nicht; Variabilität zu 36 % zwischen den Klassen (d. h. großer Einfluss der Klassenvariablen).	k.A.	Kein Settingvergleich, sondern Statusvergleich; Keine Aufschlüsselung in Förderschwerpunkte

Tab. 2.3: Querschnittsstudien – Fortsetzung

Autoren	Zusammenfassung wichtiger Ergebnisse	Bewertung inklusiver Settings	Kritik
Querschnittsuntersuchungen			
Wild et al., 2015	Vergleich von drei Settings: Gemeinsamer Unterricht (mit viel Doppelbesetzung), Kompetenzzentren (sonderpädagogische Unterstützung als Service-Leistung) und Förderschule; N=423 Schülerinnen und Schülern (49 Förderschulen, 84 Grundschulen und 26 Kompetenzzentren). Die Lernleistung der Schülerinnen und Schüler in den inklusiven Settings ist höher als in den Förderschulen. Es gibt keine signifikanten Unterschiede im psycho-sozialen Erleben. Hohe Varianzen innerhalb der einzelnen Schulen, die Varianzen in den Grundschulen sind am höchsten.	+/=	Sind erste querschnittliche Ergebnisse einer Längsschnittuntersuchung; Deckeneffekte sind wahrscheinlich; erste längsschnittliche Ergebnisse weisen auf einen ähnlichen Lernzuwachs von SuS in beiden verglichenen Settings hin (Lütje-Klose/Wild/Schwinger, 2015)

Zusammenfassend können folgende Ergebnisse für den akademischen und sozialen Lernerfolg von Schülerinnen und Schülern mit Lernschwierigkeiten in inklusiven Settings mit aller Vorsicht wie folgt konstatiert werden:

- Die Ergebnisse sind *sehr gemischt* bezogen auf die verschiedenen schulischen Settings. Über mehrere Reviews und viele Studien hinweg kommen alle Ergebnismöglichkeiten vor: Es zeigen sich sowohl positive als auch negative Effekte für das inklusive Setting, aber auch das Fehlen von Unterschieden ist festzustellen.
- Die Anzahl der Studien, die *keinen Unterschied* zwischen den Settings ausmachen, überwiegen.
- Die Lernfortschritte in *Mathematik* sind entweder fast ausschließlich nicht signifikant oder Kleingruppen (Spezialklassen, Pullout-Service) haben Vorteile (z. B. Murawski, 2006; Phillips, 2012).
- Fast alle in den Tabellen 1–3 aufgelisteten Studien adressieren Schülerinnen und Schüler im Primarbereich. Es gibt somit derzeit *keine gesicherten Erkenntnisse* zur Wirkung des Mainstreams im *Sekundarbereich*. Es erscheint plausibel, dass hier eher negativere Ergebnisse verzeichnet werden, da der Unterricht wesentlich mehr Inhalte in kürzerer Zeit the-

matisiert sowie die Leseflüssigkeit und das Leseverständnis Grundvoraussetzung für den Lernerfolg in vielen Fächern des Curriculums sind (Tkachyk, 2013, S. 20).
- Negative Effekte im Hinblick auf inklusive Settings werden vor allem für die soziale Stellung und das Selbstkonzept der Schülerinnen und Schüler mit Lernschwierigkeiten berichtet (z. B. Dyson et al., 2004; Ruijs/Peetsma, 2009; Klicpera/Gasteiger-Klicpera, 2003). Positive Effekte in Bezug auf die sozialen Fähigkeiten werden für die Zielgruppe mit dem Förderschwerpunkt Lernen eher selten berichtet.
- In einigen Studien können positive Effekte zugunsten des inklusiven Unterrichts ausgemacht werden und zudem wird eine hohe Quote an *zusätzlich* diagnostiziertem Förderbedarf in diesen Klassen festgestellt, der manchmal zu einer Überweisung in eine Spezialklasse oder Förderschule führt (Trembley, 2013; Markussen, 2004). Es besteht das Risiko der Benachteiligung von Schülerinnen und Schülern mit *multiplen* bzw. *hochgradigen* Lernschwierigkeiten im inklusiven Setting.
- Querschnittsuntersuchungen haben das Problem, dass die Unterschiede ggf. auf Kohorteneffekten beruhen, d. h. Schülerinnen und Schüler mit schwierigeren Ausgangslagen ggf. nicht im Mainstream, sondern in den spezialisierten Settings unterrichtet werden (z. B. Murawski, 2006; Klingner et al., 1998; Kocaj et al., 2014; Wild et al., 2015). Darauf weisen auch die längsschnittlichen Ergebnisse von Trembley (2013) hin, wonach lernschwächere Schülerinnen und Schüler nach der ersten Klasse in spezialisierte Settings wechseln, obwohl eine durchgängige Doppelbesetzung von Lehrkräften gewährleistet ist.
- Die Ergebnisse sind nicht nur insgesamt sehr gemischt, sondern vor allem unterscheiden sie sich auch hinsichtlich verschiedener Zielgruppen: »There may be differential effects for different groups of children and differential effects of different inclusion practices« (Ruijs/Peetsma, 2009, S. 78).
- Pullout-Services haben im Vergleich zum Mainstream eher einen *schlechten* (Cosier et al., 2013; Wiener/Tardif, 2004) oder *keinen* (Cole et al., 2004; Markussen, 2004; Fore et al., 2008) Einfluss auf die Lernentwicklung und das akademische Selbstkonzept. Gemischte Ergebnisse gibt es im Hinblick auf die soziale Entwicklung (Klicpera/Gasteiger-Klicpera, 2003).
- Positive Ergebnisse zur Prävention von Lernschwierigkeiten und damit indirekt eine Unterstützung des inklusiven Unterrichts verzeichnen vor allem Programme, die auf der Basis von Mehrebenenpräventionsmodellen und Lernfortschrittskontrolle arbeiten, wie zum Beispiel im Respon-

se-to-Intervention-Ansatz (RTI) (Hattie, 2012; Huber/Grosche, 2012; Tran/Sanchez/Arellano/Lee Swanson, 2011; Voß et al., 2016b).

Diese Befundlage ist nicht neu: Schon zu Beginn des 21. Jahrhunderts kommen Forscher aufgrund der internationalen Studien zum Ergebnis, dass die Befunde sehr gemischt und eher vorsichtig zu interpretieren sind (Kavale/Mostert, 2003). Auch wenn diese Aussage bereits älter ist, gilt sie nach dem hier vorgelegten Überblick bis heute.

Die Problematik der Forschungsmethode muss bei dieser Zusammenfassung in Rechnung gestellt werden. Mitchell (2010, S. 133) fasst den Forschungsstand in methodenkritischer Sicht folgendermaßen zusammen:

- Einige der frühen Studien sind nicht mehr relevant für die heutigen Bedingungen.
- Die Studien vergleichen oftmals nur die Settings an sich, aber rezipieren nicht genau die Programme und Inhalte.
- Viele der Studien sind methodisch mangelhaft und nicht beweiskräftig (Phillips, 2012, S. 40).
- Alle Studien berichten Ergebnisse, die spezifisch für ihren Kontext sind, in dem sie durchgeführt wurden und können daher nicht ohne Weiteres verallgemeinert werden.

Auch Ruijs und Peetsma (2009, S. 77) merken als Ergebnis ihres Reviews an, dass sehr wenige Studien einen Vergleich zwischen inklusiven und sonderpädagogischen Settings anstellen und diese dann keine klaren Aussagen zulassen:

»It is hard to draw conclusion about the effect of inclusive education: there are very few studies that compare children with mild to moderate special educational needs in inclusive and special education. Furthermore, the results from the studies that are available are not clear.«

Die methodischen wie inhaltlichen Kritikpunkte gelten auch, und oftmals in besonderem Maße, für einige ältere deutschsprachige Studien. Erst die neueren deutschsprachigen Studien (s. o.) entsprechen stärker den genannten Anforderungen. Es mangelt bis heute weiterhin an Studien mit einem starken methodischen Design für den deutschsprachigen Raum. Die Bedeutung proximaler, also dem Lernen näherer Faktoren und damit der konkrete Unterricht in der jeweiligen schulischen Struktur, rückt dadurch in den Vordergrund.

2.2.2 Konsequenzen aus dem Forschungsstand

Der Auftrag inklusiver Bildung der UN-BRK formuliert eine gemeinsame und unterstützende Bildung in wirksamen Lernangeboten als menschenrechtlichen Anspruch auch für den Förderschwerpunkt Lernen. Die empirischen Befunde machen deutlich, dass allein durch strukturelle, schulorganisatorische Maßnahmen dieser Anspruch keineswegs erfüllt wird.

> »The idea that fully inclusive classrooms will correct an injustice towards students with learning difficulties does not take into account the complexities of learning and thought processes and the need for many students with disabilities to learn in environments that fully support their cognitive and social-emotional needs« (Tkachyk, 2013, S. 23).

Entscheidend sind die konkreten unterrichtlichen und schulischen Lernangebote. Daher müssen Lösungen für einen inklusiven Unterricht gefunden werden, die Lernende mit Lernschwierigkeiten und emotional-sozialen Förderbedarfen in ihrer Komplexität berücksichtigen. Diese Aufgabe ist keineswegs allein durch schulorganisatorische Maßnahmen zu erfüllen, wie die Ergebnisse der genannten Studien zeigen. Es stellt sich also die Frage nach den Konsequenzen aus diesen Forschungsergebnissen.

Viele Bildungssysteme setzen schulorganisatorisch auf pragmatische Lösungen. Ein aufschlussreiches Beispiel stellt das finnische Bildungssystem dar, das international als eine weitgehende Verwirklichung von Inklusion gilt. Schroeder (2010) weist auf der Basis statistischer Daten darauf hin, dass dort 3 % aller Schülerinnen und Schüler in Special Schools unterrichtet werden, insbesondere Kinder mit geistiger oder schwerer Körperbehinderung. Ungefähr 20 % (!) aller Schülerinnen und Schüler erhalten im Laufe eines Schuljahrs Unterstützung in Form von »part-time special education« mit Hilfe von stundenweiser Förderung durch sonderpädagogische Fachkräfte in der allgemeinen Schule und 8 % aller Schülerinnen und Schüler erhalten ihren Unterricht in »full-time special education«, also in Spezialklassen innerhalb der allgemeinen Schule. Im Verlauf eines Schuljahrs erhält damit ein Drittel aller finnischen Kinder sonderpädagogische Unterstützung in unterschiedlichen Organisationsformen. Die möglichst frühe und differenzierte Unterstützung benachteiligter Gruppen erklärt auch den Erfolg Finnlands in den internationalen Vergleichsstudien (Schroeder, 2010). Wird dieses Modell als Vorbild genommen, ist eine stärkere Orientierung an der Prävention ein notwendiger Schritt hin zur Verwirklichung eines inklusiven Bildungssystems, das sensibel Schülerinnen und Schüler mit Lernschwierigkeiten berücksichtigt. In einem solchen veränderten Rahmen erfüllt die sonderpädagogische Unterstützung ihre subsidiäre, also unterstützende Funktion.

Wenn trotz dieser genannten Umsetzungsmöglichkeiten nach dem derzeitigen Stand der Forschung schulorganisatorische Maßnahmen allein nicht den Auftrag inklusiver Bildung erfüllen können, wie ist dieser bildungspolitische Auftrag inklusiver Bildung zugunsten aller Lernenden zu verwirklichen? Wie lässt sich die mit der Programmatik inklusiver Bildung geforderte Bedürfnisorientierung der Bildung in eine real wirksame Schulwirklichkeit überführen? Die Antwort darauf könnte lauten: Der Auftrag inklusiver Bildung lässt sich nur *mit qualitativ hochwertigem Unterricht im Rahmen eines inklusiven Schulkonzepts, das im Alltag wirksam umgesetzt wird, erfüllen.*

Der physische Zugang (*Access*) zur allgemeinen Schule in einem gemeinsamen Klassenzimmer für alle Lernende eines Jahrgangs impliziert nicht zwangsläufig auch den Zugang zu den Lerninhalten, dem allgemeinen Curriculum (Mitchell, 2010, S. 139). Entscheidenden Einfluss auf die akademischen und sozialen Entwicklungsfortschritte in allen Organisationsformen besitzen neben der Kooperation der Lehrkräfte die proximalen Faktoren schulischen Lernens, wie die Gestaltung des Lernprozesses, das wirksame Lehrerhandeln und die unterstützenden Methoden und Materialien, für die ein Angebots-Nutzungs-Modell des Lernens wichtige Hinweise gibt (Helmke, 2005; Wild et al., 2015). Die Qualität des Unterrichts scheint der wichtigste Prädiktor für den Lernerfolg zu sein, unabhängig davon, in welchem Setting dieser Unterricht stattfindet: »Several studies have found that quality of instruction, rather than placement, is the most important predictor of student achievement« (Mitchell, 2010, S. 137). So lassen sich nicht nur die sehr gemischten Ergebnisse der empirischen Studien erklären, sondern diese Annahme hat auch einen ganz entscheidenden Vorteil, denn damit wird »der Lernerfolg von Schülerinnen und Schülern [...] von der Unterrichtsqualität einer kontrollierbaren, proximalen Bedingung beeinflusst« (Upplegger, 2015, S. 2).

Ausgehend vom inklusiven Auftrag einer wirksamen Unterstützung stellt sich also die Frage: Wie sollte ein qualitativ hochwertiger inklusiver Unterricht aussehen? Die Maßgabe der UN-Konvention gibt zwei wichtige Kriterien vor (World Health Organization/World Bank, 2011, S. 304): die Teilhabe am allgemeinen Bildungssystem in Verbindung mit wirksamen Lernangeboten, die zu einem tatsächlich Lernzuwachs der Schülerinnen und Schüler führen. Wie muss in der Konsequenz der Unterricht gestaltet sein? Welche Förderansätze und welche Unterrichtsmethoden sollten Lehrkräfte nach aktuellem Forschungsstand einsetzen, damit alle Schülerinnen und Schüler – und hier speziell Lernende mit Lernschwierigkeiten – erfolgreich lernen können?

2.2.3 Mehrebenenkonzept zur Unterstützung im inklusiven Bildungssystem

Zur Beantwortung dieser Fragen lässt sich eine große Bandbreite empirischer Studien, Reviews und Metaanalysen heranziehen, die wichtige Erkenntnisse zum erfolgreichen schulischen Lernen in akademischen und sozialen Entwicklungsbereichen bieten. Die meist rezipierte Metasynthese, also die Zusammenfassung mehrerer Metaanalysen, legte Hattie (2009; 2013) vor. Zugrunde liegen die weltweit vorliegenden, englischsprachigen Metaanalysen basierend auf Befunden zu allen Lernenden; die Darstellung fokussiert also nicht die Probleme der Förderung bei vorliegenden Lernschwierigkeiten, dennoch können zahlreiche Erkenntnisse eine Basis für die wirksame Unterstützung bei risikobehafteten Lernvoraussetzungen und -entwicklungen bieten.

Explizite Beachtung findet in der Metasynthese jedoch ein präventiver Ansatz der Lernförderung auf mehreren Ebenen, der als *Response-to-Intervention* bezeichnet wird. Der Grundgedanke besteht darin, das Lernangebot des Unterrichts als eine Intervention zu verstehen, dessen Wirkung (*response*) bei den Lernenden Hinweise darauf gibt, ob es einen wirksamen Beitrag zum erfolgreichen Lernen leistet. Sollte das Lernangebot nicht ausreichen, wird ein intensiveres Lernangebot erprobt. Dieses Rahmenmodell der Mehrebenenprävention für die Unterstützung im inklusiven Unterricht stellt mit einer Effektstärke von $d = 1.07$ (Hattie, 2012, S. 251; Tran et al., 2011) eine der höchsten Effektstärken in der gesamten Metasynthese Hatties dar. Gerade in der Unterstützung bei Lernschwierigkeiten stellt er einen mehrfach überprüften und gut bestätigten Ansatz dar. Mehrebenenmodelle zur Unterstützung schulischen Lernens sind international weit verbreitet (Björn/Aro/Koponen/Fuchs/Fuchs, 2016, S. 58). Im US-amerikanischen Gesetz »Individuals with Disabilities Education Improvement Act« (IDEA, 2004) wird die Konzeption als autorisierter Ansatz zur Unterstützung, insbesondere bei Lernschwierigkeiten, beschrieben (Cook/Shepard/Cook/Cook, 2012, S. 22) und sehr verbreitet umgesetzt. Benner und Kollegen (Benner/Nelson/Sanders/Ralston, 2012, S. 181f.) berichten, dass 71 % aller US-Schulen das Rahmenkonzept oder ein ähnliches Mehrebenenmodell im Bereich der Lernförderung einsetzen. In Finnland ist der Ansatz seit 2011 obligatorisch für alle Schulen (Björn et al., 2016, S. 60).

2.2 Forschungsstand zur schulischen Inklusion im Förderschwerpunkt Lernen

Mittlerweile wird er auch in Deutschland erprobt und evaluiert (Huber/Grosche/Schütterle, 2013; Voß et al., 2014; Voß et al., 2016b). Die verschiedenen Darstellungen des Rahmenkonzepts bilden meist eine Gliederung in drei Stufen der Unterstützung ab:

- Universelle Stufe: Wirksame Maßnahmen bieten im regulären Unterricht der allgemeinen Schule einen bewährten Rahmen für Lern- und Entwicklungsprozesse. Wissenschaftlich fundierte Verfahren auf Klassenebene kommen im allgemeinen Setting zum Einsatz.
- Selektive Stufe: Intensivere Maßnahmen werden bei vorliegenden Risiken und Problembelastungen auf der Basis einer spezifischen Diagnostik den Lernenden angeboten, so dass deren Bedürfnisse gezielt beantwortet werden können. Die intensivere Unterstützung erfordert keineswegs eine organisatorische Trennung von der Bezugsgruppe, sondern sollte so weit wie möglich im Rahmen der allgemeinen Klasse erfolgen.
- Indizierte Stufe: Individualisierte und hoch wirksame Maßnahmen stehen – oft in spezialisierten Settings (Kleingruppen, Einzelförderung) – zur Verfügung und werden durch professionelles Personal (Sonderpädagogen, Therapeuten) angeboten. Eine intensive Evaluation erfasst die Passung der Maßnahme zu den Bedürfnissen der Lernenden und ihren Lern- und Entwicklungsfortschritt.

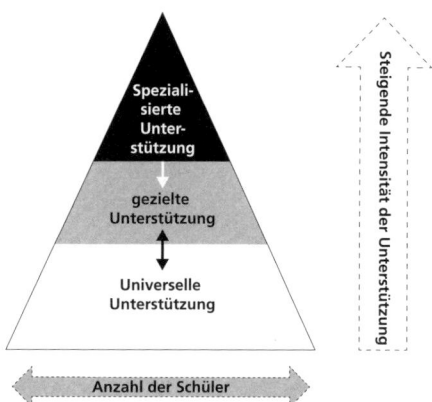

Abb. 2.2: Struktur eines Mehrebenenmodells der Prävention

Um frühzeitig die Hilfen anbieten zu können, die Lernende benötigen, finden auf allen Modellebenen regelmäßige Evaluationen und Diagnosen des Lern- und Entwicklungsfortschritts statt, sodass frühzeitig die entstehenden Probleme erkannt werden können (Huber/Grosche, 2012). Besonders geeignet sind dafür Formen des curriculumbasierten Messens (Diehl/Hartke/Knopp, 2009). Auf allen drei Stufen werden nach diesem Konzept wirksame Maßnahmen für eine Unterstützung des Lernens eingesetzt. Nach dem internationalen Stand der Forschung und in der Argumentation Hatties formuliert, können Lernende mit Hilfe eines solchen Rahmenkonzepts den akademischen Leistungsrückstand von 2,5 Schuljahren aufholen. Es stellt daher ein kritisch geprüftes, bewährtes und hoch wirksames Konzept zur Realisierung inklusiver Bildung gemäß dem internationalen Auftrag dar.

2.2.4 Kriterien wirksamer Unterstützung des Lernens

Maßnahmen wirksamer Lernförderung intendieren eine positive Veränderung von Lernprozessen und -ergebnissen, sie sollen Ursachen für positive Veränderungen und Entwicklungsfortschritte sein. Dieser keineswegs banale Anspruch stellt die Frage nach den Kriterien wirksamer Verfahren für das Handeln von Professionellen. Die kritische wissenschaftliche Prüfung der Wirksamkeit von Maßnahmen der Lernförderung stellt dann eine zentrale und anspruchsvolle Aufgabe sonderpädagogischer Forschung dar (Cook/Tankersley/Cook/Landrum, 2008, S. 71).

Wie lassen sich Verfahren identifizieren, die eine solch wirksame Unterstützung darstellen? Die internationale sonderpädagogische Forschung folgt hier dem Kriterium der Evidenzbasierung. Als wirksam gelten dabei Maßnahmen und Unterrichtsmethoden, die den Kriterien einer evidenzbasierten sonderpädagogischen Praxis entsprechen (Blumenthal/Mahlau, 2015; Fuchs/Fuchs/Compton, 2012; Casale/Hennemann/Grosche, 2015; Hillenbrand, 2015; Nußbeck, 2007; Wember, 2015; zur Kritik: Schad, 2015; Tenorth, 2014). Den »Kern evidenzbasierter Praxis« fasst Wember (2015, S. 458) folgendermaßen zusammen:

> »Wenn sich eine bestimmte Methode unter kontrollierten und nachvollziehbaren Bedingungen als effektive Problemlösung bewährt hat, ist es vernünftig, diese Methode in einer ähnlichen Situation praktisch anzuwenden und ihr den Vorzug vor Methoden zu geben, die nicht oder nur sehr vorläufig oder unzureichend geprüft wurden«.

Die wissenschaftliche Programmatik der Evidenzbasierung hat seinen Ursprung in der medizinischen Forschung und geht davon aus, dass einerseits eine professionelle Analyse der spezifischen Situation erforderlich ist und andererseits für die Suche nach Handlungsoptionen das Wissen der aktuellen Forschung nach spezifischen Qualitätskriterien genutzt wird. Es stellt also die Verbindung professionellen Wissens und Könnens der Fachkräfte mit dem bestmöglichen Wissensstand um wirksame Maßnahmen auf Basis qualitativ hochwertiger Forschung dar (Sackett/Rosenberg/Gray/Haynes/Richardson, 1997). Verschiedene Expertengremien formulieren Kriterien, die zur Beurteilung der Qualität der Forschung herangezogen und zu einer hierarchisch gegliederten Struktur des Wissens über die Wirksamkeit von Maßnahmen genutzt werden – und an diesem Punkt setzen auch wohlmeinende Kritiker an (Tenorth, 2014, S. 7f.). Festzuhalten ist aber, dass sich eine evidenzbasierte sonderpädagogische Praxis nicht nur an kritischer, empirischer Forschung orientiert, sie basiert vielmehr auch auf der individuellen Expertise der Professionellen (Hillenbrand, 2015, S. 313). Dabei bleibt gerade die kritische Prüfung des wissenschaftlichen Erkenntnisstands mit Hilfe der Qualitätskriterien eine wichtige Aufgabe professioneller Expertise: »The higher the quality of research methodology, the more confidence the researcher and readers will have in the findings of the study« (Odom/Brantlinger/Gersten/Horner/Thompson/Harris, 2005, S. 141). Es geht darum, für den Einzelfall basierend auf aktueller wissenschaftlicher Erkenntnis und mit dem besten verfügbaren Wissen, verantwortungsvoll und transparent eine geeignete Handlungsmöglichkeit, etwa eine Unterrichtsmethode, Präventionsmaßnahme oder Förderung, auszuwählen (ebd.).

Das »Oxford Centre for Evidence-based Medicine« unterscheidet für die Qualität des zur Verfügung stehenden Wissens vier Stufen der Evidenz, hier dargestellt in einer Reihenfolge mit abnehmender Zuverlässigkeit der Wirksamkeit einer Maßnahme (Odom et al., 2005, S. 144):

1. eine vorhandene Meta-Analyse mit (mindestens einer) randomisierten Kontrollgruppen – Studie (RCT),
2. kontrollierte Studien mit RCT-Design, evt. auch quasi-experimentelle Studien,
3. gute non-experimentelle Studien und relevante Einzelfallstudien,
4. Berichte von Forschungsgruppen, ein dokumentierter Konsens von Fachkonferenzen, Erfahrungen von respektierten Experten.

Andere Gremien formulieren leicht veränderte Anforderungen für eine Evidenzbasierung (Casale et al., 2015; Nußbeck, 2007). Das Vorliegen einer Metaanalyse (Glass, 1976; 1978) auf der Basis randomisierter Kontrollgruppenstudien zu einer Maßnahme stellt folglich die höchste Stufe der

Evidenzbasierung dar. Diese Kriterien finden in der sonderpädagogischen Forschung analoge Anwendung (Odom et al., 2005; Cook et al., 2008).

Insbesondere die Nutzung experimenteller und quasi-experimenteller Designs, am besten mit randomisierter Zuordnung der Probanden zur Experimental- oder Kontrollgruppe, gelten als »Goldstandard« der Evaluationsforschung, die am besten die dokumentierte Veränderung ursächlich auf die Wirksamkeit einer Maßnahme zurückführen können (Odom et al., 2005, S. 14). Die Durchführung solch randomisierter Kontrollgruppenstudien, speziell im Feld der sonderpädagogischen Praxis selbst, ist jedoch in der Regel sehr anspruchsvoll und aufwändig, manchmal auch nicht möglich und nicht sinnvoll (Casale et al., 2015). Daher werden inzwischen auch gut geplante und dokumentierte Studien mit kontrollierten Einzelfalldesigns zum Nachweis der Wirksamkeit anerkannt (Horner/Carr/Halle/McGee/Odom/Wolery, 2005; Freeman/Sugai, 2013; Kratochwill/Hitchcock/Horner/Levin/Odom/Rindskopf/Shadish, 2013) und seit 2010 in wichtigen Datenbanken zu evidenzbasierten Verfahren (What Works Clearinghouse) aufgenommen.

Um die Praxisrelevanz einer Intervention zu bestimmen, sollten mehrere Studien zusammengefasst werden, daher berechnen Metaanalysen in der Regel das Ausmaß der Effekte. Das am häufigsten genannte Maß ist die Effektstärke d nach Cohen (1988), es drückt die Größe der Mittelwertunterschiede von Experimental- und Kontrollgruppe in Relation zu den Standardabweichungen aus und bestimmt dadurch das Ausmaß der Effekte einer Maßnahme. Die Effektstärke hilft damit bei der Beurteilung über den zu erwartenden Zugewinn in einer bestimmten Variablen durch den Einsatz einer Maßnahme. Zur Interpretation schlägt Cohen folgende Konventionen vor (Cohen, 1988, S. 40).

Werden diese Kriterien evidenzbasierter, sonderpädagogischer Praxis zugrunde gelegt, lassen sich wirksame Konzeptionen der Förderung und der Unterrichtsgestaltung identifizieren. Erst die Gestaltung einer wirksamen Unterstützung des Lernens erfüllt den Auftrag inklusiver Bildung, daher stellen diese Verfahren eine Gelingensbedingung für Inklusion im Förderschwerpunkt Lernen dar.

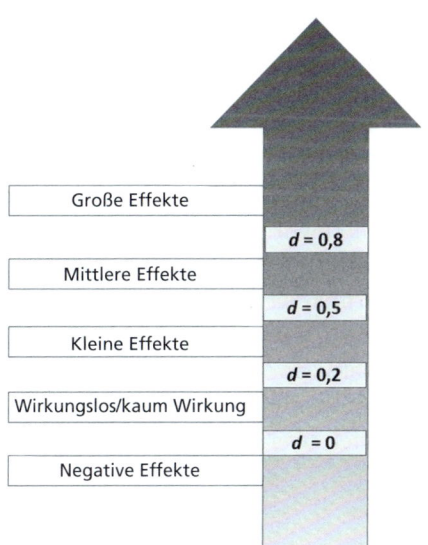

Abb. 2.3: Konvention zur Einschätzung der Effektstärken nach Cohen

2.2.5 Wirksame Methoden der Unterstützung des Lernens

Evidenzbasierte Unterrichtsmethoden im inklusiven Unterricht sind in diesem Verständnis also Methoden, mit denen potentiell alle Schülerinnen und Schüler einer Klasse größtmögliche Lernerfolge erzielen, sie unterstützen zugleich wirksam das Lernen von Schülerinnen und Schülern mit bestehenden Risiken und Schwierigkeiten des Lernens. Solche Verfahren reduzieren Lernbarrieren durch ungünstigen Unterricht, sie unterstützen folglich zugleich das Lernen aller Schülerinnen und Schüler, auch bei bestehenden Lernschwierigkeiten. Fasst man die zahlreichen Befunde zu einer Beschreibung wirksamer Unterstützung des Lernens zusammen, bildet die gezielte, strukturierte und zugleich aktivierende Anleitung des Lernens der Schülerinnen und Schüler die erfolgreichste Form der Lernförderung (Hattie, 2013; Helmke, 2010; Wellenreuther, 2009), auf die insbesondere schwache Lerner angewiesen sind (Gold, 2011; Grünke, 2006; Wember, 2007).

Der folgende Überblick dokumentiert diejenigen Unterrichtsverfahren und Methoden, die in internationalen Darstellungen als wirksam eingeschätzt werden. Allerdings gehen die Quellen uneinheitlich vor: Manche Publikationen berechnen Effektstärken, andere gelangen zu allgemeinen Urteilen über die Wirksamkeit. Die folgende Darstellung versucht über diese Unterschiede hinweg einen Überblick über die wirksamen Maßnahmen zu geben, um praxisrelevante Hinweise geben zu können. Der Schwerpunkt liegt dabei auf Metaanalysen, Reviews und ausgewählten Studien, die Verfahren speziell für die Zielgruppe der Schülerinnen und Schüler mit Lernschwierigkeiten als lernförderlich beschreiben. Dabei werden vor allem Methoden berücksichtigt, die mindestens eine mittlere Effektstärke (ab durchschnittlich $d = .4$) aufweisen. Es werden entweder die Effektstärkenbereiche der Studien (niedrigste und höchste berichtete Effektstärke) angegeben, teilweise muss auf allgemeine Einschätzungen der Autorinnen und Autoren zurückgegriffen werden. Zudem sind die Konzeptionen nach dem Einsatzbereich strukturiert: Verfahren mit allgemeiner Eignung sowie für die Fächer Mathematik und Deutsch werden strukturiert dargestellt. Die folgende Darstellung versucht damit über diese Unterschiede hinweg einen hilfreichen Überblick über die wirksamen Maßnahmen zu geben.

Tab. 2.4: Wirksame Maßnahmen zur Lernunterstützung

Allgemeine Maßnahmen der Lernunterstützung (ohne Fachbezug)		
Methode	Quelle	Wirksamkeit (Effektstärke; Angaben in Hedges g wurden in Cohens d umgerechnet)
Direkte Instruktion	Grünke, 2006; Hintz/Grünke, 2009; Hattie 2013; Purdue/Ellis, 2005	$d = .68 - 1.00$
Peergestütztes Lernen (Peer-Assisted Learning Interventions & Peer Tutoring)	Rohrbeck/Ginsburg-Block/Fantuzzo/Miller, 2003; Grünke, 2006; Hintz/Grünke, 2009	$d = .4 - .59$
Strategieinstruktion, Lernstrategien	Grünke, 2006; Hintz/Grünke, 2009; Reichrath/de Witte/Winkens, 2010; Purdue/Ellis, 2005	$d = .72 - 1.07$
Computerunterstützte Förderung	Grünke, 2006; Hintz/Grünke, 2009; Purdue/Ellis, 2005	$d = .4 - .71$

In Ergänzung der allgemeinen Unterrichtsverfahren prüft das Review von Reichrath, de Witte und Winkens (2010) explizit solche Verfahren, die sich für inklusive Bildung bei Lernschwierigkeiten in Settings allgemeiner Schulen bewährt haben. Sie bieten eine Zusammenstellung sonst wenig beachteter Ansätze der Lernunterstützung. Zu den hier genannten Verfahren werden zwar keine Effektstärken berechnet, die Autoren versuchen dennoch jeweils eine grobe Einschätzung der Wirksamkeit und bieten damit wertvolle, praxisrelevante Anregungen.

2.2 Forschungsstand zur schulischen Inklusion im Förderschwerpunkt Lernen

Tab. 2.5: Effektive Interventionen bei Lernschwierigkeiten in inklusiven Settings

Sommerschule für Eltern (Summer parent tutoring)	Effektive Intervention, Verbesserung in allen Variablen
Graphische Strukturhilfen (Graphic organizers)	Als wirkungsvoll erwiesen
Leitgedanken (Guided notes)	Als wirkungsvoll erwiesen
Klassenweites Tutorensystem (Classwide peer tutoring)	Als wirkungsvoll erwiesen
Coaching bei Erarbeitungen (coached elaboration)	Als wirkungsvoll erwiesen
Wissenschaftlich-fragender Unterricht (inquiry teaching)	Als wirkungsvoll erwiesen

Recht gut erforscht sind wirksame Verfahren zur Unterstützung des Lesens. Je nach Studie zeigen sich unterschiedliche Effektstärken, dennoch liegen eine Reihe wirksamer Verfahren vor.

Tab. 2.6: Wirksame Verfahren zur Unterstützung des Lesens (Teil 1)

Wirksame Methoden in den Bereichen Lesen und Schreiben		
Methode	Quelle	Wirksamkeit (Effektstärke; Angaben in Hedges g wurden in Cohens d umgerechnet)
Direkte Instruktion	Purdue/Ellis, 2005; Slavin/Lake/Davis/Madden, 2011	$d = .25 - 9.78$
Formative Diagnostik	Purdue/Ellis, 2005	$d = .7$
Förderung der Phonologischen Bewusstheit	McKenna/Shin/Ciullo, 2015; Reichrath et al., 2010; What works clearinghouse	Minimale Wirkung bis signifikant positive Effekte
Kontextbasierte Wortschatzinstruktion (contextually-based Vocabulary Instruction)	McKenna et al., 2015; Slavin et al., 2011	$d = .41$
Peergestützte Leseverfahren (Collaborative strategic reading; Reciprocal Teaching)	Reichrath et al., 2010; What works Clearinghouse	Zuwächse im Leseverständnis (in Verbindung mit Strategieinstruktion auch Klasseneffekte); $d = .62$
Strategien zum Erkennen von Wörtern	Purdue/Ellis, 2005	$d = .57$

103

Tab. 2.6: Wirksame Verfahren zur Unterstützung des Lesens (Teil 1) – Fortsetzung

Wirksame Methoden in den Bereichen Lesen und Schreiben		
Methode	**Quelle**	**Wirksamkeit (Effektstärke; Angaben in Hedges g wurden in Cohens d umgerechnet)**
Strategien zum Wortverständnis	Purdue/Ellis, 2005	d = 1.13
Strategien zum Textverständnis (Literacy strategies)	Slavin et al., 2011	d = .47 – .5
Gedächtnisstrategien	Purdue/Ellis, 2005	d.= 1.62 – 1.93
Selbstständig Fragen an den Text formulieren	Purdue/Ellis, 2005	d = 1.33 (Leseverständnis)
Anreicherung von Texten (Bearbeitung/Vereinfachung, zusätzliche Hilfen; unterstützende Bilder, Graphic Organizer)	Purdue/Ellis, 2005	d = .92
Reading Recovery (Lesefertigkeiten an bekannten Texten üben)	Slavin et al., 2011	d = –.15 – 1.15 (9 von 12 Effektstärken liegen über d = .5)

Auch hierzu bietet der Überblick von Reichrath und Kollegen wertvolle Ergänzungen.

Tab. 2.7: Wirksame Verfahren zur Unterstützung des Lesens (Teil 2)

Training der Sprachkompetenz	Reichrath et al., 2010	Große signifikant positive Effekte auf phonologische und Verständnis-Fertigkeiten, keine Effekte auf Leseflüssigkeit
Intensive Leseförderung (Stufe 3 RTI)	Reichrath, et al., 2010; Grünke, 2006	Signifikante Verbesserung
Rechtschreibförderung (sowohl mit expliziter Instruktion, mehrfachem Üben und unmittelbarem korrektivem Feedback als auch mit Hilfstechnologien möglich)	Reichrath et al., 2010	Verbesserung der Rechtschreibung
Mehrmaliges Lesen (repeated reading)	What works clearinghouse	potentielle und kleine Effekte beim Leseverständnis

Sehr viel seltener wird die Unterstützung im Lernbereich Schreiben untersucht, und dabei steht zudem häufig die Rechtschreibförderung im Vordergrund. Wirksame Unterstützung arbeitet hier sowohl mit expliziter Instruktion, mehrfachem Üben und unmittelbarem korrektiven Feedback als auch mit Hilfstechnologien (Reichrath et al., 2010), die insgesamt zu einer verbesserten Rechtschreibleistung beitragen. Auffällig ist jedoch das Fehlen größerer Forschungsaktivitäten im Bereich des Schreibens (Grünke/Leonard-Zabel, 2015), sowohl in den Bereichen kreativen wie informierenden Schreibens. Trotz der hohen Bedeutung für den Lebensalltag liegen kaum Forschungen zu wirksamen Verfahren bei Lernschwierigkeiten vor, was durch die besonderen Forschungsprobleme, u. a. die Komplexität des Schreibprozesses, die fehlende entwicklungstheoretische Grundlage oder eine kaum messbare Objektivität von Schreibleistungen und daher fehlenden Messinstrumenten mitverursacht wird (Grünke/Leonard-Zabel, 2015, S. 133). Die Vermittlung von Strategien zur Selbstregulation beim Schreiben, die Strukturierung des Schreibprozesses durch Planungs- und Prüfprozesse bieten nach internationalen Forschungen die besten Möglichkeiten zur Unterstützung des Schreibens. Hierzu liegen im angelsächsischen Raum eine ganze Reihe überprüfter Verfahren vor (Grünke/Leonard-Zabel, 136ff.).

Mathematisches Lernen bei Risikobelastungen stellt häufig besonders intensive Anforderungen an die Unterstützungsangebote. In mehreren Metaanalysen liegen hierzu recht gut abgesicherte Befunde vor, die jedoch noch nicht systematisch genutzt werden.

Tab. 2.8: Wirksamkeit der Unterstützung mathematischen Lernens

Wirksame Methoden im Bereich Mathematik		
Methode	Quelle	Wirksamkeit (Effektstärke; Angaben in Hedges g wurden in Cohens d umgerechnet)
Direkte und assistierte Instruktion (explizite Instruktion)	Chodura/Kuhn/Holling, 2015; Gersten/Chard/Jayanthi/Baker/Morphy/Flojo, 2009; Purdue/Ellis, 2005	Sehr effektiv auch noch im Jugendalter; $d = .8 - 1.22$
Heuristische Strategien zum Problemlösen	Gersten et al., 2009	$d = 1.56$
Training von Problemlöse-kompetenzen	Chodura et al., 2015	Nur bei vorliegenden Risiken sinnvoll – da aber sehr

Tab. 2.8: Wirksamkeit der Unterstützung mathematischen Lernens – Fortsetzung

Wirksame Methoden im Bereich Mathematik		
Methode	Quelle	Wirksamkeit (Effektstärke; Angaben in Hedges g wurden in Cohens d umgerechnet)
fachbezogene Förderung Mathematik	Chodura et al., 2015	nur bei deutlichen mathematischen Schwierigkeiten wirksam
Selbstinstruktion, Verbalisieren von Lösungsschritten durch die SuS	Purdue/Ellis, 2005; Gersten et al., 2009	d = 1.04 – 1.45
Peer Tutoring	Purdue/Ellis, 2005	d = .62
Nutzen von Visualisierungen bei der Problemlösung	Gersten et al., 2009	d = .41 – .46
Auswahl und Darbieten von Beispielen in einer bestimmten Reihenfolge (leicht bis schwer)	Gersten et al., 2009	d = .82

Positiv lässt sich insgesamt festhalten, dass die wissenschaftliche Forschung »vergleichsweise genaue Informationen über den Nutzen verschiedener Interventionsmethoden« (Lauth/Grünke, 2005, S. 642) zur Unterstützung des Lernens bei vorliegenden Lernschwierigkeiten liefert. Jedoch ist die Kluft zwischen Forschung und Praxis, so die Autoren, in kaum einem anderen Bereich so groß. In vielen Fällen entscheiden Fachkräfte nicht nach wissenschaftlicher Bewährung, sondern nach subjektiven Alltagserfahrungen über die Auswahl der Vorgehensweisen zur Unterstützung bei vorliegenden Lernrisiken, es fehlt häufig die Orientierung an gesichertem Wissen (Lauth/Grünke, 2005, S. 643; Runow/Borchert, 2003; Hintz/Grünke, 2009). Konstruktivistische Lernmethoden oder unstrukturierte Formen offenen Unterrichts finden zwar große Resonanz, führen nach den vorliegenden Metaanalysen für lernschwache Schülerinnen und Schüler jedoch tendenziell zu einem weiteren Rückstand in ihrem Lernen sowie zu einem Nachlassen der Lernmotivation – solche Verfahren setzen damit die Erfolgschancen benachteiligter Schülerinnen und Schüler in der Schule weiter herab (Becker/Gersten, 1982; Grünke, 2006; Lauth/Grünke, 2005).

Zusammenfassend erweisen sich drei Methoden der Förderung bzw. des Unterrichts für Schülerinnen und Schüler mit Lernschwierigkeiten als besonders hilfreich und werden in den verschiedensten Studien als effektiv beschrieben: Direkte Instruktion, Peer Tutoring Methoden (z. B. Kooperatives Lernen oder Reciprocal Teaching) sowie Strategietrainings (Lernstrategien, Gedächtnisstrategien, Strategien zum Problemlösen). Im Zweifelsfall verspricht die Nutzung dieser Verfahren eine relativ hohe Wahrscheinlichkeit der erfolgreichen Unterstützung des Lernprozesses. Wie sollte der Unterricht gestaltet sein, in dem diese Verfahren Verwendung finden?

2.2.6 Die Gestaltung des Unterrichts

Grundsätzlich belegen die uneinheitlichen Ergebnisse der Wirksamkeitsstudien zu den Settings, dass die Lehrkräfte mit der Gestaltung von Schule, Unterricht und Unterstützung einen entscheidenden Einfluss auf den Lernerfolg und die soziale Teilhabe von Schülerinnen und Schülern mit Lernschwierigkeiten haben. Die Debatte über einen mehr oder weniger spezifischen Unterricht zur Unterstützung bei Lernschwierigkeiten wird im deutschen Sprachraum schon lange und mit wechselnder Intensität geführt (Walter/Wember, 2007; Willand, 1977). Die empirisch-quantitative Forschung bietet inzwischen recht klare Erkenntnisse darüber, welches Lehrerhandeln unterstützend ist: Es handelt sich um (1) strukturierte Unterrichtsmethoden, die zudem (2) eine hohe Aktivität der Schülerinnen und Schüler gewährleisten, (3) ein direktes Feedback ermöglichen wie auch (4) die Lernausgangslage einbeziehen. Besonders geeignet erscheinen (5) Peer Tutoring-Methoden, wie das Kooperative Lernen, Reciprocal Teaching oder Classwide Peer Tutoring. Daneben ist die Vermittlung von (6) Strategien des Lernens essentiell, damit gerade bei stärker selbstgesteuerten Lernprozessen und insbesondere in der Sekundarstufe I der schulische Erfolg trotz bestehender Lernschwierigkeiten unterstützt oder überhaupt erst ermöglicht wird. Für die Förderung von Schülerinnen und Schülern mit Lernschwierigkeiten ergeben sich ebenso wie für den Unterricht klare Kernmerkmale aus empirischen Studien (z. B. Spooner/Knight/Browder/Smith, 2012, S. 384): Der Unterricht sollte (1) auf mehrere oder einzelne akademische Antworten abzielen, (2) Methoden des systematischen *Prompting* (Aufforderungen) sowie *Fading* (Überblenden) nutzen und (3) Feedback in Form differenzierter Verstärkung und Korrektur von Fehlern zur Verfügung stellen. Zudem sollte Förderung sogenannte »in vivo settings« (Browder/Spooner/Ahlgrim-Delzell/Harris/Wakeman, 2008, S. 407) nutzen, die praxisnahe Anwendung, also eine »real-life-application« ermöglichen (Browder/Spooner/Ahlgrim-Delzell/Harris/Wakeman, 2008, S. 426).

> »Overall, these findings further support the commonly held belief that placement in more integrated settings, with exposure to the appropriate instructional strategies and supports, [...] can only lead to improved student outcomes. It is, after all, what makes special education special (Cook & Schirmer, 2003)« (Oh-Young/Filler, 2015, S. 88).

Eine zweite wichtige Erkenntnis aus den Ergebnissen empirischer Forschung ergibt sich für die Organisation der Unterstützung innerhalb der allgemeinen Schule. *Pullout-Services* scheinen sich nach derzeitigem Forschungsstand nicht positiv auf den Lernerfolg von Kinder und Jugendlichen mit Lernschwierigkeiten auszuwirken. In pädagogisch-didaktischer Perspektive leuchtet dies ein: Findet Einzel- und Kleingruppenförderung statt, während alle übrigen Schülerinnen und Schüler in der Klasse im Curriculum weiterarbeiten und neue Lerninhalte erarbeiten, vergrößert sich der Abstand der erworbenen Kompetenzen. Einzel- oder Kleingruppenförderung sollte also nicht alternativ, sondern ergänzend zum normalen Unterricht durchgeführt werden:

> »Of course, the success or otherwise of inclusive education critically depends on what takes place minute-by-minute in regular classrooms. Inclusive education does not mean the coexistence of one program for a student with special educational needs and another for the other students« (Mitchell, 2010, S. 129).

Daneben scheint es aber auch notwendig zu sein, dass zusätzliche Förderangebote zur Verfügung stehen, die eher als (additive) Kurse angeboten werden und Lücken schließen oder spezifisches Wissen aufbauen. Diese Kurse können spezifische, als wirksam evaluierte Förderprogramme sein (z. B. Leseförderung und Lese-Lehrgänge), die zusammenhängend und mehrwöchig angeboten werden. Zugleich sollten für alle Schülerinnen und Schüler Kurse (z. B. Neigungskurse oder eine besondere Begabtenförderung) angeboten werden, um keine zusätzliche Benachteiligung durch das Verpassen von regulärem Unterricht zu bewirken. Die Befunde können mit dem Grundsatz »*so viel gemeinsam wie möglich und so viel getrennt wie nötig*« widergegeben werden. Dies könnte auch eine Lösungsmöglichkeit für die Umsetzung inklusiver Bildung in der Sekundarstufe I sein, da sie der zunehmenden Komplexität des Inhalts sowie der spezifischen Organisation mit Fachlehrkräften entgegenkommt. Insgesamt impliziert dies nach Mitchell (2010, S. 129f.) eine Veränderung des gesamten Unterrichts, da von den genannten Unterrichtsmethoden und Programmen *alle* Schülerinnen und Schüler mit den unterschiedlichsten Bedürfnissen profitieren.

Britische Schulen verfolgen im Hinblick auf die unterrichtliche Umsetzung inklusiver Bildung generell nicht nur einen Weg, sondern handeln in der Praxis äußerst pragmatisch, und zwar mit Möglichkeiten zur Teilhabe im Mainstream vermischt mit einem unterschiedlichen Ausmaß an individueller, Kleingruppen- oder Spezialklassen-Förderung, wie eine einflussreiche Expertise darlegt (Dyson et al., 2004, S. 13). Dies gilt sowohl für durchschnittlich leistungsstarke wie auch leistungsschwache Schulen (ebd.). Damit gibt es im Detail Unterschiede zwischen den erfolgreichen und weniger erfolgreichen Schulen bei der Umsetzung der Inklusion.

> »The detail of how highly-inclusive and higher-performing schools manage provision is different in each case. However, there is a model which seems to depend on flexibility of grouping, customisation of provision to individual circumstances and careful individual monitoring, alongside population-wide strategies for raising attainment« (Dyson et al., 2004, S. 12).

Demnach zeichnen sich Schulen, die den Auftrag inklusiver Bildung in hohem Grad zu realisieren versuchen und zugleich hohe Leistungen der Schülerinnen und Schüler unterstützen, durch

* Flexibilität in der Gruppenbildung,
* Anpassung der Bereitstellung von Förderung an individuelle Gegebenheiten,
* sorgfältiges individuelles, datengestütztes Monitoring sowie
* schulweite Strategien zur Umsetzung

aus. Auch wenn mehrere Faktoren Einfluss haben, scheint besonders die Flexibilität in der Ausgestaltung der individuellen Förderung ein Prädiktor zu sein: Schulen mit weniger Leistungserfolg der Schülerinnen und Schüler realisieren weniger flexibel die Bereitstellung der Förderung (Dyson et al., 2004, S. 92).

Insbesondere in der konkreten Realisierung im Unterricht stellt sich die Frage des Gelingens. Ein hilfreicher Ansatz, der auch in Deutschland erste Erprobungen findet (Michna/Melle/Wember, 2016; Schlüter/Melle/Wember, 2016), bietet eine Strukturierung für diese grundlegende Veränderung des Unterrichts an, indem – analog zur architektonischen Barrierefreiheit oder zur barrierefreien Gestaltung von Werkzeugen und Haushaltsgeräten – schon in der Planung und Gestaltung mögliche Barrieren vermieden werden. Das in den 1990er Jahren entwickelte Konzept des »Universal Design für Learning« (Meyer/Rose, 2000) hat sich als ein solcher Orientierungsrahmen für die Planung inklusiven Unterrichts bewährt (Schlüter et al., 2016; Courey/Tappe/Siker/LePage, 2013). Grundsätzlich geht es in diesem Konzept darum, Barrieren im Zugang zum Lernprozess zu reduzieren und die Lernmöglichkeiten für alle Lernenden zu erhöhen (Schlüter et al., 2016, S. 276). Drei grundlegende Prinzipien orientieren die Unterrichtsgestaltung (Chita-Tegmark/Gravel/De Lourdes/Serpa/Domings/Rose, 2011, S. 19; Schlüter et al., 2016, S. 288):

1. «provide multiple means of representation,
2. provide multiple means of action and expression, and
3. provide multiple means of engagement».

Konkretisiert werden diese Prinzipien mit den Guidelines des US-weiten Zentrums für technisch unterstütztes Lernen CAST (2011; eigene Übersetzung).

Tab. 2.9: Leitlinien für Universal Design for Learning

I Präsentationen	II Handlung und Ausdruck	III Engagement
1. Möglichkeiten zur Wahrnehmung 2. Möglichkeiten für Sprache, Mathematische Ausdrücke und Symbole 3. Möglichkeiten der Zusammenfassung	4. Optionen für physische Handlungen 5. Ausdrucksmöglichkeiten und Optionen zur Kommunikation 6. Möglichkeiten für exekutive Funktionen	7. Möglichkeiten, um Interessen zu erschließen 8. Möglichkeiten zur dauerhaften Leistung und Durchhaltevermögen 9. Möglichkeiten der Selbstregulation
Ziel: kreative Lernerinnen und Lerner	Ziel: strategische Lernerinnen und Lerner	Ziel: motivierte Lernerinnen und Lerner

Zwar liegen bisher kaum Studien zur Überprüfung des Gesamtkonzepts Universal Design für Learning vor, die Einführung von angehenden Lehrkräften für Sonderpädagogik in dieses Modell, verbunden mit konkreten und praktikablen Handlungsmöglichkeiten, veränderte in der Studie von Courey et al. (2013) jedoch überraschend schnell und wirksam den Prozess der Unterrichtsplanung hin zu mehr Lernaktivitäten und -alternativen, insbesondere zur Aktivierung des Lernens bei vorliegenden Lernschwierigkeiten. Damit reduzieren sich die Barrieren des Lernens und der Lernerfolg von vielen Schülerinnen und Schülern, nicht nur bei Lernschwierigkeiten, wird erhöht.

Innerhalb dieses Orientierungsrahmens der Unterrichtsgestaltung lassen sich die evidenzbasierten Ansätze der Unterstützung des Lernens in einem Unterrichtsprozess wirksam einsetzen. Vaughn und Linan-Thompson (2003, S. 142f.) fassen die Ergebnisse zahlreicher Befunde aus Evaluationsstudien zu wirksamen Unterrichtsformen bei Lernschwierigkeiten zusammen und nennen folgende Kriterien:

- die Herstellung der Passung von Aufgabenschwierigkeit und den Fähigkeiten der Schülerinnen und Schüler sowie den zu erwerbenden Fertigkeiten (z. B. durch Sequenzierung von Beispielen und Problemen),
- das Unterrichten der Schülerinnen und Schüler in kleinen Gruppen, in denen sie sich gegenseitig anregen und beeinflussen,
- der Einsatz von Unterrichtsmethoden, die das Formulieren von Fragen und das laute Denken beim Lesen unterstützen (metakognitive Strategien),
- direkte und explizite Unterrichtsmethoden,
- die aktive Förderung von Fähigkeiten der (Informations-)Verarbeitung und des Problemlösens,
- das Vermitteln von Strategien und das Erlernen, wann, wo und wie Strategien für die Entwicklung eines Handlungsplans zum eigenen Lernen angewendet werden können,
- eine fortlaufende Lernprozesskontrolle spezifischer Fertigkeiten,
- die Stärkung von essentiellen Grundfertigkeiten des Lesens und Schreibens (z. B. phonologische Bewusstheit, Lese- und Schreibgeschwindigkeit),
- die bewusste Vermittlung des Prozesses des Schreibens, inklusive der organisatorischen und eher technisch-automatisierenden Aspekte,
- fortlaufendes und systematisches Feedback und Unterstützung durch Lehrkräfte sowie Schülerinnen und Schüler, wodurch Kinder und Jugendliche mit Lernschwierigkeiten, Erfolge und Fehler erkennen, Nicht-Verstandenes aufarbeiten oder selbstständig Ergebnisse sowie ihr Textverständnis überprüfen können.

Diese Kriterien dienen dazu, den Schülerinnen und Schülern trotz Risikobelastung Erfolge in ihrem eigenen Lernen erfahrbar zu machen. Dazu gehören dann auch positive soziale Rückmeldungen, die zugleich zu einer besseren sozialen Position beitragen. Das Lehrkraftfeedback stellt hierfür einen wichtigen Schlüssel dar (Huber, 2011).

2.3 Konsequenzen für Praxis und Forschung

Aus den bisher berichteten Ergebnissen ergeben sich u.E. Konsequenzen für Wissenschaft und Forschung im deutschsprachigen Raum in drei Bereichen, die für die Verwirklichung des Auftrags inklusiver Bildung bei vorliegenden Lernschwierigkeiten beachtet werden sollten:

- die Bedeutung von Schulleitungen und der Entwicklung schulspezifischer Konzepte für inklusive Bildung,
- die Aufgaben der Lehrkräfte für Sonderpädagogik und
- Konsequenzen für die Lehrerbildung.

Die zuvor dargelegten Erkenntnisse internationaler empirischer Forschung stellen fundamentale Aufgaben dar und müssen in den Schulen in Schulentwicklungsprozessen, in der Kooperation der Lehrkräfte wie auch in der Lehrerbildung konkretisiert und verankert werden. Dafür bilden diese drei Konsequenzen wichtige Ansatzpunkte.

2.3.1 Schulleitung und Schulkonzeptentwicklung für inklusive Bildung

Das Handeln von Schulleitungen steht in deutlichem Zusammenhang zum erfolgreichen Lernen der Schülerinnen und Schüler (Hattie, 2013). Auch die Qualität von Schulen und der Erfolg von Interventionen der Schulleitung stehen in engem Zusammenhang (Bonsen, 2010; Huber, 2008). Die Schulleitung trägt insbesondere die Verantwortung für die Implementation von wirksamen Maßnahmen in das Kollegium der Schule und für die Entwicklung eines guten Unterrichts, der der Diversität der Schülerschaft gerecht wird: »Die Entwicklung und Steuerung von Gruppenprozessen ist eine zentrale Leitungsaufgabe« (Urton/Wilbert/Hennemann, 2014, S. 5). Effektive Schulleitungen tragen auf diesem Weg zur akademischen Leistung ihrer Schülerschaft bei (Waters/Marzano/McNulty, 2004). Das gilt für alle Schüler, auch für den Erfolg der Schüler mit Beeinträchtigungen (DiPaola/Walther-Thomas, 2003), und gewinnt somit im Zuge der Entwicklung eines inklusiven Bildungssystems an Relevanz: »Although principals do not need to be disability experts, they must have fundamental knowledge and skills that will enable them to perform essential special education leadership tasks« (DiPaola/Walther, 2003, S. 11). Die Schulleitung stellt somit einen kritischen Faktor für das Gelingen oder Misslingen inklusiver Prozesse dar. Die anspruchsvolle Datenanalyse von Urton, Wilbert und Hennemann im Rahmen einer großen Studie im Kreis Mettmann zur Umsetzung des Auftrags inklusiver Bildung in allen Grundschulen der Region bestätigt diese Aussagen auch für Entwicklungsprozesse im deutschsprachigen Bildungssystem: Die Autoren belegen »einen bedeutsamen Einfluss der Schulleitung auf das Kollegium hinsichtlich der folgenden Merkmale: Einstellung zur Integration, kollektive Wirksamkeit sowie der Erfahrung im Gemeinsamen Unterricht« (Urton et al., 2014, S. 11).

Was genau aber können Schulleitungen tun, um die Entwicklung hin zu einer inklusiven Schule zu unterstützen? Auf der Basis mehrerer Einzelfalluntersuchungen konnten Waldron, McLeskey und Redd (2011, S. 59) allgemeine Handlungsmöglichkeiten identifizieren. Schulleiterinnen und Schulleiter können ihre Schulen demnach verbessern, indem sie u. a.

- eine Vision aufbauen und die Richtung für ihre Schule vorgeben (Benennung klarer Ziele),
- die Organisation neugestalten und Unterstützung zur Verfügung stellen,
- das Lehr- und Lernprogramm managen,
- die Effektivität (*Responsiveness*) der Maßnahmen im Kontext verdeutlichen, in denen die Lehrkräfte arbeiten,
- Arbeitsbedingungen verbessern (eine lernende Gemeinschaft entwickeln und den Lehrkräften vertrauen, gutes Nutzen von Ressourcen und strenge Planung des Schulalltags, Erfolge anerkennen und wertschätzen, bei Misserfolgen alle in die Problemlösung einbinden, schwierige Entscheidungen treffen),
- Leitung(saufgaben) und Verpflichtung verteilen,
- Kernsets von Werten mit verschiedenen Merkmalen erhalten: Aufgeschlossenheit, Wille von anderen zu lernen, Flexibilität, Beständigkeit (Hartnäckigkeit), Resilienz und Optimismus,
- qualitativ hochwertigen Unterricht als wichtigsten Punkt im Schulprogramm verankern (und Lehrkräften Fortbildungen sowie Co-Teaching ermöglichen),
- Entscheidungen zu Förderung und Intervention sowie bezüglich der Mitarbeiterinnen und Mitarbeiter datengestützt (bzw. Diagnose basiert) treffen (Lernverlaufsdiagnostik, Fortschrittskontrolle systematisch in der Schule implementieren).

Die Konsequenz aus diesen Befunden liegt auf der Hand: Eine gezielte Unterstützung der Schulleitung durch themenbezogene Qualifizierungsangebote stellt einen wichtigen Beitrag für die Bewältigung der umfassenden

Änderungen durch den Auftrag inklusiver Bildung dar (Urton et al., 2014, S. 12; Hillenbrand/Melzer/Hagen, 2013). Die systematische Beachtung der Qualifizierung von Schulleitungen für die Entwicklung inklusiver Bildungssysteme steht dennoch bisher erst in den Anfängen (Themenheft Sonderpädagogische Förderung heute, 2017, H. 2). Auch in einer internationalen Bestandsaufnahme lassen sich keine systematischen empirischen Studien zu Schulleiterqualifizierungen für inklusive Bildung nachweisen (Hillenbrand et al., 2013, S. 57). Dennoch finden sich erprobte Vorschläge (Waldron et al., 2011; Carpenter/Dyal, 2007), aus denen Merkmale einer erfolgversprechenden Schulleitungsqualifikation für inklusive Bildung abzuleiten sind (Waldron et al., 2011, S. 59).

- Durch die Kooperation mit bewährten Schulleitungen erfolgreicher inklusiver Schulen, möglichst in Kooperation mit externen Begleitungen, kann die Zielsetzung inklusiver Schulen bewusst angeeignet und gefestigt werden. Dies erfordert zugleich ein hartnäckiges Verfolgen der Zielsetzung.
- Für die Leitung des Schulentwicklungsprozesses hin zu inklusiver Bildung benötigen Schulleitungskräfte fundierte Techniken der Gesprächsführung und kooperative Beratungskompetenzen. Zur Absicherung dieser kommunikativen Prozesse leisten externe Fachleute mit Erfahrung im Themenfeld inklusiver Bildung wertvolle Unterstützungsdienste.
- Sieht man die Etablierung eines inklusiven Bildungssystems als Prozess, werden dafür realistische Schritte auf der Basis praxisnaher Datenerhebungen notwendig. Die empirisch fundierten und hilfreichen Instrumente zu einer datengestützten Qualitätsentwicklung inklusiver Bildung liegen bisher meist in englischer Sprache vor. Sie sind für den deutschen Sprachraum zu adaptieren. Die Nutzung sollte durch elektronische Systeme unterstützt werden.

In einem Projekt entwickelte Johnson (2000) Elemente eines Trainings für Schulleitungen, die analog etabliert werden können:

- »Bildung einer Arbeitsgruppe für inklusive Schulentwicklung in der eigenen Schule
- Entwicklung eines Verständnisses der Eigenschaften eines geeigneten inklusiven Klassenraums und geeigneter Schulräumlichkeiten
- einen Schulaktionsplan und Nutzungsstrategien entwickeln
- eine verantwortliche Person etablieren [...]
- Etablierung eines Schüler-Unterrichts-Planungsteams

- eine reflexive Problemlösegruppe
- die Vergrößerung der Kapazität von Klassenräumen allgemeiner Schulen für angemessenes Unterrichten von Kindern mit Beeinträchtigungen« (Hillenbrand et al., 2013, S. 57f.).

Die Berücksichtigung rechtlicher Veränderungen stellt einen weiteren wichtigen Aspekt zur Qualifizierung von Schulleitungen dar. Diese Akzente sind in den allgemeinen Qualifizierungsangeboten für angehende Schulleitungen nicht unbekannt, werden jedoch besonders für das Schulleitungshandeln zum Aufbau eines inklusiven Bildungssystems betont und entsprechende Angebote als sehr hilfreich beurteilt (Vierbuchen/Käter/Hillenbrand, 2017).

Mit diesen konkreten Elementen liegen wirksame und realisierbare Hilfen zur inklusiven Schulentwicklung für Schulleitungen vor. Die länderspezifischen Angebote, die in ersten Ansätzen vorhanden sind, treffen auf großes Interesse und sehr positive Reaktionen der Teilnehmerinnen und Teilnehmer, sie sollten jedoch mit Hilfe wissenschaftlicher Begleitung für die Bedarfe dieser Zielgruppe adaptiert werden (Vierbuchen et al., 2017, S. 166f.).

2.3.2 Die Aufgaben sonderpädagogischer Lehrkräfte

Der Auftrag inklusiver Bildung und die damit notwendige Veränderung des Unterrichts bringt eine Veränderung der Rolle der sonderpädagogischen Lehrkräfte mit sich. Bereits 1997 deuten aber Manset und Semmel an, dass dies in ganz unterschiedlicher Weise stattfindet, nämlich keine Abschaffung, aber neukonzeptualisiert, die Aufgaben neu verteilt oder auch in vielen Klassen einfach umbenannt: »For the most part, special education services were not eliminated but reconceptualized, redistributed, and in many cases, simply renamed« (Manset/Semmel, 1997, S. 175). Auch für Deutschland hat Helmut Reiser bereits 1996 eine Veränderung des Tätigkeitsfeldes für sonderpädagogische Lehrkräfte hin zu mehr Beratung vorausgesagt. Dies kann zum Teil bestätigt werden. Sonderpädagogische Lehrkräfte scheinen in unterschiedlichen Organisationsformen inklusiver Bildung Aufgaben in verschiedener Ausprägung zu erledigen (Melzer/Hillenbrand, 2015, S. 240). Während Beratung in mobilen Formen der sonderpädagogischen Unterstützung im Vordergrund steht, ist dies im gemeinsamen Unterricht die spezifische Förderung und ebenso das Unterrichten (Melzer/Hillenbrand, 2015, S. 238). Aber nicht nur von einer Veränderung der Berufsrol le wird in der aktuellen Forschungsliteratur gesprochen, sondern auch von einer Erweiterung (Hillenbrand et al., 2013, S. 47). In mehreren Ländern Europas zeichnet sich die Entwicklung der sonderpädagogischen Lehrkräfte hin zu »Special Education Needs Coordinator« (u. a. in Schweden, Großbritannien, Niederlande, Zypern; ebd.) ab, mit weiten Aufgaben in den Bereichen multiprofessioneller Kooperation, Beratung sowie Koordination (z. B. Takala/Pirttima/Törmänen, 2009). Limitierend ist allerdings festzustellen, dass die aktuellen empirischen Beschreibungen von Aufgaben, wie Lehrkräfte diese in der Praxis ausführen und dies in den oben genannten Reviews (Zusammenstellung sind zu finden bei Melzer/Hillenbrand, 2013 sowie Melzer/Hillenbrand/Sprenger/Hennemann, 2015) beschreiben, nicht unbedingt den Anforderungen eines inklusiven Unterrichts entsprechen. Während oftmals spezifische Förderung in Kleingruppen dominiert (wobei nicht klar ist, ob diese alternativ oder additiv angeboten wird), gibt es bei der Förderplanung meist eine strikte Trennung im Hinblick auf das Erstellen und die Umsetzung (Melzer et al., 2015, S. 75). Auch das Co-Teaching, das für eine Umsetzung effektiver Unterrichtsmethoden sowie der Lernförderung im Unterricht notwendig wäre, wird aktuell eher selten durchgeführt (Takala et al., 2009, S. 169; Melzer/Hillenbrand, 2013, S. 197; Melzer/Hillenbrand, 2013, S. 236).

Es zeigt sich also, dass es nicht mit einer einfachen Umbenennung getan ist und die Infragestellung sonderpädagogischer Expertise (Brügelmann, 2016) sich weder national noch international durchgesetzt hat. Im Gegenteil findet weltweit und auch in den Ländern der Bundesrepublik Deutschland ein Ausbau von Ausbildungsangeboten sonderpädagogischer Expertise (z. B. Bayern, Nordrhein-Westfalen, Niedersachsen) statt, um wichtige Aspekte der oben dargestellten Anforderungen bewältigen zu können.

2.3.3 Konsequenzen für die Lehrerbildung

Das Thema wird explizit in einem eigenen Beitrag behandelt (Benkmann/Gercke in diesem Band), hier kann es also nur um wenige Akzentsetzungen auf der Basis der oben beschriebenen Befunde gehen.

Die Differenzen zwischen der Aufgabenstellung gemäß internationaler Konventionen, den Befunden zur Umsetzung inklusiver Bildung entsprechend den rezipierten Reviews und Studien und den in der Praxis derzeit beschriebenen Aufgaben von (sonderpädagogischen) Lehrkräften erfordern explizit deren Thematisierung in allen drei Phasen der Lehrerbildung. Dabei kann es sich nicht nur um eine Wissensvermittlung handeln, sondern Handlungskompetenzen sind zu erproben. So sollte beispielsweise die vermehrte Kooperation in einer inklusiven Schule ein selbstverständliches Element der Lehrerbildung werden, indem es u. a. gemeinsame Lehrveranstaltungen auf der Basis der gegenseitigen Anerkennung professioneller Spezialisierung zur Thematik inklusiver Bildung oder Praxiselemente inklusiver Bildung gibt. Die Kooperation wie auch die gemeinsame inklusive Schulentwicklung ist zu thematisieren. »Ein positiver Effekt wird erwartet: Wer sich in Aus- und Fortbildung bereits kennen gelernt hat, für den wird die Kooperation selbstverständlicher« (Melzer et al., 2015, S. 76).

Für die 1. Phase der universitären Ausbildung angehender Lehrkräfte ergibt sich die hochschuldidaktische Forderung nach der differenzierten Thematisierung der Ergebnisse empirischer Forschung zu inklusiver Bildung in der Lehre der Hochschule. Neben der Wissensvermittlung, die sowohl forschungsmethodische wie auch inhaltliche Ergebnisse kritisch diskutieren sollte, stellt die Umsetzung des Wissens in Handlungskompetenzen eine anspruchsvolle Aufgabe dar. Universitäre Lehrerbildung muss also

1. empirische Studien durchführen und Erkenntnisse zur inklusiven Bildung sammeln sowie in Reviews zusammenstellen. Dies betrifft inklusive Bildung allgemein und insbesondere Methoden sowie Programme zur Förderung von Schülerinnen und Schülern mit Lernschwierigkeiten,
2. nachweislich wirksame Methoden des Unterrichts gemäß den Kriterien der Evidenzbasierung an die Studierenden vermitteln,
3. die Anwendung dieser Methoden durch den Aufbau von Handlungswissen und Handlungskompetenzen unterstützen,
4. gemeinsame Lehrveranstaltungen von allgemein- und sonderpädagogischen Lehrkräften zur Forcierung von multiprofessioneller Kooperation von Beginn an durchführen.

Die 2. Phase, die nur in deutschsprachigen Ländern eine solch explizite Strukturierung erhält, sollte auf diesen Grundlegungen aufbauen und den Theorie-Praxis-Transfer intensiv anleiten, unterstützen und kritisch reflektieren. Wie differenziert solche Prozesse ablaufen und wie selten die eigentlich plausible Forderung nach mehr Erfahrung in inklusiven Settings dann auch zu den erwarteten Konsequenzen führen, zeigt die Studie von Scholz und Scheer (2017, S. 372) für Rheinland-Pfalz. Sie belegt zugleich den großen Mangel an Forschungsergebnissen zu dieser Phase.

Für Lehrerfortbildungen zur inklusiven Bildung als 3. Phase, spezifisch für den Förderschwerpunkt emotionale und soziale Entwicklung, beschreiben Leidig und Kollegen (2016, S. 73) in einem Review vor allem das fallbezogene Arbeiten als effektiv für eine Implementation vermittelter und erprobter Handlungskompetenzen. Dies kann u.E. auch auf die anderen Phasen und Themengebiete der Professionalisierung von Lehrkräften für inklusive Bildung übertragen werden.

2.3.4 Forschungsdesiderata

Der vorliegende Beitrag versucht das vorhandene Wissen empirisch-quantitativer Forschung im Überblick zusammen zu stellen, wobei der falsche Eindruck entstehen könnte, dass ein breites und fundiertes Wissen von dem, was zu einer gelingenden inklusiven Bildung generell und für Schülerinnen und Schüler mit Lernschwierigkeiten speziell beiträgt, vorhanden und bekannt ist. Dabei muss zunächst betont werden, dass hier die Forschungsergebnisse aus unterschiedlichen Bildungssystemen und aus verschiedenen Zeitpunkten der Diskussion zusammengetragen worden sind – wobei allerdings diese Unterschiede oft bei näherem Hinsehen nicht so groß sind, wie oft vermutet wird. Die Differenzen zu den deutschsprachigen und länderspezifischen Bildungssystemen sind dennoch limitierende Faktoren. Zugleich werfen die Forschungsergebnisse mit den dargestellten Konsequenzen auch neue Fragen und Forschungsdesiderata auf. Als wichtige Fragestellungen von zentraler Bedeutung für die Zukunft einer inklusiven Bildung bei bestehenden Lernschwierigkeiten können insbesondere die Folgenden genannt werden:

1. Wie kann eine hilfreiche Kommunikation zur Versachlichung des Diskurses zu inklusiver Bildung aufgebaut werden? Der Begriff Inklusion bspw. wird selbst in wichtigen internationalen Forschungsbeiträgen mit sehr differenten Bedeutungen genutzt (Nilhom/Göransson, 2017). Gerade die deutschsprachige Debatte wird oft davon geprägt, dass implizite Wertungen und Bedeutungsunterstellungen der Konfrontation und Abwehr differenter Position dienen (Felder, 2017). Diese Problematik erschwert nicht nur die begriffliche Exaktheit, sondern auch weitergehende theoretische Reflexionen sowie die Kommunikation empirischer Forschungsergebnisse. Hierzu wäre es auch notwendig, ein Verständnis über die ethischen Implikationen sowie die ethische Position des Programms Inklusion über die verschiedenen Positionen hinweg zu gewinnen und den in der Debatte oft praktizierten Wertemonismus (Felder) beiseite zu legen.

2. Wie können wir Erkenntnisse über die langfristigen Einflussfaktoren und Wirkungen eines inklusiven Bildungssystems gewinnen? Zwar ist der internationale Erkenntnisstand, ansatzweise auch im deutschsprachigen Raum, zu den verschiedenen Settings und Wirkungen inklusiver Bildung im Primarbereich recht elaboriert. Neuere und forschungsmethodisch anspruchsvolle Längsschnittuntersuchungen sind aber rar. Noch geringer fallen die Erkenntnisse für den Sekundarbereich aus. Derzeit gibt es international nur wenige und national keine veröffentlichte Längsschnittstudie für die Umsetzung inklusiver Bildung in der Sekundarstufe. Dieser Mangel ist nicht nur ein wissenschaftliches Forschungsdesiderat, sondern birgt auch praktische Probleme. Inklusive Bildung wird in Deutschland in der Sekundarstufe umgesetzt, in der traditionell das Lernen anders organisiert wird, die Inhalte komplexer werden und weitere »unbekannte« Variablen (z. B. Entwicklungsaufgaben des Jugendalters, stärkere Bedeutsamkeit der Peer Group) hinzukommen. In den nächsten Jahren müssen also längsschnittliche Untersuchungen zur Umsetzung inklusiver Bildung in der Sekundarstufe durchgeführt werden, um zunächst erst einmal auf einen ähnlichen Erkenntnisstand wie im Primarbereich zu kommen. Des Weiteren brechen Studien häufig an den Übergängen ab, Transitionsforschung für inklusive Bildung an den Stufen des Bildungssystems, gerade bei vorliegenden Risiken, Benachteiligungen und Beeinträchtigungen wie den hier fokussierten Lernschwierigkeiten, stellt jedoch eine der größten Herausforderungen in der Forschungspraxis dar.
3. Welche Maßnahmen, Konzepte und Rahmenmodelle erweisen sich im jeweiligen Bildungssystem als wirksam? Einerseits fehlt es weiterhin an kritischem Wissen über die Wirksamkeit von Methoden und Verfahren der Unterstützung im Lernen, d. h. insbesondere auch über die Grenzen ihrer Wirkungen. Zudem können im Transfer von Erkenntnissen aus anderen Bildungssystemen durchaus bisher tragfähige Ergebnisse brüchig werden (s. die geringeren Wirkungen der Förderung der phonologischen Bewusstheit im deutschsprachigen Raum), was deren Überprüfung im neuen Kontext und die Durchführung von Replikationsstudien dringend notwendig macht. Während das Konzept der Evidenzbasierung langsam Einzug hält und berechtigterweise auch kritisch diskutiert wird, mangelt es sehr häufig immer noch an Belegen für die Wirksamkeit deutschsprachiger Maßnahmen und Förderprogrammen. Wenn überhaupt, dann unterziehen meist die Entwickler von Programmen selbst diese einer Wirksamkeitsprüfung. Damit fehlen bisher die Stufen 3 (experimentelle Designs sowie die Überprüfung durch andere Forscher) und Stufe 4

(Meta-Analysen) für eine Evidenzbasierung für deutschsprachige Förderprogramme. Im Gegenteil: Für viele der in der Praxis gängigen Programme liegt überhaupt keine Evaluation vor und selbst Konzepte, deren Ineffektivität nachgewiesen ist (z. B. Lerntypen, s. Gold, 2011, S. 121), werden oft eingesetzt.

4. Wie können hohe Bedarfe ermittelt und beantwortet werden? Die standardisierten Messinstrumente und Vorgehensweisen zur Feststellung des Bedarfs an sonderpädagogischer Unterstützung im Bereich des Lernens erweisen sich als wenig hilfreich für die Erfüllung des Auftrags inklusiver Bildung. Die Innovationen wie das curriculumbasierte Messen sind für viele Bereiche noch in der Entwicklung. Zudem fehlt es an evaluierten, die Kompetenzfortschritte abbildenden Verfahren für Lernende mit hohen und mehrdimensionalen Bedarfen der Unterstützung. Überprüfte Verfahren der Lernförderung für die Stufe 3 des Mehrebenenmodells werden bisher sehr unspezifisch als Intensivierungen von Maßnahmen der Stufe 2 beschrieben – wie sieht aber genau dieser Schritt der Intensivierung und Individualisierung aus? Eine Verbindung der Förderung akademischen Lernens mit emotionalen und sozialen Dimensionen ist im Sinn einer mehrdimensionalen Förderung unverzichtbar, praktikable Konzepte jedoch wenig untersucht.

5. Wie kann die Komplexität der Veränderungen, wie ein inklusives Bildungssystem sie erforderlich macht, wissenschaftlich überprüft werden? Große Studien, die sich solch übergreifenden Veränderungen zuwenden, stoßen auf zahlreiche Limitationen und oft fundamentale Kritik. Die jüngste US-weite Studie zur Implementation des Response-to-Intervention Konzepts (Gersten/Jayanthi/Dimino, 2017) kann hier als Beispiel dienen, wie trotz hohen Engagements, großer Unterstützung und aufwändiger Vorgehensweise nur sehr begrenzt verallgemeinerungsfähige Aussagen generiert werden können (Fuchs/Fuchs, 2017).

6. Wie erlangen Lehrkräfte wissenschaftliches, also sowohl theoretisch als auch empirisch fundiertes Wissen und setzen dieses in Handlungen um? Die bisherigen Befunde basieren oft auf komplexen Maßnahmen mit vielen nicht kontrollierten Faktoren, sie resultieren eher aus praktischen Notwendigkeiten denn aus systematischen Forschungen. Dennoch stellt die Qualifizierung der Lehrkräfte für die erfolgreiche Unterstützung bei Lernschwierigkeiten eine unverzichtbare Basis dar, ohne die der Auftrag inklusiver Bildung nicht erfolgreich realisiert werden kann. Kriterien erfolgreicher Lehrerbildung in allen drei Phasen müssten hierzu systematisch erprobt werden.

Für die Praxis stellt sich allerdings häufiger noch die Ressourcenfrage: Wie kann inklusive Bildung bei oft sehr begrenzten Ressourcen verwirklicht werden? Die fehlende Verfügbarkeit finanzieller, sächlicher und personeller Ressourcen in einer verlässlichen Zeitperspektive bedrängt viele engagierte Akteure im Bildungssystem. Erst durch die Kombination der wissenschaftlich ermittelten Erfolgsbedingungen mit den vorhandenen Ressourcen kann der anspruchsvolle Auftrag verwirklicht werden.

2.4 Kritischer Ausblick

Die dargestellten Befunde und darauf aufbauend formulierten Konsequenzen verfolgen durchaus eine kritische Intention für bildungspolitische Entscheidungen im Kontext inklusiver Bildung:

> »there may be differential effects for different groups of children and differential effects of different inclusion practices. When designing inclusive education policies, it is important to keep this in mind: the policy effects should be closely monitored to avoid negative results for specific groups of students« (Ruijs/Peetsma, 2009, S. 78).

Strukturelle Entscheidungen wie die Schließung bestimmter Organisationseinheiten erfüllen noch keineswegs den Auftrag inklusiver Bildung, mögliche negative Wirkungen solcher Veränderungen, der bestehenden oder zukünftigen Maßnahmen und Einrichtungen sind durch wissenschaftliche Begleitforschung frühzeitig zu identifizieren und eventuell zu korrigieren. Dies erfordert eine nüchtern-reflektierte Debatte um inklusive Bildung.

Grundsätzlich verändert der Auftrag inklusiver Bildung gerade bei Lernschwierigkeiten die Perspektive auf die Gestaltung des Bildungssystems für alle Lernenden und erfordert eine noch dynamischere und individuellere Bereitstellung wirksamer Lernangebote:

> »It is for this reason that every effort should be made to identify the most appropriate learning environment to suit every individual's needs, instead of creating a ›one-size fits all‹, cost-effective policy that ticks all the boxes in theory, but fails to deliver on the practicalities« (Casserly/Gildea, 2015, S. 320).

Wie sehen hier einen wichtigen Auftrag zu kritischer und nicht dogmatischer Wissenschaft, die den Gewinn für alle Beteiligten nicht aus den Augen verliert.

Literaturverzeichnis

Ahrbeck, Bernd: Inklusion. Eine Kritik. Stuttgart: Kohlhammer, 2014

Autorengruppe Bildungsberichterstattung: Bildung in Deutschland. Ein indikatorengestützter Bericht mit einer Analyse zur Bildung von Menschen mit Behinderungen. 2014. Im Internet unter: http://www.bildungsbericht.de/de/bildungsberichte-seit-2006/bildungsbericht-2014/pdf-bildungsbericht-2014/bb-2014.pdf [21.06.2016]

Becker, Wesley C./Gersten, Russell: A Follow-up of Follow Through: The Later Effects of the Direct Instruction Model on Children in Fifth and Sixth Grades. In: American Educational Research Journal 19 (1982), S. 75–92

Benner, Gregory J./Nelson, J. Ron/Sanders, Elisabeth A./Ralston, Nicole C.: Behavior Intervention for Students With Externalizing Behavior Problems: Primary Level Standard Protocol. In: Exceptional Children 78 (2012), S. 181–198

Bielefeldt, Heiner: Menschenrecht auf inklusive Bildung. Der Anspruch der UN-Behindertenrechtskonvention. In: Vierteljahresschrift für Heilpädagogik und ihre Nachbargebiete 79 (2010), S. 66–69

Biewer, Gottfried: Grundlagen der Heilpädagogik und Inklusiven Pädagogik. Bad Heilbrunn: Klinkhardt, 2. Auflage 2010

Björn, Piia M./Aro, Mikko T./Koponen, Tuire K./Fuchs, Lynn S./Fuchs, Douglas H.: The Many Faces of Special Education Within the RTI Frameworks in the United States and Finland. In: Learning Disability Quarterly 39 (2016), S. 58–66

Bleidick, Ulrich: Betrifft Integration: behinderte Schüler in allgemeinen Schulen. Berlin: Marhold, 1988

Blumenthal, Yvonne/Mahlau, Kathrin: Effektiv fördern – Wie wähle ich aus? Ein Plädoyer für die Evidenzbasierte Praxis in der schulischen Sonderpädagogik. In: Zeitschrift für Heilpädagogik 66 (2015), S. 408–421

Bonsen, Martin: Die Bedeutung der Schulleitung für die Schulentwicklung. In: Bohl Thorsten/Helsper ‚Werner/Holtappels, Heinz Günter/Schelle, Carla (Hrsg.): Handbuch Schulentwicklung. Bad Heilbrunn: Julius Klinkhardt, S. 199–203

Browder, Diane M./Spooner, Fred/Ahlgrim-Delzell, Lynn/Harris, Amber A./Wakeman, Shawnee: A Meta-Analysis on Teaching Mathematics to Students with Significant Cognitive Disabilities. In: Exceptional Children 74 (2008), S. 407–432

Brügelmann, Hans: Inklusion: Im Team unterrichten, auch wenn es schwer ist. In: Der Tagesspiegel. 24.5.2016. Im Internet unter http://www.tagesspiegel.de/wissen/inklusion-im-team-unterrichten-auch-wenn-es-schwer-ist/13631454.html [19.8. 2017]

Carlberg, Conrad/Kavale, Kenneth A.: The efficacy of special versus regular class placement for exceptional children: A metaanalysis. In: The Journal of Special Education 14 (1980), S. 295–309. DOI: 10.1177/002246698001400304

Carpenter, Laura Bowden/Dyal, Allen: Secondary inclusion: strategies for implementing. The consultative teacher model. In: Education 127 (2007), S. 344–350

Casale, Gino/Hennemann, Thomas/Grosche, Michael: Zum Beitrag der Verlaufsdiagnostik für eine evidenzbasierte sonderpädagogische Praxis am Beispiel des Förderschwerpunkts emotionale und soziale Entwicklung. In: Zeitschrift für Heilpädagogik 66 (2015), S. 325–344

Casserly, Ann Marie/Gildea, Anne: A review of a reading class placement for children with dyslexia, focusing on literacy attainment and pupil perspectives. In: European Journal of Special Needs Education 30 (2015), S. 304–322. DOI 10.1080/08856257.2015.1009700.

Chita-Tegmark, Meia/Gravel, Jenna W./De Lourdes B. Serpa, Maria/Domings, Yvonne/Rose, David H.: Using the Universal Design for Learning Framework to Support Culturally Diverse Learners. In: The Journal of Education 192 (2011), S. 17–22

Chodura, Sabrina/Kuhn, Jörg-Tobias/Holling, Heinz: Interventions for Children with Mathematical Difficulties. A Meta-Analysis. In: Zeitschrift für Psychologie 23 (2015), 129–144. DOI: 10.1027/2151-2604/a000211.

Cohen, Jacob: Statistical power analysis for the behavioral sciences. New York: Academic Press, 2. Auflage 1988

Cole, Cassandra M./Waldron, Nancy/Majd, Massoumeh: Academic Progress of Students Across Inclusive and Traditional Settings. In: Mental Retardation 42 (2004), S. 136–144

Cook, Bryan G./Tankersley, Melody/Cook, Lysandra/Landrum, Timothy J.: Evidence-Based Practices in Special Education: Some Practical Considerations. In: Intervention in School and Clinic 44 (2008), S. 69–75. DOI: 10.1177/1053451208321452

Cook, Bryan G./Shepard, Katharine G./Cook, Sara Cothren/Cook, Lysandra: Facilitating the Effective Implementation of Evidence-Based Practice Through Teacher-Parent Collaboration. In: Teaching Exceptional Children 44 (2012), S. 22–30

Cosier, Meghan/Causton-Theoharis, Julie/Theoharis, George: Does Access Matter? Time in General Education and Achievement for Students with Disabilities. In: Remedial and Special Education 34 (2013), S. 323–332. DOI: 10.1177/0741932513485448

Courey, Susan Joan/Tappe, Phyllis/Siker, Jody/LePage, Pam: Improved Lesson Planning with Universal Design for Learning (UDL). In: Teacher Education and Special Education 36 (2013), S. 7–27

Demmer-Dieckmann, Irene: Forschungsergebnisse zum Gemeinsamen Unterricht. In: Grundschule aktuell 111 (2010), S. 16–17

Deutsche UNESCO-Kommission e. V. (Hrsg.): Inklusion: Leitlinien für die Bildungspolitik. 3., erweiterte Auflage. Bonn, 2014

Diehl, Kirsten/Hartke, Bodo/Knopp, Eva: Curriculum-Based Measurement & Leerlingonderwijsvolgsysteem – Konzepte zur theoriegeleiteten Lernfortschrittsmessung im Anfangsunterricht Deutsch und Mathematik? In: Zeitschrift für Heilpädagogik, 60 (2009), S. 122–130

DiPaola, Michael F./Walther-Thomas, Chriss: Principals and special education: The critical role of school leaders (COPPSE Document No. IB-7). Gainesville, FL: University of Florida, Center on Personnel Studies in Special Education

Dyson, Allan/Farrell, Peter/Polat. Filiz/Hutcheson, Graeme/Gallannaugh, Frances: Inclusion and Pupil Achievement. Research Report RR578. Newcastle: University of Newcastle, 2004

Ellinger, Stephan: Einführung in die Pädagogik bei Lernbeeinträchtigungen. In: Einhellinger, Christiane/Ellinger, Stephan/Hechler, Oliver/Köhler, Annette/Ullmann, Edwin (Hrsg.): Studienbuch Lernbeeinträchtigungen. Band 1: Grundlagen. Oberhausen: Athena, 2013, S. 17–100

Farrell, Peter: Educational inclusion and raising standards. In: British Journal of Special Education 27 (2000), S. 35–38

Farrell, Peter/Dyson, Alan/Polat, Filiz/Hutcheson, Graeme/Gallannaugh, Frances: Inclusion and achievement in mainstream schools. In: European Journal of Special Needs Education 22 (2007), S. 131–145

Felder, Franziska: Zwei Kritikpunkte und ein Vorschlag für ein anderes Verständnis von Inklusion. In: Sonderpädagogische Förderung heute, 62 (2017), im Druck.

Fletcher, Jack M./Stuebing, Karla K./Morris, Robin/Reid Lyon, G.: Classification und Definition of Learning Disabilities. A Hybrid Model. In: Swanson, H. Lee/Harris, Karen R./Graham, Steve (Hrsg.): Handbook of Learning Disabilities. 2^{nd}e. New York: Guilford, 2014, S. 33–50

Fore, Cecil III/Hagan-Burke, Shanna/Boon, Richard T./Smith, Steve: Academic Achievement and Class Placement in High School: Do Students with Learning Disabilities Achieve More in One Class Placement Than Another? In: Education and Treatment of Children 31 (2008), S. 55–72

Freeman, Jennifer/Sugai, George: Identifying Evidence-Based Special Education Interventions from Single-Subject Research. In: Teaching Exceptional Children 45 (2013), S. 6–12

Fuchs, Douglas/Fuchs, Lynn S./Compton, Donald L.: Smart RTI: A Next-Generation Approach to Multilevel Prevention. In: Exceptional Children 78 (2012), S. 263–279

Fuchs, Douglas/Fuchs, Lynn S.: Critique of the National evaluation of Response to Intervention: A Case for Simpler Framework. In: Exceptional Children 83 (2017), S. 255–268

Gersten, Russell/Chard, David J./Jayanthi, Madhavi/Baker, Scott K./Morphy, Paul/Flojo, Jonathan: Mathematics Instructions for Students with Learning Disabilities: A Meta-Analysis of Instructional Components. In: Review of Educational Research 79 (2009), S. 1202–1242. DOI: 10.3102/0034654309334431

Gersten, Russell/Jayanthi, Madhavi/Dimino, Joseph: Too Much, Too Soon? Unanswered Questions from National Response to Intervention Evaluation. In: Exceptional Children 83 (2017), S. 244–254

Glass, Gene V.: Primary, Secondary, and Meta-Analysis of Research. In: Educational Researcher 5 (1976), S. 3–8

Glass, Gene V.: Integrating findings: The meta-analysis of research. In: Review of Educational Research 5 (1978), S. 351–371

Gold, Andreas: Lernschwierigkeiten. Ursachen. Diagnostik. Intervention. Stuttgart: Kohlhammer, 2011

Grosche, Michael: Was ist Inklusion? Ein Diskussions- und Positionsartikel zur Definition von Inklusion aus Sicht der empirischen Bildungsforschung. In: Kuhl, Poldi/Stanat, Petra/Lütje-Klose, Birgit/Gresch, Cornelia/Pant, Hans Anand/Prenzel, Manfred (Hrsg.): Inklusion von Schülerinnen und Schülern mit sonderpädagogischem Förderbedarf in Schulleistungserhebungen. Wiesbaden: Springer VS, 2015, S. 17–40

Grünke, Matthias: Zur Effektivität von Fördermethoden bei Kindern und Jugendlichen mit Lernstörungen. Eine Synopse vorliegender Metaanalysen. In: Kindheit und Entwicklung 15 (2006), S. 239–254

Grünke, Matthias/Leonard-Zabel, Ann Marie: How to support struggling writers: What the research stipulates. in: International Journal of Special Education 30 (2015), S. 132–147

Hattie, John: Visible Learning for Teachers. Maximizing Impact Learning. Abingdon: Routledge, 2012

Hattie, John: Lernen sichtbar machen. Hohengehren: Schneiderverlag, 2013

Heimlich, Ulrich: Pädagogik bei Lernschwierigkeiten. Bad Heilbrunn: Klinkhardt, 2. Auflage 2016

Heimlich, Ulrich/Hillenbrand, Clemens/Wember, Franz: Lernen. In: Ministerium für Schule und Weiterbildung des Landes Nordrhein-Westfalen (Hrsg.): Sonderpädagogische Förderschwerpunkte in NRW. Ein Blick aus der Wissenschaft in die Praxis, Dortmund: Ministerium für Schule und Weiterbildung des Landes Nordrhein-Westfalen, 2015, S. 9–19

Helmke, Andreas: Unterrichtsqualität erfassen, bewerten, verbessern. Seelze: Kallmeyer, 4. Auflage 2005

Helmke, Andreas: Unterrichtsqualität und Lehrerprofessionalität. Diagnose, Evaluation und Verbesserung des Unterrichts. Klett Kallmeyer, 2010

Hillenbrand, Clemens: Inklusive Bildung: Programmatik – Empirie – Umsetzung. In: Zeitschrift für Individualpsychologie 39 (2014), S. 281–297

Hillenbrand, Clemens: Evidenzbasierung sonderpädagogischer Praxis: Widerspruch oder Gelingensbedingung? In: Zeitschrift für Heilpädagogik 66 (2015), S. 312–324

Hillenbrand, Clemens/Melzer, Conny/Hagen, Tobias: Bildung schulischer Fachkräfte für inklusive Bildungssysteme. In: Döbert, Hans/Weißhaupt, Horst (Hrsg.): Inklusive Lehrerbildung professionell gestalten. Situationsanalyse und Handlungsempfehlungen. Münster: Waxmann, 2013, S. 33–68

Hillenbrand, Clemens/Melzer, Conny/Sung, Jung Gyung: Lehrerbildung für Inklusion in Deutschland. Stand der Diskussion und praktische Konsequenzen. In: Theory and Practice of Education 19 (2014), S. 147–171

Hintz, Anna-Maria/Grünke, Matthias: Einschätzungen von angehenden Lehrkräften für Sonder- und allgemeine Schulen zur Wirksamkeit von Interventionen für den Schriftspracherwerb bei lernschwachen Kindern. In: Empirische Sonderpädagogik 1 (2009), S. 45–61

Hinz, Andreas: Inklusive Pädagogik in der Schule – veränderter Orientierungsrahmen für die schulische Sonderpädagogik? Oder doch deren Ende? In: Zeitschrift für Heilpädagogik 60 (2009), S. 171–179

Hocutt, Anne M.: Effectiveness of Special Education: Is Placement the Critical Factor? In: The Future of the Children Special Education for Students with Disabilities 6 (1996), S. 77–102

Horner, Robert H./Carr, Edward G./Halle, James/McGee, Gail/Odom, Samuel/Wolery, Mark: The Use of Single-Subject Research to Identify Evidence-Based Practice in Special Education. In: Exceptional Children 71 (2005), S. 165–179

Huber, Stephan Gerhard: Steuerungshandeln schulischer Führungskräfte aus Sicht der Schulleitungsforschung. In: Langer, Roman (Hrsg.): Warum tun die das? Governanceanalysen zum Steuerungshandeln in der Schulentwicklung. Wiesbaden: VS Verlag für Sozialwissenschaften, 2008, S. 95–126

Huber, Christian: Gemeinsam einsam? Empirische Befunde und praxisrelevante Ableitungen zur sozialen Integration von Schülern mit Sonderpädagogischem Förderbedarf im Gemeinsamen Unterricht. In: Zeitschrift für Heilpädagogik 59 (2009), S. 242–248

Huber, Christian: Lehrerfeedback und soziale Integration. Wie soziale Referenzierungsprozesse die soziale Integration in der Schule beeinflussen könnten. In: Empirische Sonderpädagogik 1 (2011), S. 20–36

Huber, Christian/Grosche, Michael: Das response-to-intervention-Modell als Grundlage für einen inklusiven Paradigmenwechsel in der Sonderpädagogik. In: Zeitschrift für Heilpädagogik 63 (2012), S. 312–322

Huber, Christian/Grosche, Michael/Schütterle, Peter: Inklusive Schulentwicklung durch response-to-intervention (RTI) – Realisierungsmöglichkeiten des RTI-Konzepts im Förderbereich Lesen. In: Gemeinsam Leben (2013), S. 79–90

Institute of Education Sciences (Hrsg.): What works clearinghouse. Im Internet unter: http://ies.ed.gov/ncee/wwc/ [24.06.2016]

Kalambouka, Afroditi/Farrell, Peter/Dyson, Allan/Kaplan, Ian: The impact of placing pupils with special educational needs in mainstream schools on the achievement of their peers. In: Educational Research 49 (2007), S. 365–382. DOI: 10.1080/00131880701717222

Kavale, Kenneth A./Mostert, Mark P.: Rivers of ideology, islands of evidence. In: Exceptionality 11 (2003), S. 191–208

Kiuppis, Florian: From Special Education, via Integration, to Inclusion: Continuity and Change in UNESCO‹s Agenda Setting. In: ZEP – Zeitschrift für Internationale Bildungsforschung und Entwicklungspädagogik 39 (2016), S. 28–33

Klauer, Karl Josef/Lauth, Gerhard W.: Lernbehinderungen und Leistungsschwierigkeiten bei Schülern. In: Weinert, Franz E. (Hrsg.): Enzyklopädie der Psychologie. Themenbereich D, Serie I. Pädagogische Psychologie, Band 3. Psychologie des Unterrichts und der Schule. Göttingen: Hogrefe, 1997, S. 701–738

Klemm, Klaus: Sonderweg Förderschulen: Hoher Einsatz, wenig Perspektiven. Eine Studie zu den Ausgaben und zur Wirksamkeit von Förderschulen in Deutschland. Gütersloh: Bertelsmann-Stiftung, 2009. Im Internet unter: https://www.bertelsmann-stiftung.de/fileadmin/files/BSt/Publikationen/GrauePublikationen/GP_Sonderweg_Foerderschulen.pdf [31.08.2015]

Klemm, Klaus: Gemeinsam lernen. Inklusion leben. Status Quo und Herausforderungen inklusiver Bildung in Deutschland. Gütersloh: Bertelsmann-Stiftung, 2010. Im Internet unter: https://www.bertelsmann-stiftung.de/fileadmin/files/BSt/Publikationen/GrauePublikationen/GP_Gemeinsam_lernen_Inklusion_leben.pdf [31.08.2015]

Klemm, Klaus/Preuss-Lausitz, Ulf: Auf dem Weg zur schulischen Inklusion in Nordrhein-Westfalen. Empfehlungen zur Umsetzung der UN-Behindertenrechtskonvention im Bereich der allgemeinen Schulen. Juni 2011. Gutachten für die Landesregierung NRW. Essen: Ministerium für Schule und Weiterbildung, 2011. Im Internet unter: https://www.schulministerium.nrw.de/docs/Schulsystem/Inklusion/Gutachten-_Auf-dem-Weg-zur-schulischen-Inklusion-in-Nordrhein-Westfalen_/NRW_Inklusionskonzept_2011__-_neue_Version_08_07_11.pdf [31.08.2015]

Klicpera, Christian/Gasteiger-Klicpera, Barbara: Soziale Erfahrungen von Grundschülern mit sonderpädagogischem Förderbedarf in Integrationsklassen – betrachtet im

Kontext der Maßnahmen zur Förderung sozialer Integration. In: Heilpädagogische Forschung 29 (2003), S. 61–71

Klinger, Janette/Vaughn, Sharon/Hughes, Marie Tejero/Schumm, Jeanne Shay/Elbaum, Batya: Outcomes for Students with and Without Learning Disabilities in Inclusive Classrooms. In: Learning Disabilities Research & Practice 13 (1998), S. 153–161

Kocaj, Aleksander/Kuhl, Poldi/Kroth, Anna J./Anand Pant, Hans/Stanat, Petra: Wo lernen Kinder mit sonderpädagogischem Förderbedarf besser? Ein Vergleich schulischer Kompetenzen zwischen Regel- und Förderschulen in der Primarstufe. In: Kölner Zeitschrift für Soziologie und Sozialpsychologie 66 (2014), S. 165–191

Kratochwill, Thomas R./Hitchcock, John H./Horner, Robert H./Levin, Joel R./Odom, Samuel L./Rindskopf, David M./Shadish, William R.: Single-Case Intervention. Research Design Standards. In: Remedial and Special Education 34 (2013), S. 26–38

Lauth, Gerhard W./Grünke, Matthias: Interventionen bei Lernstörungen. In: Monatsschrift Kinderheilkunde, 7 (2005), S. 640–648

Lauth, Gerhard W./Grünke, Matthias/Brunstein, Joachim C.: Interventionen bei Lernstörungen. Göttingen: Hogrefe, 2014

Leidig, Tatjana/Hennemann, Thomas/Casale, Gino/König, Johannes/Melzer, Conny/Hillenbrand, Clemens: Wirksamkeit von Lehrerfortbildungen zur inklusiven Beschulung im Förderschwerpunkt Emotionale und soziale Entwicklung – ein systematisches Review. In: Heilpädagogische Forschung 42 (2015), S. 61–77

Liesen, Christian: Gleichheit als ethisch-normatives Problem der Sonderpädagogik. Dargestellt am Beispiel »Integration«. Bad Heilbrunn: Klinkhardt, 2006

Lindmeier, C.: Teilhabe und Inklusion. In: Teilhabe 48 (2009), S. 4–10

Lindmeier, C.: Bildungsgerechtigkeit und Inklusion. In: Zeitschrift für Heilpädagogik 62 (2011), S. 124–135

Lindsay, Geoff: Educational psychology and the effectiveness of inclusive education/mainstreaming. In: British Journal of Educational Psychology 77 (2007), S. 1–24

Lütje-Klose, Birgit/Wild, Elke/Schwinger, Malte: Bielefelder Längsschnittstudie zum Lernen in inklusiven und exklusiven Förderarrangements. Wissenschaftliches Poster auf der Fachtagung des Bundesministeriums für Bildung und Forschung, Berlin, 2015

Manset, Genevieve/Semmel, Melvyn I.: Are Inclusive Programs for Students with Mild Disabilities are Effective? A Comparative Review of Model Programs. In: The Journal of Special Education 31 (1997), S. 155–180

Markussen, Eifred: Special education: does it help? A study of inclusive education in Norwegian upper secondary schools. In: European Journal of Special Education 19 (2004), S. 33–48. DOI: 10.1080/0885625032000167133

Marston, Douglas: A Comparison of Inclusion only, Pull-Out only, and Combined Service Models for Students with Mild Disabilities. In: The Journal of Special Education 30 (1996), S. 121–132

Martínez, Rebecca S.: Social Support in Inclusive Middle Schools: Perceptions of Youth with Learning Disabilities. In: Psychology in the Schools 43 (2006), S. 197–209. DOI: 10.1002/pits.20142

McKenna, John William/Shin, Mikyung/Ciullo, Stephen: Evaluating Reading and Mathematics Instructions for Students with Learning Disabilities: A Synthesis of Observation Research. In: Learning Disability Quarterly 38 (2015), S. 195–207. DOI: 10.1177/0731948714564576

McLeskey, James/Landers, Eric/Williamson Pamela/Hoppey, David: Are we moving toward education with Disabilities in less restrictive environments? In: The Journal of Special Education 46 (2012), S. 131–140

Michna, Dagmar/Melle, Insa/Wember, Franz B.: Gestaltung von Unterrichtsmaterialien auf Basis des Universal design for Learning. Am Beispiel des Chemieanfangsunterrichts in der Sekundarstufe I. In: Sonderpädagogische Förderung heute 61 (2016), S. 286–303

Melzer, Conny/Hillenbrand, Clemens: Aufgaben sonderpädagogischer Lehrkräfte für die inklusive Bildung: empirische Befunde internationaler Studien. In: Zeitschrift für Heilpädagogik 64 (2013), 194–202

Melzer, Conny/Hillenbrand, Clemens: Aufgabenprofile. Welche Aufgaben bewältigen sonderpädagogische Lehrkräfte in verschiedenen schulischen Tätigkeitsfeldern? In: Zeitschrift für Heilpädagogik 66 (2015), 230–242

Melzer, Conny/Hillenbrand, Clemens/Sprenger, David/Hennemann, Thomas: Aufgaben von Lehrkräften in inklusiven Bildungssystemen – Review internationaler Studien. In: Erziehungswissenschaft 26 (2015), 61–80.

Meyer, Anne/Rose, David H.: Universal Design for Individual Differences. Universal design for individual differences. In: Educational Leadership 58 (2000), S. 39–43

Mitchell, David: Education that fits: Review of international Trends in Education of students with special educational needs. Final Report. University of Canterbury, 2010. Im Internet unter: http://www.education.vic.gov.au/Documents/about/department/psdlitreview_Educationthatfits.pdf [08.02.2016]

Möckel, Andreas: Geschichte der besonderen Grund- und Hauptschule. Heidelberg: Winter, 2001

Murawski, Wendy: Student Outcomes in Co-Taught Secondary English Classes: How can we Improve? In: Reading & Writing Quarterly 22 (2006), 227–247. DOI: 10.1080/10573560500455703

Nilhom, C./Göransson, K.: What is meant by inclusion? An Analysis of European and North American journal articles with high impact. In: European Journal of Special Needs Education 32 (2017), S. 1–15.

Nußbeck, Susanne: Evidenzbasierte Praxis – ein Konzept für sonderpädagogisches Handeln? In: Sonderpädagogik 37 (2007), S. 145–154

O' Rourke, John: Inclusive schooling: if it's so good – why it is so hard to sell? In: International Journal on Inclusive Education 19 (2015), S. 550–546. DOI 10.1080/13603116.2014.954641

Odom, Samuel L./Brantlinger, Ellen/Gersten, Russell/Horner, Robert H./Thompson, Bruce/Harris, Karen R.: Research in Special Education: Scientific Methods and Evidence-Based Practices. In: Exceptional Children 71 (2005), S. 137–148

Oh-Young, Conrad/Filler, John: A meta-analysis of the effects of placement on academic and social skill outcome measures of students with disabilities. In: Research in Developmental Disabilities 47 (2015), S. 80–92. Doi 10.1016/j.ridd.2015.08.014.

Phillips, Deidre Marshall: The Relationship Between Educational Placement, instructional Practices, and Achievement Gains of Black Students with Specific Learning

Disabilities in Secondary Urban School Settings. Florida International University. Dissertation. Paper 593, 2012. Im Internet unter http://digitalcommons.fiu.edu/etd¬/593 [24.02.2016].

Preuss-Lausitz, Ulf: Inklusive Schulerfahrung stärkt berufliche und private Lebenschancen. Grundschule aktuell, Heft 117 (2012), S. 22–23

Purdie, Nola/Ellis, Louise: Literature Review. A review of the empirical evidence identifying effective interventions and teaching practices for students with learning difficulties in Years 4, 5 and 6. Camberwell: Australian Council for Educational Research, 2005. Im Internet unter: http://research.acer.edu.au/tll_misc/7, [11.8.2012]

Rea, Patricia R./McLaughlin, Virginia L./Walther-Thomas, Chriss: Outcomes for Students with Learning Disabilities in Inclusive and Pullout Programs. In: Exceptional Children 68 (2002), S. 203–223

Reichrath, Enid/de Witte, Luc P./Winkens, Ieke: Interventions in general education for students with disabilities: a systematic review. In: International Journal of Inclusive Education 14 (2010), S. 563–580. DOI: 10.1080/13603110802512484

Reiser, Helmut: Arbeitsplatzbeschreibungen – Veränderungen der sonderpädagogischen Berufsrolle. In: Zeitschrift für Heilpädagogik 41 (1996), 178–186

Robson, Collin: Students with disabilities, learning difficulties and disadvantages: statistics and indicators. OECD: Organisation for Economic Cooperation and Development, France, 2005. Im Internet unter: http://eprints.hud.ac.uk/464/ [13.11.2012].

Rohrbeck, Cynthia A./Ginsburg-Block, Marika D./Fantuzzo, John W./Miller, Traci R.: Peer-Assisted Learning Interventions With Elementary School Students: A Meta-Analytic Review. In: Journal of Educational Psychology 95 (2003), S. 240–257. DOI: 10.1037/0022–0663.95.2.240

Ruijs, Nienke M./Peetsma, Thea T.D.: Effects of inclusion on students with and without special educational needs reviewed. Educational Research Review 4 (2009), S. 6–79

Runow, Volker/Borchert, Johann: Effektive Interventionen im sonderpädagogischen Arbeitsfeld – ein Vergleich zwischen Forschungsbefunden und Lehrereinschätzungen. In: Heilpädagogische Forschung 29 (2003), S. 189–203

Sackett, David L./Rosenberg, W.M.C./Gray, J.A.M./Haynes, R.B./Richardson, W.S.: Was ist Evidenz-basierte Medizin und was nicht? In: Münchener medizinische Wochenschrift 139 (1997), S. 644–645 [http://www.cochrane.de/de/sackett-artikel]; [16.3.2017]

Salend, Spencer J./Garrick Duhany, Laurel M.: The Impact of Inclusion on Students with and Without Disabilities and Their Educators. In: Remedial and Special Education 20 (1999), S. 114–126

Schad, Gerhard: Evidenzbasierte Erziehung? In: Zeitschrift für Heilpädagogik, 66 (2015), S. 335–344

Schlüter, Ann-Kathrin/Melle, lnsa/Wember, Franz B.: Unterrichtsgestaltung in Klassen des Gemeinsamen Lernens: Universal Design for Learning. In: Sonderpädagogische Förderung heute 61 (2016), S. 270–285

Scholz, Markus/Scheer, David: Veränderung inklusionsbezogener Selbstwirksamkeitserwartungen und Überzeugungen während des Vorbereitungsdienstes an Förderschulen und inklusiven Schulen im Vergleich. In: Zeitschrift für Heilpädagogik 68 (2017), S. 364–375

Schroeder, Joachim: Lernen von Finnland? Im Ernst? Probleme der Herstellung von Bildungsgerechtigkeit im Schulsystem. In: Vierteljahresschrift für Heilpädagogik und ihre Nachbargebiete 79 (2010), S. 97–103

Kultusministerkonferenz (KMK): Empfehlungen zur sonderpädagogischen Förderung in den Schulen in der Bundesrepublik Deutschland. Beschluss der Kultusministerkonferenz yom 06.05.1994. Bonn: Sekretariat der Ständigen Konferenz der Kultusminister der Länder in der Bundesrepublik Deutschland 1994

Kultusministerkonferenz (KMK): Empfehlungen zum Förderschwerpunkt Lernen. Beschluss der Kultusministerkonferenz vom 01.10.1999. Bonn: Sekretariat der Ständigen Konferenz der Kultusminister der Länder in der Bundesrepublik Deutschland. 1999

Kultusministerkonferenz (KMK): Sonderpädagogische Förderung in Schulen 2005–2014. Dokumentation Nr. 210. Im Internet unter: https://www.kmk.org/fileadmin/¬Dateien/pdf/Statistik/Dokumentationen/Dok_210_SoPae_2014.pdf [Stand 11.07.2016]

Slavin, Robert E./Lake, Cynthia/Davis Susan/Madden, Nancy A.: Effective programs for struggling readers: A best-evidence synthesis. In: Educational Research Review 6 (2011), S. 1–26. doi:10.1016/j.edurev.2010.07.002.

Sonderpädagogische Förderung heute: Schulleitung im Kontext schulischer Inklusion. 62 (2017), H. 2

Speck, Otto: Schulische Inklusion aus heilpädagogischer Sicht. Rhetorik und Realität. München: Ernst Reinhardt, 2010

Speck, Otto: Wage es nach wie vor, dich deines eigenen Verstandes zu bedienen. In: Zeitschrift für Heilpädagogik 62 (2011), S. 84–91

Spooner, Fred/Knight, Viktoria F./Browder, Diane M./Smith, Bethany R.: Evidence-Based Practice for Teaching Academics to Students with Severe Developmental Disabilities. In: Remedial and Special Education 33 (2012), S. 374–387. DOI: 10.1177/0741932511421634.

Spörer, Nadine/Maaz, Kai/Vock, Miriam/Schründer-Lenzen, Agi/Luka, Thorsten/Bosse, Stefanie/Vogel, Jana/Jäntsch, Christian: Lernen in der inklusiven Grundschule: Zusammenhänge zwischen fachlichen Kompetenzen, Sozialklima und Facetten des Selbstkonzepts. In: Unterrichtswissenschaft, 43 (2015), S. 22–35

Sung, Jung Gyung: Teachers' stance towards learning disabilities: Empirical study among special education teachers in Korea. Münster: Lit, 2010

Szumski, Grzegorz/Karwowski, Maciej: Emotional and social integration and the big-fish-little-pond-effect among students with and without disabilities. In: Learning and Individual Differences 43 (2015), S. 63–74

Takala, Marjatta/Pirttima, Raija/Törmänen, Minna: Inclusive special education: the role of special education teachers in Finland. In: British Journal of Special Education 36 (2009), S. 162–172

Tenorth, H.-E. (2014). Evidenzbasierte Bildungsforschung vs. Pädagogik als Kulturwissenschaft – Über einen neuerlichen Paradigmenstreit in der wissenschaflichen Pädagogik. Verfügbar unter http://nevelestudomany.elte.hu/downloads/2014/neveles¬tudomany_2014_3_5-21.pdf [16.06.2015]

Tkachyk, Ruth Elizabeth: Questioning Secondary Inclusive Education: Are Inclusive Classrooms Always Best for Students? In: Interchange 44 (2013), S. 15–24. DOI 10.1007/s10780-013-9193-z.

Tran, Loan/Sanchez, Tori/Arellano, Brenda/Swanson, H. Lee: A meta-analysis of the RTI literature for children at risk for reading disabilities. In: Journal of Learning Disabilities 44 (2011), S. 283–295

Trembley, Philippe: Comparative outcomes of two instructional models for students with learning disabilities: inclusion with co-teaching and solo-taught special education. In: Journal of Research in Special Educational Needs 13 (2013), S. 251–258. DOI: 10.1111/j.1471-3802.2012.01270.x.

United Nations (UN-BRK): UN-Convention on the Rights of Persons with Disabilities, 2006. Im Internet verfügbar unter: http://www.un.org/disabilities/convention/conventionfull.shtml [6.1.2011]

Upplegger, Kathrin: Kompetenzentwicklung und Transparenz – empirische Evidenz des Modells ILLA für wirkungsvolles Lernen im Unterricht der inklusiven Schule. Transparenz – im Unterricht und in der Schule 6 (2015), S. 1–13

Urton, Karolina/Wilbert, Jürgen/Hennemann, Thomas: Der Zusammenhang zwischen der Einstellung zur Integration und der Selbstwirksamkeit von Schulleitungen und deren Kollegien. In: Empirische Sonderpädagogik 6 (2014), S. 3–16

Vaughn, Sharon/Elbaum, Batya E./Schumm, Jeanne Shay: The Effects of Inclusion on the Social Functioning of Students with Learning Disabilities. In: Journal of Learning Disabilities 29 (1996), S. 598–608

Vaughn, Sharon/Linan-Thompson, Sara: What is Special about Special Education for Students with Learning Disabilities? In: The Journal of Special Education, 37 (2003), S. 14–147

Vierbuchen, Marie Christine/Käter, Tobias/Hillenbrand, Clemens: Schulleitungsqualifikation für inklusive Bildung in Niedersachsen. Ergebnisse der wissenschaftlichen Begleitung. In: Sonderpädagogische Förderung heute 62 (2017), S. 151–167

Voß, Stefan/Blumenthal, Yvonne/Sikora, Simon/Mahlau, Kathrin/Diehl, Kirsten/Hartke, Bodo: Rügener Inklusionsmodell (RIM) – Effekte eines Beschulungsansatzes nach dem Response-to-Intervention-Ansatz auf die Rechen- und Leseleistungen von Grundschulkindern. In: Empirische Sonderpädagogik 6 (2014), S. 114–132

Voß, Stefan/Diehl, Kirsten/Sikora, Simon/Hartke, Bodo: Inklusiver Mathematik- und Deutschunterricht im Rügener Inklusionsmodell (RIM). In: Zeitschrift für Heilpädagogik 67 (2016a), S. 119–132

Voß, Stefan/Blumenthal, Yvonne/Mahlau, Kathrin/Marten, Katharin/Diehl, Kirsten/Sikora, Simon/Hartke, Bodo: Der Response-to-Intervention-Ansatz in der Praxis. Evaluationsergebnisse zum Rügener Inklusionsmodell. Münster: Waxmann, 2016b

Waldron, Nancy/McLeskey, James/Redd, Lacy: Setting the Directions: The Role of the Principal in Developing an Effective, Inclusive School. In: Journal of Special Education Leadership 24 (2011), S. 51–60

Walter, Jürgen/Wember, Franz: Sonderpädagogik des Lernens. Göttingen: Hogrefe, 2007

Wang, Margaret C./Baker, Edward T.: Mainstreaming Programs: Design Features and Effects. In: Journal of Special Education 19 (1985), S. 503–521

Waters, J. Timothy/Marzano, Robert J./McNulty, Brian: Leadership that sparks learning. In: Educational Leadership 61 (2004), S. 48–51.

Wellenreuther, Martin: Forschungsbasierte Schulpädagogik. Anleitungen zur Nutzung empirischer Forschung für die Schulpraxis. Baltmannsweiler: Schneider, 2009

Wember, Franz B.: Direkter Unterricht. In: Walter, Jürgen/Wember, Franz B. (Hrsg.): Sonderpädagogik des Lernens, Göttingen: Hogrefe, 2007, S. 437–451

Wember, Franz B.: Unterricht professionell: Orientierungspunkte für einen inklusiven Unterricht mit heterogenen Lerngruppen. In: Zeitschrift für Heilpädagogik 66 (2015), S. 456–475

Werning, Rolf/Löser, Jessica M.: Inklusion: aktuelle Diskussionslinien, Widersprüche und Perspektiven. In: Die Deutsche Schule 102 (2010) 2, S. 103–114

Wiener, Judith/Tardif, Christine Y.: Social and Emotional Functioning of Children with Learning Disabilities. Does Special Education Placement Make a Difference? In: Learning Disabilities Research & Practice 19 (2004), S. 20–32

Wild, Elke/Schwinger, Malte/Lütje-Klose, Birgit/Yotyodying, Sitipan/Gorges, Julia/Stranghöner, Daniela/Neumann, Phillip/Serke, Björn/Kurnitzki, Sarah: Schülerinnen und Schüler mit dem Förderschwerpunkt Lernen in inklusiven und exklusiven Förderarrangements: Erste Befunde des BiLieF-Projekts zu Leistung, sozialer Integration, Motivation und Wohlbefinden. In: Unterrichtswissenschaft 43 (2015), S. 7–21

Willand, Hartmut: Didaktische Grundlegung der Erziehung und Bildung Lernbehinderter. Ravensburg: Maier, 1977

World Health Organization/World Bank: World report on disability. Malta, 2011. Im Internet unter http://www.who.int/disabilities/world_report/2011/report.pdf [06.01.2012].

3

Zwischen individueller Leseförderung und inklusivem Unterricht – Didaktische Aspekte der Inklusion im Förderschwerpunkt Lernen

Franz B. Wember & Michaela Greisbach

Ausgehend von den Empfehlungen der Kultusministerkonferenz zur Förderung von Lernenden mit Lese-Rechtschreibschwierigkeiten und von den Ergebnissen internationaler Schulleistungsvergleiche wird die Förderung von Kindern und Jugendlichen mit schriftsprachlichem Förderbedarf im Spannungsfeld von sozialer Inklusion und individueller Qualifikation betrachtet. Im ersten Teil werden ausgewählte Forschungsergebnisse und Modellvorstellungen zum Schriftspracherwerb erörtert, einige zentrale Begriffe definiert und ein Modell der Organisation von differenzierten Unterrichtsangeboten, sich hieraus ergebende diagnostische Implikationen sowie Gelingensbedingungen für einen inklusiven Deutschunterricht vorgestellt. Der zweite Teil setzt sich mit den besonderen Herausforderungen, die das erste Lesen lernen für viele Schulanfänger darstellt und mit den Möglichkeiten einer gezielten Diagnostik und schulischen Förderung auseinander. Der dritte Teil befasst sich mit der Diagnose und Förderung im Bereich des weiterführenden und angewandten Lesens, bevor der Schlussteil die Diskussion des Kapitels unter den leitenden Gesichtspunkten der fachlichen Qualifizierung und der sozialen Integration zusammenfassend bewertet.

Vorbemerkung

»Der eine hat eine falsche Rechtschreibung und der andere eine rechte Falschschreibung«, spottete Georg Christoph Lichtenberg schon 1725 in seinen »Sudelbüchern«, und der sei »ein armer Tropf, der ein gutes deutsches Wort nur auf eine Weise recht zu schreiben weiß«. Bis zum heutigen Tage haben die schriftsprachlichen Kompetenzen nicht an Bedeutung verloren, sondern eher an Bedeutung gewonnen, denn in einer Informationsgesellschaft stellen sie Schlüsselkompetenzen dar, welche die berufliche und private Teilhabe am gesellschaftlichen Leben maßgeblich beeinflussen. »Der Beherrschung der Schriftsprache kommt für die sprachliche Verständigung, für den Erwerb von Wissen und Informationen, für den Zugang zum Beruf und für das Berufsleben besondere Bedeutung zu«, schreibt die Konferenz der Kultusminister in ihrem Beschluss über *Grundsätze zur Förderung von Schülerinnen und Schülern mit besonderen Schwierigkeiten im Lesen und Rechtschreiben* vom 4.12.2003 (S. 2) und sie verpflichtet jede Schule, Lernenden mit Lernschwierigkeiten über die gesamte Pflichtschulzeit hinweg wirksame Hilfen anzubieten (Sekretariat der Ständigen Konferenz der Kultusminister der Länder in der Bundesrepublik Deutschland, 2003, S. 2f.):

Die Schule entwickelt Arbeitsformen, durch die Schülerinnen und Schüler die erforderlichen individuellen Entwicklungsmöglichkeiten erhalten, um Sinn und Nutzen der Schriftsprache in eigenen Aktivitäten und im Austausch mit anderen zu erfahren und Einsichten in ihre Funktion und ihren Aufbau zu gewinnen. Ein Lese- und Schreibunter-

> richt, der am jeweiligen Lernentwicklungsstand des Kindes ansetzt, ausreichend Lernzeit gibt und die Ergebnisse gründlich absichert, ist die entscheidende Grundlage für den Erwerb der Fähigkeit zum Lesen und Rechtschreiben. [....] Für die individuelle Förderung der Schülerinnen und Schüler mit besonderen Schwierigkeiten im Lesen und Rechtschreiben werden in Auswertung förderdiagnostischer Beobachtungen Förderpläne entwickelt und für den individuell fördernden Unterricht genutzt. Sie sollen im Rahmen des schulischen Gesamtkonzeptes mit allen beteiligten Lehrkräften, den Eltern sowie den Schülerinnen und Schülern abgesprochen werden. Sie bilden die Grundlage für innere und äußere Differenzierung. Für Schülerinnen und Schüler mit erheblichen Schwierigkeiten beim Lesen und Rechtschreiben sind besondere Unterstützungsprogramme wie Intervallförderung oder Förderung in Zusatzkursen entwickelt worden. Die Zusammenarbeit zwischen Schule und den Eltern ist eine wichtige Voraussetzung für eine erfolgreiche Hilfe. Die Maßnahmen der Differenzierung und individuellen Förderung sollten bis zum Ende der 10. Jahrgangsstufe abgeschlossen sein.

Die Forderung nach differenzieller Förderung soll die individuelle Qualifikation der Lernenden auch bei Lese- und Rechtschreibschwierigkeiten sicherstellen. Sie ist in der gegenwärtigen schulpädagogischen und schulpolitischen Diskussion zu ergänzen durch das Ziel der sozialen Integration durch Inklusion. Inklusion ist aktuell eines der meistdiskutierten Themen in Bildungsforschung und Bildungspolitik. Nicht nur in der Theorie, erst recht in der schulischen Praxis wird kontrovers gestritten; denn mit Unterzeichnung der UN-Konvention über die Rechte der Menschen mit Behinderungen hat sich die Bundesrepublik Deutschland zu einem »inklusiven Bildungssystem auf allen Ebenen« (Gesetz 2008, S. 1436f.) verpflichtet, für das gilt, dass Lernende mit Behinderungen oder Lernschwierigkeiten nicht vom allgemeinen, unentgeltlichen und obligatorischen Unterricht ausgeschlossen werden. Sie sollen »in der Gemeinschaft, in der sie leben, Zugang zu einem inklusiven, hochwertigen und unentgeltlichen Unterricht an Grundschulen und weiterführenden Schulen haben« (ebd.). Inklusiver Unterricht stellt also schon heute eine konkrete Verpflichtung dar, die grundsätzlich und somit auch für den Bereich des schriftsprachlichen Unterrichts bindend gültig ist. Folglich wird ein Leitmotiv des vorliegenden Kapitels sein, Inhalte, Methoden und Organisationsformen von Unterricht zu erörtern, die geeignet sind, das gemeinsame Lesen und Schreiben lernen von Kindern mit äußerst unterschiedlichen Lernvoraussetzungen durch differenzierte Lernangebote zu unterstützen und zugleich gemeinsames Lernen miteinander und voneinander zu fordern und zu fördern. Ein solcher, inklusiv angelegter Unterricht ist eine notwendige, wenngleich nicht hinreichende Bedingung zur Erfüllung der Forderung nach einer inklusiven Schule; denn wenn wirklich alle Schülerinnen und Schüler erfolgreich lernen sollen, dann müssen »angemessene Vorkehrungen für die Bedürfnisse des Einzelnen getroffen werden« und »in Übereinstimmung mit dem Ziel der vollständigen Inklusion wirksame individuell angepasste Unterstützungsmaßnahmen in einem Umfeld, das die bestmögliche schulische und soziale Entwicklung gestattet, angeboten werden« (Gesetz, 2008, S. 1436f.). Folglich wird in diesem Kapitel das Leitmotiv der individuellen Qualifikation die soziale Integration durch Inklusion ergänzen, und diese ist bei Lernenden mit erheblichen Lernschwierigkeiten fast immer nur durch eine individuelle Lese- oder Rechtschreibförderung zu erreichen.

Wenn Kinder bereits in der Primarschule Schwierigkeiten mit dem Erlernen des Lesens und Schreibens haben, sollte ihnen frühzeitig und wirksam geholfen werden, denn schriftsprachliche Kompetenzen sind instrumentell für andere schulische Lernbereiche. Wer nicht lesen kann, kann im Mathematik- oder Sachunterricht Aufgaben oder Anweisungen nicht lesen und den zunehmend wichtiger werdenden Texten im Schulbuch nicht oder nur unzulänglich Informationen entnehmen, es droht generelles Schulversagen. Folglich gilt es, pädagogischen Hilfebedarf im schriftsprachlichen Bereich möglichst frühzeitig zu erkennen und diesem Bedarf durch gezielte, spezifische und effektive Hilfen zu entsprechen. Im vorliegenden Kapitel werden zunächst grundlegende Fragestellungen erörtert, bevor der Erstleseunterricht und der weiterführende Leseunterricht betrachtet werden:

- In Kapitel 3.1 werden ausgewählte empirische Forschungsergebnisse zur Problematik des Schriftsprachversagens präsentiert und es wird gefragt, warum der Schriftspracherwerb für manche Heranwachsende schwierig ist (3.1.2). Ausgesuchte theoretische Modellvorstellungen sollen Prozesse des Schriftspracherwerbs verständlich machen (3.1.3), bevor zwischen Legasthenie, Lese-Rechtschreibschwierigkeiten und Lernschwierigkeiten unterschieden (3.1.4) und ein präventiv orientiertes Modell schulischer Unterrichtsangebote entwickelt wird (3.1.5), das allen Lernenden mit Förderbedarf dienen soll, unabhängig von der Art des diagnostizierten und etikettierten Förderbedarfs. Diagnostische Implikationen (3.1.6) und Gelingensbedingungen für einen inklusiven Deutschunterricht (3.1.7) im Spannungsfeld zwischen individueller För-

derung und sozialer Integration schließen die allgemeinen Ausführungen ab.
- In Kapitel 3.2 werden die Probleme des Erstlesens erörtert, indem vor dem Hintergrund eines Kompetenzentwicklungsmodells frühen Lesens gezeigt wird, wie sich individuelle Stärken und Schwächen einer bzw. eines Lernenden diagnostizieren lassen und wie sich die gezielte Förderung flüssigen Lesens im Spannungsfeld von Funktionstrainings und direkter Förderung gestalten lässt.
- In Kapitel 3.3 werden Lesekompetenzmodelle vorgestellt, die erfolgreiches Lesen erklären (3.3.1) und die geeignet sind, Testverfahren zur Diagnose von Leseflüssigkeit (3.3.2) und Leseverständnis (3.3.3) zu verstehen und zu beurteilen. Nachdem die Notwendigkeit und Möglichkeiten der unterrichtlichen Förderung flüssigen und sinnentnehmenden Lesens erörtert wurden (3.3.4), wird gezeigt, dass sich auch Strategien des informierenden und des literarischen Lesens bei Kindern und Jugendlichen mit Lernschwierigkeiten schulisch vermitteln lassen (3.3.5) und, dass es durchaus Möglichkeiten gibt, das intrinsisch motivierte Lesen anzuregen und zu fördern.

Das abschließende Fazit wird die Diskussionen des vorliegenden Kapitels unter den beiden leitenden Gesichtspunkten der individuellen Qualifikation der Lernenden durch effektive Förderung und der sozialen Integration durch inklusiven Unterricht zusammenfassen.

3.1 Schriftspracherwerb

Das Lesen ist wichtig für den Schulerfolg, bei Leseversagen droht generelles Schulversagen. Internationale Untersuchungen zeigen, dass diese Problematik bis heute unverändert besteht. Im folgenden Abschnitt werden drei ausgewählte Studien in Auszügen vorgestellt, bevor erklärt wird, was das Lesen und Schreiben lernen so schwierig macht und wie diese Schwierigkeiten theoretisch erklärt werden können. Im letzten Teil und in allen folgenden Abschnitten wird der Frage nachgegangen, wie sich Probleme der Lernenden frühzeitig erkennen lassen und wie man ihnen im Unterricht wirksam begegnen kann.

3.1.1 Lesen lernen und Lebenschancen

Nicht zuletzt die internationalen Schulleistungsvergleichsstudien der letzten 15 Jahre haben gezeigt, dass wirksame Hilfen beim Lesen und Schreiben lernen in der Tat notwendig sind. Besonders beunruhigend waren die Ergebnisse der ersten PISA-Studie aus dem Jahr 2000 (Programme for International Student Assessment (Artelt/Stanat/Schneider/Schiefele, 2001), in der u. a. die Lesekompetenz der 15-jährigen Jugendlichen gegen Ende der Pflichtschulzeit gemessen wurde. PISA ist ein periodisch durchzuführendes, international vergleichendes Forschungsprogramm zur Erfassung und Evaluation zentraler Kompetenzen bei Kindern und Jugendlichen. Die Bundesrepublik Deutschland hatte sich mit einer national repräsentativen Stichprobe von etwa 5 000 Schülerinnen und Schülern aus 219 Schulen beteiligt, die für viele verblüffende Resultate erzielten. In der öffentlichen Diskussion wurden mit Vorliebe die leicht unterdurchschnittlichen Rangplätze zitiert, auf denen sich Deutschland im internationalen Vergleich wiederfand; aber aus pädagogischer Sicht waren andere Befunde bedeutsamer (Wember, 2006, S. 266):

> Der Abstand zwischen den durchschnittlichen Leistungen der deutschen Schüler und dem internationalen Durchschnitt war zwar gering, aber der Abstand zu den besonders erfolgreichen Ländern war mit einer halben Standardabweichung beträchtlich und umfasste etwa ein Schuljahr.
> Die Leseleistungen der besonders erfolgreichen deutschen Schülerinnen und Schüler gehörten im internationalen Vergleich zwar zu den Spitzenleistungen, aber die Gruppe der besonders schwachen Leserinnen und Leser, die von Analphabetismus bedroht sind, war in Deutschland mit fast 10 % besonders groß und die Leistungen waren in dieser Problemgruppe schlechter als in anderen europäischen Ländern. Die Streuung zwischen den schwächsten und besten Leseleistungen war in Deutschland größer als in jedem anderen Land. Die Leseleistungen korrelierten auffällig hoch mit dem sozialen Status der Schülerinnen und Schüler.

Als Lesekompetenz wurde »nicht lediglich die Fähigkeit zum Entziffern von schriftlichem Material« verstanden, sondern die »aktive Auseinandersetzung mit Texten« (Artelt/Stanat/Schneider/Schiefele, 2001, S. 70), in deren Verlauf die Lesenden auf der Basis ihres subjektiven Wissens in Interaktion mit einem objektiv gegebenen Text treten, dabei ihr sprachliches Können und ihr Weltwissen einsetzen und ein textnahes inhaltliches Modell rekonstruieren, das sie in übergreifende und persönlich bedeutsame Zusammenhänge einordnen können. Kompetentes Lesen ist in dieser Sicht mehr als nur die Reproduktion einer textlich vermittelten Nachricht. Es umfasst deren Interpretation und deren aktive Integration in das eigene Denken und entfaltet sich auf fünf Stufen:

- *Oberflächliches Verständnis einfacher Texte*: Die Lesenden können einfache Texte rezipieren, die in Inhalt und Form vertraut sind und sie können in diesen Texten explizit gegebene Informationen identifizieren.
- *Herstellen einfacher Verknüpfungen*: Die Lesenden können einfache Verknüpfungen zwischen Textteilen herstellen, den Hauptgedanken eines Textes erkennen und den Text mit persönlichen Erfahrungen in Beziehung setzen.
- *Integration von Textelementen und Schlussfolgerungen*: Die Lesenden können schwierige Verknüpfungen zwischen Textteilen herstellen, weniger offensichtliche Informationen indirekt erschließen und mit konkurrierenden Informationen umgehen.
- *Detailliertes Verständnis komplexer Texte*: Die Lesenden können mit inhaltlich und formal wenig vertrauten Texten umgehen, Nuancen, Mehrdeutigkeiten und Widersprüche erkennen und das Gelesene kritisch mit ihrem Wissen und ihren Erfahrungen abgleichen.
- *Flexible Nutzung neuer komplexer Texte*: Die Lesenden können zwischen sprachlichen Formen und Inhalten Beziehungen herstellen und Texte zur Erschließung neuer Sachverhalte nutzen sowie kritisch beurteilen.

Die empirischen Ergebnisse zeigten, dass knapp 10 Prozent der Lernenden nicht einmal in der Lage waren, vergleichsweise einfache und direkt im Text gegebene Informationen zu lokalisieren (Stufe 1), während weitere 13 Prozent dies zwar schafften, aber nicht mehrere Informationen lokalisieren oder einfache Schlussfolgerungen ziehen konnten. Die PISA-Autoren sprechen von einer viel zu großen Risikogruppe schwacher Leserinnen und Leser, die – da sie das Lesen extrem anstrengt – kaum in ihrer Freizeit lesen werden und die den Mindestanforderungen einer beruflichen Ausbildung nicht gewachsen sein dürften (Artelt et al., 2001, S. 116–120). Aus inklusionspädagogischer Sicht muss man ein bedrückendes Fazit ziehen: Wir erfreuen uns, international gesehen, in Deutschland zwar relativ guter Spitzenleistungen in den oberen Leistungsgruppen, aber wir erkaufen diese durch eine hohe soziale Selektivität und besonders schwache Minderleistungen bei besonders vielen Jugendlichen am unteren Ende der Skala. Insgesamt liest fast jeder vierte Fünfzehnjährige nur auf einem äußerst elementaren Qualifikationsniveau oder erreicht dieses nicht einmal und das deutsche Schulsystem verstärkt die soziale Selektion, anstatt für Chancenausgleich zu sorgen.

Befunde wie die bislang referierten geben Anlass zur Sorge, denn Lernprobleme im schriftsprachlichen Bereich wachsen sich nicht aus; sie sind relativ persistent, prägen nachhaltig die Schullaufbahn der Betroffenen und manchmal auch das berufliche und private Leben nach der Schule. Esser und Schmidt (1993) sind in zwei prospektiven epidemiologischen Längsschnittstudien der Frage nachgegangen, welche Auswirkungen eine Lese-Rechtschreibschwäche (LRS) auf den schulischen und beruflichen Erfolg der Betroffenen hat. In einer Stichprobe von insgesamt 399 Kindern und Jugendlichen im Alter von 8 bis 18 Jahren haben Esser und Schmidt (1993) Kinder mit LRS mit Kindern mit anderen umschriebenen Entwicklungsstörungen verglichen sowie mit einer Gruppe normal intelligenter und einer Gruppe minderbegabter Kinder ohne umschriebene Entwicklungsstörungen. Heranwachsende mit Lese-Rechtschreibschwäche zeigten nicht nur im Alter von 13 und 18 Jahren schlechten Schulerfolg, der dem von Minderbegabten entsprach, sie waren mit 8, 13 und 18 Jahren auch durch zusätzliche psychische Symptome belastet und zeigten vermehrt dissoziale Störungen und im Jugendalter eine erhöhte Delinquenzrate. Nur ein Drittel der Betroffenen konnte seine Rechtschreibleistungen deutlich verbessern. In einer Folgeerhebung sieben Jahre später mussten Esser, Wyschkon und Schmidt (2002) feststellen, dass die inzwischen 25-Jährigen mit LRS nicht nur nach wie vor schwache Schulleistungen und erhöhte psychische Belastungen zeigten, sie waren beruflich weniger integriert und statistisch signifikant häufiger ohne Arbeit. Offensichtlich brauchen die Betroffenen gezieltere Hilfen, und hier sollte die inklusive Schule qualitativ gute Angebote machen können. Im folgenden Abschnitt wird deshalb versucht zu erklären, warum der Schriftspracherwerb schwierig ist und wie man sich diesen im intraindividuellen Entwicklungsverlauf vorstellen kann.

3.1.2 Schriftspracherwerb als Entwicklungsaufgabe

Der Begriff des Schriftspracherwerbs betont die enge Verbindung zwischen Hören und Sprechen und Lesen und Schreiben, ohne die Unterschiede zwischen gesprochener und geschriebener Sprache aus den Augen zu verlieren. Zugleich wird der individuelle Aneignungsprozess betont, der im Rahmen der kognitiven Entwicklung insgesamt zu betrachten ist und der darin besteht, dass der oder die Lernende ein zunehmend klareres Bild von den Beziehungen zwischen gesprochener und geschriebener Sprache konstruiert, wesentliche Teilfertigkeiten erwirbt und diese in eine zunehmend komplexere schriftsprachliche Kompetenz integriert. Im Folgenden wird zunächst ein Strukturmodell der Beziehungen zwischen gesprochener und geschriebener Sprache entwickelt, das klären hilft, was Kinder im Laufe des Schriftspracherwerbs überhaupt erkennen und erlernen müssen (Wember/Schindler, 2011). Anschließend wird ein typisierendes Entwicklungsmodell gelingender Aneignung skizziert, vor dessen Hintergrund sich in den folgenden Teilkapiteln individuelle Abweichungen und Prozesse individueller Aneignung mit der Zielsetzung charakterisieren lassen, angepasste sonderpädagogische Hilfen zu identifizieren bzw. zu entwickeln.

Der Mensch kann direkt oder sprachlich handeln. Beim direkten Handeln versucht er, seine Intentionen umzusetzen, indem er unmittelbar auf seine Umgebung einwirkt. Beim sprachlichen Handeln realisiert er seine Intentionen indirekt, indem er sie zeichengebunden formuliert und anderen Menschen kommuniziert in der Hoffnung, das Verhalten der Interaktionspartner gemäß den eigenen Zielsetzungen beeinflussen zu können oder im diskursiven Austausch zwischenmenschliche Verständigung zu erreichen. Sprache ist in diesem Zusammenhang das Gesamt von Zeichen, die einer bestimmten sozialen Gemeinschaft gemeinsam sind und die nach bestimmten, weitgehend festgelegten Regeln miteinander und mit außersprachlichen Bedeutungen verknüpft werden können. Der sprachliche Austausch erfolgt über die lautsprachliche Kommunikation als primärem Modus sprachlicher Verständigung.

Schriftspracherwerb meint den Prozess individueller Qualifizierung, in dessen Verlauf der/die Heranwachsende zunehmend kompetenter wird in der Fähigkeit, sprachliche Zeichen in schriftlicher Form zu nutzen. Die Schriftsprache ist gegenüber der Lautsprache sekundär, denn sie ist eine künstlich erfundene und medial vermittelte Art der Repräsentation von gesprochener Sprache, die deren Beherrschung in Grundzügen voraussetzt. Um kommunikative Verständigung zu sichern, erfolgt die Umsetzung von Lautsprache in Schriftsprache streng regelgeleitet: Sie beruht auf sozialer Konvention, ist streng normiert und lässt im Bereich des öffentlichen Schriftverkehrs keine individuellen Abweichungen zu.

Schriftsprache baut als sekundäres Zeichensystem auf der primär gegebenen Lautsprache auf; sie stellt – evolutionspsychologisch und kulturhistorisch betrachtet – ein mächtiges geistiges Werkzeug dar, das in einem langwierigen phylogenetischen Entwicklungsprozess erfunden und verbessert worden ist und ontogenetisch vom Individuum angeeignet werden muss. Schriftsprache erlaubt den Menschen, sprachliche Äußerungen medial zu realisieren und somit losgelöst von räumlichen und zeitlichen Schranken verfügbar zu halten. Zugleich wirkt der Gebrauch von Schriftsprache auf den Menschen zurück, denn durch sie kann er sich mit Gedanken und abstrakten Inhalten befassen, die andere Menschen vor seiner Zeit oder an ihm nicht zugänglichen Orten bewegt haben. Dazu war es notwendig, dass die Begrenztheit der ursprünglichen Bilder- und Begriffsschriften, in denen Objekte und Ereignisse durch Zeichen zunächst bildlich, später auch symbolisch repräsentiert wurden, durch alphabetische Schriften überwunden wurde, die sich an der Lautgestalt der Sprache orientieren, mit nur sehr wenigen Zeichen auskommen und sogar die Darstellung abstrakter Inhalte zulassen. Während Bilderschriften nicht eindeutig und wegen der vielen möglichen Bilder nur schwer zu lesen sind, sind alphabetische Schriften eindeutig und nach dem Erlernen leicht zu lesen; denn die wenigen Zeichen werden nach eindeutigen Regeln miteinander und mit Bedeutungen verknüpft.

Hinter den vermeintlich leichten Buchstabenschriften steht jedoch ein ausgesprochen komplexer Prozess zunehmender Abstrahierung, der phylogenetisch über Jahrtausende erarbeitet und ontogenetisch individuell nacherfunden werden muss. Komplex ist dieser Abstraktionsprozess, weil nur wenige ausgewählte Merkmale gesprochener Sprache schriftlich symbolisiert werden. Wenn Kinder das Lesen und Schreiben erlernen, können sie zwar einerseits an ihren primären Sprachkompetenzen anknüpfen, da ihr lexikalisches, syntaktisches und semantisches Wissen für gesprochene wie für geschriebene Sprache gültig ist, aber sie müssen andererseits eine distanziert-analytische Haltung einnehmen und über die Bedeutung von Schrift und Lautsprache reflektieren. Sie müssen erkennen, dass Schrift gesprochene Sprache nicht abbildet, sondern selektiv, systematisch und streng regelgeleitet umsetzt.

Die Abbildung 3.1 fasst das bisher Gesagte zusammen: Das chinesische Schriftzeichen, das in seiner Form an einen laufenden Menschen erinnert, führt direkt zu seiner Bedeutung, denn es steht für dieses eine Wort. Die Buchstabenschrift repräsentiert gesprochene Laute, aus deren Kombination erst auf ein Wort und dessen Bedeutung geschlossen werden kann. Was macht das Lesen und Schreiben also schwierig?

3.1 Schriftspracherwerb

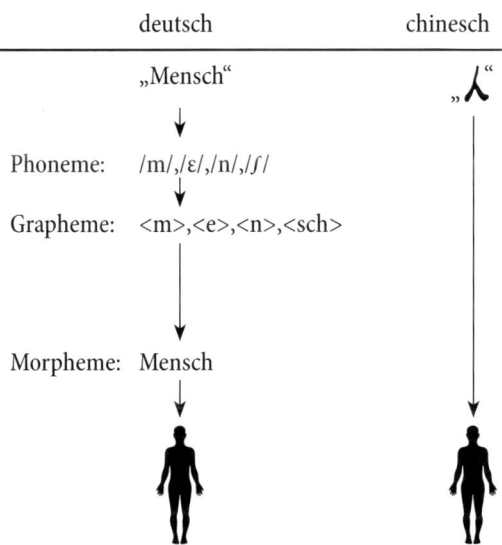

Abb. 3.1: Schriftsprache als Symbolschrift und Buchstabenschrift (aus Bergk, 1980, S. 134 [Ausschnitt])

- *Geschriebene Texte sind kontextfrei*: Im Gegensatz zu gesprochenen Texten sind geschriebene Texte nicht in eine konkrete Situation eingebunden, und sie richten sich nicht dialogisch an einen vorhandenen Gesprächspartner. Sie sind monologisch, sie sind schwieriger zu gestalten, und sie sind schwieriger zu verstehen, denn hilfreiche situative Kontexte fehlen, und Verständnisschwierigkeiten lassen sich nicht im Gespräch klären.
- *Geschriebene Texte sind sprachlich reduziert*: Da Intonation und Redefluss, Gestik und Mimik nicht verschriftlicht werden, müssen Lesetexte ohne diese Sprache begleitenden, das Verständnis erleichternden Mittel auskommen, es sei denn, die entsprechenden Informationen werden im Text selbst explizit niedergeschrieben. Geschriebene Texte bedürfen deshalb einer sorgfältigen Planung und einer bewussten Gestaltung.
- *Geschriebene Texte sind graphophonemisch kodiert*: Sie übersetzen die Sequenzen zeitlich aufeinander folgender Sprachlaute in Sequenzen von räumlich aufeinander folgenden Schriftzeichen. Diese Umsetzung scheint auf den ersten Blick einfach, sie ist jedoch aus zwei Gründen schwierig.
- *Schriftsprachliche Einheiten sind keine natürlichen Einheiten spontaner Sprachbetrachtung*: Beim Schreiben werden nicht alle Laute der gesprochenen Sprache unterschieden und durch Buchstaben oder Buchstaben-

kombinationen repräsentiert, sondern nur 20 bis 75 Phoneme, das sind die in einer Sprache identifizierbaren bedeutungsunterscheidenden Laute. Im Deutschen unterscheidet man 45 Phoneme, die sich zwar linguistisch ziemlich eindeutig abgrenzen lassen, die das Kind jedoch nicht hörend erkennen und nicht in ihrer Systematik begreifen kann; dennoch muss es sich beim Lesen und Schreiben gerade auf die lautlichen Merkmale konzentrieren. Erschwerend kommt hinzu, dass auch Silben und Wörter aus Sicht der Lernenden ausgesprochen künstliche Einheiten darstellen. Die Silbe ist eine sublexikalische Untergliederung, die sich allein an der Aussprechbarkeit orientiert und nicht an Syntax oder Semantik. Wortgrenzen werden in der Schrift zwar durch Zwischenräume angezeigt, aber in der gesprochenen Rede, die sich in der Intonation an grammatischen und inhaltlichen Gesichtspunkten orientiert, werden inhaltlich zusammenhängende Wörter fast immer in einer kontinuierlichen Lautfolge produziert.

- *Die Beziehungen zwischen gesprochenen und geschriebenen Einheiten sind multivalent*: Marion Bergk (1980, S. 133–146) hat in einer didaktisch motivierten Analyse des Deutschen 58 Phoneme unterschieden, denen 91 ein- und mehrgliedrige Grapheme gegenüberstehen. Nur in sechs Fällen besteht eine eindeutige Beziehung zwischen Graphem und Phonem, in allen anderen Fällen werden Phoneme durch multiple Grapheme und/oder Grapheme durch multiple Phoneme realisiert, nicht selten liegen solche multivalenten Graphem-Phonem-Korrespondenzen in beiden Richtungen vor.

Das wichtigste Prinzip der Verschriftlichung ist folglich das phonematische Prinzip, das alphabetische Prinzip der lautgetreuen Schreibung. Der Ausschnitt in Tabelle 3.1 zeigt in der Horizontalen einige Grapheme und in der Vertikalen einige Phoneme. Er macht deutlich, wie kompliziert das Regelwerk ist, das dem phonematischen Prinzip zu Grunde liegt: Die unterste Zeile zeigt, dass das Phonem /a:/ durch die Grapheme <a>, <aa> oder <ah> realisiert werden kann. Zeile 4 zeigt sogar 6 Grapheme für das Phonem /e:/ an, nämlich <aie>, <ay>, <e>, <ea>, <ee> und <eh>, während bei Betrachtung der Spalten deutlich wird, dass auch der Weg von den Graphemen zu den Phonemen nicht eindeutig zu beschreiben ist, kann doch z. B. gemäß der viertletzten Spalte das Graphem <e> für die Phoneme /e:/, /ɛ/ oder /ə/ stehen. Erschwert wird der Schriftspracherwerb zusätzlich dadurch, dass das phonematische Prinzip durch andere Prinzipien der Verschriftlichung ergänzt und bisweilen konterkariert wird. Das morphematische Prinzip, dem zufolge die kleinsten bedeutungstragenden Ein-

Tab. 3.1: Multiple Graphem-Phonem-Korrespondenzregeln in Beispielen (aus Bergk, 1980, S. 140, Tabelle 1 [Ausschnitt])

	a	ä	aa	ah	äh	ai	aie	au	äu	auh	ay	e	ea	ee	ch
(j)															
i:													Beat	Jeep	
I															
e:							Portemonnaie			okay		Weg	Steak	Tee	mehr
ɛ:		Bär			Nähe	fair									
ɛ	Catch	hält										weg			
ɔ												rote			
a:	Tag		Aal	Kahn											

heiten immer gleich zu schreiben sind, sorgt dafür, dass etwa Wortstämme auch in variierenden lautlichen Kontexten gleich geschrieben werden. Das semantische Prinzip sorgt dafür, dass lautlich gleich oder ähnlich klingende, aber in ihrer Bedeutung unterschiedliche Wörter unterschiedlich geschrieben und auseinandergehalten werden können, etwa »Wal« und »Wahl«. Das grammatische Prinzip regelt je nach Wortart oder Satzstellung die Groß- und Kleinschreibung, das historische Prinzip die Beibehaltung traditioneller Schreibweisen und das graphisch-formale Prinzip die Lesbarkeit bestimmter Wörter, z. B. durch Dehnung von Vokalen oder Doppelung von Konsonanten.

3.1.3 Kompetenzstufen und Entwicklungsmodelle

Die Komplexität der Aufgabe lässt vermuten, dass der Schriftspracherwerb einen schwierigen und langwierigen Lernprozess erfordert. Während man sich bis in die 1970er Jahre hinein diesen Lernprozess als einen linear organisierten Prozess des kumulativen Erwerbs sukzessiver Teilkomponenten vorstellte, setzten sich in Folge des informationsverarbeitungstheoretischen

Ansatzes und geprägt von entwicklungspsychologischen Vorstellungen zunehmend kognitiv orientierte Modelle durch, welche in typisierend unterschiedenen Phasen die Aneignung der Schriftsprache durch zunehmende Annäherung der Lernenden an kompetentes Verhalten beschrieben. Das erste und überaus folgenreiche Modell von Frith (1989) unterschied drei Phasen und beanspruchte explanativen Wert: Jede Phase ist durch eine typische Strategie gekennzeichnet und die drei Strategien bauen aufeinander auf.

- Auf einer ersten *logographemischen Stufe* identifizieren die Lernenden Wörter ganzheitlich oder anhand einzelner hervorstechender Merkmale, ohne auf Buchstaben und Laute und deren Reihenfolge zu achten.
- Auf einer zweiten *alphabetischen Stufe* benutzen die Lernenden inzwischen erworbene Buchstabenkenntnisse und erlesen bzw. schreiben Wörter auf der Basis von Graphem-Phonem-Korrespondenzregeln.
- Auf einer dritten *orthografischen Stufe* werden beide Strategien der Vorstufen integriert und können flexibel genutzt werden.

Mit einer zunehmenden schriftsprachlichen Geläufigkeit tritt die phonologische Orientierung wieder in den Hintergrund und immer mehr Wörter werden beim Lesen blitzschnell und automatisiert erkannt bzw. beim Schreiben mühelos aus dem orthographischen Gedächtnis abgerufen.

Günther (1989) hat auf dieser Grundlage ein erweitertes und differenzierteres Stufenmodell vorgestellt, das stärker beschreibenden Charakter hat: Er unterscheidet auf jeder der drei Stufen zwei Phasen, und er terminiert den Beginn des Schriftspracherwerbs bereits in das frühe Vorschulalter und setzt der logographischen Phase eine *präliteral-symbolische Phase* voran, in der das Kind zunächst den Umgang mit Bildern und Symbolen als Grundlage für alle abstrakteren Lernprozesse erwirbt, ohne mit seinen Aktivitäten bereits kommunikative Absichten zu verbinden. Auf die orthographische Stufe folgt bei Günther eine *integrativ-automatisierte Stufe*, die sich bei einzelnen Lernenden sehr lange hinziehen kann. Rezeptive und produktive Teilfertigkeiten müssen zwecks zunehmender Automatisierung geübt werden, damit sie zu komplexen Kompetenzen integriert werden, die beim Lesen und Schreiben flexibel und mühelos eingesetzt werden können.

3.1 Schriftspracherwerb

Tab. 3.2: Entwicklungsmodell für das Lesen und Schreiben lernen (aus Franzkowiak, 2001, S. 7)

Stufe	Fähigkeiten und Einsichten des Kindes	Lesen	Beispiele	Schreiben	Beispiele
0	Erfahrungen im Vorfeld der Schrift (Präliteral-symbolische Phase)	Bilderkennen, Bildlesen, Nachahmen, Zuhören	Bücher ansehen, Zuhören beim Vorlesen	Malen, Zeichnen, konstruktives Bauen, grafisches Gestalten, Spiel	Kinderbilder, Lego, Rollenspiel
1	Nachahmen von Verhaltensweisen Schriftkundiger	so tun als ob	Nacherzählen einer Bilderbuchgeschichte	Kritzeln	Kritzelbriefe, Pseudobuchstaben
2	Kenntnis einzelner Buchstaben/Wörter	naiv-ganzheitliches Lesen (noch kein Erlesen)	Wiedererkennen des eigenen Namens und von Emblemen (Lego, Aldi, Coca Cola, ...)	Malen von Buchstabenreihen und ersten (z.T. Pseudo-) Wörtern	Hinzufügen von Buchstaben zu eigenen Bildern; Briefeschreiben mit Buchstaben und Zahlen
3	erste Einsicht in den Bezug zwischen Buchstabe und Laut (beginnende phonemische Strategi.)	Benennung von Lautelementen, häufig am ersten Buchstaben orientiert	Erkennen einiger Buchstaben mit dem entsprechenden Laut und Versuch, passende Wörter anhand der Illustrationen zu erraten	Skelettschreibung	BM (Baum), SLT (Salat)
4	Erfassung der Buchstaben-Laut-Beziehung (alfabetische Strategie)	buchstabenweises (synthetisches) Erlesen (z.T. noch ohne Sinnverständnis)	(S-o-f-a)	nach dem Prinzip Ich schreibe, wie ich spreche	OPer (Opa), Rola (Roller)
5	fortgeschrittenes Lesen und Berücksichtigung erster Rechtschreibregeln (orthografische Strategie)	fortgeschrittenes Erlesen unter Verwendung größerer Einheiten	Beachtung von mehrgliedrigen Schriftzeichen, Silben und Endungen	Verwendung erster orthografischer Muster	Dehnungs-h, Konsonantenverdoppelung (z.B. mm, ll); z.T. Übergeneralisierung: Rosiehne

147

Tab. 3.2: Entwicklungsmodell für das Lesen und Schreiben lernen (aus Franzkowiak, 2001, S. 7) – Fortsetzung

Stufe	Fähigkeiten und Einsichten des Kindes	Lesen	Beispiele	Schreiben	Beispiele
6	Automatisierung der Teilprozesse	flüssiges, sinnent-nehmen-des Lesen	direktes Verständnis beim Lesen eines unbekannten Textes	Aneignung der Dudenschreibweise	eigene Konstruktionen werden seltener und immer mehr Lernwörter werden abgerufen

Tabelle 3.2, einem anregungsreichen Text mit vielen konkreten Beispielen von Franzkowiak (2001) entnommen, zeigt typische Phasen- bzw. Stufengliederungen und ordnet diesen markante Teilkompetenzen im Lesen und Schreiben zu. Die Tabelle basiert auf der Annahme, dass das Lesen und Schreiben im Schriftspracherwerbsprozess einander unterstützen, dass jede Stufe und Phase durch besonders prägnante Schriftsprachverarbeitungsstrategien gekennzeichnet sind und dass die Strategien früher Entwicklungsstufen in folgende Entwicklungsstufen eingehen und allmählich in wirksamere und komplexere Strategien transformiert werden. Was leisten solche Entwicklungsmodelle für Pädagogik und Sonderpädagogik?

• *Referenzfunktion*: Phasen- und Stufenmodelle zeichnen typisierend und vereinfachend den Gang erfolgreicher Entwicklung nach. Sie sind jedoch theoretischer Natur und müssen sich in der Praxis als zutreffend erweisen. Entwicklungsstudien liefern theoriekritische Daten, indem sie einerseits typische Entwicklungsverläufe aufzeigen, andererseits Ausmaß und Vielfalt individueller Varianten deutlich machen. Es entsteht ein Bild typischer, erfolgreich verlaufender Entwicklung und ihrer Varianten, vor dessen Hintergrund sich individuelle Entwicklungsabweichungen beurteilen lassen. Die Analyse und Beurteilung verzögerter oder abweichender Individualentwicklung ist nur im Vergleich mit Entwicklungsmodellen möglich (Günther, 1989), auch wenn bei Spracherwerbsmodellen besondere Vorsicht walten muss: Da die empirischen Daten interpretativ gewonnen werden, ist es problematisch, wenn Daten und Modelle normativ verwendet werden. Da die interpretativ gewonnenen Daten eng mit theoretischen Vorannahmen verknüpft sind, eignen sie sich nicht zu deren Falsifizierung; sie illustrie-

ren vielmehr die Theorie und zeigen, ob und inwiefern sich bestimmte theoretisch begründete Abfolgen und Strukturen in der Praxis beobachten lassen.
- *Entwicklungsorientierung*: Der Erwerb schriftsprachlicher Kompetenzen stellt sich als langjähriger und vielfältiger, konstruktiver Prozess dar, der bereits lange vor der Einschulung beginnt und hierarchisch organisiert ist; denn jede Stufe baut auf den vorherigen Stufen auf, indem sie bisherige Erkenntnisse und Kompetenzen beibehält und auf höherer Stufe integriert. Vorformen endgültiger Kompetenz sollten deshalb als Annäherungen an das Ziel wertgeschätzt und pädagogisch gefördert werden, und Fehler sind als informative und interpretierbare Lösungsversuche zu werten, die das aktive Bemühen der Lernenden belegen (Günther, 1989). Sie geben Hinweise auf den aktuellen Entwicklungsstand und können pädagogisch genutzt werden.
- *Qualitative Orientierung*: Jede Stufe oder Phase ist durch charakteristische Strategien des Umgangs mit gesprochener und geschriebener Sprache gekennzeichnet, die sich qualitativ voneinander unterscheiden, aber aufeinander aufbauen und ineinander übergehen. Wer pädagogisch helfen möchte, sollte versuchen, diese Strategien einfühlend zu verstehen und dem oder der Lernenden beim Übergang zu besseren Strategien zu helfen. Dabei lassen sich besonders markante Übergangsstellen markieren, an denen individuelles Scheitern droht, diagnostische Instrumente können entwickelt werden, die besonders wichtige Teilkomponenten messbar machen und spezifische Hilfen können gezielt für schwierige Übergänge erfunden werden.

3.1.4 Legasthenie, Lese-Rechtschreibschwäche und Lese- und Rechtschreibschwierigkeiten

Lernschwierigkeiten zeigen sich in Schule und Unterricht zwar als Probleme einzelner Schülerinnen und Schüler, aber sie entstehen aufgrund unzureichender Passung zwischen den Lernmöglichkeiten eines Kindes, den schulisch verfügbaren Lernressourcen und den schulisch formulierten Leistungsanforderungen. Lernende können ihre Lernschwierigkeiten nicht ohne Hilfe überwinden, wenn die Diskrepanz zwischen ihren aktuellen Leistungsvoraussetzungen und den an sie gesetzten Leistungserwartungen zu hoch ist. In solchen Fällen von gravierenden Lernschwierigkeiten können Lernbehinderungen bzw. sonderpädagogischer Förderbedarf im Bereich des Lernens diagnostisch festgestellt werden (Sekretariat der Ständigen Konferenz der Kultusminister der Länder in der Bundesrepublik Deutschland, 1994, S. 2):

»Sonderpädagogischer Förderbedarf ist bei Kindern und Jugendlichen anzunehmen, die in ihren Bildungs-, Entwicklungs- und Lernmöglichkeiten so beeinträchtigt sind, daß sie im Unterricht der allgemeinen Schule ohne sonderpädagogische Unterstützung nicht hinreichend gefördert werden können.«

Im deutschen Schulsystem wird jedoch sorgfältig zwischen Lernbehinderung und Teilleistungsschwächen/Teilleistungsstörungen unterschieden: Teilleistungsschwächen oder -störungen liegen dann vor, wenn sich trotz altersgemäßer psychischer und somatischer Entwicklung und trotz unauffälliger Intelligenzentwicklung (Normalitätsannahme) in begrenzten Funktionsbereichen auffällige Defizite zeigen, die in erheblicher und in negativer Weise von der sonstigen Entwicklung abweichen (Diskrepanzannahme) und die nicht durch offensichtliche Mängel in der Beschulung erklärt werden können. Während das vorliegende Buch Fragen der Inklusion im Förderschwerpunkt Lernen thematisiert, befasst sich dieses Kapitel ausdrücklich und darüber hinaus mit Fragen der schulischen Förderung bei Teilleistungsstörungen im schriftsprachlichen Bereich, weil es wenig Sinn macht, nur für eine Teilgruppe von Lernenden besondere pädagogische Unterstützung zu fordern.

Das Konzept der Teilleistungsstörungen wurde zunächst auf die motorische, sprachliche und perzeptive Entwicklung angewandt. Es sollte einfach auffällige Schwächen im Leistungsprofil eines Individuums beschreiben. Das Konzept wurde jedoch bald und immer häufiger auf die Theorie der funktionalen Hirnsysteme von Alexander Luria bezogen: Eine Teilleistungsstörung bezeichnete nun die neuropsychologische Störung einzelner Teile eines größeren funktionellen Systems, das zur Bewältigung bestimmter Anforderungen erforderlich ist. In der aktuellen Diskussion findet das Konzept vor allem in Bezug auf Konzentration und Aufmerksamkeit und auf die Schulleistungen im Lesen, Schreiben und Rechnen Anwendung, nicht selten mit neuropsychologischen Annahmen konnotativ verknüpft (Deutsche Gesellschaft für Kinder- und Jugendpsychiatrie, 2007):

- *Aufmerksamkeitsdefizit- und Hyperaktivitätsstörungen (ADHS)* sind Verhaltensstörungen mit drei Kardinalsymptomen: unkonzentriertes und wenig zielgerichtetes Arbeitsverhalten, impulsives und unbedachtes Problemlösungsverhalten und motorisch unruhiges Verhalten. Da Heranwachsende mit ADHS ihre Aufgaben oft nur unkonzentriert, wenig ausdauernd und wenig systematisch bearbeiten, lösen sie diese nicht oder nur nachlässig und fehlerhaft. Die Folge ist nicht selten partielles oder generelles Schulleistungsversagen.

- *Lese-Rechtschreibschwierigkeiten*, früher auch: *Legasthenie*, ist ein Oberbegriff für unterschiedliche Probleme bei der Aneignung der Schriftsprache, die bei ansonsten altersgemäßer Intelligenzentwicklung das Lesen, die Rechtschreibung oder beide Bereiche betreffen können. Da dem Lesen und Schreiben in der Schule hohe instrumentelle Bedeutsamkeit zukommt, führt eine unzureichende Förderung der betroffenen Kinder und Jugendlichen nicht selten zu einem umfassenden Schulleistungsversagen, weil in anderen Unterrichtsfächern schriftsprachliche Kompetenzen vorausgesetzt werden.
- *Rechenschwäche* oder *Rechenstörungen*, manchmal auch: *Dyskalkulie*, bezeichnet eine auffällige Schwäche im Erwerb grundlegender Zahlvorstellungen und elementarer Rechenfertigkeiten bei normaler Intelligenz- und Schriftsprachentwicklung. Da auch den mathematischen Kompetenzen in der Schule hohe instrumentelle Bedeutsamkeit zukommt und da wiederkehrende Misserfolge in diesem Lernbereich die Lernenden stark entmutigen, entwickeln sich nicht selten generalisierte Lernstörungen und allgemeines Schulleistungsversagen.

Legasthenie ist ein Begriff medizinischer Provenienz. Der ungarische Arzt und Heilpädagoge Pál Ranschburg hatte bereits 1916 seltene Fälle extremen Leseversagens im Sinne einer »kongenitalen Wortblindheit« beschrieben, die er als Infantile Leseblindheit bezeichnete und für therapeutisch nicht behandelbar hielt. Davon unterschied er die Legasthenie als ein relativ häufig vorkommendes Versagen geringeren Schweregrades, das erst beim Lesen- und Schreibenlernen im Primarschulalter auffällig wird, das bei allen Intelligenzgraden vorkommen kann, das oft mit Schulleistungsschwächen gekoppelt ist und das immer eine Entwicklungsverzögerung anzeigt, insbesondere eine rückständige Entwicklung des abstrakten Denkens. Legasthenie hielt Ranschburg durchaus für behandelbar, er empfahl einen heilpädagogischen Förderunterricht von zwei bis vier Jahren in der »Hilfsschule«. Die Schulpsychologin Maria Linder entwickelte 1951 eine einflussreiche Definition, in der sie Legasthenie jedoch auf eine Teilleistungsstörung bei durchschnittlicher Intelligenz eingrenzte (Linder, 1951, S. 100):

> »Legasthenie ist eine spezielle, aus dem Rahmen der übrigen Leistungen fallende Schwäche im Erlernen des Lesens (und indirekt auch des selbständigen orthographischen Schreibens) bei sonst intakter oder (im Verhältnis zur Lesefertigkeit) relativ guter Intelligenz.«

3 Zwischen individueller Leseförderung und inklusivem Unterricht

Die Lese- und/oder Schreibentwicklung sollte bei ansonsten unauffälliger Leistungsentwicklung erwartungswidrig retardiert sein, denn Linder wollte die Behandlung der Betroffenen nicht in die Hände von Heilpädagogen, sondern von Kinderärzten und Schulpsychologen bzw. Klinischen Psychologen legen (ebd.):

> »Ausgeschlossen werden Lese-Rechtschreib-Schwächen, die durch gewöhnlichen Schwachsinn, durch manifeste Gesichts- und Gehörstörungen oder sonstige körperliche Behinderungen erklärlich sind, oder aber durch mangelnde Übung infolge von Krankheit, Fehlen von Schule, Sprach- und Schulwechsel oder durch ungewöhnliche Schulumstände ... oder durch schlechte Schulmethoden oder offensichtlich gestörte Lehrer-Schüler-Beziehungen hervorgerufen wurden. Wenn wir dementsprechend von einer »Legasthenie« sprechen, so verstehen wir, daß ein Kind unter bei uns landläufig »normalen« Schulverhältnissen, trotz allen Bemühungen der Erwachsenen, und nicht erklärlich durch Debilität, das Lesen (und Schreiben) nicht oder nur mit größter Mühe erlernen kann, während in den anderen Fächern keine entsprechenden Schwierigkeiten bestehen.«

Die Definition Linders setzte sich weitgehend durch und beeinflusste im schulischen Bereich nahezu alle LRS-Erlasse der Bundesländer. Sie legte nahe, dass es sich bei den beobachteten Lernschwierigkeiten um neuropsychologisch zu beschreibende Störungen handele, die von Ärzten und Psychologen zu behandeln seien. Durch eine solche Pathologisierung gerieten pädagogische und unterrichtliche Maßnahmen aus dem Blick, und für Schule und Unterricht wurde vor allem Nachteilsausgleich empfohlen statt intensivem Lese- und Rechtschreibunterricht. Erstaunlich ist, dass bis zum heutigen Tage keine eindeutigen und spezifischen somatopsychischen Korrelate gefunden worden sind und dass sich nicht einmal einheitliche Definitionen finden lassen. Meist wird auf die Definitionsvorschläge der Weltgesundheitsorganisation in der internationalen Klassifikation von Krankheiten verwiesen (ICD, Dilling/Mombour/Schmidt, 2010), so auch die einschlägigen Fachgesellschaften in Deutschland (Deutsche Gesellschaft für Kinder- und Jugendpsychiatrie, 2007), die in der Kategorie »Umschriebene Entwicklungsstörungen schulischer Fertigkeiten« (F81) die »Lese- und Rechtschreibstörung« (F81.0), die »Isolierte Rechtschreibstörung« (F81.1) und die »Rechenstörung« (F81.2) unterscheidet, aber auch die »Kombinierte Störung schulischer Fertigkeiten« (F81.3) vorsieht. Man kann diagnostisch zwar recht sicher feststellen, ob sich die Lernprobleme eines Kindes auf die Rechtschreibung beschränken oder auch das Lesen betreffen, aber die Unterscheidung von drei Gruppen von Legasthenikern im engeren Sinne, Kindern mit Leserechtschreibschwäche und leserechtschreibschwachen Kindern mit sonderpädagogischem Förderbedarf ist ausgesprochen schwierig und differentialdiagnostisch nicht valide (Valtin, 2004), denn

- die drei Gruppen lassen sich nicht auf der Basis von Dauer und Schwere der Lernschwierigkeiten diskriminieren,
- schwache Leserinnen und Leser mit durchschnittlicher Intelligenz zeigen keine wesentlich anderen Schwierigkeiten als Kinder mit unterdurchschnittlicher Intelligenz und
- die sog. legasthenietypischen Fehler beim Lesen und Schreiben (Verdrehungen, Auslassungen oder Einfügungen von Buchstaben, Reihenfolgefehler und Verstöße gegen Rechtschreibregeln) tauchen in allen drei Gruppen und sogar zeitweilig im Lernprozess von erfolgreich lesenden und schreibenden Kindern auf.

Therapeutisch bzw. pädagogisch sind die klinisch geforderten Differenzialdiagnosen nicht valide; es sind bislang keine Interventionen bekannt, die nur bei einer Teilgruppe von Lernenden wirksam wären. Die vermeintlich störungsspezifischen Fehler sind offensichtlich typische Fehlleistungen, wie sie beim Erwerb komplexer Regelsysteme vorkommen. Folglich empfiehlt es sich, in pädagogischen Handlungszusammenhängen deskriptiv von Lese- und/oder Rechtschreibschwierigkeiten zu sprechen und die Stärken und Schwächen eines/einer einzelnen Lernenden differenziert zu beschreiben. Wenn im weiteren Verlauf dieses Kapitels nicht zwischen Lernbehinderung und Teilleistungsschwächen/Teilleistungsstörungen unterschieden wird, ist das pädagogisch nicht nur vertretbar, inklusiver Unterricht in der einen Schule für Alle lässt sich anders gar nicht denken. Ohne Unterstützung droht Lernenden mit Schriftspracherwerbsschwierigkeiten umfassendes und langdauerndes Schulversagen, unabhängig davon, ob sonderpädagogischer Förderbedarf festgestellt wurde oder nicht. Folglich muss die inklusive Schule allen Lernenden gezielte Hilfen anbieten (Valtin/Sasse, 2012). Im folgenden Teilkapitel wird ein präventives Modell pädagogischer Hilfsangebote entworfen, das alle Kinder und Jugendlichen mit Hilfebedarf in den Blick nimmt.

3.1.5 Ein präventiv orientiertes Modell schulischer Hilfen

In die schulische Praxis umgesetzt bedeutet vollständige Inklusion: Kein Kind muss besondere Leistungen erbringen oder besondere Eigenschaften nachweisen, damit es eine bestimmte Schule besuchen darf. Die allgemeine Schule wird alle Kinder annehmen, wie sie sind, und sie wird alle ohne jede Diskriminierung behandeln. Ein Kind mit Lern- oder Lese-Rechtschreibschwierigkeiten hat das Recht, so angenommen zu werden und so am schriftsprachlichen Lernen beteiligt zu werden, wie es ist. Ein Kind, das trotz intensiver Bemühungen das Lesen nicht erlernt, hat das Recht, trotz seiner Schwierigkeiten gemeinsam mit anderen Kindern zu lesen und zu lernen, soweit ihm das möglich ist. Es ist unerheblich für das Recht auf Teilhabe, welche Schwierigkeiten diagnostiziert worden sind und wie sie etikettiert wurden.

Die Heterogenität der Lernvoraussetzungen ist jedoch in inklusiven Jahrgangsklassen außerordentlich hoch: Sie reicht von vorübergehenden Lernstörungen und dauerhaften Lernschwierigkeiten bis hin zu besonderen Interessen und Begabungen, umspannt fast immer drei bis vier Schuljahre und lässt sich vereinfacht so erläutern (Wember, 2013):

- Etwa 60–80 % der Lernenden lernen auf der *Basisstufe*, d. h. sie lernen erfolgreich und vergleichsweise problemlos auf dem Anforderungsniveau der Jahrgangsstufe. Sie benötigen guten Unterricht, vornehmlich in der Klassengruppe, ohne dass besondere Adaptionen notwendig wären. Solange der angebotene Unterricht effektiv ist, wirkt er für diese erfolgreich Lernenden als allgemeine primäre Prävention, d. h. er beugt dem Entstehen von Lernschwierigkeiten vor.
- Etwa 10–15 % der Lernenden lernen auf einer *Erweiterungsstufe*, d. h. sie sind mit den Aufgaben der Jahrgangsstufe manchmal oder sehr häufig unterfordert. Sie benötigen ab und zu schwierigere Aufgaben oder vertiefende und weiterführende Aktivitäten für Lernende mit besonderen Begabungen und Interessen, damit sie nicht das Interesse am schulischen Lernen verlieren.
- Etwa 10–15 % der Lernenden lernen auf einer *Unterstützungsstufe*, d. h. sie sind mit den Aufgaben der Jahrgangsstufe manchmal oder sehr häufig überfordert. Sie benötigen Aktivitäten zur sofortigen und gezielten Förderung bei ersten Lern- und Verständnisschwierigkeiten oder längerfristige Aktivitäten zur besonderen pädagogischen Förderung bei manifesten Lernschwierigkeiten.

Im angloamerikanischen Sprachraum ist das in Abbildung 3.2 dargestellte Modell unter den Bezeichnungen »*responsiveness to intervention*« oder »*responsiveness to instruction*« bekannt geworden. Es wird einerseits als Organisationsmodell für Unterricht betrachtet, andererseits als Modell für die Diagnose von Lernschwierigkeiten (*learning disabilities*) und sonder-

3.1 Schriftspracherwerb

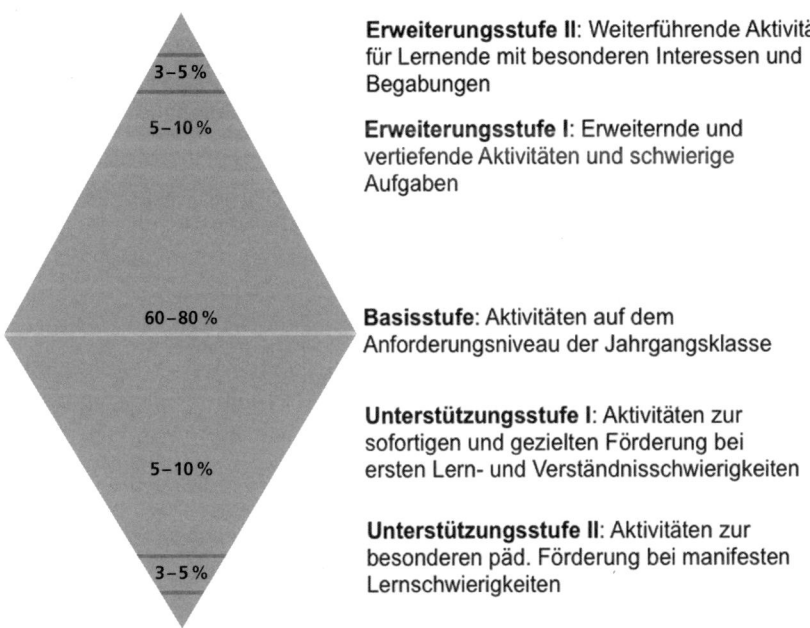

3–5 %	**Erweiterungsstufe II**: Weiterführende Aktivitäten für Lernende mit besonderen Interessen und Begabungen
5–10 %	**Erweiterungsstufe I**: Erweiternde und vertiefende Aktivitäten und schwierige Aufgaben
60–80 %	**Basisstufe**: Aktivitäten auf dem Anforderungsniveau der Jahrgangsklasse
5–10 %	**Unterstützungsstufe I**: Aktivitäten zur sofortigen und gezielten Förderung bei ersten Lern- und Verständnisschwierigkeiten
3–5 %	**Unterstützungsstufe II**: Aktivitäten zur besonderen päd. Förderung bei manifesten Lernschwierigkeiten

Abb. 3.2: Lehren und Lernen auf fünf Ebenen

pädagogischem Förderbedarf (*special educational needs*). Auf allen fünf Stufen schulischen Lernens wird die Lehrperson versuchen, ein angepasstes Angebot von Aufgaben und Aktivitäten anzubieten und unterschiedliche Inhalte, Lernwege, Sozialformen und Lernergebnisse zu akzeptieren, denn für leistungsstarke wie für leistungsschwache Schülerinnen und Schüler gilt es gleichermaßen, einer Entstehung und Verfestigung von Lernschwierigkeiten durch Unter- bzw. Überforderung vorzubeugen.

Abbildung 3.3 konzentriert sich auf das zentrale Niveau der Basisstufe mit Aufgaben gemäß Bildungsstandards und Rahmenlehrplan, an dem sich die anderen Niveaus orientieren sowie auf die beiden Unterstützungsstufen, weil sich hier die Lernenden mit Lese-Rechtschreibschwierigkeiten finden. Die Aufgaben auf dem Basisniveau formulieren die Anforderungen, die eigentlich von allen Lernenden der Jahrgangsstufe bewältigt werden sollten, denn sie beziehen sich auf den Erwerb der im allgemeinbildenden Curriculum ausgewiesenen Kompetenzen und Qualifikationen. Bei manchen Kindern zeigen sich jedoch gelegentlich erste Lernschwierigkeiten; hier ist sofortiger Förderunterricht in wechselnden, meist relativ kurzfristig angelegten Kleingruppen als sekundäre Prävention indiziert, damit die Lernschwierigkeiten nicht zu Lernstörungen generalisieren (Unterstüt-

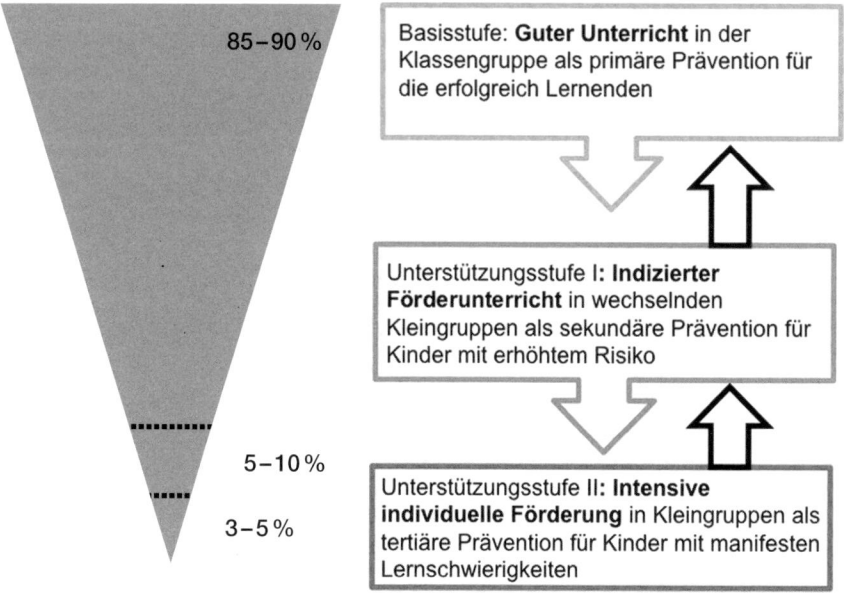

Abb. 3.3: Basisstufe und Unterstützungsstufen

zungsstufe I). Die Unterstützungsstufe II beschreibt das Curriculum der meist langfristig und vergleichsweise intensiv angelegten besonderen pädagogischen Förderung bei manifesten Lernschwierigkeiten. Hier muss es darum gehen, unverzichtbare Lernvoraussetzungen zu fördern, die für den Erwerb zentraler elementarer Qualifikationen wichtig sind. Auf diesem Niveau müssen die individuellen Stärken und Schwächen der einzelnen Lernenden diagnostiziert werden, damit ein individueller Förderplan erstellt und fortgeschrieben werden kann. Durch intensiven und qualifizierten Förderunterricht muss sichergestellt werden, dass auch Lernende mit umfänglichen, langdauernden und gravierenden Lernschwierigkeiten erfolgreich lernen können (s. u., intensive individuelle Förderung).

Das hier entwickelte Modell ist präventiv orientiert, weil es auf frühzeitige, schon bei ersten Anzeichen von Lern- und Verständnisschwierigkeiten zu ergreifende Hilfen setzt, um dann zu schauen, ob sich ausreichend positive Effekte zeigen oder ob die Lernschwierigkeiten andauern. Das Modell ist curricular ausgerichtet, weil sich die Interventionen an den Inhalten und Methoden des Unterrichts orientieren und nicht an Eigenschaften der Lernenden oder an sog. basalen Lernvoraussetzungen. Das Modell unterscheidet sich in seiner curricularen und präventiven Ausrichtung vom klassischen sonderpädagogischen Ansatz, der vom klinischen Modell geprägt ist und demzufolge man abwartet, bis sich ausreichend gravierende Schwierigkeiten abzeichnen, die als personengebundene Eigenschaften diagnostisch validiert werden können und die eine Anerkennung von sonderpädagogischem Förderbedarf und erst dann ein intensives Eingreifen rechtfertigen. Im hier vorgeschlagenen Modell gilt es, bei Problemen immer und nicht nur bei Behinderungen einzugreifen und Ausmaß und Umfang von Lernschwierigkeiten daran festzumachen, wie gut ein Schüler auf Interventionsversuche anspricht (engl. RTI, *response to intervention*, Huber/Grosche, 2012 und exemplarisch die Umsetzung bei Mahlau/Diehl/Voß/Hartke, 2011).

3.1.6 Diagnostische Implikationen

Um jede Schülerin und jeden Schüler gemäß Leistungsstand im Unterricht fordern und gezielt fördern zu können, ist ein den jeweiligen Zielen entsprechend gewähltes diagnostisches Vorgehen eine der wesentlichen Bedingungen für das Erlernen des Lesens und des (Recht-)Schreibens (und natürlich auch für den Bereich der Mathematik, ▶ Kap. 4). Neben der Erfassung des aktuellen Lernstandes spielt dabei auch die Beobachtung des individuellen Lernprozesses eine wichtige Rolle. Verschiedene Möglichkeiten stehen für eine gezielte Diagnostik zur Verfügung:

- *Gewinnung quantitativer Daten*: Der Einsatz normierter Testverfahren bietet der Lehrkraft Vergleichswerte mit den Leistungen der jeweiligen Eichstichprobe. Je nach Einzugsgebiet einer Schule, oder aber auch nach Zusammensetzung einzelner Klassen innerhalb einer Schule, können die Leistungen der Schülerinnen und Schüler stark variieren. Um diese nicht nur subjektiv, sondern in Bezug zu einer größeren Vergleichsgruppe einordnen zu können, kann mit Hilfe von Prozenträngen (oder den T-Werten) sowohl der individuelle Leistungsstand, als auch der der gesamten Klasse ermittelt und mit den Leistungen der jeweiligen Eichstichprobe verglichen werden. Dies ermöglicht die Vermeidung einer Fehlinterpretation von Einschätzungen, die durch besonders leistungsstarke, aber auch durch leistungsschwache Klassen beeinflusst werden. Manche Testverfahren, wie zum Beispiel die Würzburger Leise Leseprobe – Revision (Schneider/Blanke/Faust/Küspert, 2011), bieten zudem getrennte Normen für die Leistungen von Mädchen und von Jungen.

Als eine weitere Möglichkeit, Testergebnisse mit einer spezifischen Eichstichprobe zu vergleichen, bieten manche Testverfahren separate Normtabellen an, die durch die Erhebung von Daten bei Schülerinnen und Schülern, die eine Förderschule mit dem Förderschwerpunkt Lernen besuchen, gewonnen wurden. So ist z. B. ein Vergleich der Rechtschreibleistung im Würzburger Rechtschreibtest für 1. und 2. Klassen (WÜRT 1–2, Trolldenier, 2014, S. 30) mit den Leistungen von Förderschülerinnen und Förderschülern im zweiten und dritten Schulbesuchsjahr in Bayern und Baden-Württemberg möglich. Der Hinweis auf die beiden vom Testautor ausgewählten Bundesländer macht die Problematik deutlich. Die Bedingungen für eine Beschulung in einer Förderschule sind von Region zu Region sehr unterschiedlich, ein Vergleich mit anderen Bundesländern ist kaum möglich. Bedacht werden muss auch, dass die Leistungen von Schülerinnen und Schülern, die im inklusiven Unterricht beschult werden, nur eingeschränkt mit den separiert beschulten vergleichbar sind. Erste Auswertungen aus einem Modellversuch zur Rückschulung von Förderschülerinnen und Förderschülern in der Modellregion Wetterau (Hessen) deuten an, dass zudem die Rechtschreibleistungen von Fünftklässlern mit dem Förderschwerpunkt Lernen variieren, je nachdem, wie viele der Kinder mit diagnostiziertem Förderbedarf in einer Klasse inklusiv unterrichtet werden (Burk/Greisbach, 2015). Zudem muss kritisch hinterfragt werden, was es bedeutet, wenn das Ergebnis einer Förderschülerin im Vergleich zu den Leistungen der Förderschul-Eichstichprobe einem Prozentrang zwischen 25 und 75 entspricht. Bedeutet diese durchschnittliche Leistung nun, dass eine weitere Förderung nicht notwendig ist? Besucht diese Förderschülerin eine inklusiv zusammengesetzte Klasse, so ist der Vergleich noch gefährlicher, da ja im Grunde signalisiert wird, dass es sich um eine für Förderschüler »normale« Leistung handelt und demnach ein akuter Handlungsbedarf nicht besteht.

- *Gewinnung qualitativer Daten*: Eine Feststellung des individuellen Leistungsstandes zeigt den aktuellen Stand der Lernentwicklung auf und benennt die nächsten Ziele für die weitere Förderung. Eine qualitative Analyse sollte sich dabei zum einen an einem Entwicklungsmodell, wie z. B. dem in Kapitel 3.1.3 beschriebenen dreistufigen Modell von Frith (1989) oder der detaillierteren Systematik von Franzkowiak (2001, Tabelle 3.2 in diesem Artikel) orientieren. Wie dort bereits festgestellt, sollte dies als eine Grundlage dienen, um die Hypothesen und Strategien, die Kinder und Jugendliche beim Lesen und (Recht-)Schreiben wählen, zu erfassen. So kann der individuelle Lernprozess gezielt unterstützt werden. In vielen Fällen wird diese eher grobe Einschätzung gerade bei der Beurteilung der Rechtschreibleistungen nicht ausreichen. Eine zusätzlich vorgenommene spezifische Analyse der Schreibungen ist oftmals notwendig, um bestimmte Stolperfallen beim Erlernen der deutschen Orthographie (▶ Kap. 3.1.2) zu lokalisieren.

- *Lernfortschrittsmessungen*: Darunter versteht man die regelmäßige Durchführung von Tests, um die individuelle Lernentwicklung der Schülerinnen und Schüler in kürzeren Zeitabständen über einen längeren Zeitraum beobachten zu können. Die Aufgaben sollten so unterrichtsnah wie möglich gestaltet sein und sich am Curriculum orientieren. Da es sich um kurze Paralleltests handelt, sollten diese jeweils die gleichen Anforderungen stellen und den gleichen Schwierigkeitsgrad abbilden; von informellen, selbst erstellten Tests ist demnach eher abzuraten. Eine Vergleichbarkeit der ermittelten Werte – sowohl die der einzelnen Schülerin oder des einzelnen Schülers, als auch ein Vergleich mit einer Eichstichprobe – bieten nur normierte Testverfahren, wie zum Beispiel die Lernfortschrittsdiagnostik Lesen (LDL, Walter, 2010). Im Idealfall können Lernfortschrittsmessungen die Leistungsentwicklung der gesamten Klasse abbilden und zur Evaluation von Unterrichts- und Fördermaßnahmen oder als Grundlage für die Erstellung (und Überarbeitung) von Förderplänen, Teambesprechungen und Gesprächen mit den betroffenen Schülerinnen und Schülern sowie deren Eltern dienen.

Insgesamt lenkt die Auseinandersetzung mit diagnostischen Fragestellungen die Aufmerksamkeit der Lehrkraft oder der kooperierenden Lehrkräfte im inklusiven Unterricht auf die Sachebene – den Lernstand und die Lernentwicklung jeder einzelnen Schülerin und jedes einzelnen Schülers und damit auf das eigene methodische Handeln. Aussagen wie z. B. »Der ... hat heute aber wieder einmal gar nichts kapiert« oder »Ich glaube, bei der ... muss ich noch einmal von ganz vorne anfangen« können so vermieden werden, da der Lernprozess als solcher im Mittelpunkt steht und keine vordergründig wahrgenommenen personalen Faktoren. Mögliche Stagnationen oder auch Regressionen werden bezüglich methodischer Überlegungen – Faktoren wie der zeitliche Rahmen, schulische und außerschulische Fördermöglichkeiten, Unterstützungssysteme etc. eingeschlossen – analysiert, somit wird die Wahrnehmung der Lehrkräfte beeinflusst (Van der Kooij, 2003, S. 107; Dinges, 2002). Erweist sich »die Angemessenheit des Unterrichtsangebots ... als unwirksam, so werden Intensität und Qualität der schulischen Lernangebote so modifiziert, dass sie den Lernvoraussetzungen der Schülerinnen und Schüler besser gerecht werden« (Ennemoser, 2014, S. 508) – eine wesentliche Bedingung für eine gelingende Lese- und Rechtschreibförderung.

Ein inklusiv gestalteter Unterricht, der sich an dem in Kapitel 3.1.5 vorgestellten präventiv orientierten Modell schulischer Hilfen orientiert, versucht, möglichst frühzeitig fehlende oder verlangsamte Lern- und Entwicklungsprozesse aufzudecken. Nur so kann der Entstehung einer Lernstörung, oder in generalisierter und überdauernder Form, einer Lernbehinderung entgegengewirkt werden. Gerade im Erstleseunterricht spielt dies eine große Rolle, da hier der Anschluss an den regulären Lernstoff leicht verloren gehen kann, wenn schon basale Kompetenzen nicht vorhanden sind, wie z. B. das Wissen um die Funktion von Schrift oder die Fähigkeit, sich von den Inhalten von Sprache den formalen Aspekten zuwenden zu können, wie es das Konzept der phonologischen Bewusstheit beschreibt (Schnitzler, 2008). Ein frühes Erkennen von sogenannten Risikokindern indiziert den frühen Einsatz von präventiven Maßnahmen, um nicht wertvolle Zeit zu verlieren, wenn nach dem – schulrechtlich bzw. verwaltungstechnisch leider häufig verfolgten – Wait-to-Fail-Prinzip zunächst lediglich abgewartet wird, bis die Lernschwierigkeiten so massiv die Entwicklung beeinflussen, dass sie nicht mehr ignoriert werden können.

Folgt man dem in Abbildung 3.3 skizzierten Modell, das sich auch im RTI-Konzept (z. B. Huber/Grosche, 2012, S. 314) wiederfindet, so sind unterschiedliche diagnostische Maßnahmen auf den jeweiligen Stufen notwendig, um der Heterogenität der Lernvoraussetzungen gerecht werden zu können. Den unterschiedlichen Intentionen der jeweiligen Stufe entsprechend sind zum Teil anders gelagerte Beobachtungsmethoden und Testverfahren zu wählen. Im regulären Unterricht, d. h. auf der Basisstufe, stehen in erster Linie Screening-Verfahren im Vordergrund, die eine Rückmeldung über den erreichten Lernstand bzw. die bisherige Lernentwicklung geben. Hier sind aus zeitökonomischen Gründen Tests zu empfehlen, die mit der gesamten Klasse gleichzeitig durchgeführt werden können. Diese sollten normiert sein, um, wie oben beschrieben, gleichzeitig die Klassenleistung mit einer größeren Stichprobe vergleichen zu können, und mehrmals im Jahr stattfinden. Negativ ist hier anzumerken, dass die meisten Testverfahren erst für das Ende des ersten Schulhalbjahres standardisiert sind oder sogar erst vor den Sommerferien durchgeführt werden können. Gerade für den Prozess des beginnenden Schriftspracherwerbs ist dies ein zu später Zeitpunkt, um erste Lernschwierigkeiten oder aber fundamentale Verstehensprobleme bei Schülerinnen und Schülern schon früh aufdecken zu können. Für eine Förderung auf Unterstützungsstufe I, auf jeden Fall aber für die Planung einer intensiven individuellen Förderung auf Unterstützungsstufe II, sind Tests anzuwenden, die es ermöglichen, a) den Lernprozess im Sinne einer Lernfortschrittsmessung zu begleiten und die b) qualitative Rückschlüsse über notwendige Schwerpunkte einer gezielten Intervention zulassen.

3.1.7 Gelingensbedingungen für eine Förderung in inklusiven Lernsettings

Neben allgemeinen Rahmenbedingungen, wie eine ausreichende personelle und räumliche Ausstattung, sollten verschiedene Gesichtspunkte bei der Gestaltung von Unterricht in inklusiven Bezügen – auch mit dem Fokus auf Lese- und Rechtschreibleistungen – beachtet werden, um allen Schülerinnen und Schülern eine individuell angemessene Förderung in sozialer Integration zukommen zu lassen. In diesem Sinne formuliert Wember in seinem Artikel zum Thema »Herausforderung Inklusion« (2013) vier zentrale Bedingungen, die in der inklusiven Unterrichtsentwicklung Berücksichtigung finden sollten, – hier um zwei weitere Bedingungen ergänzt.

- *Gemeinsamer Einstieg in ein Unterrichtsthema*: Unterrichtseinstiege haben unterschiedliche Funktionen. Sie sollen – lernpsychologisch von besonderer Bedeutung – das Vorwissen aktivieren und so vorstrukturieren, dass die neu zu vermittelnden Inhalte sich sinnvoll mit bereits Bekanntem vernetzen können. Dies erleichtert die Speicherung und den Abruf neuer Informationen und spielt eine große Rolle im Unterricht mit Kindern und Jugendlichen mit Lernschwierigkeiten, bei denen oft ein diffuses »Halbwissen« ohne Verknüpfung mit passenden Oberbegriffen vorherrscht. Daneben soll die Heranführung an ein Unterrichtsthema zur Mitarbeit motivieren, d. h. das Interesse der Schülerinnen und Schüler wecken, Fragen aufwerfen, neugierig machen und dabei möglichst an Alltagserfahrungen anknüpfen. Mit dem Blickwinkel der Notwendigkeit der sozialen Integration aller Schülerinnen und Schüler im inklusiven Unterricht, auch derjenigen auf der Unterstützungsstufe II und der Erweiterungsstufe II, sind in erster Linie solche Formen zu wählen, die das Erleben der Klasse als gemeinsam lernende Gruppe fördern. Für alle muss demnach die Möglichkeit bestehen, sich gemäß ihren Fähigkeiten aktiv in das Unterrichtsgeschehen einbringen zu können.

- *Gezielter Einsatz von differenzierten Lehr- und Unterrichtsmaterialien*: Um die Schülerinnen und Schüler ihrem Entwicklungsstand angemessen fördern zu können, ist ein differenzierter Unterricht notwendig, der u. a. unterschiedliche Materialien, Medien und Sozialformen berücksichtigt. Neben von der Lehrkraft selbst erstellten Materialien sind solche Unterrichtswerke zu nutzen, die speziell für Kinder und Jugendliche mit Förderbedarf entwickelt wurden oder die differenzierende Texte und Arbeitsblätter auf unterschiedlichen Niveaus anbieten. Von den Schulbuchverlagen werden derzeit für den inklusiven Deutschunterricht zwei unterschiedliche Modelle bezüglich der Einbindung von Kindern und Jugendlichen mit Lernschwierigkeiten in den inklusiven Unterricht verfolgt. So sind zu bestimmten Werken Förderausgaben erschienen, die in Buchform – konform zur Grund- oder differenzierenden Ausgabe – parallel im Unterricht eingesetzt werden können und die gleichen Themen auf einem niedrigeren Niveau behandeln. Auf der anderen Seite werden Lehrkräften durch das Bereitstellen sogenannter »Inklusionsadapter« gekürzte und vereinfachte Texte und Arbeitsblätter zur Verfügung gestellt, die es ermöglichen, dass alle Schülerinnen und Schüler zwar das gleiche Schulbuch vorliegen haben, durch zusätzliche Aufbereitung aber entsprechend ihres Leistungsvermögens dem Unterricht folgen können. Zusätzlich erfolgt in Lehrerkommentaren zu jeder Aufgabe im Schulbuch eine Erläuterung, ob Schülerinnen und Schüler mit Lernschwierigkeiten diese lösen können, zusätzliche Hilfestellungen benötigen oder ob leistungsheterogene Partner- oder Gruppenarbeit zu empfehlen ist. Bei der Wahl der Lektüre, die im Unterricht mit der gesamten Klasse gelesen werden soll, ist jeweils zu prüfen, welche Bücher auch in einfacher oder leichter Sprache angeboten werden. So können sich auch Schülerinnen und Schüler mit geringeren Lesefähigkeiten aktiv mit dem Text im Unterricht auseinandersetzen und nicht nur als Zuhörende, denen von Lehrkraft oder Mitschülern vorgelesen würde. Insgesamt wird so durch den flexiblen Einsatz verschiedener differenzierender Materialien ein Unterricht ermöglicht, der auf unterschiedlichen Niveaus das Lernen am gleichen Gegenstand als zentrales Element verfolgt.
- *Aktivierung der Lernenden durch a) die Variation der Aufgabenstellungen, b) die Variation der Hilfen und c) das Angebot offener Aufgaben im Sinne natürlicher Differenzierung*: Häufig werden bei dem Anspruch, einen differenzierenden Unterricht zu gestalten, zumeist diejenigen Möglichkeiten in Betracht gezogen, die von der Lehrkraft gesteuert werden – in vielen Fällen gerade bei Kindern auf Unterstützungsstufe I und II ist

das auch notwendig. Dazu zählen veränderte Aufgabenformulierungen, vereinfachte Texte, Abbildungen, Tabellen und Grafiken, vorstrukturierende Lösungshilfen, Wortschatzangebote, Satzschalttafeln etc. »Zentrale Komponente eines inklusiven Unterrichts ist jedoch die Aktivierung der Lernenden durch offene Aufgaben, die den Lernenden Wahlmöglichkeiten bieten« (Wember, 2013, S. 382). Unter offenen Aufgaben im Sinne einer natürlichen Differenzierung sind solche Aufgabenstellungen zu verstehen, die den Schülerinnen und Schülern die Möglichkeit bieten, diese entsprechend ihrer Fähigkeiten individuell zu bearbeiten. Somit geht die Differenzierung, d. h. die individuell gewählte Art der Bearbeitung und Lösung der Aufgabe, vom Schüler aus. Kinder und Jugendliche mit Unterstützungsbedarf benötigen auch hier vorbereitete Lernumgebungen und eine gezielte Anbahnung notwendiger Kompetenzen. Aber auch die Einübung sozial-kooperativer Formen spielt eine große Rolle, da offene Aufgaben häufig zum Austausch und zur Zusammenarbeit mit anderen anregen.

- *Gemeinsamer Abschluss einer Unterrichtssequenz*: Ebenso wie ein gemeinsamer Einstieg in ein Unterrichtsthema fördern Phasen, in denen Arbeitsergebnisse zusammengetragen werden, das Zusammengehörigkeitsgefühl. Hier ist von zentraler Bedeutung, dass alle Schülerbeiträge als gleich wertvoll wahrgenommen werden. Dies bedeutet aber auch, dass nicht nur die Lernenden auf den Erweiterungsstufen I und II Neues zum Thema bzw. zur Ergebnissicherung beisteuern, sondern dass auch den Schülern auf den Unterstützungsstufen diese Chance geboten wird.
- *Kooperation bzw. Ko-Konstruktion der Lehrkräfte*: Die Zusammenarbeit aller am inklusiven Unterricht beteiligten Lehrkräfte spielt eine große Rolle bei dem Bemühen, alle Schülerinnen und Schüler ihrem individuellen Lern- und Entwicklungsstand gemäß zu fördern. Dazu zählt, dass sich die Lehrkraft der allgemeinen Schule und die Lehrkraft für sonderpädagogische Förderung gegenseitig informieren und klare Absprachen bezüglich der Aufgabenverteilung und der Zuständigkeiten treffen. Ziel ist es, diese basalen Anforderungen an eine Kooperation so auszubauen, dass sich diese hin zu einer ko-konstruktiven Zusammenarbeit entwickelt, bei der Unterricht gemeinsam verantwortet und gemeinsam gestaltet wird.
- *Abstimmung von allgemeiner Förderung in der Klassengemeinschaft und intensiver individueller Förderung*: Diese relativ banal klingende Gelingensbedingung für den inklusiven Unterricht scheitert leider häufig in der Praxis an vermeintlich großen Hürden, wie z. B. der fehlenden Zeit

für Absprachen. Und doch ist es notwendig, dass sich Lehrkräfte gegenseitig über aktuell verfolgte Unterrichts- und Förderziele und Inhalte informieren und miteinander abstimmen. Der Austausch über Lernfortschritte (oder auch Stagnationen) verstärkt die Bemühungen, gemeinsam am Ziel einer möglichst optimalen individuellen Förderung aller Schülerinnen und Schüler zu arbeiten, denn Unterricht und Förderung können sich gegenseitig befruchten. So besteht z. B. die Chance, Unterrichtssequenzen in der Förderung durch Vorarbeiten, Wiederholen oder auch Vertiefung so aufzubereiten, dass auch Schülerinnen und Schüler mit erheblichen Problemen in den Basisfertigkeiten dem Unterricht folgen und sich einbringen können. Auf der anderen Seite ist es häufig sinnvoll, Teile eines spezifischen Trainingsprogrammes, das in der Einzel- oder Kleingruppenförderung eingesetzt wird, in den offeneren Lernphasen des Unterrichts, wie in der Wochenplanarbeit oder in Zeiten für Freiarbeit, einzubinden, um zusätzliche Zeit zur individuellen Förderung zu gewinnen.

3.2 Erstlesen

Für einen gelungenen Schriftspracherwerb stehen Kinder – und auch Jugendliche und Erwachsene, die aus anderen Schriftkulturen nach Deutschland kommen – vor einer sehr hohen Entwicklungsaufgabe. Wie unter 3.1.2 erklärt, benötigen sie ein Verständnis für den Zusammenhang zwischen Lautsprache und Schriftsprache, die Einsicht in die Prinzipien einer Lautschrift und hier insbesondere zunächst in das alphabetische Prinzip der deutschen Orthographie. Für den beginnenden Leselernprozess ist es wichtig, Buchstaben von anderen Zeichen abgrenzen zu können und Grapheme mit den passenden Phonemen zu verknüpfen. Neben dem schnellen Abruf der Information, wie ein Graphem als solches auszusprechen ist, muss zusätzlich erlernt werden, dass Grapheme häufig aus Buchstabengruppen zusammengesetzt sind, wie z. B. das <ei> oder das <sch>, die als Einheit erkannt und auch als ein Phonem lautiert werden müssen. Als eine weitere Entwicklungsaufgabe, die für eine zunehmende Leseflüssigkeit von zentraler Bedeutung ist, muss die Erfassung größerer Einheiten das Erlesen auf der Ebene von Einzelgraphemen – Buchstabe für Buchstabe – ablösen. Silben, Wortteile und für das Erstlesen bedeutsame Kurzwörter, wie <ist>, <sind>, die Artikel <der>, <die>, <das> oder <mit>, <und> müssen gespeichert werden, um zu einem automatisierten Abruf aus dem Langzeitgedächtnis bis hin zu ganzen Wörtern oder Wortgruppen zu gelangen. Dies sollte als Ziel schon frühzeitig verfolgt werden. So konnte eine Untersuchung von Ennemoser, Marx, Weber und Schneider (2012, S. 65) zeigen, dass neben der linguistischen Kompetenz (Wortschatz, syntaktische und semantische Bewusstheit) die frühe Lesegeschwindigkeit eine signifikante Vorhersagekraft auf das Leseverständnis am Ende der Grundschulzeit hat.

Für den Erstleseunterricht ist jedoch noch ein weiterer Aspekt von Bedeutung, der zu Beginn der Einschulung von Lehrkräften dringend zu beachten ist: Die Erfahrungen von Kindern mit der Schriftsprache differieren stark bei Schuleintritt. Es gibt Kinder, die die Bedeutsamkeit, lesen (und schreiben) zu können, für sich persönlich noch nicht entdeckt haben, da niemand in ihrem engen Umfeld liest oder schreibt. Fähigkeiten und Kompetenzen, wie z. B. die Ausprägung der phonologischen Bewusstheit, variieren hierbei sowohl innerhalb einer Klasse als auch zwischen verschiedenen Klassen stark (Martschinke/Kammermeyer, 2003, S. 267). Manche Kinder beherrschen schon mehr als 20 Buchstaben, andere können noch nicht einmal ihren eigenen Namen schreiben. Meindl und Jungmann (2014, S. 213) sehen den Bedarf, Erzähl- und Lesekompetenzen von Kindern frühzeitig zu erfassen und gegebenenfalls zu fördern darin begründet, dass vorschulische Erfahrungen mit der Schriftsprache und insbesondere die Buchstabenkenntnis einen starken Prädiktor für einen erfolgreichen Schriftspracherwerb darstellen. Auch wenn ein Großteil des pädagogischen Personals von Kindertagesstätten inzwischen die allgemeine Sprachförderung auf die Förderung im Bereich der phonologischen Bewusstheit mit Spielen auf Reim-, Silben- und Phonemebene sowie auf die Kenntnis häufig vorkommender Buchstaben ausweitet, so besucht doch nicht jedes Kind den Kindergarten oder nur sehr unregelmäßig.

Dabei handelt es sich häufig um diejenigen Kinder, die im Elternhaus nur eingeschränkt Erfahrungen mit Schriftsprache machen, weil nicht mit Sprache gespielt wird und ihnen nicht vorgelesen wird. Untersuchungen konnten zeigen, dass der sozioökonomische Status der Eltern einen direkten Effekt auf die Lesekompetenz von Kindern hat. So haben Faktoren, die einen positiven Zusammenhang zum sozioökonomischen Status der Eltern aufweisen, wie die Anzahl an Büchern im Haushalt sowie Anregungen durch Gespräche über Lektüre in den Familien, einen positiven, fördernden Einfluss auf das Leseverhalten und hierüber indirekt auch auf die Lesekompetenz der Kinder (McElvany/Becker/Lüdtke, 2009, S. 130). Auch Juska-Bacher (2013, S. 492) und Schaffner (2009, S. 34) führen den sozioökonomischen Hintergrund der Eltern als Einflussvariable auf die Entwicklung der Lesekompetenz der Kinder an, was auch die PISA-Ergebnisse gezeigt haben (▶ Kap. 3.1.1). Dies bestätigen auch Kriesi, Bayard und Buchmann (2012). Sie analysierten Daten aus einer Längsschnittuntersuchung von Kindern, die zum Zeitpunkt der Erhebungen sechs bzw. ein Jahr später sieben Jahre alt waren. Im Zentrum der Untersuchung stand die Frage, inwiefern Faktoren wie die soziale Herkunft der Kinder einen Einfluss auf die Qualität des Schuleintritts haben. Die familiäre Herkunft und das kulturelle Kapital der Eltern sorgten dafür, dass diese Kinder eine bessere Passung zu den Anforderungen in der Schule aufwiesen und ihnen der Schuleintritt somit leichter fiel.

Gasteiger-Klicpera und Klicpera (2014) nennen als einen der Gründe für die Entstehung von Lese-Rechtschreibschwierigkeiten ebenfalls die fehlende Förderung in der Familie sowie, als eine weitere zentrale Ursache, die fehlende Förderung in der Schule. Für »das Risiko, dass Kinder beim Lesen- und Schreibenlernen zurückbleiben ..., sind sowohl Unterschiede in der Klassenführung (z. B. im Disziplinierungsverhalten und in der Ermöglichung eines störungsfreien Unterrichts) als auch im didaktischen Vorgehen verantwortlich« (Gasteiger-Klicpera/Klicpera, 2014, S. 59).

3.2.1 Kompetenzentwicklungsmodell des anfänglichen Lesens

Der Erstleseunterricht sollte sich bezüglich didaktischer Überlegungen an den zu erwerbenden Kompetenzen orientieren. Hierzu haben Klicpera, Schabmann und Gasteiger-Klicpera (2013) ein Modell entworfen, das, in Abgrenzung zu den Entwicklungsmodellen von Frith (1989) und anderen Autoren (▶ Kap. 3.1.3), auch die Art der Leseinstruktion berücksichtigt. In Anlehnung an Ehri (1999) gehen die Autoren von einer präalphabetischen Phase aus, in der Kinder vor Eintritt in die Schule erste Vorerfahrungen mit der Schriftsprache machen. Dazu zählen Fähigkeiten, die der phonologischen Bewusstheit zuzuordnen sind und das erste Lesen von einzelnen Buchstaben, dem phonologischen Rekodieren. Hier ist auch das Erfassen ganzer Wörter, zumeist mit Hilfe eines typischen Schriftzuges oder der Farbe, angesiedelt, was als logographisches Lesen bezeichnet wird, in Anlehnung an die logographische Stufe in horizontal angelegten Entwicklungsmodellen.

Je nach Leselehrgang bilden sich nach Schuleintritt in der alphabetischen Phase mit geringer Integration nun die für das reife Lesen notwendigen Kompetenzen unterschiedlich gut aus. Dazu gehören die Bereiche

a) der phonologischen Bewusstheit, b) des nicht-lexikalischen Lesens, d. h. des phonologischen Rekodierens anhand von Einzelbuchstaben, c) des partiell lexikalischen Lesens, das häufig vorkommende Buchstabengruppen, Silben, Morpheme, Wortteile beim Lesen nutzt, sowie d) des lexikalischen Lesens, bei dem der direkte Zugriff auf ganze Wörter im mentalen Lexikon gelingt.

Die Ausprägung der Kompetenzen steht in einem engen Zusammenhang mit dem Leseunterricht, sei er schulisch oder außerschulisch, z. B. als zusätzliche Fördermaßnahme, initiiert. Ist eine Anlauttabelle das zentrale Medium im Erstleseunterricht, so werden zunächst in erster Linie – stark lautorientiert – die Verbindung von einzelnen Graphemen und Phonemen (und umgekehrt) eingeübt. Das Ziel des kompetenten Lesens am Ende der alphabetischen Phase ist zwar die automatisierte und konsolidierte Integration der beiden Strategien des nicht-lexikalischen und des lexikalischen Lesens im Sinne des in Kapitel 3.3.1 beschriebenen Zwei-Wege-Modells von Coltheart (2005), jedoch sollte der Schwerpunkt der Leseinstruktion auf der Förderung des lexikalischen Lesens liegen. Dies gelingt unter Einbezug von größeren Buchstabengruppen, wie unter dem partiell lexikalischen Lesen beschrieben. In manchen Fällen orientiert sich der Unterricht relativ lange an der Ganzwortmethode im Sinne eines logographischen Lesens oder aber Kinder, zumeist mit Lernschwierigkeiten, halten zu sehr an dieser zunächst erfolgversprechenden Vorgehensweise fest. Einer solchen Entwicklung muss jedoch entgegengewirkt werden, da das Einüben des Erfassens ganzer Wörter als Strategie für den Erstleseunterricht nicht effektiv ist.

3.2.2 Diagnostik im Erstleseunterricht

Ein inklusiv gestalteter Unterricht, der sich an dem präventiv orientierten fünfstufigen Modell von Wember (2013, ▶ Kap. 3.1.5) orientiert, versucht, möglichst frühzeitig verlangsamte oder stagnierende Lern- und Entwicklungsprozesse aufzudecken. Nur so kann der Entstehung einer Lernstörung, oder in generalisierter und überdauernder Form, einer Lernbehinderung entgegengewirkt werden. Gerade im Erstleseunterricht spielt dies eine große Rolle, da hier der Anschluss an den regulären Lernstoff leicht verloren gehen kann, wenn schon basale Kompetenzen nicht vorhanden sind, wie z. B. das Wissen um die Funktion von Schrift oder die Fähigkeit, sich von der inhaltlichen Ebene von Sprache den formalen Aspekten zuwenden zu können. Als eine besondere Hürde zeigt sich bei einigen Kindern die Anforderung, Buchstaben (oder Buchstabengruppen) mit Lauten zu verknüpfen sowie Einzelbuchstaben zu Silben und Wörtern zu verbinden. Ein frühes Erkennen von sogenannten Risikokindern indiziert den frühen Einsatz von präventiven Maßnahmen, um nicht wertvolle Zeit zu verlieren, wenn nach dem Wait-to-Fail-Prinzip zunächst lediglich abgewartet wird. In diesem Kapitel liegt deshalb der Schwerpunkt auf dem Erwerb der basalen Kompetenzen hin zum flüssigen Lesen von Wörtern und Texten, da eine Automatisierung des Worterkennens – und damit eine angemessene Lesegeschwindigkeit – das Leseverständnis positiv beeinflusst.

Da die meisten normierten Testverfahren Vergleichswerte mit einer Eichstichprobe erst am Ende der ersten Klasse anbieten, können kurze informelle Tests schon sehr früh einen guten Einblick in die individuellen Lernfortschritte der Kinder beim Lesen liefern. Der besondere Vorteil dieser von der Lehrkraft selbsterstellten Leseaufgaben liegt dabei darin begründet, dass diese sich exakt nach den in der Klasse bis dahin eingeführten Buchstaben, Silben und Wörtern richten können. Von einem Einsatz von Auszügen aus einer der Klasse bekannten Fibel ist dabei abzuraten, da gerade Kinder mit Lernschwierigkeiten diese häufig auswendig »lesen« können (mit passenden Pausen und Stockungen), mit dieser Strategie aber sehr schnell dem fortschreitenden Lehrgang nicht mehr folgen können.

Gasteiger-Klicpera und Klicpera (2014, S. 60) empfehlen eine Überprüfung des Entwicklungsstandes beim Schriftspracherwerb für den Zeitraum von 10 Wochen nach Schuleintritt oder spätestens dann, wenn die ersten acht Buchstaben eingeführt wurden. Die Lernenden sollen in Einzeltestung Wörter laut vorlesen, welche die Lehrkraft gezielt zusammengestellt hat:

»Die zu lesenden Wörter werden aus den bereits bekannten Buchstaben aufgebaut. Bei der Testung wird zunächst überprüft, wie viele der bekannten Buchstaben die Kinder lesen und auf Ansage korrekt schreiben können. Dann werden alle im Unterricht schon gelesenen Wörter zusammengestellt und 16 bekannte Wörter unterschiedlicher Länge (drei bis sechs Buchstaben) ausgewählt. Parallel dazu wird eine Liste von 12 neuen Wörtern erstellt, welche die Kinder im Unterricht zwar noch nicht gelesen haben, die aber aus den schon bekannten Buchstaben zusammengesetzt sind. Schließlich wird eine Liste mit acht Pseudowörtern aus den bekannten Buchstaben gebildet« (Gasteiger-Klicpera/Klicpera, 2014, S. 60).

> Ergänzend können Silben, die ebenfalls bei einem informellen Test erlesen werden müssen, aufzeigen, ob die Lernenden die Strategie des partiellen lexikalischen Zugriffs auf das mentale Lexikon für sich (oder durch den Unterricht) entdeckt haben und nutzen können. Neben der Überprüfung, ob die Buchstaben und Wörter korrekt gelesen wurden, kann eine Verhaltensbeobachtung während des Lesens weitere Informationen geben. Liest das Kind noch Buchstabe für Buchstabe, oder nutzt es schon Gliederungshilfen, wie z. B. Silben, oder kann es Kurzwörter bereits als Ganzes erfassen? So sind Rückschlüsse auf die zu vermittelnden Kompetenzen (▶ Kap. 3.2.1) möglich und implizieren u. U. didaktische Modifikationen für den Erstleseunterricht oder die individuelle Förderung.

Um die unter 3.1.6 geschilderten Vorteile von normierten Testverfahren für die Lesediagnostik nutzen zu können, stehen auch für den Anfangsunterricht verschiedene Tests zur Verfügung, die die Lesegeschwindigkeit messen und einen Vergleich mit der Eichstichprobe bieten. Um Risikokinder möglichst ökonomisch identifizieren zu können, eignen sich insbesondere Testverfahren, die als Gruppentest durchgeführt werden können. Werden dabei Kinder herausgefiltert, die der Unterstützungsstufe I zuzuordnen sind, so sollten im nächsten Schritt, wie oben beschrieben, mit Hilfe einer qualitativen Analyse des lauten Lesens Defizite in den verschiedenen Kompetenzstufen lokalisiert werden, um notwendige Fördermaßnahmen ableiten zu können.

> Die *Würzburger Leise Leseprobe* in revidierter Fassung (WLLP-R) von Schneider, Blanke, Faust und Küspert (2011) misst die Lesegeschwindigkeit. Sie ist als Einzel- und Gruppentest einsetzbar und bietet Normen für jeweils die letzten zwei Monate (Juni und Juli) des 1. bis 4. Schuljahres (▶ Kap. 3.3.2). Mit dem *Salzburger Lesescreening für die Klassenstufen 1–4* (SLS 1–4) von Wimmer und Mayringer (2012) steht ein weiteres Verfahren zur Auswahl, das als Einzel- und Gruppentest durchgeführt werden kann. Im Gegensatz zur WLLP-R, bei der einem Bild das passende Wort zugeordnet werden muss, sind hier Aussagen (wie z. B. »Bananen sind blau«) auf ihren Wahrheitsgehalt (»Der Satz ist wahr« oder »Der Satz ist falsch«) zu überprüfen. Auch dieser Test misst die Lesegeschwindigkeit. Im Gegensatz zu diesen zwei Verfahren sieht der ebenfalls unter 3.3.2 näher skizzierte *Salzburger Lese- und*

Rechtschreibtest für die Schulklassen 1 bis 6 (SLRT-II) von Moll und Landerl (2014) eine Einzeltestung für die Überprüfung der Lesegeschwindigkeit vor. Es wird ein 1-Minuten-Leseflüssigkeitstest durchgeführt, ein Vergleich zur Eichstichprobe ist im 1. Schuljahr schon in den Monaten März bis Mai möglich.

Bei der Planung einer Intervention sollte immer die Erfassung des Lernfortschritts miteinbezogen werden, um Rückmeldungen an Eltern, Kollegen und die betroffenen Schülerinnen und Schüler geben zu können. Für die Lehrkraft sind die Entwicklungskurven für die individuelle Förderplanung bedeutsam, da diese im Sinne einer Evaluation Rückmeldungen geben über den individuellen Leistungszuwachs, damit über die Effektivität der gewählten Fördermethoden und Trainingsprogramme Rechenschaft abgelegt werden kann. Stagnierende Werte oder auch Regressionen zeigen einen notwendigen Methodenwechsel in der Leseförderung auf.

Ein Verfahren, das für den Erstleseunterricht neben einer Lernstandserhebung auch die Beobachtung des Leselernprozesses über einen längeren Zeitraum bietet, ist das *Inventar zur Erfassung der Lesekompetenz im 1. Schuljahr* (IEL-1) von Diehl und Hartke (2012). Das Inventar orientiert sich am *Simple View of Reading Ansatz* von Gough und Tunmer (1986) und an den curricularen Vorgaben für die Klassenstufe 1. Es möchte »einzelne Fertigkeiten des komplexen Leseprozesses« (Diehl/Hartke 2012, S. 7) erfassen, neben der automatisierten direkten Worterkennung auch das Leseverständnis. Zusätzlich werden durch die Aufgaben zur Buchstaben-Laut-Zuordnung Vorläuferfähigkeiten getestet sowie die Fähigkeit, Wörter lautgetreu verschriftlichen zu können (Diehl, 2014). Um den Test mehrmals hintereinander durchführen zu können, um also eine Rückmeldung über die Leseentwicklung zu erhalten, liegen Normen für die 21./22. Schulwoche, für die 33./34. und die 44./45. Woche vor. Somit handelt es sich bei dem IEL-1 um ein Verfahren, das auch im Rahmen einer Förderung nach dem RTI-Konzept (▶ Kap. 3.1.5) eingesetzt werden kann.

Das Inventar besteht aus zwei Teilen: einem Screeningverfahren und aus sieben verschiedenen Untertests. Die »Eine-Minute-Lese-Aufgabe« dient zur Erfassung der Leseflüssigkeit. Hier lesen die Schüler in einer Einzelsituation innerhalb einer Minute so viele Wörter wie möglich aus einer Wortliste laut vor. Die sieben Untertests, die auch als Gruppentest durchgeführt werden können, beziehen sich auf alle vier Lesestrategien im Kompetenzentwicklungsmodell von Klicpera, Schabmann und Gasteiger-Klicpera (2013, ▶ Kap. 3.2.1). Getestet werden die Fähigkeiten Buchstaben zu Lauten zuzuordnen, Wörter in Silben zu segmentieren, Silben zu Wörtern zu verbinden, Wörter zu lesen und zu schreiben sowie Sätze und Texte sinnverstehend zu lesen. Durch die inhaltlich sehr unterschiedlich gestalteten Untertests – von der Anlautdifferenzierung bis hin zu Verständnisfragen zu einem kurzen Text – erhoffen sich die Autoren Hinweise für eine gezielte Förderung, die somit möglichst früh einsetzen würde. Allerdings sind die Prozentränge der einzelnen Subtests aufgrund der Itemanzahl mit Vorsicht zu interpretieren, sie können aber die Grundlage für die inhaltlichen Schwerpunkte von Fördermaßnahmen und Unterrichtsmodifikationen bilden (Diehl/Hartke, 2012, 41f.).

3.2.3 Förderung der Leseflüssigkeit

Da die Lesegeschwindigkeit einen, wie oben bereits beschrieben, bedeutsamen Einfluss auf das Leseverständnis hat und demnach eines der vorrangigen Ziele des Erstleseunterrichts sein sollte, wird auch hier im weiteren der Fokus auf Fördermethoden liegen, die die unter 3.2.1 skizzierten basalen Lesekompetenzen des a) nicht lexikalischen Lesens, b) des partiell lexikalischen Lesens und c) des lexikalischen Lesens fördern. Maßnahmen zur Förderung der phonologischen Bewusstheit sind eher dem präventiven vorschulischen Bereich zuzuordnen, die Effektivität einer systematischen Förderung nach Schuleintritt ist umstritten. So konnten Hatz und Sachse (2010) keine positiven Auswirkungen eines Trainings der phonologischen Bewusstheit bei Risikokindern in der ersten Klasse auf den Schriftspracherwerb nachweisen. Viele Erstlese- und Schreiblehrgänge enthalten Übungen und Spiele zur Lautstruktur der gesprochenen Sprache, die im Unterricht berücksichtigt werden können. Umfangreich konzipierte Trainingsprogramme zur phonologischen Bewusstheit bergen die Gefahr, dass sich die Förderung zu lange auf dieser Ebene bewegt, ohne die weiteren zu erwerbenden Kompetenzen zu berücksichtigen, und ganz einfach zu viel Zeit kostet, die anders genutzt werden könnte.

Wie sieht nun eine mögliche Förderung auf den unterschiedlichen Kompetenzstufen aus?

- *Förderung des nicht lexikalischen Lesens*
  Hier steht das schnelle Benennen von Graphemen (Einzelbuchstaben und Buchstabengruppen) im Vordergrund der Förderung. Als eine Methode wird in der Literatur auf die Einführung von Lauthandzeichen

verwiesen. Hierbei wird das Buchstabenbild mit dem Laut und gleichzeitig mit einer Bewegung verknüpft. Es gibt Kinder, die diese Art der Speicherung und Abrufhilfe benötigen, manchmal auch nur bei manchen Buchstabengestalten, die ihnen Probleme bereiten. Sind Lauthandzeichen nicht Bestandteil des regulären Unterrichts im Schriftspracherwerb, so können »Geheimzeichen« mit dem Kind verabredet werden, die ihm das Lesen auf der Einzelbuchstabenebene erleichtert. Diese sollten sowohl der Lehrkraft für die sonderpädagogische Förderung als auch der Lehrkraft der allgemeinen Schule bekannt sein, um so gemeinsam den Lernprozess des Kindes unterstützen zu können. Allerdings ist vor einem extensiven Gebrauch – auch im regulären Unterricht – zu warnen, da die Analyse von Wörtern Buchstabe für Buchstabe eine falsche Lesestrategie suggeriert. Schon mit den ersten Buchstaben sind Kombinationen aus Konsonanten und Vokalen, also Silben, einzuführen.

- *Förderung des partiell lexikalischen und des lexikalischen Lesens*
  Wie schon ausgeführt hat sich hier insbesondere die Einführung von Silben für den Anfangsunterricht als sehr effektive Fördermethode erwiesen. Die Silbenstruktur ist leicht auszusprechen und ist eine hervorragende Segmentierungshilfe beim Erlesen von Wörtern. Es müssen nicht mehr Einzelbuchstaben zwischengespeichert werden, die Silbe als größere, aber gerade für das Erstlesen gut überschaubare Einheit erleichtert den Leseprozess. Als präventive Maßnahme gegen Lese-Rechtschreibschwierigkeiten sind Erstlesewerke zu empfehlen, die dies in ihrem Vorgehen berücksichtigen. Bei bereits vorhandenen Problemen im Lesen sind solche Förderprogramme zu empfehlen, die silbenorientiert von einem lautgetreuen Wortschatz ausgehen und diesen systematisch aufbauen.

Der *Kieler Leseaufbau* von Dummer-Smoch und Hacketal (2007) wurde für die Schuleingangsphase sowie als Fördermethode für leseschwache Kinder für die 1. und 2. Klassenstufe entwickelt. Er behandelt zunächst in einer Vorstufe die Vokale, die dann mit jedem neu eingeführten Konsonanten verbunden und in Silbenteppichen gelesen werden. Im Laufe der 14 Stufen nimmt der Schwierigkeitsgrad der Zusammensetzung der Silben und damit der Wörter zu. Vielfältige Lesehefte und Arbeitsblätter, Silben- und Wortkarten sowie Spiele unterstützen abwechslungsreich die Aneignung der Silbensynthese. Ein Lauthandzeichensystem ist im Lehrgang integriert.

Bei der *Lautgetreuen Lese- und Rechtschreibförderung* von Reuter-Liehr (2008) handelt es sich um ein Förderprogramm, das unabhängig vom Alter – es liegen inzwischen auch Stundenabläufe und Materialien für die 3. und 5. Klassenstufe (Reuter-Liehr, 2006a, b) vor – schriftsprach- und entwicklungsorientiert die Silbe als zentrales Element berücksichtigt. Einbezogen werden Lautgebärden, rhythmisches Syllabieren, Mitsprechstrategien und ein Regeltraining mit Morphemsegmentierung.

Schon bei ersten Auffälligkeiten im Leselernprozess – Buchstaben können nicht benannt werden, mehrere Buchstaben nur mühsam synthetisiert werden – sollten erste Unterstützungsmaßnahmen erfolgen. Al Otaiba et al. (2014) konnten nachweisen, dass eine sofortige Förderung bei Lernproblemen im Regelunterricht (auf der ersten Stufe) zu höheren Leistungssteigerungen führt, als wenn man, wie nach einem reglementierten statischen RTI-Konzept weitere acht Wochen wartet, ob nicht die Förderung im Unterricht ausreicht und erst nach erneuten schlechten Werten eines Lernenden bei einer Lernfortschrittsmessung diesen der zweiten Stufe zuordnet und fördert.

Von wesentlicher Bedeutung ist bei der Auswahl eines Förderprogrammes, dass dieses systematisiert das Lesen als solches fördert. Wahrnehmungs- und Funktionstrainings haben keinen positiven Einfluss auf die Leseleistung, was auch die Metaanalyse von Ise, Engel und Schulte-Körne (2012, S. 134) erneut bestätigt hat. Zusätzlich schlussfolgern die Autoren aus den Ergebnissen, dass Förderprogramme sich über mindestens 20 Wochen erstrecken sowie motivationale, verhaltenstherapeutische Elemente, z. B. Token als Verstärkersysteme, einbinden sollten.

3.3 Lesen von Texten

Lesekompetenz ist traditionell als Mittel der rationalen Selbstbestimmung, der literarisch-ästhetischen Persönlichkeitsentwicklung und der sozialen und emotionalen Bedürfnisbefriedigung in der Freizeit hochgeschätzt, und seine Bedeutung in der Welt digital vermittelter Medien nimmt eher zu als ab. Der Erstleselehrgang stellt für alle Heranwachsenden die erste hohe Hürde dar, die es auf dem langen und beschwerlichen Weg zu funktionaler schriftsprachlicher Kompetenz zu überwinden gilt und die von Lernenden mit Lernschwierigkeiten nicht immer übersprungen wird. Die zweite Hürde ist das Erlernen des flüssigen und sinnerfassenden Lesens von unterschiedlichsten Texten, seien dies faktische oder fiktionale Texte, Sachtexte oder literarische Texte, in deskriptiver, narrativer oder argumentativer Absicht geschrieben (Jesch, 2010). Alle diese Texte erfordern, wenn sie von den Lernenden eigenständig erlesen werden sollen, ein hohes Niveau an basalen Lesefertigkeiten, die im Erstleselehrgang grundgelegt sein müssen. Unterschiedliche Textgenres erfordern darüber hinaus jedoch spezifische Strategien der inhaltlichen Erfassung, denn das Lesen von Busfahrplänen, statistischen Tabellen und beschrifteten grafischen Darstellungen erfordert spezielle Fertigkeiten, das Lesen eines Romans oder eines Gedichts unterscheidet sich erheblich vom Lesen einer Tageszeitung oder einer Zeitschrift. Einer Gebrauchsanleitung oder einem Sachtext in einem Lehrbuch Informationen zu entnehmen stellt sich in linear zu erlesenden Texten anders dar als in nicht-linearen oder sogar multimedial angereicherten Texten auf Internetseiten.

Wenn das Lesen für alle Heranwachsenden wichtig und für viele schwierig zu erwerben ist, sollte die Schule gezielte Hilfen anbieten, die möglichst von einer differenzierten Diagnose ausgehen und spezifisch und effektiv angelegt sind. Leider zeigt sich in der schulischen Praxis, dass Lernende mit Lernschwierigkeiten nicht nur Probleme beim Erstlesen haben, sondern auch beim sog. weiterführenden Lesen von Texten. Übersichtsreferate wie in den Lehrbüchern von Marx (2007) oder Klicpera, Schabmann und Gasteiger-Klicpera (2013) belegen, dass sich schwache Lerner hinsichtlich nahezu aller Teilkomponenten des Leseprozesses unterscheiden. Das empirisch ermittelte Bild ist bunt und vielfältig, denn es kommt darauf an, welche Teilkomponenten und Fertigkeiten bei welchen Lernenden untersucht wurden und das wiederum ist sehr stark davon abhängig, wie sich die Forschenden den Leseprozess theoretisch vorstellen. Um Übersicht zu erreichen, werden wir im nächsten Abschnitt ein einfaches Strukturmodell des Leseprozesses entwickeln, weil sich dann ausgesuchte diagnostische Instrumente besser verstehen lassen und weil bereits das allgemeine Modell des Leseprozesses zeigt, dass es auf der fortgeschrittenen Primarstufe und auf der frühen Sekundarstufe zwei zentrale Ziele zu verfolgen gilt, die Förderung des flüssigen und sinnentnehmenden, weitgehend automatisierten Lesens einerseits und die gezielte Vermittlung von Strategien der aktiven Texterarbeitung und Textverarbeitung andererseits.

3.3.1 Prozessmodell des geübten Lesens

Das Lesen stellt eine überaus komplexe Kompetenz dar, die der Introspektion kaum zugänglich ist. Der kompetente Leser spürt gewissermaßen, ob er versteht, was er liest und er passt sein Lesetempo und die Art des Lesens weitgehend unbewusst seinen Leseintentionen, den Textmerkmalen und der inhaltlichen Komplexität des zu erlesenden Textes an, aber er nimmt keine distinktiven Teilprozesse verlässlich wahr. Auch von außen lässt sich nicht in den Kopf eines oder einer Lesenden hineinsehen. Zwar lassen sich durch moderne bildgebende Verfahren die Muster von Hirnaktivitäten bei unterschiedlichen Leseaufgaben und bei unterschiedlich kompetenten Lesern aufzeichnen, aber die geringe räumliche und zeitliche Auflösung der Messverfahren erlaubt es bestenfalls, erste grobe Unterschiede zwischen guten und schwachen Lesern zu beschreiben, Prozessmodelle oder Komponenten des Lesens sind noch nicht zuverlässig zu beschreiben (Price/McCrory, 2005). Man kann das Lesen jedoch systematisch erforschen, indem man bestimmte Lesebedingungen experimentell manipuliert und beobachtet, ob und inwiefern sich diese Veränderungen auf das Leseverhalten und auf das Leseergebnis auswirken. Wenn dies unter kontrollierten Bedingungen geschieht, lassen sich wichtige und weniger wichtige Faktoren zuverlässig unterscheiden. Die bedeutsamen Faktoren können in explanativen Modellen miteinander kombiniert werden, die sich erneut empirisch prüfen lassen. Auf diese Weise können nach und nach zunehmend differenzierte und empirisch gehaltvolle Modelle für das Lesen bestimmter Texte bei bestimmten Leseintentionen und von Personen unterschiedlichen Kompetenzniveaus konstruiert und evaluiert werden. Die Bearbeitung der folgenden Aufgabe, die dem anregungsreichen Lehrbuch von Marx (2007, S. 18) entnommen ist, soll das Verständnis der sich anschließenden Überlegungen vorbereiten.

Damit Sie sich möglicherweise etwas besser in einen Leseanfänger hineinversetzen können, lesen Sie bitte die folgenden Wörter:
kluncht
roltgam
isklatnochs
pintrukli
farolu
talire

Sie haben vermutlich den einleitenden Satz schnell und mühelos lesen können, denn er besteht aus inhaltlich sinnvollen Wörtern der Alltagssprache. Die danach folgenden Wörter sind schwieriger zu erlesen, denn es handelt sich um Pseudowörter – das sind Wörter, die es gemäß den Prinzipien der Lautbildung und der Verschriftlichung der deutschen Sprache geben könnte, die es jedoch in dieser Form nicht gibt und die deshalb keine Bedeutung haben. Bekannte Wörter oder zumindest Teile dieser Wörter erkennen Sie beim Lesen blitzschnell und ganzheitlich, Pseudowörter müssen Sie sich hingegen relativ mühsam Silbe für Silbe erschließen. Diese Unterscheidung ist Grundlage eines besonders einfachen Lesemodells, das vermutlich sehr einflussreich geworden ist, weil es auf die zwei zentralen Hauptkomponenten erfolgreichen Lesens hinweist. Es handelt sich um das Zwei-Wege-Modell des Lesens von Coltheart (engl.: *dual route theory*), das ab 1978 zunächst zur Erklärung des lauten Lesens eines Wortes entwickelt, später auch zur Erklärung des sinnerfassenden Lesens insgesamt herangezogen wurde (Coltheart, 2005). Coltheart hatte bei der experimentellen Analyse der Leseleistungen von Kindern und Jugendlichen mit extremen Lese-Rechtschreibproblemen (sog. Legasthenie, engl.: *dyslexia*) festgestellt, dass sich Subgruppen mit deutlich zu unterscheidenden Leseauffälligkeiten differenzieren ließen. Er erklärte die beobachteten Muster von Leistungsausfällen, indem er zwei Wege der Erschließung von Wörtern bzw. Textinhalten unterschied und experimentell nachwies, den direkten und den indirekten Weg:

- Der *direkte Weg* ist der *lexikalische Weg*. Er kann nur bei bereits bekannten Wörtern und nur von relativ geübten Leserinnen und Lesern verwendet werden. Ein zu erlesendes Wort wird ganzheitlich erfasst, mit Wörtern abgeglichen, die in einem mentalen Lexikon gespeichert sind, erkannt und direkt in Lautsprache bzw. innerlich in eine bedeutungshaltige Vorstellung umgesetzt. Weil der oder die Lesende das semantische Vorwissen nutzen kann, können Wörter und Textteile blitzschnell erfasst werden und auch dann, wenn nur einige signifikante Teile des geschriebenen Textes erkannt werden können.
- Der *indirekte Weg* ist der *phonologische*, nonlexikalische oder *sublexikalische Weg*. Er wird von geübten Lesenden vor allem dann genutzt, wenn ein Wort graphophonetisch regelabweichend geschrieben wird, wenn ein Wort völlig unbekannt ist oder wenn es sich um ein Pseudowort handelt. Der bzw. die Lesende muss das Wort buchstaben- bzw. silbenweise phonologisch rekodieren und versuchen, der mental gebildeten Lautfolge inhaltliche Bedeutung zuzuordnen. Weil das semanti-

sche Vorwissen beim Dekodieren nicht genutzt werden kann, können die Wörter nur relativ langsam erfasst werden und der geschriebene Text muss relativ genau und vollständig rekodiert werden.

Coltheart (1980) hatte in empirischen Studien festgestellt, dass Lernende mit Leseproblemen vor allem beim phonologischen Lesen gravierende Defizite aufwiesen, und er unterschied drei Subtypen von Legasthenie: Als Kinder mit Oberflächenlegasthenie (engl.: *surface dyslexia*) bezeichnete er solche Lernenden, die zwar gut indirekt phonologisch lesen können, aber nicht auf direktem Wege Wörter schnell als Ganzheit erfassen. Als phonologische oder sog. Tiefenlegastheniker (*dyslexia*) bezeichnete er Lernende mit dem umgekehrten Verhältnis von Stärken und Schwächen, also Kinder, die zwar besonders häufig auftretende Wörter und ausreichend geübte Texte inhaltlich auf direktem Wege erfassen können, sich aber beim phonologischen Erlesen von Wörtern sehr schwer tun. Bei bis zu 80 Prozent der Legastheniker trat jedoch eine Mischform mit doppeltem Defizit auf, d.h. diese Kinder und Jugendlichen zeigten erhebliche Ausfälle beim direkten und beim indirekten Lesen.

Colthearts Unterscheidung von drei Arten der Legasthenie hat sich trotz erfolgreicher experimenteller und neurowissenschaftlicher Validierungen in Forschung und Praxis nicht durchgesetzt. Es ließen sich keine zuverlässigen und trennscharfen diagnostischen Prozeduren finden, die unter Praxisbedingungen pragmatisch realisierbar sind. Die relative Bedeutung der beiden Wege variiert erheblich in Abhängigkeit von der Regelmäßigkeit der Verschriftung einer Sprache, und dessenungeachtet stellen weltweit vor allem phonologische Defizite den Kern des Leseversagens dar, und diese Defizite wiegen schwer beim Erlesen aller Wörter, nicht nur beim Erlesen von seltenen und unregelmäßig geschriebenen Wörtern. Ein Prozessmodell des Lesens, das die wichtigsten Ergebnisse der experimentellen Leseforschung erklären kann, erfordert eine weitaus komplexere Modellierung als ein Zwei-Wege-Modell. Die folgenden Leseaufgaben können Ihnen einen Eindruck von der Komplexität kompetenten Lesens verschaffen.

Selbsterfahrungstext: Was ist Lesen?
Diesen Satz bitte nicht lesen! Konnten Sie dieser Aufforderung Folge leisten? Wohl kaum, und dieses Phänomen führt Sie gleich zu einer ersten wichtigen Erkenntnis über Ihr Lesen: Sie und mit Ihnen alle geübten Leserinnen und Leser lesen extrem schnell, so schnell, dass es Ihnen

kaum gelingt, kurzzeitig dargebotene Texte, die Ihre Aufmerksamkeit erregen, nicht zu lesen. Geübte Leser wie Sie beherrschen das Lesen nämlich so gut, dass sie ohne Anstrengung und ohne explizite Kontrolle durch die bewusste Aufmerksamkeit lesen können. Kognitionsforscher sagen, geübtes Lesen sei automatisiert: Sie müssen sich nicht bemühen zu lesen, Sie lesen einfach. Gerade dieser hohe Automatisierungsgrad, diese Mühelosigkeit macht geübtes Lesen aus. Stellen Sie sich vor, Sie müssten noch so langsam und beschwerlich lesen wie im ersten Schuljahr: Würden Sie dann morgens die Tageszeitung lesen oder abends ein Buch?

Verglichen mit den Fähigkeiten eines Falken ist Ihre visuelle Wahrnehmung relativ ungenau und relativ langsam. Trotzdem erreichen Sie eine beachtliche Lesegeschwindigkeit. Wie ist das zu erklären? Sie sprengen die Grenzen Ihres Wahrnehmungsapparates, indem Sie selektiv lesen. In hoch kontrollierten Laborstudien konnte gezeigt werden, dass geübte Leser schneller lesen als wahrnehmen können. Daraus folgt, dass diese Leser unmöglich alle Buchstaben des Textes wahrgenommen haben können. Inzwischen weiß man, dass geübte Leser einen Text nicht Wort für Wort und schon gar nicht Buchstabe für Buchstabe lesen, sondern selektiv nur bestimmte aussagekräftige Teile eines Textes bewusst wahrnehmen.

SiexbenutzenxbeimxLesenzurxOrientierungXdiexWortzwischenräum exundxdiexSatzzeichenxsobaldxdiesexfehlenxmüssenxSiexihrxLesetemp oxdeutlichxreduzierenxundxsiexkönnenxnichtxsoxschnellxundxohnexb ewußtexKontrollexlesenxsondernxSiexmüssenxsichxfastxwiexeinxLesean fängerxbeimxEntschlüsselnxdesxGeschriebenenxanstrengen.

D_s _st n_cht _nd_rs, w_nn m_n d__ V_k_le w_gl_sst. Tr_tzd_m k_nn_n S__ d_n T_xt _ntschl_ss_ln. D_ S__ d_ R_chtschr__bm_st_r d__s_r W_rt_r k_nn_n, k_nn_n S__ s_l_kt_v l_s_n. D_ch K_ns_n_nt_n s_nd s_hr w_cht_g: Ei_e_ _a__ o_e _o_o_a_e_ _ö_e_ _ie _i___ _e_e_.

Zwei Merkmale haben Sie bisher kennengelernt: Ihr Lesen verläuft automatisiert, d.h. mühelos, extrem schnell und ohne bewusste Aufmerksamkeitssteuerung, und selektiv, d.h. Sie nehmen nur besonders informative Textteile wahr und überspringen die weniger informativen Textteile. Im letzten Satz des zweiten Lesetextes fehlten vermutlich zu viele wichtige Informationen, denn der Satz besagte: »Einen Satz ohne Konsonanten können Sie nicht lesen.«

3.3 Lesen von Texten

Wie ist jedoch zu erklären, dass Sie trotz hohen Lesetempos und obwohl Sie nur Teile eines Textes wahrgenommen haben, dessen Inhalt erfassen können? Hier kommt Ihnen eine dritte wichtige Eigenschaft kompetenten Lesens zugute: Sie lesen interaktiv, d. h. Sie treten in Interaktion mit dem Text und nutzen dabei Ihr Sprachverständnis und Ihr Sachwissen. Für gewöhnlich sind die Texte, die Sie lesen, in Ihrer Muttersprache abgefasst und handeln von den Dingen dieser Welt. Sie können deshalb die informativen Textteile, die Sie blitzschnell wahrgenommen haben, sinndeutend interpretieren. Dabei nutzen Sie zum einen Ihre sprachlichen Fähigkeiten, zum anderen Ihr Sachwissen über die Inhalte, die im gelesenen Text behandelt werden. Geübtes Lesen ist keine Einbahnstraße vom Text zum Gehirn, sondern interaktives Deuten von schnell wahrgenommenen Textteilen auf der Grundlage des Vorwissens des Lesers.

Selbst –– man ganze Wörter ––––, können Sie erfolgreich –––. Sie können nämlich –- Grund Ihres –––– über zulässige Satzbaupläne der –––– Sprache bei ––– Lücken angeben, welche Art von –– eingesetzt werden muss, ob –––– oder Mehrzahl usw. Das gelingt nicht, –– Ihr Sprachverständnis ausgeschaltet wird: This phenomen may ––– be demonstrated by ––––– text to fluent readers –––– in a language –– is –––– to them. (This phenomen may easily be demonstrated by presenting text to fluent readers written in a language that is foreign to them.)

Ein brauchbares Kompetenzmodell des Lesens muss textnahe und textferne Aktivitäten unterscheiden und die drei genannten Merkmale kompetenten Lesens erklären können. Wir haben in Anlehnung an eine frühere Arbeit (Wember, 1999) in Abbildung 3.4 ein Kompetenzmodell entworfen, das unten als objektiven Reiz den geschriebenen Satz »Lesen macht Spaß« zeigt und oben als subjektive Reaktion den von einer Leserin erlesenen und laut ausgesprochenen Satz darstellt. Zwischen dem visuellen Input und dem auditiven Output liegen fünf aufeinander aufbauende Ebenen und auf jeder Ebene werden zentrale Teilfertigkeiten der Informationsverarbeitung unterschieden. Die unteren, textnahen Aktivitäten interagieren mit den oberen, textfernen Aktivitäten, Lesen ist eine Interaktion zwischen Leser und Text. Manchmal überwiegt die mühevolle gedankliche Bewegung vom Text in den Kopf des/der Lesenden (*bottom up*, besonders deutlich beim langsamen synthetisierenden Lesen), manchmal die blitzschnelle Interpretation des Textes oder von Textteilen durch den geübten Leser (*top down*, besonders deutlich beim intelligent ratenden Lesen eines lückenhaft gedruckten Textes), der Pfeil von der ersten zur dritten Ebene symbolisiert das von Coltheart beschriebene direkte Lesen ohne phonologische Schleife. Die Aktivitäten auf den fünf Ebenen bauen aufeinander auf, interagieren miteinander und Kompensationseffekte sind möglich: Bei einem lückenhaften Druckbild kann, wie in den Beispieltexten gesehen, der oder die Lesende auf der Basis von Spracherfahrung und Weltwissen fehlende Textteile erraten und auf diese Weise mental ergänzen (Stanovich, 1984).

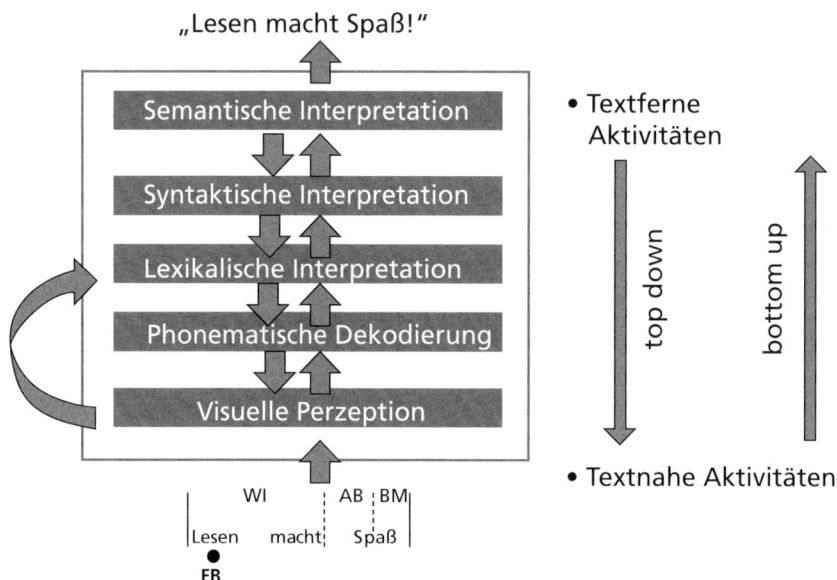

Abb. 3.4: Ein einfaches Prozessmodell des Lesens mit fünf interagierenden Ebenen

Die fünf Ebenen der Informationsverarbeitung werden hier aus analytischen Gründen unterschieden, um den überaus komplexen und extrem schnell ablaufenden Leseprozess gliedern zu können; mit dieser Untergliederung ist nicht gesagt, dass die einzelnen Teilprozesse unabhängig oder gar getrennt voneinander ablaufen. Sie sind im aktuellen Akt des Lesens vielmehr aufs Engste miteinander verzahnt, denn fast immer können Mehrdeutigkeiten auf unteren Ebenen nur unterschieden werden, indem Informationen aus übergeordneten Ebenen berücksichtigt werden. Die hierarchische Gliederung ergibt sich insofern, als dass die ersten beiden Ebenen textnahe Verarbeitungsprozesse erfassen, welche gewissermaßen das Rohmaterial für die weiteren, höheren und textferneren Ebenen der sprachlichen und semantischen Textinterpretation liefern. Auf diesen höheren Ebenen erfolgt die inhaltlich tiefer gehende Verarbeitung des Gelesenen, hier kommen das Wissen und das schlussfolgernde Denken des/der Lesenden ins Spiel.

- Die erste und elementarste Ebene ist die der prälexikalischen Verarbeitung visueller Symbole, die auf einer unbewussten, aber äußerst effektiven Steuerung der Blickbewegungen basiert. Der/die Lesende fixiert eine erste Stelle im Text, denn nur im Ruhezustand kann das Auge scharf sehen. Nach etwa einer viertel Sekunde springt der Blick mit einer beschleunigten Bewegung, Sakkade genannt, einige Buchstaben im Text weiter nach rechts, um erneut eine Stelle im Text zu fixieren. Das geübte Lesen ist ein ständiger Wechsel von Fixationen und Sakkaden durch den Text hindurch, nur bei unklarem Druckbild oder bei inhaltlichen Verständnisschwierigkeiten springt der Blick im Text zurück. Da der/die Lesende nur während der Fixationen scharf sehen kann, muss er/sie ständig und unmittelbar entscheiden, wie lange eine Fixation dauern und wie weit der nächste Blickbewegungssprung führen soll.
- Auf der zweiten Ebene erfolgt die Erkennung von Silben und Wörtern: Der/die Lesende verknüpft die visuell wahrgenommenen, für sich genommen bedeutungslosen Buchstaben zu Silben und Silbenfolgen, die als Wörter identifiziert werden, indem ihnen aus einem mental gespeicherten Lexikon von vielen tausend Wörtern die richtigen Wörter und Wortbedeutungen zugeordnet werden. Dieser Vorgang dauert nur etwa eine fünftel Sekunde, gleichzeitig nimmt der Leser am rechten Rand des Blickfeldes bereits Informationen über die Form des nächsten Wortes und die Lokalisierung des übernächsten Wortes wahr.
- Auf der dritten Ebene der syntaktischen Interpretation fügt der Lesende/die Lesende die identifizierten Wörter zu einem Satz zusammen. Er/sie entscheidet blitzschnell, welches Wort welche grammatische Funktion im Satzgefüge hat, identifiziert Subjekt, Prädikat und Objekt, erkennt Adjektive und Präpositionen und klärt die Bedeutung mehrdeutiger Wörter aus dem Satzzusammenhang heraus. Auf diese Weise wird die Bedeutung der Einzelwörter geprüft und festgelegt, zugleich entsteht ein inneres Bild von der Bedeutung des Satzes.
- Auf der vierten Ebene der semantischen Interpretation integriert der/die Lesende die Satzbedeutungen zu einem fortlaufenden Argument. Dazu verknüpft er/sie zum einen die gelesenen Sätze mit seinem Hintergrundwissen, zum anderen setzt er die Bedeutungen der Einzelsätze

zueinander in Beziehung. Auf diese Weise wird geprüft, ob der Text insgesamt Sinn macht, zugleich wird die Bedeutung einzelner Sätze korrigiert, falls das aus dem Zusammenhang des Gesamttextes heraus notwendig ist.
- Auf der letzten pragmatischen Ebene muss der/die Lesende entscheiden, wie im Weiteren mit dem Text umzugehen ist. Wenn er/sie z. B. zu der Überzeugung gelangt, der Inhalt sei wichtig und richtig verstanden, wird er/sie ihn zu behalten versuchen und in das vorhandene Wissen einbauen. Falls der/die Lesende jedoch den Eindruck gewinnt, der Text sei nicht richtig verstanden worden, wird er/sie ihn nochmals lesen oder einzelne Teile intensiver studieren.

Auf jeder Ebene der Informationsverarbeitung lassen sich zahlreiche Variablen unterscheiden, die für Erfolg und Versagen beim Lesenlernen relevant sein können, dementsprechend vielfältig und unübersichtlich stellen sich die Ergebnisse der Leseforschung dar. Gough und Tunmer haben 1986 eine radikale Vereinfachung vorgeschlagen, das sog. Einfachmodell des Lesens (engl.: *simple view of reading*), das an Colthearts Zwei-Wege-Modell erinnert. Mit dem Einfachmodell möchten sie zwei lesedidaktisch besonders zentrale Komponenten betonen: Lesekompetenz, verstanden als Fähigkeit zum sinnentnehmenden Lesen, wird als multiplikatives Produkt von Dekodierfähigkeit und Sprachverständnis aufgefasst. Bereits dieser einfache Zusammenhang, für den es in der Leseforschung zahlreiche empirische Belege gibt (zusammenfassend Gough/Hoover/Peterson, 1996), hat erhebliche pädagogische Konsequenzen: Falls die Dekodierfähigkeit, definiert als die Fähigkeit, geschriebene Wörter in gesprochene bzw. gedachte Wörter und Sätze umzusetzen, gegen Null geht, gelangen keine oder nur zu wenige Informationen aus einem geschriebenen Text in den Kopf des/der Lesenden, folglich geht die Lesekompetenz gegen Null. Falls das Sprachverständnis gegen Null geht, nutzt es wenig, wenn ein Leser gut dekodieren kann, da er die gesprochenen oder gedachten Wörter nicht inhaltlich deuten kann. Auch in diesem Fall geht die Lesekompetenz gegen Null, und beide Fälle kommen in der schulischen Praxis vor. Kinder, die in ihrer Primärsprache erfolgreich zu lesen gelernt haben, können, sobald sie in ein neues sprachliches Umfeld versetzt werden, manchmal in der Sekundärsprache Texte zwar laut vorlesen, aber nicht verstehen, selbst wenn diese weit unterhalb ihres Sprachverständnisses in der Primärsprache liegen. Kinder, die nicht dekodieren können, können einfache Texte unterhalb ihres Sprachverständnisses problemlos verstehen, wenn sie diese hören, aber sie können sie nicht erlesen.

3.3.2 Diagnose der Leseflüssigkeit

Kompetentes Lesen, so lässt sich aus dem multiplikativen Einfachmodell folgern, braucht beides, erfolgreiches Dekodieren und erfolgreiches Sprachverstehen, und auf beide Komponenten werden wir in den Kapiteln 3.3.4 und 3.3.5 eingehen. Bevor wir ausgesuchte Interventionsprogramme zur Förderung flüssigen und fehlerfreien Dekodierens und zur Vermittlung von Strategien aktiver Texterarbeitung betrachten, werden wir in diesem und dem sich anschließenden Teilkapitel Möglichkeiten der Diagnose von individuellen Stärken und Schwächen erörtern, denn Förderung kann gezielt erfolgen, wenn sie diagnostisch fundiert ist. Wir beginnen mit der Diagnostik flüssigen und weitgehend fehlerfreien Lesens, denn dieses gilt empirisch und didaktisch als Brücke zwischen Erstlesekompetenz und geübtem fortgeschrittenen Lesen (Holle, 2006). Die Erklärung stammt aus zahlreichen Leseexperimenten (ausführlicher Wember, 1999, S. 11–28): Auf der unteren Ebene der textnahen Aktivitäten muss der/die Lesende die geschriebenen Zeichen in Laute dekodieren und diese zu mental vorgestellten Silben und Wörtern verknüpfen. Auf der höheren Ebene der syntaktischen und semantischen Aktivitäten muss der/die Lernende die dekodierten Wörter zu Sätzen verknüpfen, diese zu einem Text integrieren und ein sinnerfassendes Verständnis des Textes aufbauen. Mangelnde Automatisierung elementarer Fertigkeiten verhindert erfolgreiches Textverstehen. Solange die textnahen Operationen des Dekodierens auf der Textoberfläche nicht mühelos, sicher und schnell beherrscht werden, belegen sie die Aufmerksamkeit des Lesenden und binden zu viel Gedächtniskapazität, das inhaltliche Verstehen des Textes und mithin der eigentliche Leseauftrag kann nicht oder nur unzureichend gelingen.

Grundsätzlich lässt sich Lesediagnostik informell und formell betreiben. Im ersten Fall setzt die Lehrkraft selbst erstellte Leseproben ein. Das hat den Vorteil, dass die Lehrkraft die Leseaufgaben am aktuellen Unterricht ausrichten und an den individuellen Lernstand eines/einer Lernenden anpassen kann. Von Nachteil ist, dass solche selbst gefertigten Erhebungen subjektiv sind, sie lassen sich nicht oder nur sehr eingeschränkt mit anderen Messungen vergleichen. Alternativ kann die Lehrkraft Lesetests verwenden, das sind Instrumente zur standardisierten Erhebung von vergleichbaren Lesestichproben, die nach vorgegebenen Kriterien ausgewertet werden und für deren Bewertung Vergleichsdaten aus Eichstichproben zur Verfügung stehen. Solche Tests haben den Vorteil, dass sie gemäß den klassischen methodischen Gütekriterien der Objektivität, der

Reliabilität und der Validität entwickelt worden sind, aber sie lassen sich wiederum nicht oder nur äußerst eingeschränkt situativ und individuell anpassen.

Als informelle Leseproben zur Messung der Leseflüssigkeit können Wortlisten oder Sätze und Texte eingesetzt werden, und diese können vom Kind jeweils laut vorgelesen oder leise erlesen werden. Das laute Vorlesen entspricht zwar nicht dem eigentlichen Ziel des Leseunterrichts, denn die Lernenden sollen nicht lernen, Texte anderen Personen vorlesen zu können, sondern sie sollen lernen, still für sich und sinnentnehmend zu lesen, aber es bietet gerade bei schwachen Leserinnen und Lesern den Vorteil, dass die Lehrkraft die Häufigkeit und die Art von Verlesungen analysieren und feststellen kann, welche Graphem-Phonem-Korrespondenzen vom Kind beherrscht werden und welche nicht, ob die Silbenstruktur erkannt und genutzt wird, ob komplexe Wörter dekodiert werden. Die Wörter kann die Lehrkraft den Unterrichtsmaterialien oder einem Grundwortschatz entnehmen und als Leistung wird die Anzahl richtig gelesener Wörter pro Minute berechnet. Auf diese Weise kann die Lehrkraft das zu lesende Material exakt auf den aktuellen Unterricht und äußerst individuell auf den diagnostischen Bedarf bei einem individuellen Kind abstimmen. Das laute Vorlesen kann darüber hinaus durch das stille Erlesen ergänzt oder ersetzt werden, in dem Falle muss das Leseverständnis durch schriftliche Antworten erhoben werden; das klassische Aufgabenformat zeigt einen Gegenstand in einer bildlichen Darstellung und dazu drei bis fünf zu erlesende Wörter, von denen nur ein Wort passt. Auch unter dieser Bedingung lassen sich die Lesegeschwindigkeit und die Lesegenauigkeit recht zuverlässig abschätzen. Beispiele für laut und leise zu lesende Wortlisten mit und ohne bildliche Darstellungen gibt Lenhard (2012, S. 86 und 88).

Wortlisten sind geeignet, um das Dekodieren auf Wortebene zu prüfen. Dies ist im Anschluss an das Erstlesen grundsätzlich wichtig, es muss bei Lernenden mit gravierenden Lese- und Rechtschreibschwierigkeiten jedoch in aller Regel über viele Jahre hinweg und bis in die Sekundarstufe hinein im diagnostischen Blick bleiben. Beim Erlesen von Wortlisten können die Lesenden jedoch keine syntaktischen und semantischen Kompetenzen einsetzen, denn es gibt keine Sätze und infolgedessen keine zu nutzenden syntaktischen Strukturen, und Wortlisten lassen nicht den Aufbau einer inhaltlich kohärenten Vorstellung des bislang Gelesenen zu, das beim weiteren Lesen genutzt werden könnte. Deshalb empfiehlt es sich, das laute oder leise Lesen von Fließtexten zu diagnostischen Zwecken einzusetzen. Die Vor- und Nachteile des lauten bzw. des leisen Lesens wurden bereits beim Wortlistenlesen genannt, beim leisen Lesen müssen schriftliche Antworten vom Kind verlangt werden.

Dazu zwei instruktive Beispiele: Wilfried Metze hat auf seiner Webseite www.wilfriedmetze.de mit dem »*Stolperwörter-Lesetest*« einen Gruppentest angeboten, der in den ersten vier Grundschulklassen eingesetzt werden kann. Es stehen sogar Vergleichsdaten zur Leistungsbeurteilung zur Verfügung. Die Betonung liegt auf dem Einsatz grammatischer und syntaktischer Strukturen durch das lesende Kind, denn es werden im Test Sätze vorgegeben, in die ein Wort eingebaut wurde, das inhaltlich nicht passt und identifiziert werden muss, z. B. »Meine Mutter trinkt gern schwach Kaffee.«

Die Stiftung Lernen hat ein »*Lesefitness-Training*« herausgegeben, das für die ersten vier Schuljahre u. a. mehrere Schnellverfahren zur Diagnose des Leseverständnisses und zur Diagnose der Lesegeschwindigkeit (Verständnis-Check und Tempo-Check) anbietet. Der Tempo-Check verlangt, drei verschiedene Sätze zu lesen und sich für den inhaltlich passenden Satz zu entscheiden. Das folgende Beispiel entstammt dem ersten Tempo-Check für die 3./4. Klasse (https://www.domino-verlag.de/wp-content/uploads/2015/08/LeFi_3_4_Tempo1.pdf):

Wie viele Sätze kannst du in fünf Minuten lesen?
Für jeden richtig angekreuzten Satz gibt es einen Punkt!

- Papa bricht mir Schwimmen bei.
- Papa bringt mir Schwimmen bei.
- Papa brüht mir Schwimmen bei.
- Einkaufen mit Mama ist langweilig.
- Einkaufen mit Mama ist launisch.
- Einkaufen mit Mama ist langwinzig.

Auch beim Lesen von Fließtext kann die Lehrkraft die zu lesenden Texte den Unterrichtsmaterialien oder dem aktuellen Unterricht entnehmen, und als Leistung wird erneut die Anzahl richtig gelesener Wörter pro Minute berechnet. Wember hat bereits 1999 in seinem Rahmenprogramm »Besser lesen mit System« vorgeschlagen, die hohe Flexibilität informeller Verfahren systematisch zu nutzen und das zu lesende Material per »Diagnostik durch Probeunterricht« auf den aktuellen Leseleistungsstand eines individuellen Kindes abzustimmen (Wember,

1999, S. 35f.). Denn die Lehrkraft ist nicht darauf angewiesen, bereits nach einer einmaligen Leseprobe zu einem Urteil zu kommen. Sie kann sich vielmehr über mehrere Tage hinweg an das Leseniveau einer Schülerin herantasten:

1. Wählen Sie eine Serie von Lesebüchern für die Grund- oder Hauptschule bzw. für die Förderschule, je nach Leistungsstand der Schülerinnen und Schüler. Anstelle von Schulbüchern können Sie auch Serien von Lesetexten nehmen, die manche Fachverlage anbieten. In jedem Fall sollten die Autorinnen und Autoren der Bücher sich bemüht haben, vom Schwierigkeitsgrad der Texte her gestuft vorgegangen zu sein.
2. Wählen Sie aus jedem Viertel jedes Schulbuches einen Text von ca. 200 oder mehr Wörtern aus. Zählen Sie die Wörter exakt aus und tragen Sie am Rand die Ergebnisse Ihrer Zählung ein.
3. Formulieren Sie zu jedem Text vier oder mehr Fragen zum inhaltlichen Verständnis. Stellen Sie jedoch nach Möglichkeit keine Fragen, die das allgemeine Wissen eines Kindes betreffen, sondern nur solche, die das sinnentnehmende Lesen des Textes voraussetzen.
4. Beginnen Sie mit einem Text, von dem Sie annehmen, dass er von Ihrer Schülerin/Ihrem Schüler sicher gelesen werden kann (z. B. Buch 3, Text 2). Lassen Sie den Text laut vorlesen, geben Sie nötigenfalls Wörter vor, welche die Schülerin/der Schüler nicht lesen kann.
5. Protokollieren Sie die Anzahl der Fehler (Auslassungen, Wortersetzungen, falsch oder unvollständig wiedergegebene Wörter) und markieren Sie die Stelle, an der die Schülerin/der Schüler nach genau zwei oder drei Minuten Zeit angelangt ist. Lassen Sie den Text jedoch zu Ende lesen.
6. Ermitteln Sie die Anzahl richtig gelesener Wörter pro Minute (RWM) und die Anzahl fehlerhaft gelesener Wörter pro Minute (FWM), indem Sie die jeweilige Gesamtzahl durch 2 oder 3 dividieren. Die Anzahl der richtig und falsch gelesenen Wörter pro Minute gibt Ihnen einen Anhaltspunkt dafür, ob der gelesene Text zu schwierig, angemessen oder zu leicht für Unterrichtszwecke ist.
   a. Überforderungsniveau: < 25 RWM > 8 FWM
   b. Instruktionsniveau: > 25 RWM 4–8 FWM
   c. Funktionales Niveau: > 80 RWM 2–3 FWM

7. Stellen Sie die Fragen zum Inhalt des Textes. Auf Instruktionsniveau sollte die Schülerin/der Schüler mindestens 50 % der Fragen richtig beantworten können (dieser Wert muss jedoch nicht immer als Ausschlusskriterium gesetzt werden, da es im Förderprogramm zunächst um die Steigerung der Dekodiergeschwindigkeit geht und sich bei manchen Kindern infolge einer Steigerung der Lesegeschwindigkeit auch die Sinnentnahme verbessert).
8. Ermitteln Sie das Instruktionsniveau der Schülerin/des Schülers, indem Sie je nach Ergebnis im ersten Versuch einen schwierigeren oder einen leichteren Text vorgeben und die Schritte 4 bis 7 solange wiederholen, bis Sie das Instruktionsniveau gefunden haben.
9. Wenn Sie meinen, das Instruktionsniveau gefunden zu haben, lassen Sie die Schülerin/den Schüler in den folgenden zwei bis vier Tagen erneut Texte auf diesem Niveau lesen. Korrigieren Sie nötigenfalls Ihre Diagnose, indem Sie die Schritte 8 sowie 4 bis 7 wiederholen.

Eine informelle Diagnose des Lesens muss sich nicht auf Lesegeschwindigkeit und Lesegenauigkeit beschränken. In Schritt 7 wird bereits das Leseverständnis des Kindes geprüft, denn oft bietet es sich geradezu an, das Kind nach dem Erlesen eines Textes nach dem Inhalt zu fragen, – wir werden diesem Gedanken in Kapitel 3.3.3 weiter nachgehen. Es gibt zwei weitere Möglichkeiten, eine Leseprobe diagnostisch vertieft zu nutzen, die Fehleranalyse beim lauten Lesen und dessen prosodische Beurteilung (Holle, 2010, S. 147–150).

Bei der Fehleranalyse will die Lehrkraft nicht nur die Lesegenauigkeit prüfen, sondern sie will darüber hinaus feststellen, welche Grapheme, Silben, Wortteile oder Wörter fehlerhaft gelesen wurden und wie sich die Verlesungen qualitativ darstellen. Nicht als Fehler zu werten sind Verlesungen, die vom Kind spontan korrigiert wurden (z. B. legte einen *ein* Ei in das Nest), manchmal werden auch direkte Wortwiederholungen (Er legte ein *ein* Ei in das Nest) und hinzugefügte Wörter (z. B. er legte ein *kleines* Ei in das Nest) nicht als Fehler gewertet. Als Verlesungen gelten jedoch Wortersetzungen und offenkundige Aussprachefehler (z. B. *Ella* legte ein Ei in *de* Nest), Auslassungen von Wörtern oder Wortteilen und lange Lesepausen, die den Lesefluss spürbar stören (etwa 3–5 Sekunden). Bei all diesen Verlesungen ist diagnostisch aufschlussreich zu prüfen, inwieweit das gesprochene Wort lautlich zu den Graphemen passt und ob Auslassungen, Einfügungen und Ersetzungen des Kindes grammatisch in den Satz und syntaktisch in den inhaltlichen Zusammenhang passen, denn die

Verlesungen lassen erkennen, ob eine Lesende sehr stark lautierend liest und weniger auf den Inhalt achtet, ob sie relativ wenig dekodiert und sich mehr oder minder inhaltlich ratend durch den Text bewegt und ob und inwieweit die Sinnerfassung beim Lesen gelingt.

Die prosodische Beurteilung laut vorgelesener Textpassagen kann die Lesediagnostik sinnvoll ergänzen, denn sie erlaubt einen Blick auf die expressive Qualität des Leseprozesses. Die Prosodie umfasst die Intonation und die Phrasierung. Mit Intonation ist gemeint, ob die oder der Lesende die Stimmungen und Emotionen von im Text handelnden Personen erfasst und diese stimmlich darstellt. Mit Phrasierung ist gemeint, ob die oder der Lesende Lesepausen und Stimmführung syntaktisch und inhaltlich passend anlegt, sich an Sinnabschnitten orientiert und die Interpunktion beachtet. Auch wenn sich der Leseprozess grundsätzlich nicht direkt beobachten lässt, erlaubt die Analyse der Prosodie Rückschlüsse auf die Lesekompetenz (Holle, 2010, S. 147–150).

Informelle lesediagnostische Verfahren haben zwar den Vorteil, dass sie von der Lehrkraft relativ frei gestaltet und an das individuelle Kind und die konkrete unterrichtliche Situation angepasst werden können, aber mit diesem Vorteil ist als Nachteil verbunden, dass informelle Diagnosen oft sehr subjektiv und nicht selten weder reliabel noch valide sind, d.h. die diagnostischen Ergebnisse sind stark abhängig von der diagnostizierenden Person und die zeitliche Zuverlässigkeit sowie die inhaltliche Gültigkeit des diagnostischen Verfahrens stehen zur Diskussion. Standardisierte Lesetests werden entwickelt, um objektive, reliable und valide Diagnosen zu ermöglichen: Es werden einheitliche Leseaufträge und Lesetexte verwendet, das Leseverhalten wird nach festgelegten Kriterien analysiert und die Ergebnisse werden einheitlich ausgewertet und mit Normdaten verglichen, die bei der Testkonstruktion in Eichstichproben gewonnen wurden. Im Folgenden finden sich ausgesuchte Verfahren neueren Datums kurz vorgestellt, die sich ökonomisch durchführen lassen. Sie bieten sorgfältig erhobene Normdaten neueren Datums, teils auf der Basis von sehr großen Eichstichproben, die eine objektive Beurteilung von Leistungen möglich machen. Sie liegen meist in Parallelform vor und erlauben auf diese Weise die objektive und reliable Erhebung von Leseleistungsverbesserungen und die Evaluation von Fördermaßnahmen.

> Der SLRT-II (Moll/Landerl, 2014) ist der *Salzburger Lese- und Rechtschreibtest* für die Schulklassen 1 bis 6, der besonders für den Einsatz bei Lernenden mit Lernschwierigkeiten gedacht ist. Der Leseteil besteht

aus einem Ein-Minuten-Leseflüssigkeitstest, der als Einzeltest durchgeführt werden muss und inkl. Auswertung etwa 10 Minuten dauert (Landerl/Willburger, 2009). Er erfordert das laute Vorlesen von Wörtern und Pseudowörtern und ermöglicht eine Diagnose der direkten lexikalischen Worterkennung einerseits und des synthetischen, phonologisch lautierenden Lesens andererseits. Der Ein-Minuten-Leseflüssigkeitstest differenziert sowohl im unteren als auch im mittleren und oberen Leistungsbereich.

Das *Salzburger Lese-Screening für die Schulstufen 2–9* (SLS 2–9; Wimmer/Mayringer, 2014) ist ein ökonomisches Schnellverfahren zur Identifikation von Schülerinnen und Schülern mit einer deutlich verlangsamten Lesegeschwindigkeit. Diese wird über das Lesen und Beurteilen von sinnlosen und sinnvollen Sätzen gemessen (▶ Abb. 3.5, Satzbewertung). Ausgehend von der Anzahl der korrekt beurteilten Sätze kann ein Lesequotient ermittelt und mit Normen verglichen werden. Das Verfahren misst zwar »basale Lesekompetenz« über die Lesegeschwindigkeit, die Items erfordern jedoch auch ein inhaltliches Verständnis des Gelesenen.

Der *Lesegeschwindigkeits- und -verständnistest für die Klassen 6–12* (LGVT 6–12; Schneider/Schlagmüller/Ennemoser, 2007) dient der Ermittlung der Lesegeschwindigkeit und des Leseverständnisses in den Klassen 6 bis 12. Die Schüler lesen einen längeren Fließtext, in dem Wörter ausgelassen sind. Sie wählen durch Unterstreichen aus jeweils drei vorgegebenen Alternativen das in den Textzusammenhang passende Wort aus (▶ Abb. 5, Lückentext).

Die WLLP-R (Schneider/Blanke/Faust/Küspert, 2011) ist die *Würzburger Leise Leseprobe* in revidierter Fassung, ein Verfahren, das zwar die Lesegeschwindigkeit abschätzen lässt, nicht jedoch die Lesegenauigkeit. Die Kinder erlesen 140 bis 180 Wörter, zu denen auf jeweils vier Bildern ein passender Gegenstand und drei nicht passende Gegenstände dargestellt sind. Die Kinder wählen das ihrer Meinung nach zum Wort passende Bild aus, aber man kann nicht sicher wissen, ob der Leser ein Wort vollständig erlesen hat oder nur Teile des Wortes wahrgenommen und dann intelligent geraten hat (▶ Abb. 3.5, Wort-Bild-Zuordnung).

Die *Lesefortschrittsdiagnostik Lesen* (LDL) von Walter (2010) ist das erste im deutschen Sprachraum erhältliche Verfahren, das ausdrücklich darauf angelegt ist, nicht nur ein- oder zweimal die aktuelle Leseleistung zu messen, sondern in multiplen wiederholten Testungen, für die 28 Texte zur Verfügung stehen, die Leistungsentwicklung unterrichtsbegleitend abzubilden (engl.: *curriculum based measurement*). Erfasst wird die Anzahl korrekt gelesener Wörter in Einzeltestung, aber da vom Kind pro Testung nur eine Minute vorgelesen wird, ist das Verfahren ohne großen Aufwand und mit Gewinn einzusetzen.

3.3.3 Diagnose des Leseverständnisses

In den soeben angesprochenen standardisierten Lesetests wird vorrangig die Leseflüssigkeit über das vom Kind realisierte Lesetempo gemessen, aber teilweise werden Leseverständnisleistungen bereits miterfasst. Das ist bei den informellen Verfahren nicht anders: In Schritt 7 der im Informationsfenster gezeigten Vorgehensweise von »Besser lesen mit System« (s. o. und Wember, 1999) wird bereits das Leseverständnis des Kindes geprüft, denn oft ist allein die Erfassung von Lesegeschwindigkeit und Lesegenauigkeit über richtig bzw. fehlerhaft gelesene Wörter pro Minute wenig aussagekräftig. Wenn von einem Kind ein Text gelesen wurde, bietet es sich geradezu an, nach dem Inhalt zu fragen und somit gleichzeitig das Leseverständnis zu erfassen. Es macht nämlich keinen Sinn, einzig und allein auf das Lesetempo zu achten und zu riskieren, dass die Lernenden sich nur noch um möglichst hohes Lesetempo bemühen und die Erfassung des Textinhalts aus dem Auge verlieren.

Grundsätzlich lässt sich auch die Diagnostik des Leseverständnisses informell und formell betreiben und die Vor- und Nachteile sind ähnlich verteilt: Die Lehrperson erkauft sich bei informellen Verfahren hohe Flexibilität, aber sie bezahlt mit fraglicher Objektivität, Reliabilität und Validität. Man kann das Verständnis des Gelesenen informell prüfen, indem man das Kind nach dem Lesen eines Textes fragt, was inhaltlich im Text erörtert oder erzählt wurde. Welche Fragen soll man stellen? Offensichtlich sollten es Fragen sein, die sich in spezifischer Weise auf den gerade gelesenen Text beziehen und die sich möglichst nicht durch Allgemeinwissen oder intelligentes Raten beantworten lassen. Darüber hinaus ist zu überlegen, ob man offene oder geschlossene Fragen stellen sollte:

• Geschlossene Fragen werden gerne als Mehrfachwahlaufgaben gestellt. Eine Frage wird so formuliert, dass es eine eindeutig richtige Antwort gibt, die aus dem Text hervorgeht. Es werden die richtige und mehrere falsche Antworten vorgegeben und der Leser soll sich für die richtige

Antwort entscheiden. Mit solchen Fragen lässt sich das Leseverständnis sehr ökonomisch und objektiv erfassen, aber die Validität des Aufgabenformats hängt von der Qualität der Fragen ab. Schülerinnen und Schüler, die intelligent raten, erzielen selbst dann erstaunlich hohe Punktwerte, wenn sie einen Text überhaupt nicht gelesen haben.
- Offene Fragen können nicht durch das Ausschließen wenig plausibler Wahlantworten oder durch einfaches Wiedererkennen von Schlüsselwörtern oder von Wortgruppen gelöst werden, denn sie erfordern die aktive Produktion einer eigenen Antwort. Nachteilig ist jedoch, dass die Produktion von Antworten über das Leseverständnis hinaus aktive Sprachleistungen erfordert, die weit über das Lesen hinausreichen. Wie will man unterscheiden, ob ein Kind, das auf eine Frage keine Antwort gibt, den gelesenen Text inhaltlich nicht erfasst hat oder sich nicht in der Lage sieht, einen Satz zu formulieren?

Was für offene Fragen gilt, gilt umso mehr für das mündliche Nacherzählen oder für das Anfertigen von schriftlichen Zusammenfassungen, bei vielen Lehrerinnen und Lehrern beliebte Formen der Erfassung von Leseverständnisleistungen. Solche Aufgaben sind Anforderungen eigener Art. Sie sind wegen ihrer Komplexität sehr schwierig objektiv zu beurteilen und es besteht immer die Gefahr, dass der Diagnostiker Schwierigkeiten in der mündlichen oder schriftlichen Sprachproduktion als Minderleistungen in der schriftsprachlichen Rezeption missdeutet. Aus diesem Grunde verwenden standardisierte Tests in aller Regel geschlossene Aufgaben, in denen vorgegebene Antwortoptionen beurteilt werden müssen, so dass eine objektive und reliable Auswertung sehr ökonomisch durchgeführt werden kann. Abbildung 5 zeigt bewährte Aufgabenformate in exemplarischen Beispielen, die im Folgenden erläuterten drei Tests neueren Datums nutzen diese und ähnliche anregungsreiche Aufgabenformate, lassen sich ökonomisch durchführen und bieten differenzierte Normdaten.

Wort-Bild-Zuordnung: »Lies das Wort und kreuze das passende Bild an.«
Bild-Wort-Zuordnung: »Lies die vier Wörter und kreuze das passende Wort an.«
Lückentext: »Lies den Satz und unterstreiche das Wort, das in die Lücke passt.«
Satzbewertung: »Lies die Sätze und kreuze an, ob sie richtig oder falsch sind.«

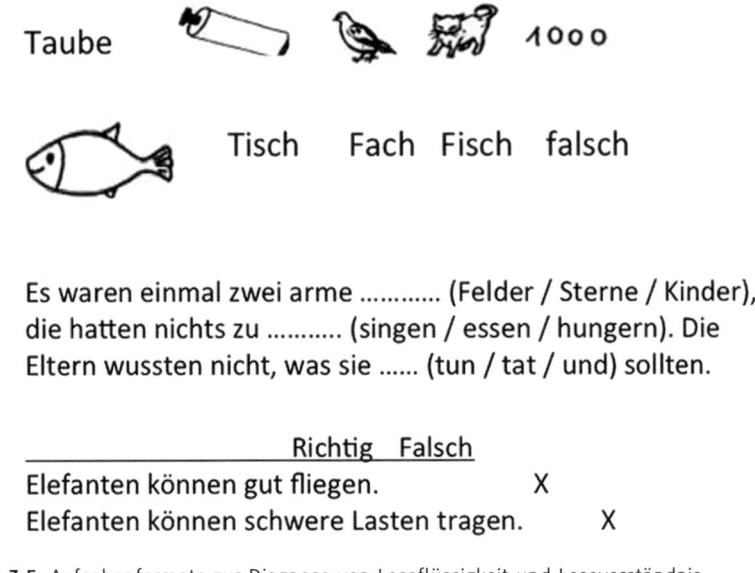

Abb. 3.5 Aufgabenformate zur Diagnose von Leseflüssigkeit und Leseverständnis

ELFE 1–6 von Lenhard und Schneider (2006) ist ein *Leseverständnistest für Erst- bis Sechstklässler,* der in Papier- und Bleistiftfassung und als Computerprogramm vorliegt und in drei Subtests das Wortverständnis, das Satzverständnis und das Textverständnis prüft. Die Lesenden müssen zu einem Bild das passende von vier Wörtern wählen, in einem Satz ein fehlendes Wort ergänzen oder zu einem kurzen Lesetext Mehrfachwahlantworten bearbeiten.

Der *HAMLET 3–4* ist der *Hamburger Lesetest für 3. und 4. Klassen* von Lehmann, Peek und Poerschke (2006), der aus einem Worterkennungstest (Wortzuordnungen zu je vier Bildern) und aus einem Leseverständnistest (Lesetexte mit Fragen im Multiple-Choice-Format) besteht. Im Worterkennungstest werden grundlegende Informationen zur Lesefertigkeit und Lesegeschwindigkeit erhoben, im Leseverständnistest werden die Leistungen im sinnverstehenden, stillen Lesen gemessen.

Der *FLVT 5–6* ist der *Frankfurter Leseverständnistest für 5. und 6. Klassen* von Souvignier, Trenk-Hinterberger, Adam-Schwebe und Gold (2008). Er untersucht das Leseverständnis bei Sachtexten und bei narrativen Texten und er unterscheidet zwischen textimmanenten Verständnisleistungen, die das Verknüpfen von Informationen innerhalb eines Textes und das Ziehen von textnahen Schlüssen erfordern, und wissensbasierten Verständnisleistungen, die das Verknüpfen von Gelesenem mit dem eigenen Vorwissen verlangen. Die Testperson muss einen Sachtext und einen narrativen Text lesen und zu jedem Text neun textnahe und neun wissensbasierte Fragen beantworten.

3.3.4 Die Förderung flüssigen und sinnentnehmenden Lesens

Wenn das flüssige und weitgehend fehlerfreie Lesen empirisch und didaktisch als Brücke zwischen Erstlesekompetenz und geübtem fortgeschrittenem Lesen anzusehen ist, sollte es systematisch geübt werden, vor allem bei Lernschwierigkeiten. Solange die textnahen Operationen des Dekodierens nicht mühelos, sicher und schnell beherrscht werden, belegen sie die Aufmerksamkeit des oder der Lesenden und binden zu viel Gedächtniskapazität, das inhaltliche Verstehen des Textes und mithin der eigentliche Leseauftrag kann nicht oder nur unzureichend gelingen. Automatisierung erreicht man nur durch Üben. Grundsätzlich lassen sich zwei Ansätze unterscheiden, das Üben durch systematisch kontrollierte Materialien auf Wort- und Satzebene und das Üben durch das wiederholte Lesen von Texten.

Das erste hier exemplarisch vorgestellte Programm ist ein computerbasiertes Förderprogramm, das sich zur individuellen Förderung eignet und von Lernenden nach etwas Einarbeitungszeit weitgehend eigenständig und selbstgesteuert benutzt werden kann. Die *Lesespiele mit Elfe und Mathis* von Lenhard, Lenhard und Küspert (2015) dienen der Verbesserung der Lesefertigkeiten, sie ersetzen das Vorläuferprogramm ELFE-T und können gut mit individuellen Leseentwicklungsdiagnosen mittels ELFE 1–6 (s. o., Lenhard/Schneider, 2006) verknüpft werden. Das Kind begibt sich mit den beiden Elfenkindern Elfe und Mathis auf eine geheime Mission, in deren Verlauf unterschiedliche Aufgaben warten: das Erkennen und Benennen von Buchstaben, Wortbestandteilen und Reimen, Wort-Bildzuordnung, das Erlesen von Wortstämmen und die Silbensegmentation, das Erkennen von syntaktischen Fehlern auf Satzebene und das schnelle und verstehende Erlesen von Texten und das Erkennen von Lesefehlern. Vorläufige Evaluationsdaten, die noch mit dem Vorläuferprogramm erarbeitet wurden, lassen vermuten, dass die Einbettung der Leseübungen in eine phantastische Rahmengeschichte, der gut strukturierte Programmaufbau und die häufigen positiven Bekräftigungen bei erfolgreich absolvierten Übungen auch Kinder motiviert und zu besseren Leistungen anregt, die beim Lesenlernen (Ausnahmeregel) auf besondere Schwierigkeiten stoßen (Lenhard/Lenhard/Schneider, 2009).

PotsBlitz, das *Potsdamer Lesetraining* von Scheerer-Neumann und Ritter (2009), nimmt die Förderung der Lesegenauigkeit und Lesegeschwindigkeit in den Blick, indem es explizit Strategien zur visuellen Untergliederung von – vor allem längeren und zusammengesetzten – Wörtern vermittelt. Es werden visuelle Segmentierungsstrategien trainiert, mit denen die Lesenden Wörter in Einheiten gliedern können: das Segmentieren von Wörtern in Sprechsilben, die Vermittlung visueller Segmentierungsstrategien für Wörter und Pseudowörter, das Üben der visuellen Silbensegmentierungsstrategie durch Blitzworttraining am PC, das Anwenden visueller Silbensegmentierung sowie der Strategie zum Erlesen von Komposita durch wiederholtes Lesen kurzer Texte, das Üben der Silbensegmentierung durch Spiele (z. B. Silbenmemorys und -dominos) und durch Wortlegeübungen. Das Programm umfasst einen Ordner mit Texten zum theoretischen Hintergrund, Hinweisen zu einer ausführlichen Lesediagnostik, 18 detaillierten Trainingseinheiten, Arbeitsblättern, Texten und konkreten Materialien sowie eine CD mit einem Computerprogramm zum Benennen von Blitzwörtern inkl. Wortlisten. Eine erste Evaluation durch Christiane Ritter (zusammenfassend Einsiedler, 2012, S. 31f.) belegt die Wirksamkeit des Programms: Die spezifisch trainierten Kinder in der Experimentalgruppe konnten ihre Lesegenauigkeit und -geschwindigkeit erheblich und langdauernd steigern, während Kinder einer Vergleichsgruppe, die ein unspezifisches Vorlesetraining erhalten hatten, nur die Lesegeschwindigkeit vorübergehend verbessern konnten, die nicht geförderten Kinder einer Wartekontrollgruppe konnten sich im Lesen nicht verbessern. Diese Ergebnisse sprechen dafür, dass sich ein spezifisches Strategietraining im phonologischen Rekodieren positiv auswirkt, folglich empfiehlt es sich, reine Leseübungen bei der Förderung leseschwacher Kinder durch gezielte Strategietrainings wie die von *PotsBlitz* zu ergänzen.

BliWo, das Trainingsprogramm *Blitzschnelle Worterkennung* von Andreas Mayer (2012), strebt eine Automatisierung des Leseprozesses durch Übung der direkten, kontextfreien Worterkennung im Sinne von Colthearts (2005) Zwei-Wege-Theorie des Lesens (s. o.) an. Das Programm bietet auf etwa 200 Kopiervorlagen, die im allgemeinen Unterricht, in Förderstunden und der Wochenplan- oder Freiarbeit eingesetzt werden können, einen kontrollierten Wortschatz an, der geeignet ist, häufig vorkommende Graphemfolgen auf sublexikalischer Ebene zu automatisieren. Übungen werden ergänzt durch spielerische Angebote, die auf die Übungsangebote abgestimmt sind sowie durch ebenfalls abgestimmte Computerprogramme auf CD-ROM, mit denen die Kinder eigenständig üben und ihre Worterkennungsgeschwindigkeit steigern können. Das Programm ist vom Autor selbst mit weiteren Materialien ergänzt (Mayer, 2013) und bereits 2008 erstmalig evaluiert worden: 27 Kinder mit Förderbedarf in den Bereichen Sprache oder Lernen wurden in Kleingruppen trainiert und vorher sowie nachher mit zwei eigens erstellten Wortlesetests geprüft, einem Trainingstest und einem Transfertest. Der Trainingstest bestand ausschließlich aus Wörtern, die im Programm geübt werden, der Transfertest aus Wörtern, die zwar nicht direkt geübt worden waren, die jedoch aus im Programm geübten Signalgruppen bestanden. Die Kinder konnten in beiden Tests ihre Lesegeschwindigkeit verbessern. In einer neueren Untersuchung (Mayer, 2014) wurden ein phonologisches Trainingsprogramm und das Blitzworttraining allein oder kombiniert von Lehrkräften in den Unterricht integriert; die Ergebnisse nach einem Schuljahr zeigten, dass beide Komponenten der Förderung wirksam sind und dass Kinder mit Leseschwierigkeiten von einem Training der »Blitzschnellen Worterkennung« besonders profitieren.

Heinzl, Bartsch, Eckert und Weinfurtner (2015) haben inzwischen *ProSL* vorgelegt, ein *Programm zum sinnentnehmenden Lesen*, welches *BliWo* fortführen soll, indem es auf über 200 Kopiervorlagen Übungsmaterial auf Satz- und Textebene in jeweils zwei Anforderungsniveaus anbietet. Die Kinder werden mit besonders häufig vorkommenden Wortteilen in Sätzen und kleinen Geschichten konfrontiert, damit sie das schnelle Erkennen einzelner Wörter auf die Satz- und Textebene übertragen. Dies führt zum zweiten Ansatz der Förderung flüssigen und sinnentnehmenden Lesens, dem wiederholten und unterstützten Lesen von Texten.

Jay Samuels hat bereits 1979 vorgeschlagen, das flüssige und fehlerfreie Dekodieren in der Schule durch das wiederholte Lesen passender Texte aktiv zu üben. Wember (1999) hat ein Rahmenprogramm zur gezielten Textauswahl und zum systematischen Üben vorgestellt, das mit einer Diagnosephase beginnt, in der die Schülerin in einer Art Probeunterricht mehrere Texte auf verschiedenen lesetechnischen Schwierigkeitsgraden liest (s. o.). Die Lehrerin wählt diese Texte systematisch aus, indem sie auf durchschnittliche Wortlänge, Satzlänge und inhaltliche Redundanz achtet und sie analysiert die Leseleistungen in Abhängigkeit vom Schwierigkeitsgrad der Texte. Nach zwei, drei Tagen gelingt es meist festzustellen, auf welchem lesetechnischen Niveau Texte individuell passen, welche Texte also nicht zu leicht und nicht zu schwierig für die Schülerin sind. In der Interventionsphase, die einige Wochen oder auch einige Monate dauern kann, werden zahlreiche Texte auf diesem individuell angepassten Schwierigkeitsniveau angeboten. Meist werden die Texte an zwei bis vier Tagen wiederholend geübt. Jede Übungssitzung endet mit einem abschließenden Lesetest von drei Minuten Länge, dessen Ergebnisse schriftlich festgehalten und grafisch dargestellt werden: Die Schülerin trägt in ihre Leselernkurve Tag für Tag ein, wie viele Wörter pro Minute sie richtig und wie viele Wörter sie falsch gelesen hat, eventuell auch die Anzahl von Fragen zum Inhalt des Gelesenen, die sie richtig zu beantworten wusste. Im Erfolgsfall stellt die Schülerin im Laufe der Zeit fest, dass sie in Folge der Übungen schneller und sicherer lesen lernt, und nicht selten kann die Lehrerin über die Wochen hinweg sogar das Anspruchsniveau der Lesetexte steigern.

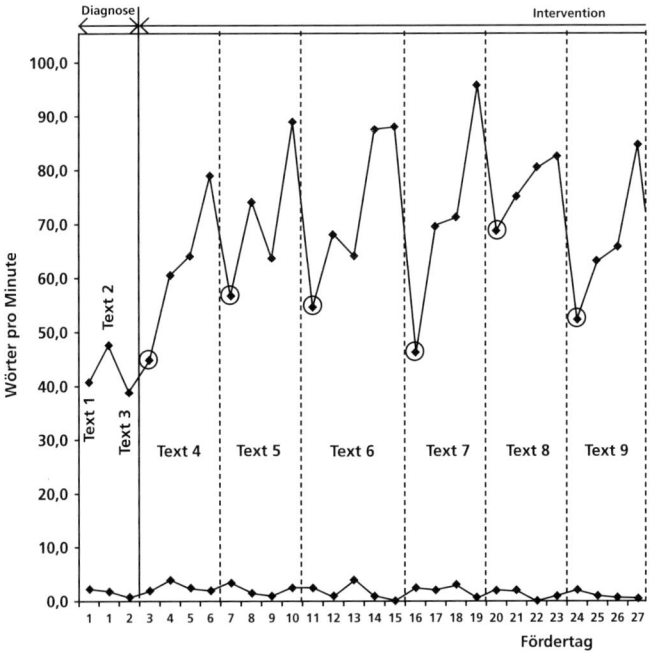

Abb. 3.6: Leselernkurve eines 11-jährigen Jungen mit individuellem Förderbedarf im lesen (Förderschule mit dem Förderschwerpunkt Lernen, 5. Jahrgangsklasse) (aus Heinrichs-Winkelgrund, 2006).

Die Abbildung 3.6 zeigt in grafischer Darstellung die Leseleistungskurve eines 11-jährigen Jungen, der die 5. Klasse einer Förderschule mit dem Förderschwerpunkt Lernen besucht und nach Ansicht seiner Lehrerin einer gezielten Leseförderung bedurfte, da er sehr stockend und mit vielen Unterbrechungen las und unbekannte oder schwierige Wörter nur flüsternd aussprach. Im Rahmen seines Studienabschlussprojekts bot Jan Heinrichs-Winkelgrund (2006) an 46 Tagen individuelle Förderung an, die Abbildung zeigt die Ergebnisse der ersten 27 Tage: In einer diagnostischen Phase, die sich über die ersten drei Tage erstreckte, liest der Schüler drei lesetechnisch unterschiedlich schwierige Texte. Er erreicht eine Leistung von 40 bis 48 korrekt gelesenen Wörtern (oberes Punktepolygon) bei nur zwei bis drei Fehlern – das Textniveau scheint insgesamt angemessen. In der Übungsphase ab dem vierten Tag liest der Schüler sechs Texte aus einem Kinderroman über Auswanderer und Indianer, die den Jungen interessieren und deren lesetechnische Eignung der Student geprüft hat. Der Datenverlauf zeigt eine typische Gestalt: Bei jedem Text gelingt es dem Lernenden, sein Lesetempo zu steigern und die Anzahl von Fehlern gering zu halten oder sogar zu senken. Da er seine Tagesleistungen selbst in den Computer eingeben und sich sofort eine aktualisierte Grafik ansehen kann, erfährt er direkt und unmittelbar, dass er seine Leistungen durch Üben verbessern kann. Zwar sinken die Werte bei jedem Wechsel zu einem neuen Text (gestrichelte senkrechte Linie) zunächst ab, aber der Schüler erfährt bei jedem Textabschnitt aufs Neue, dass er seine Leistungen durch eigene Anstrengung wirksam steigern kann – und die Erfahrung in diesem und in anderen Förderversuchen zeigt, dass nicht selten über die Wochen hinweg anspruchsvollere Texte gelesen werden können, weil die Lesekompetenz langsam, aber stetig zunimmt.

Leseprobleme entstehen über Jahre hinweg, und sie lassen sich nicht in kurzer Zeit und mit wenig Unterrichtsaufwand beheben. Erfreuliche Lernerfolge stellen sich nur bei systematischer Übung über einen längeren Zeitraum hinweg und nicht bei allen Lernenden ein. Besonders wichtig ist die individuell adaptierte Auswahl von Lesetexten, die kontinuierliche Fehlerkorrektur durch eine Lehrperson und die Entwicklung von intrinsischer Lesemotivation durch wiederkehrende Rückmeldung der Lernfortschritte. Die Bedeutung dieser drei Faktoren wird durch die Befundlage in amerikanischen Studien zu verschiedenen Varianten der Methode des wiederholten Lesens unterstützt, die Therrien (2004) einer Metaanalyse unterzogen hat: Es zeigten sich statistisch signifikante und pädagogisch bedeutsame Fortschritte in Lesetempo und Lesegenauigkeit mit Effektstärken um .75 Standardabweichungen für Regelschüler und für Schüler mit Lernschwierigkeiten (engl.: *learning disabilities*), während die Effektstärken mit .48 resp. .65 Standardabweichungen geringer ausfallen, wenn das Leseverständnis gemessen wird (Therrien, 2004, S. 257). Spontaner Transfer auf völlig neue und ungeübte Texte kann jedoch in der Regel nicht erwartet werden: Die Effekte liegen bei .50 für das Lesetempo und .25 für das Leseverständnis (ebd.), Lerntransfer stellt sich vor allem dann ein, wenn die Transfertexte Elemente der zuvor geübten Texte beinhalten.

Es ist nicht allein damit getan, Kinder viele Texte lesen zu lassen, wie Landerl und Moser (2006) in einer experimentellen Studie zeigen konnten. Sie ließen 38 leseschwache Kinder der 2. bis 8. Klasse drei Monate lang täglich 15 Minuten mit einem »Lesepartner« üben: Die Kinder lasen in selbst gewählten Kinderbüchern, die ehrenamtlich tätigen Lesepartner waren »lesebegeisterte Erwachsene aus dem schulischen Umfeld der Kinder (zumeist Eltern, Großeltern oder andere Verwandte der Schüler)« (S. 28). Immerhin gelang es mit dieser unspezifischen Intervention, fast jedes zweite Kind an durchschnittliche Leistungen heranzuführen, wenngleich die ausbleibenden Effekte bei der anderen Hälfte der Kinder zeigten, dass gezielte Maßnahmen der spezifischen Förderung bei vielen Kindern unverzichtbar sind. Eine Synthese von 24 empirischen Untersuchungen von Chard, Vaughn und Tyler (2002) belegt, dass die im Rahmenprogramm von Wember (1999) betonten Interventionsmerkmale relevant sein dürften: Vergleichsweise hohe Fördereffekte konnten vor allem dann beobachtet werden, wenn eine erwachsene Person als Lesemodell zur Verfügung stand, wenn diese beim wiederholenden Lesen korrektive Rückmeldung gab, wenn viele Texte gelesen wurden und wenn die Schwierigkeit dieser Texte kontrolliert gesteigert wurde.

Problematisch ist bei allen Methoden des pädagogisch begleiteten lauten Lesens der hohe Bedarf an personellen Ressourcen. Es gibt zwei Lösungsansätze, den Einsatz von Computerprogrammen und den Einsatz von Schülerinnen und Schülern als Lesepaten.

- Walter (2006) hat eine *computergestützte Intervention* erarbeitet, bei der 60 Übungstexte auf drei Schwierigkeitsstufen und passende multimediale Lernhilfen angeboten werden. In einer ersten empirischen Evaluation mit 26 Schülerinnen und Schülern einer Förderschule mit dem Förderschwerpunkt Lernen zeigten sich in einem standardisierten Lesetest bereits nach nur 12 Trainingssitzungen von 15 Minuten Länge statistisch

signifikante Verbesserungen von .44 Standardabweichungen zugunsten der Trainingsgruppe.
* Rosebrock, Nix, Riemann und Gold (2011) setzten die guten Leserinnen und Leser einer Klasse als *Lesepaten* für die schwachen Leser in Lesetandems ein, das sind Paare aus leistungsstarken und leistungsschwachen Kindern. Die guten Leser fungieren beim wiederholten lauten Lesen als Tutoren, die schwachen Leser als Tutanden. Wenn die Kinder sorgfältig in das Programm eingeführt werden, stellen sich durchaus positive Effekte mittlerer Effektstärke ein.

3.3.5 Die Vermittlung von Strategien der aktiven Textverarbeitung

Das Einfachmodell des Lesens von Gough und Tunmer (1986), das in Kapitel 3.3.1 bereits vorgestellt wurde, definiert Lesekompetenz als multiplikatives Produkt von Dekodierfähigkeit und Sprachverständnis; denn das flüssige und weitgehend fehlerfreie Dekodieren ist ein erster, wichtiger und notwendiger, aber nicht hinreichender Schritt für erfolgreiches Lesen. Zum Dekodieren muss die Erfassung von Inhalt und Bedeutung des Gelesenen hinzukommen, der oder die Lesende muss die schriftsprachlich niedergelegten Informationen auch syntaktisch und semantisch verarbeiten. Es hat sich gezeigt, dass schwache Leserinnen und Leser auch und gerade in diesem Bereich mit meist gravierenden Defiziten zu kämpfen haben und ohne geeignete schulische Förderung immer weiter zurück fallen (Stanovich, 1988): Sie gehen relativ unwillig und zumeist passiv an Lesetexte heran, geben bei Verständnisschwierigkeiten vergleichsweise schnell auf, geben sich mit einem eher oberflächlichen Verständnis des gelesenen Materials zufrieden, setzen kaum gezielte Strategien der aktiven Texterarbeitung ein und kontrollieren den Prozess des Lesens und Verstehens nur unzureichend. Wir werden im Folgenden einen kurzen Blick in die Forschung werfen um festzustellen, welches die Merkmale erfolgreicher Förderprogramme sind, bevor wir allgemeine Förderstrategien und ausgesuchte spezifische Förderprogramme vorstellen.

Interventionsstudien haben deutlich werden lassen, dass es durchaus gelingen kann, die passive und misserfolgsängstliche Einstellung schwacher Leserinnen und Leser in eine aktive und erfolgszuversichtliche Lesehaltung zu verwandeln, wenn es gelingt, angemessene Methoden der aktiven und auf Verstehen abzielenden Texterschließung zu vermitteln und den Lesenden ein Gespür für die bewusste Regulierung des eigenen Lesens und Verstehens zu geben. In einem integrativen Review sind Mastropieri und Scruggs (1997) zu dem Ergebnis gelangt, dass gerade Interventionen, die direkt beim sinnerfassenden Lesen ansetzen, besonders wirksam sind, während mehr oder minder ganzheitlich vorgehende Interventionen, die sich auf den Spracherfahrungsansatz berufen, von vergleichsweise geringer Wirkung sind. Zwei Ansätze erwiesen sich als besonders erfolgreich:

- Die höchsten Effekte zeigten sich, wenn *Fragen zum Text* gestellt und beantwortet wurden; dabei war weniger wichtig, ob die Lernenden selbst diese Fragen formuliert hatten oder ob die Fragen vom Lesebuch oder von der Lehrperson vorgegeben waren – wichtig ist offensichtlich die Ausrichtung der Aufmerksamkeit durch Fragen und deren aktive Beantwortung.
- Deutliche Leistungsverbesserungen stellen sich ein, wenn ein Lesetext *lesefreundlich* gestaltet und durch Merkhilfen ausgezeichnet wird, wenn zusammenfassende Illustrationen den Inhalt zusätzlich repräsentieren und wenn Leseanleitungen oder Arbeitstipps den Text so ergänzen, dass ein aktives Lesen gefördert wird.

Swanson (1999) konnte in einer umfangreichen Metaanalyse von 57 empirischen Untersuchungen eine hohe durchschnittliche Effektstärke von .82 Standardabweichungen zu Gunsten von Förderprogrammen feststellen und darüber hinaus einen wichtigen differentiellen Befund validieren, den auch Souvignier (2009) in einer kritischen Übersicht neueren Datums bestätigt: Besonders wirksam sind Interventionen dann, wenn sie spezifische Komponenten des Leseverstehens direkt fördern und wenn sie diese Förderung mit der Vermittlung von kognitiven Lernstrategien und Strategien der Selbstkontrolle verknüpfen. Souvigniers (2009, S. 185) Synthese »resultiert in sechs Merkmalen effektiver Leseförderung,« an denen sich die Lehrkraft im Leseunterricht orientieren kann (ebd.): »1) Vermittlung von Lesestrategiewissen, 2) Aufbau metakognitiver Kompetenzen, 3) Vermittlung von Textstrukturwissen, 4) Explizite Instruktion von Strategiewissen, 5) Peer-Tutoring Methoden und 6) Motivationale Unterstützung.«

In Tabelle 3.3 wird der zeitliche Ablauf eines Texterarbeitungsprozesses in drei Phasen dargestellt, wie er in einer Unterrichtsstunde organisiert werden könnte. Den drei Phasen werden einige ausgesuchte Aktivitäten bzw. Teilfertigkeiten zugeordnet. Die Aktivierung des oder der Lesenden sollte bereits vor dem eigentlichen Textlesen beginnen: Statt ungezielt an einen Text heran zu gehen, kann man z. B. Leitfragen formulieren, um eine zielgerichtete Lesehaltung zu erzeugen, *Teilinformationen* wie etwa die Überschrift nutzen, um Hypothesen über den Inhalt des Textes aufzustellen oder den Text illustrierende Bilder betrachten, um sich das eigene Vorwissen über die vermutliche Thematik des Textes bewusst zu machen.

Tab. 3.3: Phasen und ausgesuchte Teilfertigkeiten sinnerfassenden Lesens (geändert nach Stiefenhöfer, 1995, S. 247)

Vor dem Lesen	Während des Lesens	Nach dem Lesen
♦ Im Gespräch Vorwissen aktivieren	♦ Leitfragen zum Inhalt formulieren	♦ Zusammenfassung erstellen
♦ Leitfragen zum Inhalt formulieren	♦ Hypothesen über den Inhalt aufstellen und prüfen	♦ Kommentar schreiben
♦ Hypothesen über den Inhalt aufstellen	♦ Schlüsselwörter hervorheben, ordnen und verknüpfen	♦ Inhalt bildlich oder szenisch darstellen
	♦ W-Fragen beantworten	
	♦ Hauptgedanken formulieren	

Während der Lektüre eines Textes können *Leitfragen* beantwortet oder neu formuliert werden, z. B. zur Ausrichtung der Lesehaltung für den nächsten Textabschnitt. An geeigneten Stellen kann die Lektüre unterbrochen werden, um Hypothesen über den Fortgang der Geschichte aufzustellen, die beim Weiterlesen geprüft werden können. Eine andere, häufig genutzte Methode ist die *Schlüsselwortmethode*, bei der es darum geht, besonders aussagekräftige Begriffe zu unterstreichen oder anderweitig hervorzuheben und miteinander zu verknüpfen. Eine lange didaktische Tradition haben die sog. W-Fragen *Wer, was, wie, wo, wann, warum?* Bei der Beantwortung solcher Fragen geht es vordergründig darum, in narrativen Texten Handlungsträger, deren Handlungen und die Handlungsfolgen zu identifizieren, die eine Geschichte von zeitlich aufeinander folgenden Ereignissen ausmachen bzw. in expositorischen Texten die Ursachen, Wirkungen und Bedingungen zu erkennen, die einen Sachzusammenhang ausmachen. Das tiefere Verständnis eines Textes stellt sich jedoch erst dann ein, wenn darüber hinaus weniger offensichtliche Sachverhalte erkannt und verstanden werden: In narrativen Texten müssen nicht selten Gefühle, Motive und Ziele von handelnden Personen erkannt oder erschlossen und innere Zustände einfühlend verstanden oder bestimmte Bedingungen, denen die Handelnden unterworfen sind, begriffen werden. In Sachtexten müssen oft mehrgliedrige Ketten von Ursachen und Wirkungen richtig verstanden und gewollte Wirkungen von ungewollten Nebenwirkungen unterschieden werden, zeitliche Abfolgen sind richtig zu begreifen, aber ebenso auch zeitliche Simultanität oder räumliche Parallelität von Ereignissen. Nur dann wird es dem oder der Lesenden gelingen, von weniger wichtigen Details zu abstrahieren und einen gelesenen Text auf die Hauptaussagen zu verdichten.

Nach dem Lesen eines Textes gilt es, die *Leseergebnisse* zu sichern, zu vertiefen und zu beurteilen. Nur wenn die gerade beschriebenen Operationen der textnahen, zunächst oberflächlichen, dann auch vertieften Texterarbeitung gelungen sind, wird der oder die Lesende in der Lage sein, eine Zusammenfassung zu schreiben oder einen Kommentar zu verfassen; denn nun kommt es darauf an, Verknüpfungen zwischen dem neu Gelernten und dem Vorwissen oder den bisherigen Erfahrungen herzustellen, das Neue kritisch zu bewerten und akzeptierte Teile davon in das eigene Wissen und Können zu integrieren. Zu diesem Zweck können gelesene Inhalte auch bildlich oder szenisch nachgestaltet werden. Je tiefer das Leseverstehen reichen soll, desto mehr wird der Leseunterricht folglich zu einer allgemeinen kognitiven Förderung, zur ästhetischen Bildung oder zur sozialen Erziehung. Erika Altenburg (2000) hat zehn Methoden der Texterschließung erläutert und hinsichtlich ihrer Vor- und Nachteile bewertet, die unterrichtlich geeignet sind und miteinander kombiniert werden können, um Lernende auf den Weg zum selbstständigen Lesen zu bringen.

Schlüsselbegriffe klären: Den Lernenden werden ein oder mehrere markante Begriffe aus dem Lesetext vorgegeben, damit sie ihre Vorstellungen oder spontane Assoziationen äußern können.

Textteile antizipieren: Die Lernenden erfahren nur den Anfang des Textes, z. B. die Überschrift oder den ersten Abschnitt, damit sie Vermutungen darüber anstellen können, wie der Text wohl weitergeht.

Text rekonstruieren: Die Lernenden erhalten einen Text in Teile zerschnitten (z. B. Sätze eines Kurztexts, Strophen eines Gedichts, Abschnitte einer Erzählung) und in falscher Reihenfolge, damit sie diese Teile erlesen, besprechen und in die richtige Reihenfolge bringen können.

Text ergänzen: Wesentliche Teile eines Textes wie Buchstaben, Wörter, Sätze, Überschriften etc. werden gelöscht, damit die Lernenden diese beim Lesen ergänzen.

Text vom Ende her erschließen: Die Lernenden erhalten ein »interessantes, rätselhaftes, pointenreiches Textende« (Altenburg, 2000, S. 64), damit sie neugierig auf den Text werden und Vermutungen über die Ereignisse anstellen, die diesem Ende vorausgegangen sein könnten.

Text gliedern: Die Lernenden erhalten einen verfremdeten Text, in dem Gliederungshilfen wie Satzzeichen, Wortgrenzen, Absätze oder Verseinteilungen gelöscht wurden, damit sie den Text selbst gliedern und über Gliederungshilfen nachdenken.

Texte vergleichen: Zwei oder mehr Texte werden hinsichtlich ihrer Gemeinsamkeiten und Unterschiede verglichen, z. B. im Hinblick auf Inhalt, sprachliche Fassung, Textform.

Text bildnerisch umsetzen: Die Lernenden zeichnen, malen oder collagieren zu einem Text und setzen sich auf diese Weise kreativ und interpretativ mit dem Text auseinander.

Text grafisch umsetzen: Die Lernenden setzen einen gelesenen Text in eine stilisierte Bildergeschichte, einen Comic oder ein Schaubild um und abstrahieren so eine konkrete Geschichte zu einer allgemeinen Aussage.

Text szenisch darstellen: Die Lernenden inszenieren und spielen eine gelesene Geschichte. Sie identifizieren auf diese Weise wichtige Personen, Handlungen und Handlungsfolgen, spüren Gefühlen und Motiven nach, erkennen soziale Zusammenhänge.

Nicht jede Methode von Altenburg (2000) passt auf jeden Text, aber alle Methoden sind geeignet, die Lesenden zu aktivieren. Hartmann (2006) hat vorgeschlagen, Lesekompetenz dadurch zu stärken, dass den Lernenden Strategien des bildlichen Vorstellens aktiv vermittelt werden. In den letzten zehn Jahren sind sogar spezifische Programme zur Förderung des sinnerfassenden Lesens ausgearbeitet worden, die teils erprobt und manchmal bereits evaluiert worden sind. Drei bewährte Programme werden im Folgenden näher vorgestellt.

Gold, Mokhlesgerami, Rühl, Schreblowski und Souvignier (2004) haben ein Arbeitsheft und ein Lehrermanual vorgelegt, das unter dem Titel »*Wir werden Textdetektive*« die motivationale und die kognitive Selbstregulation beim Lesen fördern will und darüber hinaus sieben Strategien der Texterarbeitung vermittelt. Vier der sog. »Detektivmethoden« zielen auf das Textverständnis: die Überschrift beachten, sich den gelesenen Inhalt bildlich vorstellen, Schwierigkeiten beim Textverstehen durch Nachfragen oder Nachschlagen lösen, das eigene Textverständnis überprüfen. Drei Methoden zielen auf das Behalten des Gelesenen: Wichtiges unterstreichen, Wichtiges zusammenfassen, das eigene Behalten überprüfen. Alle Übungen werden erklärt und an Beispieltexten konkret vorgeführt. Sie können additiv zum Leseunterricht durchgeführt werden, sind aber durchaus auch in den Unterricht zu integrieren und können auf andere Texte übertragen werden. Erste Erprobungen, zusammenfassend dargestellt von Gold, Trenk-Hinterberger und Souvignier (2009), zeigen ermutigende Resultate: Das Programm ist praktikabel, es wird von den Lehrpersonen und von den Lernenden angenommen und es bewirkt Verbesserungen im Lesestrategiewissen von etwa .50 (s. o) Standardabweichungen, auch wenn der Transfer auf das Leseverständnis mit .20 Standardabweichungen niedrig ausfällt. Souvignier und Rühl (2005) setzten mit ähnlichen Ergebnissen eine für Förderschulen modifizierte Version (Rühl/Souvignier, 2006) in 6. bis 8. Klassen ein; das Lesetraining dauerte etwa ein Schulhalbjahr lang und wurde von den Lehrpersonen in den regulären Deutschunterricht integriert. Bei den geförderten Jugendlichen zeigten sich im Gegensatz zur Kontrollgruppe deutliche Fortschritte im Wissen über Lesestrategien und positive, wenngleich weniger effektstarke Verbesserungen beim Leseinteresse und beim Leseverständnis. »Die Ergebnisse zeigen, ... dass es unrealistisch wäre, bereits nach einem Interventionszeitraum von einem halben Jahr hohe Effekte ... zu erwarten«, schreiben Souvignier und Rühl (2005, S. 10), aber immerhin sei es gelungen, unter Alltagsbedingungen und integriert in den Unterricht der Förderschule ein an Strategien orientiertes Umlernen der Schülerinnen und Schüler anzustoßen.

Das *Lesetraining mit Käpt'n Carlo* wurde von Spörer, Koch, Schünemann und Völlinger (2016) für Schulkinder der 4. und 5. Jahrgangsstufe entwickelt und hat das Ziel, das verstehende und motivierte Lesen zu fördern. Das Training umfasst 14 Stunden und kann sowohl innerhalb als auch außerhalb des Regelunterrichts umgesetzt werden. Den Schülerinnen und Schülern werden spezifische Lesestrategien vermittelt, und sie werden mit Hilfe eines Lesetagebuchs zum selbstregulierten Lernen angeregt. Das Training untergliedert sich in eine Einführungsphase, in der die Klasse mit den vier Lesestrategien Klären, Fragen, Zusammenfassen und Vorhersagen vertraut gemacht wird. In der Festigungsphase lernen die Kinder, die Lesestrategien selbstständig anzuwenden. In dieser Phase lesen die Kinder in Kleingruppen und unterstützen sich gegenseitig beim Lesen eines Sachtextes. Die Wissensvermittlung ist eingebettet in eine altersgerechte Rahmenhandlung um die Protagonisten Käpt'n Carlo und Papagei Einstein. Für jede Unterrichtsstunde gibt es eine ausführliche Beschreibung, erprobte Materialien und einen übersichtlichen Stundenverlaufsplan. Auf einer CD-ROM enthalten sind außerdem 30 Sachtexte und Quizze, die den Kompetenzzuwachs Stunde für Stunde sichtbar werden lassen. Zahlreiche Hinweise, wie mit der Unterrichtseinheit die Förderung von Schülergruppen mit besonders heterogenen Lernvoraussetzungen gelingen kann, runden das Manual ab und ermöglichen einen breiten Einsatz in der Praxis. Das Lesetraining mit Käpt'n Carlo vermittelt praxisorientiert, wie das verstehende und motivierte Lesen von Sachtexten nachhaltig gefördert werden kann.

Einzigartig, weil als intelligentes tutorielles System angelegt, ist das Programm *conText* von Lenhard, Baier, Lenhard, Hoffmann und Schneider (2013), ein computergestütztes Programm zur Förderung des Leseverständnisses durch das Erlesen und Zusammenfassen von Texten. Es bietet 20 Lesetexte an, gruppiert in drei Themenblöcken und nach Schwierigkeit geordnet. Der Leser erliest einen Text in Einzelarbeit und schreibt am Computer eine Zusammenfassung, die von *conText* automatisch analysiert und informativ bewertet wird, damit der Leser seine Zusammenfassung verbessern und erneut analysieren lassen kann. Das Programm ist offen konzipiert, die Lehrkraft kann geeignete Texte in das Programm eingeben und es auf diese Weise an eine Lerngruppe oder an eine Einzelperson anpassen. Eine erste Evaluationsstudie von Lenhard, Baier, Endlich, Lenhard, Schneider und Hoffmann (2012) mit 226 Schülerinnen und Schülern in 14 Hauptschulklassen zeigte positive Ergebnisse: Es gab eine Kontrollgruppe mit regulärem Deutschunterricht und zwei Interventionsgruppen, die ein Schuljahr lang alle zwei Wochen entweder eine Trainingsstunde aus *Wir werden Textdetektive* oder aus *conText* erhielten. Gegen Ende des Schuljahres waren die Lesegeschwindigkeit, gemessen durch standardisierte Lesetests, in beiden Fördergruppen statistisch signifikant höher als in der Kontrollgruppe und in der *conText*-Gruppe sogar signifikant besser als bei den *Textdetektiven*. Bei der für *conText* zentralen Variable Leseverständnis zeigte sich ein ähnliches Ergebnismuster: Alle trainierten Kinder zeigten bessere Leistungen als die nicht trainierten mit höheren Lerngewinnen zu Gunsten der Kinder, die mit *conText* geübt hatten.

3.4 Über Inklusion und Qualifikation

In der Einleitung haben wir von zwei Leitmotiven gesprochen, der individuellen Qualifikation und der sozialen Integration. Individuelle Qualifikation erfordert individuell angepasste Förderung bei Lernschwierigkeiten, soziale Integration erfordert das gemeinsame Lernen am gemeinsamen Gegenstand. Dies sind die beiden Kernaufgaben des inklusiven Unterrichts, auch und insbesondere im schriftsprachlichen Bereich. Sie sind instrumentell und teleologisch verknüpft (Wember, 2008): Soziale Integration und persönliche Qualifikation erleichtern einander, denn in gelungener Gemeinschaft lernt es sich leichter und ein erfolgreich lernendes Individuum kann sich besser in eine Gemeinschaft einfinden. Zugleich beschreiben beide Leitmotive unverzichtbare Ziele der pädagogischen Arbeit in der einen Schule für Alle, denn eine effektive individuelle Förderung in sozialer Isolation ist ebenso wenig wünschenswert wie eine gelungene soziale Integration ohne individuelle Entwicklungshilfe. Das vorliegende Kapitel hat gezeigt, dass auch für das Lesen lernen gilt: Inklusive Förderung ist mehr als eine effektive Förderung von Lernleistungen im Sinne individueller Qualifikationen, aber sie ist ohne eine solche schwer vorstellbar. Das verbindende Erleben in einer akzeptierenden und solidarischen Gemeinschaft unterschiedlichster Individuen darf zwar nicht an bestimmte Mindestleistungen geknüpft werden, aber gemeinsames Lernen kann nur stattfinden, wenn wirklich alle lernen und wenn alle gefördert werden, – allein das Zusammensein in einem Raum sichert keine Integration. Die weit reichende Vision einer inklusiven Schule, die eine optimale Bildung und Erziehung Aller garantieren soll, setzt voraus, dass auch die Schülerinnen und Schüler erfolgreich das für sie Wichtige lernen, denen das Lernen besonders schwerfällt.

Literaturverzeichnis

Al Otaiba, Stephanie/Connor, Carol M./Folsom, Jessica S./Wanzek, Jeanne/Greulich, Luana/Schatschneider, Christopher/Wagner, Richard K.: To wait in Tie 1 or intervene immediately: a randomized experiment examining first-grade response to intervention in reading. In: Exeptional Children 8 (2014), S. 11–27

Altenburg, Erika: Wege zum selbständigen Lesen. 10 Methoden der Texterschließung. Berlin: Cornelsen, 2000

Artelt, Cordula/Stanat, Petra/Schneider, Wolfgang/Schiefele, Ulrich: Lesekompetenz: Testkonzeption und Ergebnisse. In: Baumert, Jürgen/Klieme, Eckhard/Neubrand, Manfred/Prenzel, Manfred/Schiefele, Ulrich/Schneider/Wolfgang, Stanat/Petra, Tillmann/Klaus, Jürgen/Weiß, Manfred (Hrsg.): PISA 2000: Basiskompetenzen von Schülerinnen und Schülern im internationalen Vergleich. Opladen: Leske + Budrich, 2001, S. 69–137

Bergk, Marion: Leselernprozeß und Erstlesewerke. Analyse des Schriftspracherwerbs und seiner Behinderung mit Kategorien der Aneignungstheorie. Bochum: Kamp, 1980

Burk, Gottlieb/Greisbach, Michaela: Diagnostik und Förderung in fünften Klassen. Ein Projekt zur Unterstützung inklusiver Beschulung in weiterführenden Schulen mit wissenschaftlicher Begleitung durch die Justus-Liebig-Universität Gießen. Unveröffentlichter Bericht, 2015

Chard, David J./Vaughn, Sharon/Tyler, Brenda-Jean: A synthesis of research on effective interventions for building reading fluency with elementary students with learning disabilities. In: Journal of Learning Disabilities 35 (2002), S. 386–406

Coltheart, Max: Reading phonological recoding and deep dyslexia. In: Coltheart, Max/Patterson, Karalyn/Marshall, John C. (Hrsg.): Deep dyslexia. London: Routledge & Kegan Paul, 1980, S. 197–226

Coltheart, Max: Modeling reading: the dual-route approach. In: Snowling, Margaret J./Hulme, Charles (Hrsg.): The science of reading. A handbook. Malden MA: Blackwell, 2005, S. 6–23

Deutsche Gesellschaft für Kinder- und Jugendpsychiatrie und Psychotherapie/Bundesarbeitsgemeinschaft Leitender Klinikärzte für Kinder- und Jugendpsychiatrie und Psychotherapie/Berufsverband der Ärzte für Kinder- und Jugendpsychiatrie und Psychotherapie: Leitlinien zur Diagnostik und Therapie von psychischen Störungen im Säuglings-, Kindes- und Jugendalter. Köln: Dt. Ärzte-Verlag, 3., überarb. u. erw. Aufl. 2007

Diehl, Kirsten: Lesekompetenzen formativ evaluieren mit dem IEL-1 – Inventar zur Erfassung der Lesekompetenzen von Erstklässlern. In: Hasselhorn, Marcus/Schneider, Wolfgang/Trautwein, Ulrich (Hrsg.): Lernverlaufsdiagnostik. Göttingen: Hogrefe, 2014, S. 145–164

Diehl, Kirsten/Hartke, Bodo: Inventar zur Erfassung der Lesekompetenz im 1. Schuljahr (IEL-1). Göttingen: Hogrefe, 2012

Dilling, Horst/Mombour, Werner/Schmidt, Martin H.: Internationale Klassifikation psychischer Störungen, ICD-10 Kapitel V (F); klinisch-diagnostische Leitlinien. Bern: Hans Huber, 7., überarb. Aufl. 2010

Dinges, Erik: Systematische Beurteilung und Förderung schulischer Leistungen. Horneburg: Persen, 2002

Dummer-Smoch, Lisa/Hacketal, Renate: Kieler Leseaufbau. Kiel: Veris, 7. Aufl. 2007

Ehri, Linnea C.: Phases of development in learning to read words. In: Oakhill, Jane/Beard, Roger (Hrsg.): Reading development and the teaching of reading: A psychological perspective. Blackwell: Malden, 1999, S. 79–108

Einsiedler, Wolfgang: 20 Jahre empirisch-quantitative Grundschulforschung: Rückblick und Ausblick. In: Hellmich, Frank/Förster, Sabrina/Hoya, Fabian (Hrsg.): Bedingungen des Lehrens und Lernens in der Grundschule. Bilanz und Perspektiven. Wiesbaden: Springer VS, 2012, S. 19–38

Ennemoser, Marco: Response to Intervention als schulisches Förderkonzept. In: Lauth, Gerhard W./Grünke, Matthias/Brunstein, Joachim C. (Hrsg.): Interventionen bei Lernstörungen. Förderung, Training und Therapie in der Praxis. Göttingen: Hogrefe, 2014, S. 505–516

Ennemoser, Marco/Marx, Peter/Weber, Jutta/Schneider, Wolfgang: Spezifische Vorläuferfähigkeiten der Lesegeschwindigkeit, des Leseverständnisses und des Rechtschreibens. In: Zeitschrift für Entwicklungspsychologie und Pädagogische Psychologie 44 (2012), S. 53–67

Esser, Günter/Schmidt, Martin: Die langfristige Entwicklung von Kindern mit Lese-Rechtschreibschwäche. In: Zeitschrift für Klinische Psychologie 22 (1993), S. 100–116

Esser, Günter/Wyschkon, Anne/Schmidt, Martin: Was wird aus Achtjährigen mit einer Lese- und Rechtschreibstörung? Ergebnisse im Alter von 25 Jahren. In: Zeitschrift für Klinische Psychologie und Psychotherapie 31 (2002), S. 235–242

Franzkowiak, Thomas: Lesen und Schreiben vor der Schule. 2001 im Internet unter http://www.agprim.uni-siegen.de/bliss/lesenschreibenvdschule.pdf [14.8.2006]

Frith, Uta: Psychologische Aspekte des orthographischen Wissens: Entwicklung und Entwicklungsstörung. In: Augst, Gerhart (Hrsg.): New Trends in Graphemics and Orthography. Berlin: de Gruyter, 1989, S. 214–233

Gasteiger-Klicpera, Barbara/Klicpera, Christian: Lese-Rechtschreibschwäche. In: Lauth, Gerhard W./Grünke, Matthias/Brunstein, Joachim (Hrsg.): Interventionen bei Lernstörungen. Förderung, Training und Therapie in der Praxis. Göttingen: Hogrefe, 2014, S. 56–65

Gesetz zu dem Übereinkommen der Vereinten Nationen vom 13. Dezember 2006 über die Rechte von Menschen mit Behinderungen sowie zu dem Fakultativprotokoll vom 13. Dezember 2006 zum Übereinkommen der Vereinten Nationen über die Rechte von Menschen mit Behinderungen vom 21. Dezember 2008. Bundesgesetzblatt Jahrgang 2008 Teil II Nr. 35, ausgegeben zu Bonn am 31. Dezember 2008

Gold, Andreas/Mokhlesgerami, Jan/Rühl, Katja/Schreblowski, Stephanie/Souvignier, Elmar: Wir werden Textdetektive (Lehrermanual u. Arbeitsheft). Göttingen: Vandenhoeck & Ruprecht, 2004

Gold, Andreas/Trenk-Hinterberger, Isabel/Souvignier, Elmar: »Die Textdetektive« – Ein strategieorientiertes Programm zur Förderung des Leseverständnisses. In: Lenhard, Wolfgang/Schneider, Wolfgang (Hrsg.): Diagnostik und Förderung des Leseverständnisses. Göttingen: Hogrefe, 2009, S. 207–226

Gough, Philip B./Hoover, Wesley A./Peterson, Cynthia L.: Some observations on a simple view of reading. In: Cornoldi, Cesare/Oakhill, Jane V. (Hrsg.): Reading comprehension difficulties. Mahwah, NJ: Lawrence Erlbaum, 1996, S. 1–13

Gough, Philip B./Tunmer, William A.: Decoding, reading and reading disabilities. In: Remedial and Special Education 7 (1986), S. 6–10

Günther, Klaus B.: Ontogenese, Entwicklungsprozeß und Schriftspracherwerb unter besonderer Berücksichtigung der Schwierigkeiten von lern- und sprachbehinderten Kindern. In: Günther, Klaus B. (Hrsg.): Ontogenese, Entwicklungsprozeß und Störungen beim Schriftspracherwerb. Heidelberg: Edition Schindele, 1989, S. 12–33

Hartmann, Erich: In Bildern denken – Texte besser verstehen. Lesekompetenz strategisch stärken. München: Reinhardt, 2006

Hatz, Hubertus/Sachse, Steffi: Prävention von Lese-Rechtschreibstörungen. Auswirkungen eines Trainings phonologischer Bewusstheit und eines Rechtschreibtrainings im ersten Schuljahr auf den Schriftspracherwerb bei Risikokindern. In: Zeitschrift für Entwicklungspsychologie und Pädagogische Psychologie 42 (2010), S. 226–240

Heinrichs-Winkelgrund, Jan: Leseförderung bei ADHS – eine explorative Fallstudie an einer Förderschule mit dem Förderschwerpunkt Lernen (unveröffentlichte Hausarbeit). Dortmund: Universität Dortmund, Fakultät Rehabilitationswissenschaften, 2006

Heinzl, Claudia/Bartsch, Verena/Eckert, Isabel/Weinfurtner, Lisa: ProSL. Programm zum Sinnentnehmenden Lesen – auf der Grundlage der Blitzschnellen Worterkennung (BliWo). Dortmund: modernes lernen, 2015

Holle, Karl: Flüssiges und phrasiertes Lesen (fluency): Lesetheoretische Grundlagen und unterrichtspraktische Hinweise. In: Weinhold, Swantje (Hrsg.): Schriftspracherwerb empirisch. Konzepte – Diagnostik – Entwicklung. Baltmannsweiler: Schneider Hohengehren, 2006, S. 87–119.

Holle, Karl: Psychologische Lesemodelle und ihre lesedidaktischen Implikationen. In: Garbe, Christine/Holle, Karl/Jesch, Tatjana (Hrsg.): Texte lesen. Lesekompetenz – Textverstehen – Lesedidaktik – Lesesozialisation. Paderborn: Schöningh, 2. Aufl. 2010, S. 103–165

Huber, Christian/Grosche, Michael: Das response-to-intervention-Modell als Grundlage für einen inklusiven Paradigmenwechsel in der Sonderpädagogik. In: Zeitschrift für Heilpädagogik 63 (2012), S. 312–322

Ise, Elena/Engel, Rolf R./Schulte-Körne, Gerd: Was hilft bei der Lese-Rechtschreibstörung? Ergebnisse einer Metaanalyse zur Wirksamkeit deutsprachiger Förderansätze. In: Kindheit und Entwicklung 21 (2012), S. 122–136

Jesch, Tatjana: Textverstehen. In: Garbe, Christine/Holle, Karl/Jesch, Tatjana (Hrsg.): Texte lesen. Lesekompetenz – Textverstehen – Lesedidaktik – Lesesozialisation. Paderborn: Schöningh, 2. Aufl. 2010, S. 39–102

Juska-Bacher, Britta: Leserelevante Kompetenzen und ihre frühe Förderung. In: Stamm, Margit/Edelmann, Doris (Hrsg.): Handbuch frühkindliche Bildungsforschung. Wiesbaden: Springer VS, 2013, S. 485–500

Klicpera, Christian/Schabmann, Alfred/Gasteiger-Klicpera, Barbara: Legasthenie. Modelle, Diagnose, Therapie und Förderung. München: Reinhardt, 4., akt. Aufl. 2013

Kriesi, Irene/Bayard, Sybille/Buchmann, Marlis: Die Bedeutung von Kompetenzen im Vorschulalter für den Schuleintritt. In: Bergman, Manfred M./Hupka-Brunner, Sandra/Meyer, Thomas/Samuel, Robin (Hrsg.): Bildung – Arbeit – Erwachsenwerden: Ein interdisziplinärer Blick auf die Transition im Jugend- und jungen Erwachsenenalter. Wiesbaden: Springer VS, 2012, S. 159–180

Landerl, Karin/Moser, Ewald: Lesepartner: Evaluierung eines 1:1 Tutoring Systems zur Verbesserung der Leseleistung. In: Heilpädagogische Forschung 32 (2006), S. 27–38

Landerl, Karin/Willburger, Edith: Der Ein-Minuten-Leseflüssigkeitstest – ein Verfahren zur Diagnose der Leistung im Wort- und Pseudowortlesen. In: Lenhard, Wolfgang/Schneider, Wolfgang (Hrsg.): Diagnostik und Förderung des Leseverständnisses. Göttingen: Hogrefe, 2009, S. 65–80

Lehmann, Rainer H./Peek, Rainer/Poerschke, Jan: HAMLET 3–4: Hamburger Lesetest für 3. und 4. Klassen. Weinheim: Beltz, 2006

Lenhard, Wolfgang: Leseverständnis und Lesekompetenz. Grundlagen – Diagnostik – Förderung. Stuttgart: Kohlhammer, 2012

Lenhard, Wolfgang/Baier, Herbert/Endlich, Darius/Lenhard, Alexandra/Schneider, Wolfgang/Hoffmann, Joachim: Computerunterstützte Leseverständnisförderung: Die Effekte automatisch generierter Rückmeldungen. In: Zeitschrift für Pädagogische Psychologie 26 (2012), S. 135–148

Lenhard, Wolfgang/Baier, Herbert/Lenhard, Alexandra/Hoffmann, Joachim/Schneider, Wolfgang: conText – Intelligentes tutorielles System zum Training des Textverständnisses. Göttingen: Hogrefe, 2013

Lenhard, Alexandra/Lenhard, Wolfgang/Küspert, Petra: Lesespiele mit Elfe und Mathis. Computerbasierte Leseförderung für die erste bis sechste Klasse. Göttingen: Hogrefe, 2015

Lenhard, Wolfgang/Lenhard, Alexandra/Schneider, Wolfgang: Diagnose und Förderung des Leseverständnisses mit ELFE 1–6 und ELFE-Training. In: Lenhard, Wolfgang/Schneider, Wolfgang (Hrsg.): Diagnostik und Förderung des Leseverständnisses. Göttingen: Hogrefe, 2009, S. 97–112

Lenhard, Wolfgang/Schneider, Wolfgang: ELFE 1–6: Ein Leseverständnistest für Erst- bis Sechstklässler. Göttingen: Hogrefe, 2006

Linder, Maria: Über die Legasthenie (spezielle Leseschwäche). In: Zeitschrift für Kinderpsychiatrie 18 (1951), S. 97–143

Mahlau, Katrin/Diehl, Kerstin/Voß, Stefan/Hartke, Bodo: Das Rügener Inklusionsmodell (RIM) – Konzeption einer inklusiven Grundschule. In: Zeitschrift für Heilpädagogik 62 (2011), S. 464–472

Martschinke, Sabine/Kammermeyer, Gisela: Jedes Kind ist anders. Jede Klasse ist anders. Ergebnisse aus dem KILIA-Projekt zur Heterogenität im Anfangsunterricht. In: Zeitschrift für Erziehungswissenschaft 6 (2003), S. 257–275

Marx, Peter: Lese- und Rechtschreiberwerb. Paderborn: Schöningh, 2007

Mastropieri, Margo A./Scruggs, Thomas E.: Best Practice in Promoting Reading Comprehension in Students with Learning Disabilities. In: Remedial and Special Education 18 (1997), S. 197–213

Mayer, Andreas: Phonologische Bewusstheit, Benennungsgeschwindigkeit und automatisierte Leseprozesse. Aachen: Shaker, 2008

Mayer, Andreas: Gezielte Förderung bei Lese- und Rechtschreibstörungen. München: Reinhardt, 2010

Mayer, Andreas: Blitzschnelle Worterkennung (BliWo). Grundlagen und Praxis. Dortmund: Borgmann Media, 2., verb. Aufl. 2012

Mayer, Andreas: Blitzschnelle Worterkennung (BliWo) – Ergänzungen. Dortmund: Borgmann Media, 2013

Mayer, Andreas: Früherkennung und Prävention von Schriftspracherwerbsstörungen im inklusiven Unterricht. In: Sallat, Stephan/Spreer, Markus/Glück, Christian W. (Hrsg.): Sprache professionell fördern. Kompetent, vernetzt, innovativ. Idstein: Schulz-Kirchner, 2014, S. 390–401

McElvany, Nele/Becker, Michael/Lüdtke, Oliver: Die Bedeutung familiärer Merkmale für Lesekompetenz, Wortschatz, Lesemotivation und Leseverhalten. In: Zeitschrift für Entwicklungspsychologie und Pädagogische Psychologie 41 (2009), S. 121–131

Meindl, Marlene/Jungmann, Tanja: Erfassung der frühen Erzähl- und Lesekompetenzen im Vorschulalter zur primären Prävention von Schwierigkeiten im Schriftspracherwerb. In: Empirische Sonderpädagogik 3 (2014), S. 211–226

Moll, Kristina/Landerl, Karin: SLRT-II: Lese- und Rechtschreibtest. Weiterentwicklung des Salzburger Lese- und Rechtschreibtests (SLRT). Stuttgart: Huber, 2., korr. Aufl. 2014

Price, Cathy J./McCrory, Eamon: Functional brain imaging studies of skilled reading and developmental dyslexia. In: Snowling, Margaret J./Hulme, Charles (Hrsg.): The science of reading. A handbook. Malden MA: Blackwell, 2005, S. 473–496

Ranschburg, Pál: Die Leseschwäche (Legasthenie) und Rechenschwäche (Arithmasthenie) der Schulkinder im Lichte des Experiments. Berlin: Springer, 1916

Reuter-Liehr, Carola: Lautgetreue Lese-Rechtschreibförderung. Band 3: Lerngruppe. 40 exakte Stundenabläufe und Materialien für Kinder ab Mitte 3. Klasse und Kinder mit ausgeprägten Lese-Rechtschreibproblemen. Bochum: Winkler, 3. Aufl. 2006a

Reuter-Liehr, Carola: Lautgetreue Lese-Rechtschreibförderung. Band 4: Lerngruppe II. 30 exakte Stundenabläufe und Materialien für lese-rechtschreibschwache Kinder ab 5. Klasse. Bochum: Dieter Winkler, 3. Aufl. 2006b

Reuter-Liehr, Carola: Lautgetreue Lese-Rechtschreibförderung, Band 1: Eine Einführung in das Training der phonemischen Strategie auf der Basis des rhythmischen Syllabierens mit einer Darstellung des Übergangs zur morphemischen Strategie. Bochum: Winkler, 3. Aufl. 2008

Rosebrock, Cornelia/Nix, Daniel/Rieckmann, Carola/Gold, Andreas: Leseflüssigkeit fördern. Lautleseverfahren für die Primar- und Sekundarstufe. Seelze: Kallmeyer, 2011

Rühl, Katja/Souvignier, Elmar: Wir werden Lesedetektive (Lehrermanual u. Arbeitsheft). Göttingen: Vandenhoeck & Ruprecht, 2006

Samuels, S. Jay: The method of repeated readings. In: The Reading Teacher 32 (1979), S. 403–408

Schaffner, Ellen: Determinanten des Leseverstehens (Tests und Trends). In: Lenhard, Wolfgang/Schneider, Wolfgang (Hrsg.): Diagnostik und Förderung des Leseverständnisses. Göttingen: Hogrefe, 2009, S. 19–44

Scheerer-Neumann, Gerheid/Ritter, Christiane: PotsBlitz – Potsdamer Lesetraining: Das neue Übungsprogramm zur Förderung der Lesegenauigkeit und -geschwindigkeit. Köln: ProLog, 2009

Schneider, Wolfgang/Schlagmüller, Matthias/Ennemoser, Marco: LGVT 6–12: Lesegeschwindigkeits- und Verständnistest für die Klassen 6–12. Göttingen: Hogrefe, 2007

Schneider, Wolfgang/Blanke, Iris/Faust, Verena/Küspert, Petra: Würzburger Leise Leseprobe – Revision (WLLP-R). Göttingen: Hogrefe, 2011

Schnitzler, Carola: Phonologische Bewusstheit und Schriftspracherwerb. Stuttgart: Thieme, 2008

Sekretariat der Ständigen Konferenz der Kultusminister der Länder in der Bundesrepublik Deutschland (2003): Grundsätze zur Förderung von Schülerinnen und Schülern mit besonderen Schwierigkeiten im Lesen und Rechtschreiben. Beschluss der Kultusministerkonferenz vom 04.12.2003 i. d. F. vom 15.11.2007. Bonn: Autor, 2007

Sekretariat der Ständigen Konferenz der Kultusminister der Länder in der Bundesrepublik Deutschland: Empfehlungen zur sonderpädagogischen Förderung in den Schulen in der Bundesrepublik Deutschland. Beschluß der Kultusministerkonferenz vom 06.05.1994. Berlin: Autor, 1994

Souvignier, Elmar: Effektivität von Interventionen zur Verbesserung des Leseverständnisses. In: Lenhard, Wolfgang/Schneider, Wolfgang (Hrsg.): Diagnostik und Förderung des Leseverständnisses. Göttingen: Hogrefe, 2009, S. 185–206

Souvignier, Elmar/Rühl, Katja: Förderung des Leseverständnisses, Lesestrategiewissens und Leseinteresses von Schülern mit Lernbehinderungen durch strategieorientierten Unterricht. In: Heilpädagogische Forschung 31 (2005), S. 2–11

Souvignier, Elmar/Trenk-Hinterberger, Isabel/Adam-Schwebe, Stefanie/Gold, Andreas: FLVT 5–6: Frankfurter Leseverständnistest für 5. und 6. Klassen. Göttingen: Hogrefe, 2008

Spörer, Nadine/Koch, Helvi/Schünemann, Nina/Völlinger, Vanessa A.: Das Lesetraining mit Käpt'n Carlo für 4. und 5. Klassen. Ein Lehrermanual mit Unterrichtsmaterialien zur Förderung des verstehenden und motivierten Lesens. Göttingen: Hogrefe, 2016

Stanovich, Keith E.: The interactive-compensatory model of reading: A confluence of developmental, experimental, and educational psychology. In: Remedial and Special Education 5 (1984), S. 11–19

Stanovich, Keith E.: Matthew effects in reading: Some consequences of individual differences in the acquisition of literacy. In: Reading Research Quarterly 21 (1988), S. 360–407

Stiefenhöfer, Helmut: Übungen zum Leseverstehen. In: Bausch, Karl-Richard/Christ, Herbert/Krumm, Hans-Jürgen (Hrsg.): Handbuch Fremdsprachenunterricht. Tübingen: Francke, 3., überarb. u. erw. Aufl., 1995, S. 246–248

Swanson, H. Lee: Reading research for students with LD: A meta-analysis of intervention outcomes. In: Journal of Learning Disabilities 32 (1999), S. 504–532

Therrien, William J.: Fluency and Comprehension Gains as a Result of Repeated Reading. A Meta-Analysis. In: Remedial and Special Education 25 (2004), S. 252–261

Trolldenier, Hans-Peter: Würzburger Rechtschreibtest für 1. und 2. Klassen (WÜRT 1–2). Ein Verfahren für Grund- und Förderschüler. Göttingen: Hogrefe, 2014

Valtin, Renate: Das Konstrukt Legasthenie – Wem schadet es? Wem nützt es? In: Thomé, Günther/Eichler, Wolfgang (Hrsg.): Lese-Rechtschreib-Schwierigkeiten (LRS) und Legasthenie. Eine grundlegende Einführung. Weinheim: Beltz, 2., erw. u. verb. Aufl. 2004, S. 56–63

Valtin, Renate/Sasse, Ada: Schriftspracherwerb. In: Heimlich, Ulrich/Wember, Franz B. (Hrsg.): Didaktik des Unterrichts im Förderschwerpunkt Lernen. Stuttgart: Kohlhammer, 2., akt. Aufl. 2012, S. 179–190

Van der Kooij, Rimmert: Ist das niederländische Schülerfolgesystem (SAFS) auch im deutschen Unterricht hilfreich? In: Sonderpädagogik 33 (2003), S. 106–113

Walter, Jürgen: Wiederholtes Lesen (Repeated Reading) und das Training basaler Lesefertigkeit mit dem Programm Textstrahler: Eine erste experimentelle Pilotstudie. In: Zeitschrift für Heilpädagogik 57 (2006), S. 362–370

Walter, Jürgen: Lernfortschrittsdiagnostik Lesen (LDL). Ein curriculumbasiertes Verfahren. Göttingen: Hogrefe, 2010

Wember, Franz B.: Besser Lesen mit System. Ein Rahmenkonzept zur individuellen Förderung bei Lernschwierigkeiten. Berlin: Luchterhand, 1999

Wember, Franz B.: Besser Lesen mit System – Ein Rahmenkonzept zur individuellen Förderung automatisierten Lesens. In: von Stechow, Elisabeth/Hofmann, Christiane (Hrsg.): Sonderpädagogik und PISA: Kritisch-konstruktive Beiträge. Bad Heilbrunn: Klinkhardt, 2006, S. 265–277

Wember, Franz B.: Integration und Qualifikation. In: Vierteljahresschrift für Heilpädagogik und ihre Nachbargebiete 77 (2008), S. 57–60

Wember, Franz B.: Herausforderung Inklusion: Ein präventiv orientiertes Modell schulischen Lernens und vier zentrale Bedingungen inklusiver Unterrichtsentwicklung. In: Zeitschrift für Heilpädagogik 64 (2013), S. 380–388

Wember, Franz B./Schindler, Maike: Schriftspracherwerb, Lesen und Schreiben. In: Schmetz, Ditmar/Wachtel, Peter/Werner, Birgit (Hrsg.): Didaktik und Unterricht. Behinderung, Bildung und Partizipation – Enzyklopädisches Handbuch der Behindertenpädagogik, Bd. 4. Stuttgart: Kohlhammer, 2011, S. 241–246

Wimmer, Heinz/Mayringer, Heinz: SLS 1–4 – Salzburger Lesescreening für die Klassenstufen 1–4. Bern: Hans Huber, 2012

Wimmer, Heinz/Mayringer, Heinz: SLS 2–9: Salzburger Lese-Screening für die Schulstufen 2–9. Stuttgart: Hogrefe, 2014

4

Zwischen individueller Rechenförderung und inklusivem Unterricht – (Fach)didaktische Aspekte der Inklusion im Förderschwerpunkt Lernen

Birgit Werner & Andrea Schäfer

> Mathematische Kompetenzen gehören zu den Basiskompetenzen für eine aktive Teilhabe am gesellschaftlichen Leben. Eine inklusive Schule zielt darauf, die gesellschaftliche Teilhabe aller Schülerinnen und Schüler zu steigern, indem sie deren Verschiedenheit gerecht wird. Insofern geraten Phänomene wie Rechenschwäche und Dyskalkulie nicht mehr als Defizite der Person in den Blick, sondern als Differenz z. B. zwischen schulischer Erwartung und individueller Kompetenz. Vor diesem Hintergrund erfolgt eine theoretische Erörterung des KMK-Kompetenzstrukturmodells der Bildungsstandards Mathematik und des Begriffs der mathematischen Kompetenz. Modelle zur Entwicklung von Vorläu-

> ferfertigkeiten und mathematischen Kompetenzen sowie zahlreiche Diagnose- und Förderkonzepte werden für den Primar-, den Sekundarbereich I und den nachschulischen Bereich vorgestellt. Es wird deutlich, dass ein inklusiver Mathematikunterricht dazu beitragen kann, Kinder und Jugendliche in prekären Lebenslagen für die Auseinandersetzung mit schulischen Bildungsangeboten zu motivieren und aufzuschließen.

Vorbemerkung

> »Erfolgreiche Bildung zeigt sich neben dem erreichten *Schulabschluss* am individuellen Bildungserfolg, an einer umfassenden Persönlichkeitsentwicklung, am Erwerb lebenspraktischer, sozialer, kognitiver, sprachlich-kommunikativer und personaler Kompetenzen und an der Fähigkeit zu einer so weitgehend wie möglich selbstbestimmten Lebensführung sowie einer *aktiven Teilhabe* an der Gesellschaft« (KMK, 2011, S. 6, Hervorhebung Verf.).

Dieses Zitat spiegelt eine – gerade im Zuge von Inklusion – überfällige und notwendige Modifizierung bzw. Erweiterung unseres Bildungsverständnisses wider. Erfolgreiche Bildung will sich nicht mehr ausschließlich an einem formal-schulischen Abschlusszertifikat messen, sondern muss ihre Bewährung in der Chance jedes Einzelnen finden, von der Vielfalt gesellschaftlicher Angebote zu profitieren.

Auf der Basis der ICF-Klassifikation (resp. aus rehabilitationspädagogischer Perspektive) lässt sich Teilhabe als Trias zwischen Inklusion (Einbeziehen), Partizipation (Beteiligung) und Integration (Eingliederung) darstellen. Teilhabe ist dann gegeben, wenn eine Person sozial eingebunden ist, d.h. wenn sie die Lebens- und Wohnangebote, den Sozial- und Gesundheitsschutz, die Bildungsmöglichkeiten, die Chancen zur Erwerbstätigkeit und auch die vielfältigen Freizeit- und Mitbestimmungsmöglichkeiten innerhalb der Gesellschaft wahrnehmen und für sich nutzen kann.

Inklusive Bildung will dem Anspruch gerecht werden, die unterschiedlichsten Heterogenitätsebenen (schulleistungsbezogen, herkunftsbedingt sowie (Bildungs)biografisch begründet) angemessen zu berücksichtigen, um Teilhabe zu maximieren.

Vor allem aus bildungssoziologischer Perspektive wird dem Schulsystem in Deutschland immer wieder eine hohe soziale Selektivität nachgewiesen, d. h. der individuelle Schulerfolg ist primär von den Familien, von der sozialen Herkunft und erst nachrangig von der Schulform abhängig. Gerade für Schüler im Förderschwerpunkt »Lernen« und »sozial-emotionale Entwicklung«, aber auch für schulleistungsschwache Hauptschüler zeigen sich diese Risiken mangelnder Bildung, in deren Folge mangelnde und/oder fehlende Ausbildung und Berufsperspektiven und daraus resultierender Gefahr von Armut und sozialer Isolation, besonders gravierend.

Die konsequente Umsetzung der UN-Konvention (2009) i. S. eines »allgemeinen Grundsatzes der Teilhabe und der Inklusion« wird sich verstärkt mit nichtstandardisierten Bildungsbiografien, mit nicht mehr institutionalisierten »Sonderlebensläufen« (Lindmeier, 2014, S. 93) auseinandersetzen, da Lebensläufe zunehmend plural und entstandardisiert verlaufen.

All diese Befunde stehen derzeit noch im großen Widerspruch zu der normativen Zielsetzung inklusiver Beschulung, die neben dem erfolgreichen Schulabschluss die Sicherung gesellschaftlicher Teilhabe als zentrale Zielkategorie definiert (KMK, 2011). Das Erlangen von Bildung sichert die Gestaltung individueller Lebens- und Arbeitschancen; Bildung und Arbeit sind entscheidende Voraussetzungen für das Gelingen gesellschaftlicher Integration. Teilhabe – genauer: berufliche und gesellschaftliche Teilhabe – wird zur zentralen Ziel- und Inhaltskategorie. Politisch-normativ ist das Ziel von Teilhabe, dass alle Menschen mit ihren je individuellen Lern- und Entwicklungsvoraussetzungen und -potentialen ihre eigenen Lebensvorstellungen verwirklichen können (BMAS, 2013, S. 10). Die UN-Konvention (2009) legt die »volle und wirksame Teilhabe« in »allen Lebensbereichen« fest, dies schließt selbstverständlich auch den Lebensbereich Erwerbstätigkeit ein. Im »Europäischen Referenzrahmen für lebenslanges Lernen« wird mathematische Kompetenz als eine von insgesamt acht Grundfertigkeiten benannt, ohne die sich eine bestimmte Lebensqualität und Bildungsteilhabe nicht erreichen lässt (Grabowski, 2014, S. 13).

Diesen Perspektivwechsel hin zu einer nach- und außerschulischen Funktion von Bildungsangeboten illustriert auch die international vergleichende Schulleistungsstudie PISA. Sie definiert für 15-jährige sogenannte »Basiskompetenzen«, »die in modernen Gesellschaften für eine befriedigende Lebensführung in persönlicher und wirtschaftlicher Hinsicht sowie für eine aktive Teilnahme am gesellschaftlichen Leben notwendig sind« (PISA-Konsortium, 2001, S. 16). »Die Beherrschung der Muttersprache in Wort und Schrift sowie ein hinreichender Umgang mit mathematischen Symbolen und Modellen gehören in allen modernen Informations- und Kommunikationsgesellschaften zum Kernbestand kultureller Literalität« (Deutsches PISA-Konsortium 2001, S. 20).

Gesellschaftliche Teilhabe basiert in ihrem Kern auf schriftsprachlichen und mathematischen Kompetenzen. Diese als »Basiskompetenzen« charakterisierten Kompetenzen sind sozial offener, langfristiger und inhaltlich anspruchsvoller als herkömmliche Lernziele. In dieser funktional-pragmatischen Auffassung wird schulische Bildung an ihrem Gebrauchswert für die Lebens- und Berufswelt gemessen. Schriftsprachliche und mathematische Kompetenzen (Kulturtechniken) werden in variierenden Anwendungssituationen modelliert und zielen auf bereichsspezifische sowie -übergreifende Kompetenzbereiche ab. Das bedeutet, die Transferierbarkeit bzw. die Anwendbarkeit des (schulisch) vermittelten Wissens in alltagsbezogenen, kulturellen, beruflichen sowie letztlich in sozialen Kontexten wird zum charakteristischen Merkmal. Spätestens seit den Ergebnissen der PISA-Studien (ab 2000) dokumentieren sich die vielfältigen Reformbemühungen der Schule im Begriff der Kompetenz. Sie lassen sich bei aller Unterschiedlichkeit durch folgende Merkmale zusammenfassend charakterisieren (Jung, 2010; Erpenbeck/Rosenstiel, 2007; Basendowski, 2013).

- Kompetenzen sind, die den Individuen verfügbaren oder durch sie erlernbaren kognitiven, Fähigkeiten und Fertigkeiten, um bestimmte Probleme zu lösen sowie die damit verbundenen motivationalen, volitionalen und sozialen Bereitschaften und Fähigkeiten, um die Problemlösungen in variablen Situationen erfolgreich und verantwortungsvoll nutzen zu können.
- Kompetenzen sind keine kontextfreien Fähigkeitsdimensionen, sondern jeweils anforderungs- und situationsbezogen.
- Sie werden durch Erfahrung und Lernen erworben und können durch institutionalisierte Bildungsprozesse beeinflusst werden.
- Kompetenzen sind die normative Deskription unterschiedlicher Handlungsfelder; sie beschreiben erwünschte hypothetische Verhaltensdispositionen in einer Situation innerhalb sozial gesetzter Handlungsfelder, die in Handlungen als Performanzen komplex in Erscheinung treten (Basendowski, 2013, S. 128).

Inklusion beschreibt primär eine Schule mit dem Anspruch, der Verschiedenheit aller gerecht zu werden. Sie zielt in einem weit gefassten Verständnis dabei auf eine »Maximierung an Teilhabe und die Minimierung von Diskriminierung« (Werning/Arndt, 2015, S. 56) ab. Gerade die normative Setzung der Inklusion begründet die Notwendigkeit gruppenspezifischer Herangehensweisen, denn die Gestaltung inklusiver Bildungsangebote erfordert die Wahrnehmung von Differenzen.

Dies begründet im Folgenden auch die Verwendung von Begrifflichkeiten wie »Rechenschwäche«, rechen-, lernschwache Schüler, Dyskalkulie u. a. Im Gegensatz zu traditionellen, defizitorientierten, personenbezogenen Auffassungen markieren diese Begriffe hier keine personenbezogenen Merkmale, sondern beschreiben unterschiedliche Differenzlinien, z. B. Differenzen zwischen normativen schulischen Erwartungen und individuellen Kompetenzen oder auch Differenzen zwischen individuellen Dispositionen und psychologisch begründeten Entwicklungsstufen. Diese Differenzen sind als zeitlich begrenzte, jeweils beobachterabhängige und situationsspezifische Charakteristika zu verstehen. Sie geben Hinweise auf kriteriengeleitete Wahrnehmungsmuster und -strukturen, beschreiben situationsbezogene Entwicklungsbedürfnisse und Förderbedarfe und können spezifische Präventions- und Interventionsmaßnahmen begründen.

Nur so ist es möglich, dem Anspruch des Artikels 24 (c-e) der UN-BRK gerecht zu werden und »angemessene Vorkehrungen für die Bedürfnisse des Einzelnen« zu treffen, »Menschen mit Behinderungen innerhalb des allgemeinen Bildungssystems die notwendige Unterstützung« zu gewährleisten und »wirksame individuell angepasste Unterstützungsmaßnahmen« anzubieten (UN-Konvention, 2009).

4.1 Mathematikunterricht, Bildungsstandards und mathematische Kompetenzen

Mathematische Kompetenzen benötigen alle Menschen, um sich in unserer Umwelt zurecht zu finden, den Alltag zu bewältigen und weitgehend ihr Leben selbstständig gestalten und erleben zu können. Sie sind grundlegende konventionelle, kulturgebundene Fähigkeiten und Fertigkeiten, die – wie schriftsprachliche Kompetenzen – Voraussetzungen für die Teilnahme am gesellschaftlichen Leben sind. Das Verständnis von Mathematikunterricht selbst verschiebt sich unter diesen Prämissen von einem eher fachwissenschaftlich fundierten Unterrichtsfach hin zu einem kulturtechnisch funktionalen Verständnis und Gebrauch von Mathematik.

Die Ausrichtung eines so verstandenen, kompetenzorientierten Mathematikunterrichts wird deutlich in der Aussage der KMK (2005b) zum Mathematikunterricht im Primarbereich:

> »Das Ziel ist die Entwicklung eines gesicherten *Verständnisses* mathematischer Inhalte. Die allgemeinen mathematischen Kompetenzen verdeutlichen, dass die Art

4.1 Mathematikunterricht, Bildungsstandards und mathematische Kompetenzen

und Weise der Auseinandersetzung mit mathematischen Fragen ein wesentlicher Teil der Entwicklung mathematischer Grundbildung ist. Deren Entwicklung hängt nicht nur davon ab, *welche* Inhalte unterrichtet wurden, sondern mindestens im gleichen Maße davon, *wie* sie unterrichtet wurden, d. h., in welchem Maße den Kindern Gelegenheit gegeben wurde, selbst Probleme zu lösen, über Mathematik zu kommunizieren usw.« (KMK, 2005b, S. 6, Hervorh. i. Org.).

Für die Bildungsstandards im Fach Mathematik für den Hauptschulabschluss wurde dies im Beschluss der Kultusministerkonferenz vom 15.10.2004 (KMK 2005a, S. 6) wie folgt ausformuliert:

»Die Bildungsstandards ... benennen dementsprechend allgemeine und inhaltsbezogene mathematische Kompetenzen, die Schülerinnen und Schüler in aktiver Auseinandersetzung mit vielfältigen mathematischen Inhalten im Mathematikunterricht erwerben sollen. Dazu bearbeiten sie Probleme, Aufgaben und Projekte mit mathematischen Mitteln, lesen und schreiben mathematische Texte, kommunizieren über mathematische Inhalte u. a. m. Dies geschieht in einem Unterricht, der selbständiges Lernen, die Entwicklung von kommunikativen Fähigkeiten und Kooperationsbereitschaft sowie eine zeitgemäße Informationsbeschaffung, Dokumentation und Präsentation von Lernergebnissen zum Ziel hat« (KMK, 2005a, S. 6).

Die gegenwärtigen Reformbestrebungen innerhalb der Mathematikdidaktik konzentrieren sich auf die Implementierung eines kompetenzorientierten Unterrichts. Kompetenzen umschreiben sowohl aktuelle als auch potentielle Fähigkeiten und Fertigkeiten einer Person, die jeweils situationsspezifisch, d. h. anforderungsabhängig sind. Eine grundlegende Orientierung zur Charakterisierung und Operationalisierung mathematischer Kompetenzen bieten die Bildungsstandards im Fach Mathematik (KMK, 2004) an. Die (eher fachwissenschaftlich begründeten) inhaltsbezogenen mathematischen Kompetenzen, sogenannte Leitideen (Zahlen und Operationen, Raum und Form, Muster und Strukturen, Größen und Messen, Daten, Häufigkeiten und Wahrscheinlichkeiten) werden um allgemeine Kompetenzen (Problemlösen, Argumentieren, Darstellen von Mathematik, Kommunizieren, Modellieren) erweitert. Miteinander verzahnt werden sie zudem durch drei Anforderungsbereiche (Reproduzieren, Zusammenhänge herstellen, Verallgemeinern und Reflektieren) i. S. unterschiedlicher Ausprägungsgrade.

Das den Bildungsstandards zugrundegelegte Verständnis von Mathematikunterricht geht weit über die Aneignung von basalen mathematischen Kenntnissen und Fertigkeiten hinaus. Ziel des Unterrichts ist das gesicherte Verständnis über Mathematik (KMK, 2005a, S. 6). Entscheidend für den Erfolg des Unterrichts ist einerseits die Auswahl der Inhalte, aber »mindestens im gleichen Maße ... wie sie [die Kinder] unterrichtet wurden, d. h. in welchem Maße den Kindern die Gelegenheit gegeben wurde, selbst

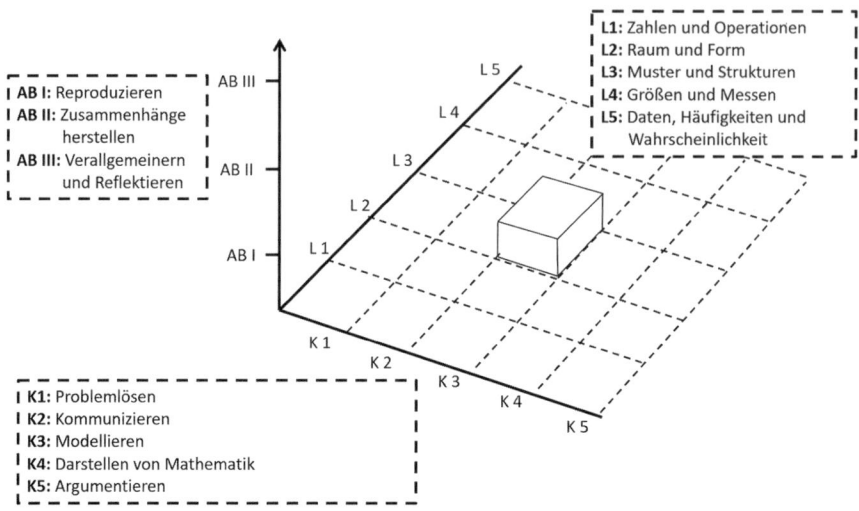

Abb. 4.1: Kompetenzstrukturmodell der Bildungsstandards Mathematik (Walther, 2008)

Probleme zu lösen, über Mathematik zu kommunizieren usw.« (KMK, 2005b, S. 6). Mit Mathematik kompetent umzugehen, versteht sich als »die Fähigkeit einer Person, die Rolle zu erkennen und zu verstehen, die Mathematik in der Welt spielt, fundierte mathematische Urteile abzugeben und Mathematik in einer Welt zu begreifen, die den Anforderungen des Lebens dieser Person als konstruktiven, engagierten und reflektierten Bürger entspricht.« (PISA-Konsortium, 2001, S. 141). Der Begriff »Welt« umfasst hier die natürliche, technische, soziale und kulturelle Umwelt, geht also weit über die schulische Welt, den schulischen Rahmen hinaus. Dieses Konzept betont den funktionalen Gebrauch dieser Kulturtechniken und warnt vor der Reduktion mathematischen Könnens auf formalisierte Automatismen. Mathematische Kompetenz zeigt sich

> »im verständnisvollen Umgang mit Mathematik und in der Fähigkeit, mathematische Begriffe als Werkzeuge in einer Vielfalt von Kontexten einzusetzen. Diese Grundauffassung von Mathematik stößt auch international auf breiten Konsens. Mit ihr einher geht die berechtigte Kritik an der Dominanz kalkülhaften Rechnens und schematischer Verfahren im bisherigen Mathematikunterricht.
>
> Die konkrete Bearbeitung und Lösung einer mathematischen Aufgabenstellung wird als Prozess der Erstellung, Verarbeitung und Interpretation eines mathematischen Modells verstanden« (PISA-Konsortium, 2001, S. 146).

4.1 Mathematikunterricht, Bildungsstandards und mathematische Kompetenzen

Die folgende Grafik illustriert die Zusammenhänge zwischen sachstrukturellen, alltags- und lebensweltlichen Faktoren:

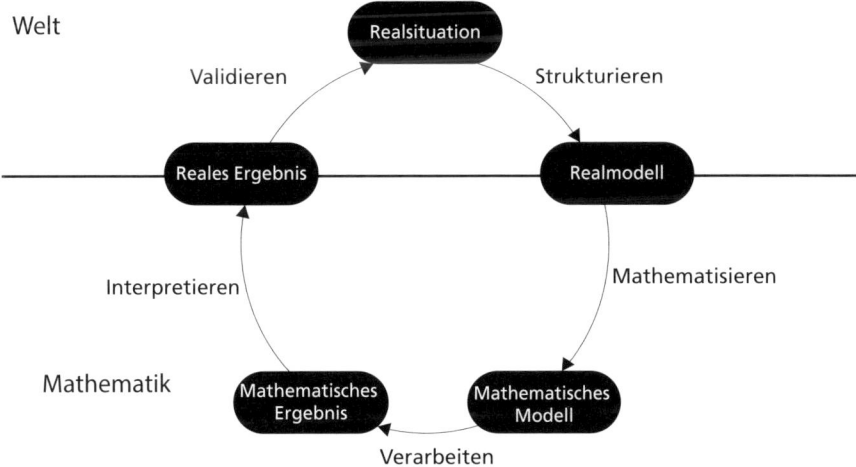

Abb. 4.2: Mathematisches Modellieren (PISA-Konsortium, 2003) bzw. Prozess des Mathematisierens (PISA-Konsortium, 2001)

Dieses Modell fokussiert auf einen engen Zusammenhang zwischen inner- und außermathematischen Bezügen. Erst ein wechselseitiger Transfer der Kompetenzen zwischen der »Welt« und der »Mathematik« als hochabstraktes, konventionelles Zeichen- und Begriffssystem charakterisiert ein mathematisch kompetentes Handeln (Werner, 2011). Kernpunkt ist hier das Übersetzen zwischen Mathematik und Realität. Wichtig für die Vermittlung zwischen Mathematik und Realität ist daher die Ausbildung tragfähiger mentaler Modelle für mathematische Begriffe d. h. die Ausbildung von Grundvorstellungen mathematischer Begriffe und Verfahren (v. Hofe/Kleine/Blum/Pekrun, 2005, S. 275f.).

Aus der Sicht der Sonder- bzw. Benachteiligtenpädagogik, speziell aus der Perspektive des Förderschwerpunktes Lernen – es sind rund 3 % aller Schulpflichtigen bzw. rund 40 % aller Schüler mit sonderpädagogischem Förderbedarf – ist bezüglich der Kategorie »Welt« Folgendes zu berücksichtigen: die betroffenen Kinder und Jugendlichen stammen zu rund 90 % aus Lebenswelten, die durch Armut, Arbeitslosigkeit, Gewalt- und Delinquenzerfahrungen, Diskriminierung, durch gesellschaftliche Ausschlusserfahrungen und soziale Randständigkeit gekennzeichnet sind. Es sind hier eben nicht die personenbezogenen, medizinisch-psychologisch diagnostizierbaren Merkmale, die eine Barriere an gesellschaftlicher Teilhabe darstellen. Den Kern dieser Behinderung/Benachteiligungen stellen Situationen dar, in denen kulturspezifische, eng gekoppelt mit (schrift)sprachlichen und mathematischen Anforderungen und Standards, Barrieren für erfolgreiche schulische Bildung und für gesellschaftliche Teilhabe darstellen. Zudem ist zu berücksichtigen, dass auch diese Gruppe in sich nicht homogen, sondern durch eine extreme soziale Heterogenität geprägt ist. Geschlechtsspezifische, migrationsbedingte und/oder herkunftsbedingte kritische Lebensereignisse verursachen risikobehaftete Bildungsbiografien. Gemeinsamkeiten dieser Gruppe sind umfassende, gravierende milieu- und herkunftsbedingte Bildungserschwernisse. Die soziale Herkunft erweist sich als zentrale Stellgröße für Bildungsbeteiligung; trotz formaler Chancengleichheit beim Erwerb von Bildung hat diese Personengruppe deutlich geringere Chancen. Die bisherigen fachwissenschaftlichen geprägten Standards mit ihren meist psychometrisch basierten Testungen vermögen es bislang nicht, alle Lebenslagen dieser Kinder und Jugendlichen zu erfassen. Auch der Bildungsbericht (2012) mahnt an, Kindern und Jugendlichen sowie deren Familien aus sozial benachteiligten Bevölkerungsschichten mehr Beachtung als bislang zu schenken (Bildungsbericht, 2012). Gerade in diesem Bereich ist ein großes Forschungsdesiderat zu verzeichnen. Weder existiert bislang ein systematisches Konzept eines inklusiven Mathematikunterrichts, noch liegen ausreichend Befunde zu nicht schulischen, dennoch teilhabeorientierten mathematischen Kompetenzen vor (▶ Kap. 4.3.1). Diese Lücke mag mit dem Fokus der Inklusion auf lebenslanges Lernen zukünftig geschlossen werden.

In den Bildungsstandards für den schulischen Mathematikunterricht (KMK, 2004) wird normativ festgelegt, was Kinder und Jugendliche können sollen. Eine erfolgreiche Bildung misst sich am Erwerb operationalisierbarer und überprüfbarer Teilkompetenzen. Die Bildungsstandards beschreiben überprüfbare Kompetenzen in einem Unterrichtsfach und legen abschlussbezogen fest, was ein Schüler zu einem bestimmten Zeitpunkt in den Kernbereichen eines Faches können soll. Insofern sind sie schulartübergreifend gültig. Dies begründet auch den Rückgriff auf die theoretische Grundlegung in den nachfolgenden Ausführungen. Sie sind somit handlungsleitend für inklusive Bildungsangebote. In diesem Beitrag werden vorrangig zielgruppenspezifisch notwendige Modifizierungen diskutiert. Im Primarbereich konzentriert sich dies auf den Erwerb der schulrelevanten mathematischen Vorläuferfertigkeiten sowie der Basiskompetenzen. Im Sekundarbereich erweitert sich dies um die Frage nach der Anschlussfähigkeit der erworbenen mathematischen Kompetenzen hinsichtlich ihrer Alltags-,

Ausbildungs- und Berufsrelevanz. Es gilt, den gemeinsamen Gegenstand ›Mathematik‹ bzw. den Auftrag, mathematische Kompetenzen zu entwickeln, so zu gestalten, dass der Vielfalt der Lebensentwürfe und der je individuellen Lern- und Entwicklungsprozesse im gemeinsamen Bildungsprozess Rechnung getragen werden kann.

Die nachfolgend skizzierten Grundsätze, Konzepte usw. speisen sich sowohl aus der Mathematikdidaktik, der mathematischen Früherziehung, den Befunden zur Förderung rechenschwacher sowie Schülern mit einer Dyskalkulie, als auch aus den sogenannten Risikoschülern, d. h. Schüler deren Leistungen auf den unteren Kompetenzebenen (PISA-Konsortium, 2001) liegen. Es ist bei diesen Schülern davon auszugehen, dass diese Kompetenzstufe nicht ausreicht, um die nachfolgenden schulischen und ausbildungsbezogenen Bildungsanforderungen ohne Schwierigkeiten zu erfüllen (PISA-Konsortium, 2001), d. h. dass letztlich die berufliche und gesellschaftliche Teilhabe dieser Kinder und Jugendlichen gefährdet ist.

Eine differenzierte Unterscheidung zwischen diesen einzelnen Schülergruppen wird hier nicht vorgenommen, da diese zwar auf schuladministrativer Ebene, jedoch nicht mehr auf didaktisch-methodischer Ebene relevant ist. Im Gegenteil, die Befunde belegen, dass bezüglich der Förderung eine Unterscheidung zwischen rechen-, schulleistungsschwachen und Dyskalkuliekindern nicht sinnvoll ist und sich keine gruppenspezifischen Unterschiede erkennen lassen. Schon für die Prävention von Rechenschwäche wird empfohlen, unabhängig von Faktoren wie Geschlecht, Intelligenz und Migration, den Erwerb basaler Rechenkompetenzen so zu unterstützen, dass gravierende Probleme gar nicht erst entstehen (Schneider/Küspert/Krajewski, 2013, S. 187).

Da der Kompetenzbegriff nicht allein fachspezifische, sondern auch emotional-soziale und situationsspezifische Faktoren umfasst, sind in der Mathematikförderung weitere Variablen wie Vorwissen, Intelligenz, Gedächtnis, Konzentrationsfähigkeit mit ihrem je moderierenden Charakter, aber auch Aspekte wie das Lern- und Leistungs- bzw. das schulische Selbst- und Begabungskonzept zu berücksichtigen. Spätestens seit der viel zitierten Hattie-Studie ist aber auch bekannt, dass der Unterrichtsstil bzw. die pädagogische Grundhaltung sowie die fachbezogenen, pädagogisch-didaktischen und diagnostischen Kompetenzen einen erheblichen Einfluss auf die Schulleistungen haben.

Für eine effektive Förderung sind des Weiteren Trainings- und Interventionsprogramme für spezifische Fragestellungen mehrheitlich aus der Persönlichkeitspsychologie, wie beispielsweise die Diagnose und Förderung von Aufmerksamkeits-, Konzentrations- und Gedächtnisleistungen, metakognitiven Fähigkeiten sowie Fragen motivationaler und emotionaler Befindlichkeiten zu berücksichtigen (Lauth/Grünke/Brunstein, 2014). In Interventionen, gerade bei lernschwachen Schülern, gilt es wirksame Anreize für angemessenes Lernverhalten einzusetzen (Linderkamp, 2014). Durch operante Techniken können komplexe Verhaltensweisen wie Selbstkontrolle, Kreativität, Kritikfähigkeit und Autonomie aufgebaut und die Motivation gefördert werden (Linderkamp, 2014, S. 235).

Gerade der Mathematikunterricht scheint zudem ein Unterrichtsfach zu sein, das wenig interessant erscheint, dem kaum oder keine persönliche Bedeutung zugemessen wird. Interventionsmaßnahmen erweisen sich dann als effektiv, wenn durch Rückmeldungen und Bekräftigungen die eigenen Kompetenzen wahrgenommen werden (Schiefele, 2014). Gerade bei Schülern mit Lernschwierigkeiten ist es wichtig, auch kleinste Lernfortschritte zurück zu melden. Das Interesse wird besonders durch lebensnahe und real-authentische Aktivitäten gefördert. Bringt ein Schüler dem Unterrichtsstoff eine hohe Wertschätzung entgegen, erlebt er die Auseinandersetzung damit als emotional befriedigend (Schiefele, 2014). Für Mathematik bieten sich immer wieder der Umgang mit Zeit und Geld im Freizeitbereich, in höheren Klassenstufen aber auch praktikums- bzw. berufsbezogene Themenfelder an. Aufgaben sollten in ihrem Schwierigkeitsniveau so gestaltet sein, dass sie bei hinreichender Anstrengung auch für den Schüler lösbar sind. Zentral und übergeordnet ist es hier, die persönliche Bedeutsamkeit des Lehrgegenstandes zu sichern. Für den Lernenden muss es sinnvoll und plausibel sein, etwas Bestimmtes zu lernen, das Ziel muss klar und persönlich bedeutungsvoll sein (Schiefele, 2014).

Neben diesen sozial-emotionalen Komponenten bilden kognitive Strategien (Elaborations-, Organisation-, Selbstkontroll- und Selbstregulationsstrategien) sowie metakognitive Strategien eine wesentliche Grundlage erfolgreichen Lernens (Lauth et al., 2014). Studien belegen die Wirksamkeit direkter und fachspezifischer sowie fachübergreifender Strategieinstruktionen gerade bei lernschwachen Schülern (Lebens/Lauth, 2014, S. 427). Eine effektive Vermittlung von Lernstrategien verläuft nach folgenden Schritten:

- Rückschau: Vorwissen aktivieren,
- Präsentation neuer Lerninhalte,
- Angeleitetes Üben mit Korrektur und Feedback,
- eigenständiges Üben sowie Wiederholen in regelmäßigen Zeitintervallen (Lebens et al., 2014, S. 424).

4.1 Mathematikunterricht, Bildungsstandards und mathematische Kompetenzen

Wirksame Interventionen fördern jeweils »störungsbezogen« (Lauth/Brunstein, 2014, S. 367) und betonen die Bedeutung des Übens. Wirkungsvolle Übungsprogramme enthalten mittelschwere und prinzipiell lösbare Aufgaben; die Lösungswege müssen sichtbar nachvollzogen werden können. Weitgehend fehlerfreies Lernen lässt sich durch Vormachen und/oder lautes Denken sichern. Die Lernaufgaben sind möglichst präzise und konkret am Lerngegenstand zu formulieren. Eine fortlaufende Leistungsrückmeldung sowie die allmähliche Erhöhung der Aufgabenschwierigkeit unterstützen dies. Stern, Hasemann und Grünke (2014) analysierten die Bedeutung und die Fördermöglichkeiten elaborierter Rechenfertigkeiten, die es ermöglichen, mathematische Konzepte flexibel zu nutzen und ihre alltagsrelevante Bedeutung zu erkennen (Stern/Hasemann/Grünke, 2014, S. 220f.). Bei ihrer Vermittlung geht es um den Aufbau, die Nutzung und Erweiterung mehr- oder vielschrittiger Handlungsabfolgen. Folgende Teilschritte sind dabei notwendig:

1. Aufbau obligatorischer Basiskompetenzen,
2. Aufbau der Fertigkeit zur selbständigen Informationssuche,
3. Aufbau der Fertigkeit, Aufgabenstellungen grafisch zu verdeutlichen (Skizzen, Schaubilder u. a. grafische Darstellungen sind zur Analyse eines komplexen Sachverhaltes geeignet, da gerade Schüler mit Lernschwierigkeiten gravierende Probleme im Wechsel mit den Repräsentationsformen haben und eher selten eigenaktiv auf derartige Bilder zurückgreifen),
4. Aufbau inhaltsübergreifender Kompetenzen (Hierbei werden gezielt übergreifende kognitive Fähigkeiten, wie räumlich-konstruktive Vorstellungen, Funktionen des Arbeitsgedächtnisses, selektive Aufmerksamkeit usw. angesprochen. Auch hier gilt es, über leistungs- und motivationsfördernde Attribuierungen, die Motivation zu fördern und Versagensängste zu mindern.).

Bei der Umsetzung elaborierter Rechenstrategien geht es vor allem darum, »unter Anwendung bestimmter Algorithmen und mithilfe kognitiver Strategien« Lösungen zu finden (Stern et al., 2014, S. 222f.). Der Einsatz von Strategieinstruktionen (ggf. in Verbindung mit grafischen Hilfestellungen) gilt im Hinblick auf die Verbesserung elaborierter Rechenfertigkeiten als die effektivste Fördermöglichkeit (Stern et al., 2014, S. 229f.).

4.2 Mathematik im Primarbereich

Der Erwerb mathematischer Kompetenzen, für den in dem letzten Jahrzehnt zahlreiche Diagnose- und Förderkonzepte entwickelt wurden, setzt nicht erst mit der Einschulung ein. Bereits im Vorschulalter entwickeln die Kinder Basiskompetenzen bzw. Vorläuferfertigkeiten, die sowohl für das Lesen und Schreiben, als auch das Rechnen lernen unerlässlich sind. Im Bereich Mathematik sammeln die Kinder vielfältige individuelle Vorerfahrungen, z. B. durch Kartenspiele und Abzählreime, durch den Umgang mit Mengen, den Gebrauch von Ziffernsymbolen und Zahlwörtern, den Umgang mit Geld- und Zeiteinheiten, mit Längen- und Gewichtsangaben im täglichen Ablauf. All diese Einsichten sind eine wichtige Basis für das Erlernen der formalen Mathematik, d. h. der Abstraktion von diesen Alltagserfahrungen und ihrer symbolischen Darstellungen mit Hilfe mathematischer Zeichen und Symbole. Mit Hilfe der Mathematik lässt sich beispielsweise das Bauen eines Turmes mit Bausteinen mathematisch als Additionsaufgabe 1+1+1 usw. darstellen. Vorschulische Bildungsaktivitäten verfolgen das Ziel, das Lernpotential der Kinder zu nutzen, zu fördern bzw. potentiellen Lernschwierigkeiten, die sich – zumindest für die Bereiche Deutsch und Mathematik – nachweislich zu weiten Teilen auf unzureichendes Vorwissen bzw. Vorläuferfertigkeiten zurückführen lassen, präventiv zu begegnen. Die spezifischen Vorläuferfertigkeiten erfassen all diejenigen Kenntnisse, Einstellungen, Fähigkeiten und Fertigkeiten, die unmittelbar mathematischen Inhaltsbereichen wie Zahlbegriff, Zahlen und Operationen, Raum und Form, Muster und Strukturen, Größe und Messen sowie Daten, Häufigkeiten und Wahrscheinlichkeiten zuzuordnen sind. Im Gegensatz dazu erfassen die unspezifischen Vorläuferfertigkeiten diejenigen Teilleistungen, die den Erwerb und die Nutzung mathematischer Kompetenzen zwar unterstützen, aber nicht primär mathematischer Natur sind. Zu ihnen zählen u. a. Konzentrationsfähigkeit, visuell-räumliche und sprachliche Kompetenzen. Diese Teilfertigkeiten werden sowohl in mathematischen aber beispielsweise auch in schriftsprachlichen und/ oder naturwissenschaftlichen Kontexten relevant. Sie gelten als notwendige, aber nicht hinreichende Bedingungen für den Aufbau mathematischer Kompetenzen. In mathematischen Kontexten wie z. B. dem Erwerb von Wissenskomponenten über Formen, Flächen und Körper erhalten sie ihre fachspezifische Komponente.

4.2.1 Modelle zur Entwicklung früher mathematischer Kompetenzen

Zwei Kompetenzentwicklungsmodelle, die vor allem die Entwicklungen zwischen dem 2./3. Lebensjahr bis zum Zeitpunkt der Einschulung erfassen, bestimmen derzeit die Diskussion. Dies sind einmal das Kompetenzentwicklungsmodell von Ricken, Fritz und Balzer (2011) sowie das Modell von Krajewski, Schneider und Ennemoser (2003; 2013).

Das Modell von Ricken et al. (2011) ist ein fünfstufiges und erfasst die zentralen Konzepte der frühen mathematischen Entwicklung: Zählzahl, mentaler Zahlenstrahl, Kardinalzahl, Teil-Ganzes-Konzept und Relationszahl (Ricken et al., 2011). Die Annahme ihrer Ordnung hinsichtlich der Aufeinanderfolge in ihrer Entwicklung wurde auf der Basis eines eindimensionalen Raschmodells geprüft. Verschiedene Studien zeigen, dass »lange bevor Zahlworte verfügbar sind, Wissen über Mengen erworben wird und die Kinder bereits über ein Verständnis von bedeutsamen numerischen Kompetenzen wie Vergleichen, Vermehren oder Vermindern von Mengen verfügen« (Ricken/Fritz/Balzer, 2013, S. 9). Erst anschließend wird mit zunehmendem Spracherwerb die Bedeutung der Zahlen sukzessive erworben. Hier setzt das von den Autoren operationalisierte Entwicklungsmodell an und beschreibt ab dem Alter von vier Jahren in fünf Stufen die Entwicklung mathematischer Konzepte. Im Folgenden werden die fünf Niveaus kurz benannt und skizziert (Ricken et al., 2013, S. 10f.). Die einzelnen Stufen kennzeichnen jeweils qualitativ unterschiedlich, aufeinander aufbauende Entwicklungsstufen.

- *Niveau I: Zählzahl*
  Auf diesem Niveau können die Kinder die Zahlwortreihe aufsagen und verfügen über die Möglichkeit, Mengen mittels 1-zu-1-Zuordnung präzise zu vergleichen. Dabei ist ihnen bereits bewusst, dass jedes Zahlwort einem Element zugeordnet werden muss und mit dem zuletzt genannten Zahlwort der Abzählprozess beendet ist.
- *Niveau II: Ordinaler Zahlenstrahl*
  Hier sind die Kinder in der Lage, sich Zahlen auf einem mentalen Zahlenstrahl vorzustellen. Dabei hat jede Zahl einen festen Ort auf dem Zahlenstrahl, somit kann der Vorgänger und Nachfolger bestimmt werden. Größere Zahlen kommen später in der Reihe und sind somit größer als der Vorgänger bzw. kleiner als der Nachfolger. Hier werden die Zahlen rein ordinal, also als Zählzahl, interpretiert. Der Unterschied zwischen den Zahlen spielt noch keine Rolle. Auf dieser Stufe können die Kinder kleine Additions- und Subtraktionsaufgaben über Zählstrategien lösen.

- *Niveau III: Kardinalität und Zerlegbarkeit*
  Auf dieser Stufe werden nun den Zahlen Mengen zugeordnet. Durch die kardinale Deutung der Zahlen sind Kinder zunehmend in der Lage die Mächtigkeit der Mengen zu bestimmen. Dazu ist das Verständnis erforderlich, dass die zuletzt genannte Zahl im Abzählprozess diesen nicht nur beendet, sondern auch die Mächtigkeit der Menge angibt. Nun können die Kinder die Zahlen auch über die Kardinalität vergleichen, nämlich dadurch, dass sie feststellen, dass z.B. die Menge »drei« kleiner ist als die Menge »vier«, weil die Menge »drei« weniger Elemente enthält als die Menge »vier«. Eng damit verbunden sind nun erste Einsichten über die Zusammensetzung und das Aufteilen von Mengen. Dieses Wissen über das kardinale Zahlkonzept ist wiederum eine wichtige Voraussetzung für den Erwerb effektiver Rechenstrategien und die Einsicht in die Beziehungen zwischen den Zahlen. Im Gegensatz zu Niveau II können nun Additionsaufgaben über die Strategie »weiterzählen« gelöst werden. Die Kinder sind hier jetzt in der Lage auf enaktiver Ebene den Zusammenhang zwischen Teilmenge, Teilmenge und Gesamtmenge zu verstehen (z. B. »drei« und »vier« sind zusammen »sieben«).
- *Niveau IV: Enthaltensein und Klasseninklusion*
  Das wesentliche Merkmal dieser Stufe ist, dass die Inklusionsbeziehung zwischen Zahlen verstanden wird. Kinder sind somit in der Lage, Mengen in verschiedene Teilmengen zu zerlegen, wobei jede Zahl die Menge der vorangegangenen Zahlen enthält. So enthält z.B. die Menge »vier« die Mengen »eins«, »zwei« und »drei«. Diese können nun unterschiedlich kombiniert werden, um die Menge »vier« zu erhalten (z.B. »eins« und »drei« oder »zwei« und »zwei«). Kinder verstehen allmählich den Zusammenhang zwischen Teilmenge und Gesamtmenge. Sie erkennen, dass aus den Angaben zweier Mengen auf die dritte Menge geschlossen werden kann. Damit sind Aufgaben mit der Struktur a+b=? und a+_=? für die Kinder lösbar. Dieses Teil-Ganzes-Verständnis baut sich in der Regel im ersten Schuljahr auf. Viele Autoren sehen das als entscheidenden Schritt in der Entwicklung früher mathematischer Kompetenzen.
- *Niveau V: Relationalität*
  In dieser letzten Stufe wird das Teil-Ganzes-Konzept weiterentwickelt hin zum Wissen über Beziehungen zwischen den Zahlen. Die Kinder können nun nicht nur ermitteln, welche Zahl oder Menge kleiner oder größer ist, sondern zudem exakt den Unterschied bestimmen. Die Relationalität bezeichnet also einen Abstand oder eine Beziehung zwischen zwei Größen.

Auch das Modell von Krajewski und Ennemoser (2013) ist ein Stufen- und Kompetenzentwicklungsmodell (▶ Abb. 4.3). Bezogen auf die jeweiligen mathematischen Einsichten als qualitative Merkmale einer Stufe, ist es durchaus vergleichbar mit dem Modell von Ricken et al. (2011). Basierend auf längsschnittlich angelegten empirischen Untersuchungen war es möglich, die Entwicklung der Vorläuferfertigkeiten durch folgenden drei Stufen/Phasen zu charakterisieren, die durch eine zunehmend tiefere Verknüpfung von Zahlwörtern und Ziffern mit Mengen bzw. Größen wie Längen, Geld und Volumen gekennzeichnet sind (Schneider/Küspert/Krajewski, 2013, S. 225):

- *Ebene 1:* Basisfertigkeiten (Größenunterscheidung, Zahlwortkenntnis, exakte Zahlenfolge)
- *Ebene 2:* einfaches Zahlenverständnis (Verknüpfung von Zahlwörtern und Ziffern mit Größen: Größenrepräsentation von Zahlen)
- *Ebene 3:* tiefes Zahlenverständnis (Verknüpfung von Zahlwörtern/Ziffern mit Größenrelationen: Zahlrelationen (Zusammen- und Zerlegen einer Zahl, Differenz zwischen zwei Zahlen).

Das mengen- bzw. größen- und das zahlbezogene Vorwissen kann als bedeutsamste spezifische Vorläuferfertigkeit für mathematische Kompetenzen in den ersten beiden Grundschuljahren angesehen werden (Krajewski, 2003; Schneider et al., 2013).

Beide Modelle erfassen inhaltlich nahezu identische mathematische Bereiche, die sich als spezifische Vorläuferfertigkeiten herauskristallisieren. Als Schnittmenge in der Theorie und Empirie zur Entwicklung früher mathematischer Kompetenzen lassen sich folgende Konzepte benennen: Kardinalzahl, Zählzahl, ordinaler Zahlenstrahl, Enthaltensein und Relationalität. In den nachfolgend skizzierten Konzepten stellen diese Bereiche zentrale inhaltliche Bausteine dar.

Diese Fokussierung auf diese Phase des Mathematiklernens begründet sich mit zahlreichen Studien, die belegen, dass die Schwierigkeiten im Mathematikunterricht vor allem auf fehlenden Kompetenzen in diesem Basisbereich beruhen. Kinder mit Rechenschwierigkeiten weisen bis weit nach der Grundschulzeit Schwächen in den zentralen Basisbereichen auf (Sinner/Ennemoser/Krajewski, 2011). Selbst in Klasse 8 lassen sich Schwierigkeiten im Mathematikunterricht auf fehlende Einsichten in diesen Basiskompetenzen zurückführen (Sinner/Ennemoser/Krajewski, 2011, S. 114; Moser Opitz, 2005; Ennemoser/Krajewski/Schmidt, 2012; Humbach, 2009).

4 Zwischen individueller Rechenförderung und inklusivem Unterricht

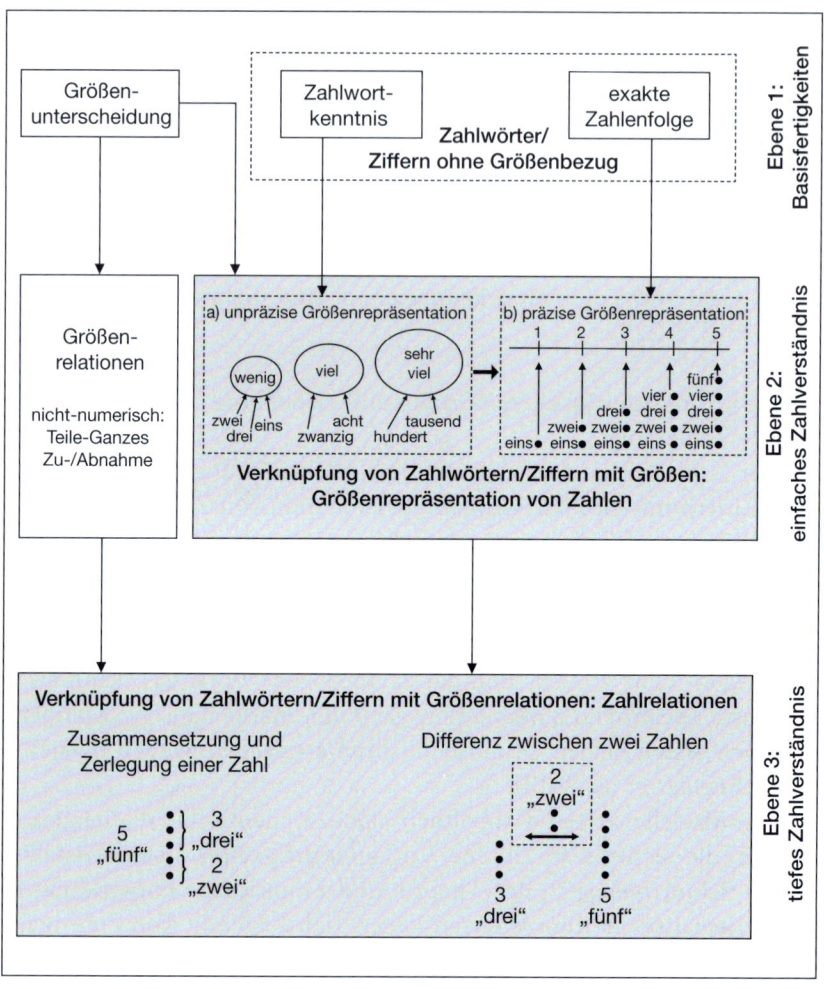

Abb. 4.3: Entwicklungsmodell der Zahl-Größen-Verknüpfung nach Krajewski und Ennemoser (2013, S. 43)

4.2.2 Diagnose- und Förderkonzepte

Gerade mit dem Wissen um die Relevanz der Vorläuferfertigkeiten wurden in den letzten Jahren zahlreiche Diagnose- und Förderprogramme entwickelt. Ausgewählt nach den Kriterien: zielgruppenrelevant, theoriegeleitet und evidenzbasiert werden hier einige vorgestellt. Folgende Tabelle 4.1 gibt einen Überblick über die vorgestellten Diagnose- und Förderprogramme und zeigt, ob es ein Diagnose- und/oder Förderkonzept beinhaltet:

Tab. 4.1: Übersicht über die Diagnose- und Förderprogramme

Name des Programms	Diagnose	Förderung
MARKO-D und MARKO-T (Ricken/Fritz/Balzer, 2013)	Ja	Ja
Mengen, zählen, Zahlen (Krajewski/Nieding/Schneider, 2007)	Nein	Ja
Das Zahlenbuch, Handbuch zur Frühförderung (Wittmann/Müller, 2009)	Nein	Ja

4.2.2.1 MARKO-D und MARKO-T

Das Diagnose- und Fördermaterial *MARKO (Mathematik- und Rechenkonzepte im Vor- und Grundschulalter)* besteht aus zwei Teilen, zum einen einem diagnostischen Instrument (*MARKO-D*, Ricken/Fritz/Balzer, 2013) und zum anderen einem daran anschließenden Trainingsprogramm (*MARKO-T*, Gerlach/Fritz/Leutner, 2013).

Das Diagnoseinstrument *MARKO-D* ist ein standardisiertes, entwicklungsorientiertes Verfahren, das zum Ziel hat, den individuellen Entwicklungsstand eines Kindes im Bereich der Arithmetik zu beschreiben. Es wurde für das Vorschulalter (4 bis 6 ½-jährige Kinder) konzipiert und beschreibt in fünf Niveaus die Entwicklung der arithmetischen Kompetenz (▶ Kap. 4.2.1.). Die Auswertung erfolgt zum einen quantitativ über Prozentränge, dies ermöglicht den Vergleich der individuellen Leistungen eines Kindes mit dem Leistungsstand von Kindern seiner Altersgruppe. Zum anderen erfolgt die Auswertung qualitativ über die Analyse der Lösungsmuster des Kindes bei den verschiedenen Items eines Niveaus. Dieses Verfahren entspricht den Testgütekriterien und bietet die Möglichkeit, Entwicklungsverzögerungen im Vorschulalter aufzuzeigen, sowie die Effizienz von Fördermaßnahmen durch eine Wiederholungsmessung zu dokumentieren. Aufbauend auf den fünf Niveaustufen (▶ Kap. 4.2.1) wurden für den Rechentest insgesamt 55 Items zu den fünf Bereichen entwickelt. Der Test kann zu jedem Zeitpunkt eingesetzt werden, hat eine Dauer von ca. 20–30 min und wird im Einzelinterview durchgeführt. Die Aufgaben wurden in eine Rahmenhandlung eingebettet, so dass sich Phasen des Zuhörens und des Bearbeitens abwechseln und der Test sich somit der Konzentrationsfähigkeit von

Kindern anpasst. Zwei Leitfiguren – die Eichhörnchen Ben und Lisa – begleiten die Kinder bei den verschiedenen Aufgaben. Die Aufgabenpräsentation erfolgt mittels eines Aufgabenbuchs, das sich so aufstellen lässt, dass auf der einen Seite die Kinder die Bilder sehen und auf der anderen Seite der Tester die Instruktion lesen kann. Die Dokumentation erfolgt anhand eines Protokollbogens, der neben den Rubriken falsch/richtig auch die Möglichkeit bietet, Beobachtungen einzutragen.

Bei dem Test wurde bewusst darauf verzichtet, dass die Aufgaben im Schwierigkeitsgrad ansteigen, sondern diese wurden variiert. Nach Meinung der Autoren ist dies besonders für jüngere Kinder von Vorteil, da alle Aufgaben bearbeitet und am Ende des Tests noch leichte Aufgaben gestellt werden können.

Darauf aufbauend wurde das *Förderkonzept MARKO-T* (Gerlach/Fritz/Leutner, 2013) konzipiert. Es handelt sich um ein standardisiertes Einzeltraining für Kinder im Alter von 5–8 Jahren. Es kann sowohl am Übergang von Kindergarten und Grundschule als auch im Grundschulbereich selbst und in der Förderschule eingesetzt werden. Die dazugehörige Box enthält folgende Materialien:

- Handpuppe »Mistkäfer Marko«
- Manual
- Übungshefte für die Stufen I bis V

Ziel des Förderkonzeptes *MARKO-T* ist es, rechenschwache und entwicklungsverzögerte Kinder auf der Grundlage des oben skizzierten Entwicklungsmodells zu fördern und grundlegende arithmetische Konzepte und tragfähige Strategien zu vermitteln. Auf der Basis des in der Eingangsdiagnostik ermittelten Kompetenzniveaus setzt das Förderprogramm am nächsten Kompetenzniveau an. Das Training umfasst 57 Stunden verteilt auf die 5 Niveaustufen und sollte pro Trainingseinheit bei ca. 45 min liegen. Die Aufgaben steigen im Schwierigkeitsgrad an. Bei fünf in Folge richtig und sicher gelösten Aufgaben kann die Instruktion unterbrochen und auf die nächste Stufe übergeleitet werden. Alle Aufgaben sind in Problem- bzw. Situationskontexte eingebettet und werden von dem »Mistkäfer Marko« begleitet. Diesem soll das Kind auch seine Lösungswege erklären und mit ihm darüber reflektieren. Jede Trainingseinheit besteht aus folgenden drei Phasen:

- Einleitende Phase: Sie dient der Statusdiagnostik (Überprüfung der Inhalte der vorangegangenen Trainingseinheiten) und dem inhaltlichen Einstieg in die neue Einheit. Zudem wird ein Lied gesungen und eine Aufwärm-Übung durchgeführt.
- Kernübung: Eine oder mehrere Übungen werden durchgeführt mit Strategiehinweisen und Reflexionsphasen.
- Abschlussphase: Abschluss-Übung, Abschlussreflexion über das Gelernte, Lied und Ausblick auf die nächste Trainingseinheit

Die einzelnen Trainingsbausteine orientieren sich an den Niveaustufen (Diagnose) und umfassen folgende Bereiche:

- Trainingsbaustein Stufe I/Konzept »Zählen«
- Trainingsbaustein Stufe II/Konzept »Ordinaler Zahlenstahl«
- Trainingsbaustein Stufe III/Konzept »Kardinalität und Zerlegbarkeit«
- Trainingsbaustein Stufe IV/Konzept »Enthaltensein und Klasseninklusion«
- Trainingsbaustein Stufe V/Konzept »Relationalität«

So liegt beispielsweise der Schwerpunkt im Trainingsbaustein Stufe II/Konzept »Ordinaler Zahlenstahl« auf dem Verständnis, dass die Zahlwortreihe eine feste Ordnung hat, in der die Zahlen größer werden. Zahlen sollen verglichen und erste Rechenoperationen durchgeführt werden. Der Trainingsbaustein besteht, aufgeteilt in fünf Bereiche, insgesamt aus 15 Übungseinheiten zu den Bereichen:

- Strukturierendes Zählen
- Erste Zahlbeziehungen: Nachbarn, Vorgänger und Nachfolger
- Mengen gleichmächtig machen
- Einfache Rechenaufgaben modellieren
- Mengen aufteilen

Die Wirksamkeit des Trainings wurde empirisch überprüft. Dazu wurden über 50 entwicklungsverzögerte und als rechenschwach eingestufte Kinder mit *MARKO-T* trainiert. Die Ergebnisse zeigen, dass nach durchschnittlich 16 Trainingswochen das mathematische Kompetenzniveau einer mathematisch altersgemäß normal entwickelten Kontrollgruppe erreicht wurde. Offen ist noch, wie lange die Trainingseffekte anhalten und ob eine weitere adaptive Förderung notwendig ist.

4.2.2.2 MZZ – Mengen, zählen, Zahlen

Das Förderkonzept »*Mengen, zählen, Zahlen*« (Krajewski/Nieding/Schneider, 2007) – empfohlen sowohl für den Kindergarten als auch für die Grund- und Förderschule – hat zum Ziel, die abstrakte Struktur des Zahlenraums für die Kinder in spielerischer und anschaulicher Weise erfahrbar zu machen. Besonders (rechen)schwachen Kindern soll es dabei helfen, die mathematischen Vorläuferkompetenzen zu verbessern und somit die Grundlagen für einen erfolgreichen Start in die Grundschulmathematik zu vermitteln. Das Konzept vereint ein »entwicklungspsychologisch fundiertes Förderkonzept mit pädagogisch-psychologischen und didaktischen Grundlagen« (Krajewski et al., 2007).

> Basierend auf dem oben beschriebenen Entwicklungsmodell (▶ Kap. 4.2.1.) konzentriert sich das Förderkonzept »Mengen, zählen, Zahlen« auf die drei Förderschwerpunkte: Basisfähigkeiten, Anzahlkonzept und Anzahlrelation. Für die Qualität eines Darstellungsmittels ist entscheidend, dass es eine klare Struktur aufweist, die mathematische Grundidee verkörpert und nur numerisch wichtige Aspekte (z. B. Kardinalität, Bündelung) sichtbar macht, auch um das Arbeitsgedächtnis der Kinder zu entlasten. Ein wichtiges Darstellungsmittel im Förderkonzept ist die Zahlentreppe. Sie besteht aus zehn quaderförmigen Holzsäulen, jede Zahl wird durch eine Zahlen-/Treppenstufe dargestellt. Auf den sechs Seitenflächen dieser Säulen befinden sich unterschiedliche Darstellungen zu Mengen bzw. Zahlen und Größen:
>
> 1. Ziffernsymbole (1–10)
> 2. Punktdarstellung
> 3. Fingerdarstellung
> 4. Zahlenstrahl
> 5. Würfelbilder
> 6. Uhrenbilder
>
> Bei allen Darstellungen, außer bei den Uhrenbildern, wurde das (Bündelungs) Prinzip »Kraft der 5« berücksichtigt, so wurde z. B. die Punktdarstellung der »sieben« in »fünf« und »zwei« unterteilt. Die Treppen- bzw. Zahlenstufen sind identisch gestaltet und unterscheiden sich in ihrer Länge/Höhe (z. B. 1 ist niedriger als 2, 2 ist niedriger als 3 usw.; die dritte Stufe ist um genau eine Treppenstufe größer/höher als die zweite) und in der Anzahl der Dinge auf den einzelnen Flächen (z. B. 1, 2

> oder 3 Finger). Die Kinder können an der Höhe der Säulen/Stufen erkennen, welche Zahl größer (d. h. die höhere Säule/Stufe) ist. Dies lässt sich dann auch über die anderen Abbildungen begründen (z. B. zur größeren Zahl gehören mehr Punkte, mehr Finger etc.). Hier wird für die Kinder anschaulich der kardinale Aspekt einer Zahl präsentiert. Zudem werden Zahlenkarten (als »Zahlenstraße«) eingesetzt, um den ordinalen Aspekt der Zahl darzustellen.

Um die Förderung aller Kinder, besonders der (rechen)schwachen, effektiv zu gestalten, wird empfohlen, in Kleingruppen von 4–6 Kindern zu arbeiten; es sind aber auch Einzelförderungen möglich. Insgesamt umfasst das Förderkonzept 24 Einheiten mit einer Länge von je 30 min. Über einen Zeitraum von acht Wochen sollen drei Einheiten pro Woche durchgeführt werden.

Bereits in einer Pilotstudie (Krajewski/Nieding/Schneider, 2008) konnten Fördereffekte im Bereich der Mengen-Zahlen-Kompetenzen belegt werden. In weiteren Studien wurde die Wirksamkeit des Trainingsprogramms nachgewiesen, allerdings zeigten sich differierende Ergebnisse je nachdem welche Kinder damit gefördert wurden (Hecht/Sinner/Kuhl/Ennemoser, 2011). In einer ersten Studie von Krajewski, Ennemoser und Sinner von 2008 wurden 200 Erstklässler von verschiedenen Grundschulen ausgewählt, die zu den 25 Prozent der schwächsten Kinder gehörten (Hecht/Sinner/Kuhl/Ennemoser, 2011, S. 311). Die Experimentalgruppe wurde in Kleingruppen in 10 Sitzungen mit dem MZZ-Training gefördert, die Kontrollgruppe erhielt keine spezielle mathematische Förderung. Im Nachtest und im Follow-Up-Test am Ende des Schuljahres zeigte sich, dass die Experimentalgruppe die Basiskompetenzen signifikant verbessern konnte, zudem wurde ein Transfereffekt auf die Rechenfertigkeiten im Zahlenraum bis 10 nachgewiesen. Diese Ergebnisse sollten nun mittels einer zweiten Studie von Sinner und Kuhl im Jahre 2010 auch für Kinder mit leichten kognitiven Defiziten übertragen werden (Hecht et al., 2011, S. 311f.). Diese zweite Gruppe umfasste 40 rechenschwache Kinder aus den Klassen 1–4 mit einem Durchschnittsalter von knapp neun Jahren. Auch hier erhielt nur eine Gruppe das MZZ-Training. Interessant war nun, dass die Kinder der Experimentalgruppe im Nachtest ebenfalls signifikant bessere Ergebnisse erzielten, aber der Effekt im Follow-Up nicht bestätigt wurde. Im Gegenteil es kam sogar zu einem signifikanten Rückgang der Leistungen. Auch konnte kein Transfer auf die Rechenleistung nachgewiesen werden. Die Autoren vermuteten zwei Gründe für das schlechtere Abschneiden der Förderschüler in der Studie. Zum einen könnte es an personenimmanenten Schwierigkeiten der Förderschüler oder schulinstitutionellen Rahmenbedingungen liegen. Zum anderen daran, »dass an der Förderschule mit dem Schwerpunkt Lernen die Leistungsmöglichkeiten der Schüler nicht optimal ausgeschöpft werden« (Hecht et al., 2011, S. 312). Um dies zu überprüfen, wurden die Befunde beider Studien reanalysiert, »Ziel war es, die Leistungsentwicklung von Kindern mit vergleichbaren individuellen Ausgangsbedingungen, aber in unterschiedlichen Förder- und Schulsettings zu vergleichen.« (Hecht, et al., 2011, S. 313). Die Ergebnisse lassen vermuten, dass möglicherweise die Beschulung an der Förderschule sich ungünstig auf die Leistungsentwicklung der Kinder auswirkt.

4.2.2.3 Das ZAHLENBUCH-Frühförderprogramm

Das *ZAHLENBUCH-Frühförderprogramm* wurde für den Vorschulbereich im Rahmen des Projekts »mathe 2000« an der Universität Dortmund von Wittmann und Müller (2009) entwickelt.

Das wichtigste übergeordnete, allgemeine Ziel des Frühförderprogramms ist es, »das Vertrauen der Kinder in ihr Lernvermögen zu stärken und die Kinder zu eigenem Tun zu aktivieren« (Wittmann/Müller, 2009, S. 12). Die Erzieherin als Lernbegleiterin sollte den Kindern so oft wie möglich Gelegenheit geben mathematische Erfahrungen zu sammeln, sie in ihren Aktivitäten zu bestärken und ihnen möglichst unauffällig Rückmeldung über ihr Tun zu geben.

Die Grundidee des »mathe 2000«-Frühförderkonzepts ist es, dass schon bei der Frühförderung das Fach Mathematik im Mittelpunkt steht und authentische Erfahrungen ermöglicht werden. Daher wurden bei der Konzeption des Frühförderprogramms folgende Überlegungen beachtet (Wittmann/Müller, 2009, S. 99):

- Die Kinder müssen die Mathematik von klein auf als spielerische Tätigkeit erfahren und auf aktive Weise mathematisches Grundwissen einschließlich der dazugehörigen Sprechweisen und zeichnerischen Darstellungen erwerben.
- Die Kinder müssen Zahlen und Formen nicht nur in lebensweltlichen, sondern auch in rein mathematischen Zusammenhängen kennenlernen.
- Auf Arrangements, die künstlich für Spaß sorgen sollen, muss verzichtet werden.

Bei den inhaltlichen Schwerpunkten orientieren sich die Autoren an den beiden wichtigsten Inhaltsbereichen der KMK-Bildungsstandards Mathematik für die Grundschule, nämlich den Bereichen »Zahlen und Operationen« und »Raum und Form«. Im Zentrum der mathematischen Frühförderung stehen die Entwicklung der numerischen Bewusstheit und der Formenbewusstheit. Die numerische Bewusstheit umfasst dabei die Zahlreihe, Zahlaspekte und die strukturierte Anzahlerfassung (Simultanerfassung), die Formenbewusstheit die Grundformen und die Schulung der Feinmotorik. Den Autoren ist es wichtig, der Geometrie den gleichen Stellenwert einzuräumen wie der Arithmetik, denn geometrische Vorstellungen und Veranschaulichungen sind für die anderen Teilgebiete der Mathematik grundlegend und zudem von besonderer Bedeutung für das Denken im Allgemeinen. Die anderen Inhaltsbereiche der Mathematik resp. der Bildungsstandards spielen in dem Frühförderprogramm nur eine untergeordnete Rolle. Am Ende des Spielebuchs 2 können aber beim Thema Geld (Euro, Cent) und beim Thema Körpergewicht/Körpergröße Grundkenntnisse im Bereich »Größen und Messen« erworben werden. Erste Erfahrungen mit dem Thema »Zufall« werden dadurch ermöglicht, wenn z. B. der Würfel zum Einsatz kommt und als Zufallsgenerator fungiert. Zudem sind auch vier Denkspiele im Zahlenbuch vorhanden.

Inhaltlich unterscheidet sich das Konzept »mathe 2000« von den beiden oben geschilderten Konzeptionen von Ricken et al. (2011) sowie Krajewski und Ennemoser (2013). In den beiden Entwicklungsmodellen, wie in dem daran anschließenden Trainingsprogramm, liegt der Schwerpunkt ausschließlich im Bereich der arithmetischen Kompetenzen, wie Größenrepräsentation von Zahlen, Zahlrelationen, Zählzahl oder Kardinalität und Zerlegbarkeit. Diese finden sich auch in diesem Konzept besonders im Bereich numerische Bewusstheit mit den Schwerpunkten Zahlreihe, Zahlaspekte und Simultanerfassung wieder. Jedoch werden diese Bereiche erweitert und ergänzt durch den Bereich Formenbewusstsein. Dies verweist auf die fundamentale Bedeutung der Geometrie für die menschliche Entwicklung generell sowie speziell für die Mathematik. Dies begründet sich u. a. in dem zugrundeliegenden Verständnis von Mathematik: Mathematik wird als »Wissenschaft von den Mustern«, d. h. als Wissenschaft von den Regelmäßigkeiten und den Gesetzmäßigkeiten verstanden, beginnend bei *»einfach zugänglichen arithmetischen und geometrischen Mustern bis hinauf zu hochkomplexen, abstrakten Mustern«* (Wittmann/Müller, 2004). Darunter fallen auch die Beziehungen zwischen Zahlen, Formen, Daten usw., die immer regelmäßig wiederkehren. Sie sind in der Regel so hochgradig abstrakt, dass eine formale Notation für deren Untersuchung und

Beschreibung notwendig ist. Gerade dies kennzeichnet unsere moderne Mathematik: der Gebrauch der abstrakten Notation. Grafische Darstellungen, wie die Multiplikationstabelle, der Zahlenstrahl, die Hundertertafel oder auch unsere Potenzschreibweise, machen diese abstrakte und zugleich effektive Schreibweise deutlich. Arithmetische Muster finden sich beispielsweise in Übungsformen wie den Zahlenmauern, Zahlenfolgen oder auch bestimmten Aufgabenpäckchen wieder (Werner, 2009).

Aus diesem Grund wird im »Frühförderprogramm mathe 2000« auch die Geometrie bewusst an den Anfang gestellt. Inhaltliche Schwerpunkte im Zahlenbuch »Spiele zur Frühförderung 1« und »Malheft zur Frühförderung 1« sind daher zunächst Grundformen kneten, Lagebeziehungen, Falten und Schneiden, Figuren auslegen, mit Würfeln bauen, danach erst folgen Spiele zur Zahlenreihe, Würfelbilder, Anzahlen bestimmen, Anzahlen nachlegen und Zahlen ordnen. Diese Schwerpunktsetzung wird auch im Zahlenbuch »Spiele zur Frühförderung 2« und »Malheft zur Frühförderung 2« fortgeführt. Diese Grundidee wird in zahlreichen Spielideen im Frühförderkonzept, so z. B. bei der Zahlzerlegung oder bei der Symmetrie, umgesetzt. Diese Aspekte findet sich so explizit in den Konzepten von Ricken et al. (2011) und Krajewski und Ennemoser (2013) nicht.

Da die mathematische Frühförderung ein fester Bestandteil der vorschulischen Erziehungsarbeit sein soll und die Materialien als ständige Lernumgebung zur Verfügung stehen sollen, empfehlen die Autoren die Einrichtung einer Matheecke im Kindergarten.

Die Aufgaben im Frühförderprogramm sind als offene Lernangebote für die Kinder in Form von Spielen konzipiert. »Alle Aufgaben im ZAHLENBUCH-Frühförderprogramm sind als Lernangebote zur fortwährenden Steigerung der Kräfte zu verstehen« (Wittmann, o. J., S. 4). Das heißt, die Kinder sollen die Aufgaben nicht sofort beherrschen, sondern sich durch fortgesetzte Übung verbessern. Dieser in der Grundschulmathematikdidaktik weit verbreitete Ansatz des aktiv-entdeckenden Lernens beinhaltet dabei auch die Möglichkeiten der natürlichen Differenzierung am gleichen Spiel bzw. Lerngegenstand. Die Spiele fungieren hier also als substantielle Aufgabenformate, diese

> » (...) basieren auf mathematisch reichhaltigen Sinnzusammenhängen, mit oder ohne Wirklichkeitsbezug und bieten den Schülern hinreichend viele Gelegenheiten, im Sinne des aktiv- entdeckenden Lernens auf eigenen Wegen und auf unterschiedlichen Niveaus mathematisch aktiv zu sein« (Werner/Peters, 2007).

Zur Wirksamkeit des Konzepts »mathe 2000« gibt es einige wenige empirische Befunde. Die Studien von Scherer (1995), Walter, Suhr und Werner

(2001) belegen, dass gerade auch lernschwache Kinder von einem Unterricht profitieren, der nach dem Prinzip des aktiv-entdeckenden Lernens vorgeht. In der letztgenannten Untersuchung (Walter/Suhr/Werner, 2001) wurden 30 Kinder der Klassen 2 bis 4 einer Förderschule in zwei Gruppen, eine Experimental- und eine Kontrollgruppe, aufgeteilt. Die Experimentalgruppe wurde nach dem Prinzip des mathe 2000 Konzepts, die Kontrollgruppe traditionell unterrichtet. Nach einem Vortest zu Rechenfertigkeiten, Operationsverständnis und einem Fragebogen zur Motivation/Selbstkonzept, wurden die Kinder in 15 Unterrichtsstunden inhaltsgleich, aber methodenverschieden unterrichtet, anschließend wurde ein Nachtest durchgeführt. Die Ergebnisse zeigten, dass sich die Rechenfertigkeiten und das Operationsverständnis in der Experimentalgruppe statistisch bedeutsam verbesserten. Auch bei den individuellen Noten der Kinder zeigte sich dieses Bild. In der Experimentalgruppe erzielten fast alle Kinder bei den Rechenfertigkeiten und beim Operationsverständnis bessere Noten. In der Kontrollgruppe war dies nur bei ca. der Hälfte der Kinder der Fall. Bei dem Fragebogen zur Motivation/Selbstkonzept konnten keine Veränderungen festgestellt werden. Bei Beobachtungen fiel auf, dass die Kinder der »Mathe-2000-Gruppe« mehr über die Aufgaben nachgedacht haben, Rechenwege verbalisieren konnten und geeignetes Material auswählten. Die Kontrollgruppe resignierte dagegen schnell bei schweren Aufgaben und löste diese mechanisch, dadurch kamen viele Fehler zustande. »Förderschüler sind somit durchaus in der Lage, im Zusammenhang komplexer Situationen zu lernen, sich konstruktiv eigene Lösungswege zu suchen, diese anzuwenden und konstruktiv ihr Wissen und ihre Fertigkeiten im Fach Mathematik zu erwerben« (Walter et al., 2001).

4.2.3 Mathematisches Modellieren im inklusiven Setting – ein Beispiel

Die nachfolgenden Ausführungen skizzieren die Intentionen und didaktisch-methodische Umsetzungsmöglichkeit eines kompetenzorientierten Mathematikunterrichts (Werner, 2009) etwa in einer 4. Klasse. Es wird analysiert, wie viel Mathematik in der alltagsnahen, authentischen Situation, hier konkret einem Schulfrühstücksverkauf, enthalten ist bzw. wie viel Mathematik man braucht, um einen solchen erfolgreich durchzuführen. Gerade die Möglichkeit, alltagsnahe Probleme auf unterschiedliche Weise zu lösen, gestattet es jedem Schüler, sich – unabhängig von seinen Lern- und Leistungsvoraussetzungen – daran zu beteiligen. Zieldifferente Aufgabenstellungen, unterschiedliche Veranschaulichungsmittel, kooperative Lernformen, offene Lernsituationen mit klar strukturierten Arbeitsformen usw. unterstützen die notwendige Individualisierung von Lernprozessen. Ausgangspunkt jeder Mathematikstunde sollte – wie im Modellierungsprozess der Bildungsstandards intendiert – eine alltagsnahe und bedeutsame Situation der Schüler sein. In diesem Beispiel wird die weit verbreitete Situation Pausenverkauf aufgegriffen.

Abb. 4.4: Einstiegssituation Pausenverkauf (Feigl/Werner, 2008, S. 30)

Über eine offene Gesprächssituation werden zunächst die Vorerfahrungen der Schüler aktualisiert und der persönliche Bezug verdeutlicht. Anhand der Bildsituation lassen sich nun Fragen klären wie: Welcher Schüler hat wie viel Geld bei sich? Wie viel Geld habt ihr täglich bei euch? Was und wie viel lassen sich für 1,50 Euro kaufen? Wie kann man dieses Geld bzw. die gekauften Waren teilen, wenn ein Schüler kein Geld dabeihat?

Über diesen Einstieg lässt sich die Idee entwickeln, selbst einen Pausenverkauf zu planen, um z. B. Geld für die Klasse zu verdienen. Dazu muss zunächst entschieden werden, welche Produkte verkauft werden sollen. Um eine reale Preis- und Mengenvorstellung zu entwickeln, lassen sich beispielsweise aktuelle Werbeprospekte nutzen. Zu empfehlen ist auch, mit den Schülern in einem Supermarkt die Preise und Packungsgrößen für die Produkte heraus zu finden. Hier geht es zunächst darum, die für den eigenen Verkauf relevanten Informationen herauszufinden, zu strukturieren und zu systematisieren: Welche Produkte brauchen wir für unseren eigenen Verkauf? In welchen Packungsgrößen werden sie angeboten? Gibt es für eine Ware unterschiedliche Preise? Die nötigen Informationen sollen dabei selbst von den Schülern notiert werden. Mittels der so entstandenen Übersicht lassen sich Einzelpreise vergleichen und Zusammenhänge zwischen Preis und Verpackungsgröße analysieren, um Kaufentscheidungen zu treffen, z. B. ob größere Packungen billiger oder ob Backwaren in der Bäckerei oder im Supermarkt günstiger sind.

Im Klassenverband wird dann der Einkauf geplant und durchgeführt. Darüber hinaus bieten allein die Ankündigung des Verkaufs durch Plakate, die Planung der Preise und auch die Organisation der Verkaufsfläche vielfältige funktionale Anwendungsbereiche, sowohl für schriftsprachliche, als auch für mathematische Kompetenzen.

Während des Verkaufs muss eine Kasse mit genügend Wechselgeld zur Verfügung stehen, dessen Summe genau dokumentiert werden muss. Ebenso wird vorab überlegt, in welcher Form dokumentiert werden kann, welche Waren wie oft verkauft wurden. Eine Liste der verkauften Waren muss erstellt werden, die z. B. die Form einer alltagsüblichen Strichliste haben kann.

Nach Abschluss des Verkaufs werden die Einnahmen berechnet. Die dazu notwendigen Notationsformen sollen hierbei von den Schülern entwickelt werden; die Lehrkraft gibt lediglich Anregungen und unterstützt bei konkreten Fragen. Ebenso sollen hier bewusst verschiedene Rechenstrategien angeboten und angewendet werden. Wichtig ist im Sinne einer Funktionalität von Kompetenzen, dass das Rechnen hier primär die Funktion hat, ein konkretes mathematisches Problem zu lösen. Die Fachsystematik ist nachgeordnet.

4 Zwischen individueller Rechenförderung und inklusivem Unterricht

Abb. 4.5: Diskussion um die Einnahmen (Feigl/Werner, 2008, S. 36)

In einem weiteren Schritt können dann die in diesem Kontext erarbeiteten Strategien (z. B. Zerlegungsstrategien, halbschriftliche Verfahren, Nutzung des Taschenrechners, Sortierstrategien für die Geldscheine und -münzen) in anderen Kontexten angewendet, überprüft und geübt werden. Entscheidend für die Bewertung der einzelnen Strategien sind ihre Sinnhaftigkeit sowie ihre Funktionalität in der konkreten Anwendung. Das bedeutet auch, dass in unterschiedlichen Situationen unterschiedliche Strategien zu gleichen mathematischen Anforderungen (z. B. Addition benannter dezimaler Zahlen) genutzt werden können und sollen.

Spätestens bei der Diskussion um die genaue Berechnung der Einnahmen bzw. des Gewinns stellt sich die Frage, ob die Einnahmen tatsächlich gleich dem Gewinn sind. Sicher wird mindestens ein Schüler anmerken, dass die vorher getätigten Ausgaben von den Einnahmen abgezogen werden müssen. Über diese alltagsrelevante Situation können dann wiederum verschiedene Rechenstrategien (»Rechenkonferenzen«) erarbeitet werden.

Abb. 4.6: Strategien zur Berechnung der Einnahmen und Ausgaben (Feigl/Werner, 2008, S. 40)

Hier wird exemplarisch berechnet, wie hoch der Gewinn ist, wenn 35,90 Euro eingenommen und vorab 29,89 Euro ausgegeben wurden. Mit Hilfe dieses Angebotes an Strategien können dann Bewertungen wie: »Das ist geschickt«, »so kann ich das gut rechnen, das finde ich geschickt« aber auch »Das ist für mich nicht hilfreich« vorgenommen und individuelle Lösungswege angeboten und vertieft werden.

Für eine Förderung aller Schüler mit ihren je unterschiedlichen Lernmöglichkeiten und -bedarfen lassen sich aus den dargestellten Positionen und empirischen Befunden folgende Basisprinzipien für die didaktisch-methodischen Herangehensweise ableiten:

- *Alltagsorientierung, lebensweltlicher Bezug*: jeder (inner-)mathematische Sachverhalt wird anhand einer alltagsrelevanten, für den Schüler subjektiv bedeutsamen Situation eingeführt, erarbeitet und gefestigt.

- *Entwicklungsorientierung:* didaktisch-methodische Entscheidungen orientieren sich am individuellen Lern- und Entwicklungsstand des Kindes und bieten individuelle lern- und entwicklungsfördernde Lernanreize.
- *Operatives Üben:* Üben als zentraler und integraler Bestandteil des Mathematikunterrichts provoziert die sinnhafte und flexible Anwendung und Automatisierung notwendiger Grundfertigkeiten in vielfältigen, jeweils leicht veränderten Kontexten und unterschiedlichsten Alltagssituationen.
- *Unterricht im Spannungsfeld zwischen Offenheit und Strukturierung*:
  - Grundlegende Basiskompetenzen wie Zähl-, Bündelungs-, Rechen- und auch moderierende kognitive und metakognitive Strategien werden durch direkte sowie fachspezifische und fachübergreifende Strategieinstruktion effektiv erarbeitet.
  - Mathematisch relevante Fragen- und Aufgabenstellungen und Lösungswege werden in bzw. aus Alltagssituationen heraus in kooperativer Arbeit entwickelt, formuliert, begründet, angewendet und reflektiert.

4.3 Diagnose- und Förderkonzepte im Sekundarbereich I

Diese im vorherigen Abschnitt aufgezeigten Prämissen, fachwissenschaftlich- und didaktisch skizzierten Ansätze sind prinzipiell auch in der Sekundarstufe I grundlegend und relevant.

4.3.1 Spezifika des Mathematikunterrichts im Sekundarbereich I

Die Befunde der Lehr- und Lernforschung im Sekundarbereich I – sowohl aus der fachdidaktischen als auch aus der Inklusionsforschung – verweisen darüber hinaus auf andere bildungstheoretische und fachdidaktische Aspekte. In den Mittelpunkt dieser Schulstufe rückt bei allen Beteiligten das Interesse an der Realisierung der Qualifikationsfunktion der Schule, konkret ausgedrückt am Erreichen eines formalen schulischen Abschlusses. Der in der jeweiligen Schule angestrebte Abschluss wird handlungsleitend für alle. Das Handeln in Institutionen zeigt sich hier als normativ geleitetes gemeinsames Handeln (Amrhein, 2011). Im Gegensatz zum Primarbereich steht der Mathematikunterricht in dieser Schulstufe besonders stark im Spannungsfeld zwischen schulischen Standards in Form von Bildungszertifikaten/Schulabschlüssen und anschlussfähigen individuellen Kompetenzen. Besonders nach den Ergebnissen der PISA-Studie und auch im Zuge der Inklusionsdebatte ist eine Zunahme der Priorität von formalen schulischen und beruflichen Bildungserträgen zu beobachten. Zudem werden die zu erwartenden »Schereneffekte« in der schulischen Leistungsentwicklung (v. Hofe/Kleine/Blum/Pekrun, 2005, S. 287) derzeit weder aus inklusionspädagogischer, noch aus fachdidaktischer Perspektive umfänglich thematisiert. Im Gegensatz dazu ist die Schulpädagogik/Didaktik derzeit immer noch dem Primat der Fachdidaktik verhaftet und vernachlässigt zielgruppenspezifische Inhalte und Notwendigkeiten.

Wie reagierte bislang die Mathematikdidaktik auf diese doppelte Herausforderung? In der gegenwärtigen mathematikdidaktischen, sonder- und berufspädagogischen Diskussion lassen sich im Wesentlichen zwei Tendenzen beobachten:

1. Konzeptionen mit der Fokussierung auf die schulischen Bildungsstandards,
2. Konzeptionen mit Orientierung an außer- und nachschulischer Anschlussfähigkeit bzw. an ausbildungs-, berufs- und alltagsbezogenen Anforderungen.

Beide Konzeptionen legitimieren ihre Überlegungen mit dem Begriff der Teilhabe. Die Unterscheidung beider Ansätze beruht auf unterschiedlichen Semantiken dieses Begriffes.

Die Bildungsstandards der KMK propagieren die Sicherung von Teilhabe über den Erwerb standardisierter Schulabschlüsse. Gerade Schülern ohne Schulabschluss wird daher genau diese Teilhabe mit nur äußerst geringen Chancen prognostiziert (Basendowski, 2014, S. 194). Diese gerade in der Öffentlichkeit immer wieder genutzte Argumentationskette muss jedoch bezüglich ihrer empirischen Befunde differenzierter betrachtet werden. Verbleibsstudien und Arbeitsplatzanalysen gerade von Schulabgängern ohne Abschluss, Beschäftigten in gering qualifizierten Berufsfeldern oder auch funktionalen Analphabeten zeigen, dass auch diesen Jugendlichen und Erwachsenen eine berufliche Teilhabe – auch in sozialpflichtigen Arbeitsverhältnissen – ermöglicht wird (Schroeder, 2011; Thielen, 2013; Basendowski, 2013). Deren Zugang zu Einfach(st)arbeitsplätzen wird hier kaum durch formale Bildungsabschlüsse geregelt (Basendowski, 2014, S. 193).

Andererseits wird gerade Kindern und Jugendlichen mit erheblichen Lern- und Entwicklungsrisiken das Recht auf Teilhabe durch die UN-Konvention (2009) zugesprochen. Als wirksames Mittel wird dafür die gemeinsame Beschulung aller Schüler betrachtet, um Formen der Ausgrenzung, Stigmatisierung, Diskriminierung und Bildungsbenachteiligung zu vermeiden. Inwieweit dies gesellschaftliche, vorzugsweise berufliche Teilhabe grundlegend garantieren kann, müssen nachfolgende Studien belegen. Diese Fragestellung stellt derzeit eines der größten Forschungsdesiderata in der Inklusionsforschung dar. Bei der Etablierung inklusiver Bildungsangebote sind zielgleiche und zieldifferente Bildungsangebote vorzuhalten, die auch diese Entstandardisierung von Bildungsbiografien sowie prekäre Lebenswelten aufgreifen. Für diese Jugendlichen sind Bildungsangebote zu modellieren, die auch außerhalb der Bildungsstandards anschlussfähig für den Ausbildungs- und Arbeitsmarkt sind.

4.3.2 Konzeptionen mit der Fokussierung auf die schulischen Bildungsstandards

4.3.2.1 Empirische Befunde zu den mathematischen Kompetenzen im Sekundarbereich I

Die vielfältigen didaktisch-methodischen Reformbestrebungen basieren zum einen auf der Forderung Mathematikunterricht kompetenzorientiert zu gestalten. Zum anderen begründen sie sich in den eher ernüchternden empirischen Befunden zu den mathematischen Kompetenzen im Sekundarbereich I. Knapp 1/5 der 15-jährigen Schüler gilt als Risikogruppe. Diese Schüler erreichen Leistungen, die auf den unteren beiden Kompetenzstufen liegen (PISA-Konsortium, 2001), d. h. sie verfügen lediglich über arithmetisches und geometrisches Wissen auf Grundschulniveau. Sie können dieses Wissen dann abrufen und unmittelbar anwenden, wenn die Aufgabenstellung von vornherein eine bestimmte Standard-Mathematisierung nahe legt. Begriffliche Modellierungsleistungen stellen eher eine Überforderung dar. Auf der Kompetenzstufe II können die Schüler einfachste begriffliche Modellierungen vornehmen, die in einen außermathematischen Kontext eingebettet sind. Sie sind in der Lage unter mehreren möglichen Lösungsansätzen den passenden zu finden, wenn durch Graphiken, Tabellen, Zeichnungen usw. eine Struktur vorgegeben ist, die das Modellieren erleichtert. Auch auf dieser Stufe sind nur die Wissensinhalte der Grundschulmathematik sicher verfügbar (PISA-Konsortium, 2001). In der PISA-

Studie 2009 erreichten unter den Hauptschülern nicht einmal 50 % die zweite Kompetenzstufe. Damit ist zu vermuten, dass sie in ihrem weiteren Ausbildungs- und Berufsleben erhebliche Probleme haben werden (Frey/Heinze/Mildner/Hochweber/Asseburg, 2010).

Auch die Ausbildungsbetriebe klagen immer wieder über mangelnde Fähigkeiten der Ausbildungsbewerber und fordern, diese Grundfertigkeiten in der Schule intensiver zu üben. Eine erhebliche Diskrepanz zwischen schulischen Inhalten und nachschulischen Anforderungen konstatierte kürzlich das Institut der deutschen Wirtschaft Köln. Es schätzt ein, dass die von Unternehmen erwarteten Basisqualifikationen in etwa einem Themenanteil von nur 40 Prozent der traditionellen Lehrpläne entsprechen (Klein/Schöpper-Grabe, 2013).

Untersuchungen von Humbach (2009) und Moser Opitz (2005; 2009) belegen, dass in der Sekundarstufe vorausgesetztes arithmetisches Wissen der Grundschule bei diesen Schülern häufig nicht vorhanden ist. Besonders markant ist dies in den Inhaltsbereichen Zählen/Dezimalsystem und Operationsverständnis (Mathematisieren) und beim Zählen in Schritten/Bündeln/Verständnis für Stellenwert, Operationsverständnis beim Ergänzen, Multiplikation und Division (Moser Opitz, 2005, S. 124). Daneben weisen die Schüler auch Defizite in der Strategieverwendung auf. Sie verwenden bei einfachen Kopfrechenaufgaben Abzählstrategien und/oder schriftliche Rechenverfahren (Moser Opitz, 2009, S. 33). Bestimmte Bereiche der Grundschulmathematik stellen sich als Prädiktoren für die Mathematikleistungen heraus. Für die Mathematikleistung in Klasse 5 waren dies die Themenbereiche Division, Textaufgaben (Problemlösen), Operationsverständnis (Mathematisieren), Verdoppeln und Halbieren und Kenntnisse über das Dezimalsystem (Moser Opitz, 2009, S. 34). In Klasse 8 erwiesen sich die Bereiche Zählen in Schritten größer als 1, Division und Dezimalsystem als Prädiktoren aktueller Mathematikleistungen (ebd.).

Signifikante Unterschiede im Bereich mathematischer Basisfertigkeiten zwischen Haupt-, Realschülern und Gymnasiasten konstatieren auch Krajewski und Ennemoser (2010). Gymnasiasten verfügen bereits in der 5. Klasse über ein Kompetenzniveau, das Haupt- und Realschüler auch in der 8. Klasse noch nicht erreichen (Krajewski/Ennemoser, 2010, S. 353). Neben den Mengen-Zahlen-Kompetenzen (speziell Kenntnis der Zahlwortreihe und Ziffernkenntnis sowie Größenverständnis von Zahlen) erweist sich das basale Regel- und Konventionswissen als entscheidend. Beide Komponenten klären 67 % der Varianz in den Mathematikleistungen der 9. Klasse auf (Krajewski/Ennemoser, 2010, S. 228) und gelten als Voraussetzung für höhere, elaborierte, flexible und problemlösende Anwendung der Mathematik (Ennemoser/Krajewski/Schmidt, 2011, S. 240).

Humbach (2009) entwickelte Kompetenzstufen des arithmetischen Basiswissens im 10. Schuljahr. Die Befunde bestätigen auch hier, dass 25 % der schwächsten Schüler Aufgaben lediglich auf Anforderungsniveau I lösen konnten und von den weniger anspruchsvollen Aufgaben aus Kompetenzstufe II weniger als die Hälfte. Die auf der Stufe I gelösten Aufgaben erfordern mindestens folgende Kompetenzen:

- Grundverständnis für Zahlenraum bis 20.000,
- auf einem Zahlenstrahl bis zu einer Million einer räumlich analogen Position Zahlen grob zuordnen,
- Verständnis der Addition, Subtraktion und Multiplikation im Sinne des Hinzufügens- bzw. Fortnehmens, Oberflächenregeln anwenden und eindeutige Analogien erkennen,
- Rechenfertigkeiten im Zahlenraum bis 1.000, bei zifferngetrennter Betrachtung besteht die Möglichkeit, zählend vorzugehen,
- sehr grundlegende rechnerische Modellierungskompetenzen, sodass Sachaufgaben gelöst werden, die lediglich einen Rechenschritt erfordern und deren Informationen unmittelbar in eine Rechenaufgabe übersetzt werden können (Humbach, 2009, S. 62).

Die didaktischen Reformbestrebungen im Sekundarbereich I setzen die didaktischen und diagnostischen Überlegungen aus dem Primarbereich fort. Grundlage jeglicher didaktisch-methodischer Entscheidungen bilden die Bildungsstandards bzw. die Normen der jeweiligen Schulabschlüsse. Sowohl in ihrer Struktur als auch ihren thematischen Schwerpunkten sind diese analog zu den Bildungsstandards im Primarbereich angelegt und beinhalten allgemeine und inhaltsbezogene mathematische Kompetenzen auf jeweils drei Ausprägungsgraden bzw. Anforderungsbereichen (KMK, 2004). Aus dem Inhalt und Aufbau der Bildungsstandards sollen die Lehrkräfte Anhaltspunkte für die Gestaltung des Mathematikunterrichts ableiten, die an den Lernprozessen und Lernergebnissen der Schülerinnen und Schüler orientiert sind und nicht allein von der Fachsystematik der mathematischen Lerninhalte abhängen (KMK, 2004). Dies ermöglicht, individuelle Lernwege und Lernergebnisse zu analysieren und für das weitere Lernen zu nutzen, damit mathematisches Wissen funktional, flexibel und mit Einsicht in vielfältigen kontextbezogenen Situationen angewendet werden kann. Erfasst und bewertet werden diese Herangehensweisen dann meist in Form bekannter, standardisierter Schulabschlussarbeiten.

4.3.2.2 Diagnostische Verfahren

Im Zusammenhang mit der wachsenden Aufmerksamkeit für das Erreichen der Bildungsstandards sind in den letzten Jahren verschiedene, curricular valide Diagnostikverfahren entwickelt worden. Sie erlauben es, objektiv, valide und reliabel den individuellen Leistungsstand eines Schülers in Bezug auf die curricularen Normvorgaben – anders als Schulnoten – einen objektiven interindividuellen Vergleich zwischen Schülern innerhalb einer und auch zwischen verschiedener Schulformen zu beschreiben. Zum anderen dokumentieren sie Abweichungen von den Erwartungen und geben Hinweise auf pädagogisch beachtenswerte Arbeitsbereiche. Bedeutung haben sie aufgrund ihrer Vorhersagekraft für zukünftige Schulleistungen vor allem innerhalb der Beratung über Bildungswege Aussagen über individuelle Lösungswege, nachfolgende didaktisch-methodische Entscheidungen, Förderkonzepte usw. sind im Gegensatz dazu nicht möglich.

Exemplarisch werden hier zwei Konzepte standardisierter Verfahren vorgestellt.

BASIS-MATH 4–8. Basisdiagnostik Mathematik für die Klassen 4–8. (Moser Opitz/Reusser/Moeri Müller/Anliker/Wittich/Freesemann, 2008):

Dieser Individualtest kann ab dem 4. Schuljahr (letztes Quartal) bis zum 8. Schuljahr eingesetzt werden. Mit Hilfe des Verfahrens kann überprüft werden, ob und inwieweit Schüler mit schwachen Mathematikleistungen über zentrale Kenntnisse der Grundschulmathematik, d.h. über den mathematischen Basisstoff verfügen. Anhand von 48 Aufgaben werden neben den Grundoperationen auch die Rechenwege bzw. Vorgehensweisen beim Rechnen, das Verständnis des dezimalen Stellenwertsystems, die Zählkompetenz, das Operationsverständnis und die Mathematisierungsfähigkeit überprüft. Die Auswertung erfolgt auf der Ebene der Gesamtleistung (Erreichen des empirisch und theoretisch bestimmten Grenzwerts), der verwendeten Rechenwege bzw. Vorgehensweisen und durch eine qualitative Analyse verschiedener mathematischer Inhaltsbereiche. Auf dieser Grundlage werden Hinweise für eine weiterführende qualitative Diagnostik und die Förderung gegeben. BASIS-MATH 4–8 wurde an einer Stichprobe von insgesamt 692 Schülern in Deutschland und in der Schweiz normiert. Es handelt sich um ein kriteriumsorientiertes Instrument. Der in der Normierung festgelegte Grenzwert ermöglicht die Feststellung, ob die Schüler den mathematischen Basisstoff beherrschen.

> *DEMAT 5+/DEMAT 6+/DEMAT 9: Deutscher Mathematiktest für fünfte, sechste und neunte Klassen (Götz/Lingel/Schneider, 2013a,b; Schmidt/Ennemoser/Krajewski, 2012):*
> Die jeweils als Gruppentest konzipierten Verfahren sind zur ökonomischen Erfassung der Mathematikleistungen einer gesamten Schulklasse geeignet. Sie sind jeweils sechs Wochen vor Ende einer Jahrgangsstufe bis zum Ende des ersten Halbjahres der entsprechenden nächst höheren Jahrgangsstufe bei Hauptschülern, Realschülern und Gymnasiasten sowie Schülern aller weiteren Regelschulen in Deutschland einsetzbar. Die Autoren stellen Gesamtnormen und einzelne Normen (Prozentränge und T-Werte) für die Hauptschule, Realschule und das Gymnasium zur Verfügung. Auch für schwächere Schüler sind zahlreiche Aufgaben vorhanden, sodass das Verfahren auch im unteren Leistungsbereich differenziert. Dem Aufbau des Tests liegen die Lehrpläne aller deutschen Bundesländer sowie die Bildungsstandards der Kultusministerkonferenz zu Grunde.
> Darüber hinaus kann im DEMAT 9 mit einem Zusatztest das Konventions- und Regelwissens als ein weiterer Teilbereich mathematischer Kompetenz überprüft werden. Dieses Konventions- und Regelwissen stellt eine übergreifende Komponente mathematischer Kompetenzen dar und erfasst das Verständnis der mathematischen Notation, d. h. das Verständnis für mathematische Symbole, Konventionen und Rechenregeln. Es charakterisiert das grundlegende Verständnis der mathematischen Notation, d. h. die Kenntnis der mathematischen Symbole, inklusive der Rechen- und Verknüpfungsregeln, nach denen die mathematische Zeichenabfolge abgearbeitet werden muss, z. B. korrekte Verarbeitung von Operatorfaktoren (Vorzeichen, Punkt-vor-Strich-Regel), Klammerrechnen, Dezimalstellen, Brüche usw. Eingeordnet in die Systematik der KMK-Standards deckt dieser Wissensbereich innerhalb der allgemeinen mathematischen Kompetenzen den Kompetenzbereich 5 (»mit symbolischen, formalen und technischen Elementen der Mathematik umgehen«) ab. Dieses ist zwar nicht explizit Gegenstand des Curriculums, stellt aber einen robusten Indikator der Mathematikleistungen dar und ermöglicht damit als Screeningverfahren eine schnelle Einschätzung der mathematischen Kompetenzen (Ennemoser/Krajewski/Schmidt, 2011).

Weit verbreitet sind derzeit curriculare Vollerhebungen zu den Lernausgangslagen auf der Basis der Bildungsstandards, z. B. Vergleichsarbeiten wie *VERA 8* (IQB, o. J. a). Hier werden alle Leitideen getestet, und die Ergebnisse werden in Kompetenzstufen ausgedrückt. Dabei wird zukünftig der mittlere Schulabschluss als Regelabschluss angestrebt. Die Leistungen der Schüler werden auch hier fünf Kompetenzstufen zugeordnet. Auf der untersten Kompetenzstufe (1A) werden Kompetenzstände erreicht, die das Verfehlen der Mindestanforderungen für den Hauptschulabschluss indizieren. Auf der Kompetenzstufe 1B werden basale Bereiche der Hauptschulmathematik beherrscht. Der Regelstandard ist zurzeit auf der Kompetenzstufe 2 (Hauptschulbildungsgang) anzusetzen, während er für den Mittleren Schulabschluss auf Kompetenzstufe 3 liegt. Wer den Regelstandard für den Mittleren Schulabschluss erfüllt, muss über »Sekundarstufe 1-typische« mathematische Kompetenzen verfügen, die sowohl einen Beitrag dazu leisten in Alltag und Beruf als »mündiger Bürger« zu handeln, als auch eine mathematische Grundbildung konstituieren, die u. a. elementare Begründungen, basale Begriffsbildungen und Standardmodellierungen mit einschließt.

Mit Erreichung der Kompetenzstufe 4 werden bereits die Regelstandards für den Mittleren Schulabschluss überschritten. Die Schüler verfügen dann über mathematische Kompetenzen, die über die grundlegenden Zielsetzungen der Bildungsstandards hinausgehen.

Diese Herangehensweise zielt zwar auf die Gestaltung binnendifferenzierter, individualisierter, letztlich dennoch zielgleicher Bildungsangebote ab. Folgende Prüfaufgabe »Apfelsaftschorle« (▶ Abb. 4.7) illustriert dies:

Die Aufgabe wird in die Systematik der Bildungsstandards wie folgt eingeordnet: sie gehört zur Leitidee »Messen«, erwartet werden die allgemeinen mathematischen Kompetenzen: »mathematisch modellieren« und mit »symbolischen/formalen/technischen Elementen umgehen«. Die Lösungen liegen im Anforderungsbereich I (*Reproduzieren*). Dem Schüler wird bei einer »richtigen« Lösung die Kompetenzstufe 2 zugeschrieben. Als richtig gilt die Antwort »Ja« sowie eine angemessene rechnerische oder verbale Begründung bzw. durch den Verweis auf das ermittelte Gesamtvolumen von 1300 ml (oder richtige Angabe in anderer Einheit); z. B.: »Ja, die Apfelsaftschorle passt in das Gefäß, denn insgesamt ergibt sich ein Volumen von 1,3 Liter« (IQB, o. J. b).

Auch das Angebot informeller, kompetenzorientierter Verfahren hat sich in den letzten Jahren deutlich erhöht. Dies dokumentiert sich beispielsweise in den unzähligen Vorlagen zu Kompetenzrastern, die unter dem Stichwort »Umgang mit Heterogenität« bzw. »Individualisierung/Differenzierung« entwickelt wurden. Meist in Form eines tabellarischen Einschätzungsrasters werden hier (Lern)Wege der Schüler beschrieben, um (curricular valide) Wissenselemente in den Abstufungen von Grundkennt-

Apfelsaftschorle

Zur Herstellung einer Apfelsaftschorle mischt man vier fünftel Liter Apfelsaft mit einem halben Liter Mineralwasser.

Passt die Apfelsaftschorle dann in eine Flasche mit einem Fassungsvermögen von maximal 1,5 Liter?

Kreuze an.

☐ Ja   ☐ Nein

Begründe deine Antwort.

Abb. 4.7. Beispielaufgabe aus VERA 8 (IQB, o. J. b)

nissen bis hin zu komplexen Fähigkeitsstufen zu erwerben. Die bislang genutzten Kompetenzraster basieren im Wesentlichen auf fachwissenschaftlich begründeten und curricular definierten Inhaltsbereichen. Vorrangig werden Wissens-, Könnens- und Fertigkeitsbereiche benannt und so das beobachtbare, abgeprüfte Wissen im schulischen Kontext als Kompetenz interpretiert. Exemplarisch sei hier auf Publikationen von Bettner und Dinges (2009; 2011; 2012) und Penzenstadler (2012) hingewiesen. Die Bände bieten meist auf den einzelnen Klassenstufen jeweils unterschiedlich differenzierte Prüf- und Übungsaufgaben meist auf drei Kompetenzstufen.

4.3.2.3 Didaktisch-methodische Anregungen

Initiiert von einer Projektgruppe des Bundesministeriums für Bildung und Forschung wurden gemeinsam mit der Deutschen Telekom Stiftung und der Deutschen Mathematiker-Vereinigung 2008 das ›Jahr der Mathematik‹ mit dem Slogan »Du kannst mehr Mathe als du denkst« ins Leben gerufen. Ziel des Wissenschaftsjahres war, das Anwendungsspektrum der Mathematik zu verdeutlichen, die Begeisterung für die Welt der Zahlen zu

4.3 Diagnose- und Förderkonzepte im Sekundarbereich I

wecken – besonders bei Jungen und Mädchen – und Mathematik spielerisch und nachhaltig zu vermitteln (BMBF/Projektgruppe Mathematik, o. J.).

Ein anregendes didaktisches Material stellt der in diesem Zusammenhang entwickelte »Mathekoffer« (Friedrich-Verlag, 2008) dar. Er ist für die Klassen 5 bis 10 aller Schulformen konzipiert. Die Materialien sind in vier Themenboxen nach thematischen Zusammenhängen geordnet, die sich an den Leitideen der Bildungsstandards (Zahlen, Terme, Gleichungen, Raum und Form, Zufall und Wahrscheinlichkeit, Funktionaler Zusammenhang) orientieren. Materialgestützt sollen diese den experimentellen Umgang mit Mathematik provozieren. Aufgaben zum Tüfteln, Knobeln und Ausprobieren fördern nicht nur problemlösendes, sondern auch soziales Lernen. Karten- und Zahlentricks, Strategiespiele und FERMI-Aufgaben sind favorisierte Aufgabenformate. Im Bereich Daten und Zufall werden beispielsweise Fragen diskutiert wie: Wie schnell kühlt heißer Kakao ab? Wie hoch hüpft ein Flummi beim ersten, zweiten, dritten, ... Aufprall? Wie weit dehnt sich eine Schraubenfeder aus, wenn man eine leere, eine halbvolle oder eine volle Flasche daran hängt?

Das Projekt »Mathe sicher können« (Selter, o. J.) widmet sich explizit leistungsschwachen Schülern im Fach Mathematik: »gemeint sind die 20 Prozent der Jugendlichen, die nach der PISA-Studie am Ende der Regelschulzeit zum Teil nur auf Grundschulniveau rechnen und schwerlich Anforderungen bewältigen können, die über elementare Standardaufgaben hinausgehen« (Selter, o. J.). Da viele Schwierigkeiten in der Sekundarstufe auf Probleme in der Grundschule zurückzuführen sind, geht »Mathe sicher können‹« auch auf die Sicherung mathematischer Basiskompetenzen in der Primarstufe (3./4. Schuljahr) ein. Das Projekt richtet sich neben den Grund- und Hauptschulen an alle nichtgymnasialen Schulformen, d. h. auch an integrierte Haupt- und Realschulen, Förderschulen, Gesamtschulen und Realschulen. Um dem Problem schulleistungsschwacher Schüler sich nicht ausschließlich auf Schülerebene zu nähern, sondern eine Förderung systematisch in das Bildungsangebot innerhalb einer Schule zu integrieren, werden drei Teilprojekte verfolgt: Teilprojekt 1 konzentriert sich auf die Sicherung mathematischer Basiskompetenzen. Teilprojekt 2 bietet Anregungen für eine »Lernförderliche Unterrichtskultur«, um die Förderung der Basiskompetenzen in eine adäquate Unterrichtskultur systematisch einzubinden. Teilprojekt 3 greift Fragen »Lernförderlicher Unterrichtsmethoden« auf. Diese drei inhaltlich orientierten Teilprojekte werden auf systemischer Ebene durch das Teilprojekt 4 »Unterrichtsentwicklung auf Schulebene« ergänzt, das insbesondere an die Schulleitungen adressiert.

Umfangreiches didaktisches Material stellen die »Fördermaterialien Mathematik« (Cornelsen Verlag, 2012) bereit. Dieses dreibändige Werk für je zwei Klassenstufen (Doppeljahrgangsstufen: Klasse 5/6, 7/8 und 9/10) enthält Tests, Kopiervorlagen sowie die Lösungen zu den Themenkomplexen/Leitideen »Zahl und Zahlbereiche«, »Geometrie«, »Funktionaler Zusammenhang« sowie »Daten und Zufall«:

- Zahl und Zahlbereiche: Natürliche Zahlen, Rechnen mit natürlichen Zahlen, Rechnen mit Größen, Brüche, Rechnen mit Brüchen, Teilbarkeit, Dezimalzahlen, Ganze Zahlen
- Geometrie: Grundbegriffe der Geometrie, Geometrie in der Ebene, Geometrische Körper
- Funktionaler Zusammenhang: Zuordnungen
- Daten und Zufall: Statistik, Zufall und Wahrscheinlichkeitsrechnungen.

Jedem Themengebiet ist ein Test vorangestellt, den die Schüler selbständig bearbeiten und auswerten können. Eine Tabelle mit Hinweisen auf passende Arbeitsmaterialien ermöglicht ein schnelles Erstellen individueller Förderpläne. Der Fördermaterialien-Ordner enthält:

- Tests (mit Feedback-Bögen und Hinweisen auf passende Arbeitsmaterialien),
- mehr als 300 Arbeitsblätter auf zwei Niveaus (Niveau 1 ist ein Differenzierungsangebot für schwächere Schülerinnen und Schüler, Niveau 2 zielt auf das Grundniveau),
- Lösungen zu allen Arbeitsblättern,
- Methoden, Bastelvorlagen und Spiele sowie
- eine CD-ROM mit allen Arbeitsblättern und Lösungen als editierbare Word-Dateien.

Dass Bildungsstandards nicht nur zur Überprüfung der Leistungsmessung geeignet sind, sondern deren Implementierung unterstützen können, dokumentieren die inzwischen in vierter Auflage erschienenen didaktisch-methodischen Anregungen »*Bildungsstandards Mathematik: konkret*« von

Blum, Drüke-Noe, Hartung und Köller (2010). Die hier vorgestellten theoretischen Grundlegungen und Aufgabenformate suchen auf der Basis der Bildungsstandards bewusst den Bezug zu mathematischen Anforderungen in Beruf und Alltag. Dies dokumentiert sich beispielsweise in den methodischen Ideen zur Leitidee »Daten und Zufall« und der Akzentuierung auf Projektideen. Exemplarisch werden Themenbereiche wie »Weg aus der Schuldenfalle« oder auch geschlechterspezifische Computernutzung/Freizeitgestaltung (Biehler/Hartung, 2010) didaktisch aufbereitet. Gleichwertig werden Aspekte wie Üben, Wiederholen und vernetztes Lernen als notwendige, unterrichtsimmanente Elemente herausgearbeitet. Die empfohlenen Herangehensweisen berücksichtigen nicht nur die prozessuale Ebene, sondern auch (psycho)soziale Faktoren wie den sozialen Kontext, d. h. ein Versuch, innermathematische Bezüge durch realitätsnahe, authentische Kontexte zu vermitteln. Mathematische Kompetenz reduziert sich nicht auf Anwendung mathematischer Kalküle, sondern fordert zum Erkunden, Entdecken, Erfinden sowie zum Sammeln, Sichten und Systematisieren von Begriffen, Verfahren, Bezeichnungen usw. heraus (Leuders, 2010).

Damit wird ein Unterrichtsstandard gesetzt, der sich daran misst, welche Vorstellungen, Fähigkeiten und Einstellungen entwickelt werden können, d. h. welcher »Anregungsgehalt«, welches Lernpotential in der jeweiligen Aufgabe in Abgrenzung zur Testaufgabe enthalten ist (Blum, 2010, S. 17f.). Die in diesem Sinne verstandene Standardisierung eines Mathematikunterrichts kann besonders für inklusive Settings entscheidende Impulse geben. Sie setzt bei den Lernmöglichkeiten des Einzelnen an und erlaubt individuelle Lernwege und -zugewinne auch außerhalb erwarteter schulischer Standards. Die didaktische Expertise der Lehrkraft besteht darin, die Aufgabe je nach intendierter unterrichtlicher Funktion zu modifizieren bzw. zu optimieren. Diese Autoren betonen die Notwendigkeit, die »Aufgabenstellungen zu variieren, Teilaufgaben wegzulassen bzw. neu anzuordnen oder das Zahlenmaterial auszutauschen« (Blum/Drüke-Noe/Hartung/Köller, 2014, S. 10). Ob diese bildungstheoretisch begründete und fachdidaktisch fundierte Herangehensweise das Potential für inklusive Settings hat, bleibt in nachfolgenden Studien zu belegen.

Evaluierte mathematikdidaktische Konzepte aus dem Primarbereich finden auch im Mathematikunterricht der Sekundarstufe I ihre Fortsetzung. Für die Förderung rechenschwacher Schüler sind vor allem solche Ansätze zu favorisieren, die eine fachliche Vernetzung mit vorhandenen fachspezifischen aber auch lebensweltlichen bezogenen Kenntnissen und Wissenskonzepten herstellen (Schmassmann, 2009; Humbach, 2009; Leuders, 2010). Ebenso werden effektive grundschuldidaktische Aufgabenformate, wie die

Gestaltung von »Lernumgebungen« (Wittmann, 1992; Wollring, 2007; Roth, 2009) und auch FERMI-Aufgaben (Herget, 2009; Leuders, 2001), empfohlen. Gerade FERMI-Aufgaben sind in inklusiven Settings ein großes Potential zuzuschreiben. FERMI-Aufgaben thematisieren komplexe Probleme, die keine oder für die rechnerische Lösung nur unzureichende numerischen Informationen enthalten. Die Schüler sind gezwungen, die benötigten Daten selbst zu recherchieren, zu erfragen oder zu schätzen. Eine exakte Antwort ist in den meisten Fällen nicht möglich. Ziel ist, über vernünftige, begründbare Annahmen eine ungefähre Größenordnung zu erlangen. Die zur Lösung notwendigen Informationen stehen nicht sofort zur Verfügung. Da aber die Zusammenhänge im Umfeld des Problems bekannt sind, kann man auf indirektem Weg zur Lösung kommen. Wichtig ist, dass das themenspezifische Vorwissen begründet quantifizierbar ist. Aus den Teilabschätzungen lässt sich dann das ursprüngliche Problem – häufig erst nach mehreren Rechenschritten – berechnen. Nach Leuders (2001) fördert der Einsatz von FERMI-Aufgaben im Mathematikunterricht unter anderem die folgenden Kompetenzen:

- heuristische Strategien: Fragen stellen
- Alltagswissen benutzen
- mit großen Zahlen arbeiten
- Umrechnen von Größen
- Überschlagsrechnen, geschicktes Rechnen
- Unklarheit verkraften, also auch bei vagen Angaben weiterarbeiten
- Ergebnisse überprüfen und bewerten
- Kontroll- und Bewertungsstrategien

Typische Fragen sind beispielsweise: Wie viele Autos stehen in einem 5 km langen Stau? Wieviel Wasser verbrauchst du pro Woche? (Leuders, 2001, S. 104).

Auch das schon im Primarbereich anerkannte Potential des aktiv-entdeckenden Lernens findet hier seine Fortführung. Die Studie von Waasmeier (2009) zu aktiv-entdeckendem, metakognitivem Lernen im Mathematikunterricht der Hauptschule belegt dies eindrücklich. Die Schüler erreichten nicht nur bessere Noten; die Fallstudien belegten zudem deutliche Verbesserungen in der Entwicklung der Methoden-, Selbst- und Sozialkompetenz.

Eine Studie von Werner und Peters (2007) zeigt, dass sich komplexe mathematische Sachverhalte auch ohne größeren organisatorischen und didaktisch-methodischen Aufwand erfolgreich in der Förderschule thematisieren lassen. Das Aufgabenformat »Partnerzahlen«, als methodische Variante zum Thema ›Lineare Gleichungen‹ wurde in Klasse 6 einer Förderschule erprobt. Die Herangehensweise basiert auf den Prinzipien des aktiventdeckenden Lernens sowie der natürlichen Differenzierung. Interessant und ermutigend sind die vielfältigen individuellen, kreativen Lösungsmöglichkeiten der Schüler, die sich von Beginn an beobachten ließen. Positive Wirkungen zeigten sich sowohl in den zentralen mathematisch relevanten sowie in sozialen Bereichen.

Der Bedarf an dieser Vielzahl und Vielfalt didaktisch-methodischer Anregungen begründet sich zum einen mit den Reformbemühungen um die Implementierung eines kompetenzorientierten Unterrichts. Zum anderen bieten die Materialien gerade fachfremd unterrichtenden Lehrkräften geeignete fachdidaktische Orientierungen. Im Bildungsbericht 2014 wurde erfasst, in welchem Umfang Unterricht von Lehrkräften in Fächern erteilt wird, die sie nicht studiert haben. Diese Ergebnisse sind von besonderem Interesse, weil aufgezeigt wurde, dass sich fachfremd erteilter Unterricht auf die Schülerleistungen im Mathematikunterricht sowohl in der Grundschule als auch im Sekundarbereich I bedeutsam auswirkt. Im Sekundarbereich I erreichen fachfremd unterrichtete Schüler auch bei Berücksichtigung anderer Merkmale deutlich schlechteren Mathematikleistungen. Der hohe Anteil von Lehrkräften, der in einigen Ländern ohne entsprechende Lehrbefähigung Mathematikunterricht erteilt und der bundesweite Durchschnitt von 27 % in der Grundschule und von 14 % in Sekundarschulen sollte Anlass sein, die fachliche Qualifikation der Lehrkräfte bei deren Unterrichtseinsatz mehr zu beachten (Bildungsbericht, 2014).

4.3.3 Konzepte mit Orientierung an außer- und nachschulischer Anschlussfähigkeit

4.3.3.1 Mathematische Anforderungen im außer- und nachschulischen Bereich

Diese Diskussion bewegt sich im Spannungsfeld von akademisch-schulischem und individuellem Bildungserfolg. In den letzten Jahren sind sowohl in der Benachteiligtenförderung als auch in der Kultur- und Berufspädagogik und in der Mathematikdidaktik vereinzelt Konzepte entwickelt worden, die nichtstandardisierte Bildungsbiografien in den Mittelpunkt stellen und sich stärker auf die Bewältigung übergangsorientierter, ausbildungs- bzw. berufs- sowie alltagsbezogener Anforderungen konzentrieren.

> »Erfolgreiche Bildung zeigt sich neben dem erreichten Schulabschluss am individuellen Bildungserfolg, an einer umfassenden Persönlichkeitsentwicklung, am Er-

werb lebenspraktischer, sozialer, kognitiver, sprachlich-kommunikativer und personaler Kompetenzen und an der Fähigkeit zu einer so weitgehend wie möglich selbstbestimmten Lebensführung sowie einer aktiven Teilhabe an der Gesellschaft« (KMK, 2011, S. 8).

Die Intention erfolgreicher Bildung konzentriert sich demnach nicht allein auf ein schulisch formales Zertifikat, sondern auf gesellschaftliche Teilhabe. Diese drückt sich – besonders bei Jugendlichen ohne formalen Schulabschluss – vor allem in einer gelungenen Eingliederung auf dem Ausbildungs- und Arbeitsmarkt aus. Gerade bei dieser Zielgruppe scheint die Logik der Bildungsstandards (Schulabschluss = gesicherter Übergang in den Ausbildungs- und nachfolgend Arbeitsmarkt) nicht mehr zu greifen. Systemsoziologische Studien zeigen, dass Schule zwar als notwendige, aber nicht als hinreichende Bedingung (Luhmann, 2002) für erfolgreiche gesellschaftliche Teilhabe gilt. Zentral wird hier die Frage, ob die in der Schule vermittelten Kompetenzen tatsächlich für das nachfolgende Ausbildungs- und Beschäftigungssystem anschlussfähig sind. Allein der Faktor schlechte Schulleistungen ist nicht zwangsläufig ein Ausschlusskriterium für erfolgreiche nachschulische Bildungswege. Schlechte Schulleistungen, besonders in Deutsch und Mathematik, sind sicher nicht zu vernachlässigende Risikofaktoren für nachfolgende Ausbildungschancen. Dennoch ist der Schluss unzulässig, dass Jugendliche generell nicht über die für gesellschaftliche Teilhabe notwendigen Kompetenzen verfügen (Stalder, 2011).

Zu berücksichtigen ist zudem, dass die in den Bildungsstandards grundgelegten Kompetenzverständnisse nicht identisch sind mit den nachschulischen Kompetenzkatalogen. In schulischen Kontexten werden Kompetenzen weitgehend mit geeigneten bzw. »richtigem Wissen«, in ausbildungs- und berufsbezogenen Kontexten eher mit »richtigem Handeln« in alltags- und berufsrealen Kontexten verstanden (Basendowski, 2013; v. Saldern, 2011). Während im schulischen Kontext Kompetenzen aus dem Inhalt eines (Unterrichts-)Faches definiert und über »situierte Aufgaben« (Spöttl, 2011, S. 16) zum Ausdruck kommen, verläuft dieser Prozess in der Berufsbildung nahezu gegenläufig (Spöttl, 2011; v. Saldern, 2011). In der Schule begründet die fachwissenschaftliche Logik des Unterrichtsfaches die zu erwartenden Kompetenzen, die sich mehrheitlich an kognitiver Leistungsfähigkeit orientieren. Die Praxis folgt der Theorie und intelligentes Handeln bedeutet, explizites Wissen zu reproduzieren. Innerhalb des beruflichen Systems finden Kompetenzen ihren Ausgangspunkt im beruflichen Handlungsfeld, die Praxis geht der Theorie voraus, und Wissen ist das Ergebnis der Reflexion auf intelligentes Handeln (v. Saldern, 2011).

Basendowski (2013, 2014) analysierte die mathematischen Anforderungen in niedrig qualifizierten Arbeitsbereichen, hier speziell für die Erwerbstätigkeiten mit den größten beruflichen Teilhabechancen für Jugendliche ohne Schulabschluss. Dies sind vor allem Arbeitsplätze in der Küche und im Service der Gastronomie, der metall- und holzverarbeitenden Produktion, im Lager sowie im Verkauf in Betrieben (Basendowski, 2014, S. 196). Analysiert nach den je allgemeinen und besonders relevanten mathematischen Ideen, wurde folgendes sichtbar:

- Entgegen den Mindeststandards konnte das Anforderungsniveau III (Verallgemeinern und Reflexionen) in keiner beruflichen Situation eindeutig beobachtet werden (Basendowski, 2013).
- Die Anforderungen an den untersuchten Arbeitsplätzen verweisen auf eine weitaus höhere inhaltliche Kongruenz mit den Kriterien der Ausbildungsreife als mit den Bildungsstandards für die 9. Klassenstufe (KMK, 2005a). Die notwendigen mathematischen Ideen sind fast ausschließlich den Bildungsplänen der Primarstufe und maximal der siebten Klasse an Regelschulen zuzuordnen. Prägnant ist, dass in beruflichen Kontexten von Einfach(st)arbeitsplätzen weder »klassische« schulische Aufgabenformate, wie zum Beispiel »Rechenpakete«, abverlangt und auch keine den situativen Anforderungen (z. B. Grad der Objektivität) angemessene Modellierungsschritte gewählt werden müssen.
- Die mathematische Anforderung »Reproduzieren« fand sich an fast allen Arbeitsplätzen und zählt somit zu den wichtigsten kategorialen Kompetenzen für Einfach(st)arbeitsplätze.
- Mathematische Anforderungen erwiesen sich in den untersuchten Situationen »gerahmt durch Anforderungen der Sorgfalt, der Umsetzung von mündlichen Arbeitseinweisungen und der Erfüllung von Routinen. Schulisch-mathematische Modellierungen waren zudem in Situationen gefordert, die durch weitsichtige Arbeitsroutinen geformt waren« (Basendowski, 2014, S. 200).

Neuere, kompetenzorientierte Prüfformate präferieren – in Anlehnung an die Konstrukte der PISA-Aufgaben – Transferaufgaben müssen aber systembedingt auf schulische Anwendungssituationen bzw. realitätsnahen Situationen beschränkt bleiben. Ein tatsächlicher Gebrauch dieser Wissenselemente in authentischen, berufs- und lebensoriginalen Situationen lässt sich jedoch hingegen kaum realisieren. Bei der Planung von Bildungsprozessen gerade benachteiligter Jugendlicher müssen nicht nur die mathematischen Anforderungen der potentiellen Ausbildungsberufe selbst, sondern auch Arbeitsfelder in ungelernten Tätigkeiten, einschließlich der Hilfstätigkeiten berücksichtigt werden.

> Folgendes Beispiel mag dies verdeutlichen: Beliebt ist beispielsweise im schulischen Mathematikunterricht die Verwendung von Kochrezepten, um realitätsnahe Anforderungen im Unterricht zu simulieren. Deren Angaben sind meist für vier Personen vorgesehen. Ein typisches Aufgabenformat wäre: Das Rezept für eine Pizza ist für vier Personen ausgelegt. Berechne die Zutaten für 100 Personen. Avisiert wird hier die Anwendung des Zwei- bzw. Dreisatzes sowie der Umgang mit Maßeinheiten. Es sind bekannte Rechenverfahren und -techniken zu reproduzieren und Zusammenhänge herzustellen, die den Anforderungsbereichen I und II der KMK-Bildungsstandards entsprechen (KMK, 2004). Um das Niveau des Verallgemeinerns und Reflektierens (Anforderungsbereich III) zu erreichen, könnte die Aufgabe wie folgt modifiziert werden: In einer Großküche müssen unerwartet 123 Portionen ausgeliefert werden. Berechne die notwendigen Zutaten. Dieses Aufgabenformat lässt sich ebenfalls als alltagsnah charakterisieren. Die mathematisch exakte Lösung dokumentiert dann die mathematische Kompetenz eines Schülers innerhalb der Schule. Gilt dies aber auch für die authentische Situation in einer Großküche? Hier ist die Situation von sozial bedingten, berufsfeldbezogenen, meist nicht-mathematischen Faktoren geprägt, zum Beispiel dadurch, dass anstelle der gewohnten 100 Portionen morgens unerwartet die Information kommt, nun 123 Portionen auszuliefern. Eine Person ist dann kompetent, wenn es ihr gelingt, dieses Gericht in der gewohnten Qualität, in ausreichender Menge und in der vorgegebenen Zeit bereit zu stellen.

In dieser Konstellation ist es vermutlich weniger relevant, welche mathematischen Strategien auf welchem mathematischen Ausprägungsniveau der Betreffende nutzt. Innerhalb von Einfacharbeitsplätzen sind weniger die Anwendungen schulischer Begriffe oder Verfahren der elementaren Mathematik gefordert, sondern weit mehr Schätzstrategien bzw. Erfahrungswissen. Gleichzeitig aber werden situative Spezialkenntnisse, z. B. die Strukturierung von Zeit, der sichere Umgang mit verschiedensten Messinstrumenten u. a. erwartet. Zudem erfolgt die Bewältigung dieser Situationen häufig unter Zeitdruck und muss möglichst fehlerfrei ablaufen (Basendowski, 2013; Schroeder, 2011).

4.3.3.2. Didaktische Konzepte unter Berücksichtigung außer- und nachschulischer mathematischer Anforderungen

Ansätze für eine arbeits- bzw. lebensweltlich orientierte Herangehensweise finden sich im *interkulturellen oder auch ethnomathematischen Mathematikunterricht* (Schroeder 1998; 2000; 2003). Dieser sucht die Wiederannäherung von Kultur und Mathematik durch interdisziplinäres Arbeiten im fächerverbindenden Unterricht. Die »Inhalte und Methoden des Mathematikunterrichts [sind] an die jeweiligen kulturellen Kontexte anzupassen und die existierenden mathematischen Kulturen in der Schule nicht zu übergehen, sondern von ihnen auszugehen« (Schroeder, 2000, S. 457). Das alltagsmathematische Wissen, z. B. über die biografischen Lebenszyklen, kulturelle Rituale usw., soll erfasst und als Ausgangs-/Bezugspunkt für weiteres Lernen genutzt werden. Didaktisch handlungsleitend ist dann die Frage: wie kann die Wirklichkeit, die vielfach kulturell, regional und ethnisch gebrochen und ausdifferenziert ist, im Unterricht rekonstruiert, gespiegelt und repräsentiert werden? Interkulturelle Mathematikaufgaben ermöglichen der Pluralisierung der Lebenswelten und der Vielfalt der Lebenspraxen gerecht zu werden (ebd.).

Auch Ansätze aus der *Kulturpädagogik* – gerade für benachteiligte und sozial schwache Jugendliche (Rolfs, 2013) – sind vor allem wegen ihrer Authentizität und Lebensnähe zielgruppenspezifisch fruchtbar. So wird beispielsweise empfohlen, im Museum geometrische Formen mathematisch zu beschreiben, Kochprojekte zu realisieren (Arnhofer/Lohmann, 2013) oder auch einen schuleigenen Cateringservice zu installieren, um in der Schule »handfeste Realität« zu vermitteln (Bitsch/Ebert, 2013).

Eine erste Schnittstelle zwischen Schule und Beruf aus fachdidaktischer Sicht stellen die Überlegungen von Drüke-Noe, Möller, Pallack, Schmidt, Schmidt und Wynands (2011) zu *»Basiskompetenzen Mathematik«* dar, die als Mindeststandards den Erfolg in Ausbildung und Beruf ermöglichen und damit gesellschaftliche Teilhabe, konkret die Ausbildungsreife der Schulabgänger, sichern sollen. In Abgrenzung zu Regelstandards sind Basiskompetenzen von allen Schülern zu erreichen und »Voraussetzung für die eigenständige Bewältigung von Alltagssituationen und die aktive Teilhabe als mündige Bürgerinnen und Bürger am gesellschaftlichen und kulturellen Leben. Sie sind ebenso Voraussetzung für einen Erfolg versprechenden Beginn einer Berufsausbildung und die Ausübung beruflicher Tätigkeiten« (Drüke-Noe et al., 2011, S. 8). Die Konzentration auf die Basiskompetenzen i. S. von Mindeststandards bietet eine geeignete Grundlage zur Förderung gerade leistungsschwacher Schüler, da in deren Definition prognostische Elemente zu den Bildungs- und Berufsverläufen der

Schüler einflossen. Unter Beteiligung von 280 Unternehmen aus unterschiedlichen Berufsfeldern der Industrie, des Handels und der Dienstleistungen wurden folgende Basiskompetenzen zu den fünf mathematischen Leitideen (Zahl, Messen, Raum und Form, funktionaler Zusammenhang, Daten und Zufall) definiert und operationalisiert.

Zahl:

- Größenvorstellungen und Vergleich von Zahlen
- Rechenoperationen
- Umgehen mit Sachsituationen

Messen:

- Grundverständnis der Begriffe Länge, Flächeninhalt, Volumen, Masse und Zeit und das Festlegen der zugehörigen Einheiten
- Messen durch Vergleichen (Auslegen, Ausfüllen mit Einheits-Maßen)
- Berechnen von Größen mit Formeln

Raum und Form:

- Analysieren, d. h. Eigenschaften realer Objekte erkennen und beschreiben oder in Begründungen verwenden
- Erzeugen von geometrischen Objekten
- Operieren mit geometrischen Objekten

Funktionaler Zusammenhang:

- Zusammenhänge zwischen zwei Größenbereichen mathematisch darstellen (mit Tabellen, Diagrammen, Graphen, Wortvorschriften, Formeln) und zwischen den Darstellungen wechseln
- Veränderungen einer Größe in Abhängigkeit von Veränderungen der anderen Größe erfassen
- Kenntnisse über funktionale Zusammenhänge in Realsituationen in Alltag und Beruf anwenden (Modellieren)

Daten und Zufall:
Ziel ist es, aus vorliegenden Datenerhebungen Informationen und Schlüsse zu ziehen und kritisch mit den Ergebnissen anderer umgehen zu können. Zur Analyse von Daten gehören die Bereiche:

- Ordnen und Darstellen von Daten,
- Kennwerte berechnen und deuten,
- Ergebnisse einer Datenanalyse interpretieren und bewerten.

Daneben werden Kompetenzen im Umgang mit Wahrscheinlichkeiten benötigt, um Chancen und Risiken unter Unsicherheit einschätzen zu können. Die in der Publikation beschriebenen Aufgabenformate sind kognitiv einfach, haben keinen großen Textumfang, sind alltags- und lebensrelevant und testen nur wenige Fachbegriffe ab (Drüke-Noe et al., 2011, S. 9). Eine CD-ROM enthält alle Aufgaben im Arbeitsblattformat sowie alle Lösungen, die jeweils nach den Leitideen zusammengefasst sind.

Ähnliche Intentionen liegen dem Kompetenztest *Mathematik – Grundwissen für den Beruf* (Hinze/Probst, 2011) zugrunde. Mit dem Kompetenztest lassen sich die mathematischen Grundfertigkeiten testen, auswerten und zielgerichtet fördern – insbesondere für den Einstieg in die Berufsschule, in die Berufsfachschule oder in berufsvorbereitende Maßnahmen. Der Mathematik-Kompetenztest basiert auf dem Rechentest Berufsschule (RTBS), der im Schuljahr 2006/2007 im Rahmen der Equal-Partnerschaft »BAW Mittelhessen« und in Kooperation mit der Universität Gießen entwickelt wurde. Der Test richtet sich vorrangig an berufliche Schulen, ist jedoch auch am Ende der Sekundarstufe I einsetzbar. Das dem Test zugrundeliegende mathematische Niveau entspricht dem Hauptschulabschluss. Zur Erstellung der mathematischen beruflichen Anforderungsprofile wurden Interviews mit über 90 Lehrkräften an Berufsschulen geführt, die den Test aus eigener Anschauung bzw. Testung kannten. Dabei wurde jede einzelne Aufgabe der 34 Untergebiete auf ihre berufsspezifische Relevanz hin analysiert. Der Test selbst wurde mit insgesamt 5.500 Schülern normiert. Ermittelt werden die Leistungsstände in den Gebieten: Grundrechenarten, Brüche, Überschlagsrechnen, Maße, Dreisatz, Prozentrechnung, Geometrie, räumliches Vorstellungsvermögen sowie Umgang mit Diagrammen. Für alle Schüler erfolgt eine individuelle, auf die beruflichen Anforderungen abgestimmte Auswertung, die nicht nur den Förderbedarf angibt, sondern ganz konkret passende Fördermaterialien nennt: Falls Förderbedarf besteht, wird auf die entsprechenden Seiten der Arbeitsbücher verwiesen.

4 Zwischen individueller Rechenförderung und inklusivem Unterricht

> Die Auswertung erfolgt entsprechend dem beruflichen mathematischen Anforderungsprofil. Für jeden Beruf gibt es unterschiedliche Anforderungen; darauf abgestimmt wird der Förderbedarf festgelegt. Zur Auswahl stehen 61 verschiedene Anforderungsprofile aus den drei Bereichen Technik, Wirtschaft sowie Gesundheit/Körperpflege, Ernährung und Soziales. Möglich ist einerseits eine individuelle Auswertung für den einzelnen Schüler, eine Übersicht über den Leistungsstand der gesamten Klasse und eine Übersicht darüber, in welchen mathematischen Gebieten welche Schüler den Mindestanforderungen nicht genügen. Zudem geben Verweise auf die Arbeitsbücher der Reihe *Mathematik – Grundwissen für den Beruf* Tipps für die weitere Planung.

Zahlreiche Publikationen zu alltags- und ausbildungsrelevanten mathematischen Kompetenzen z. B. für Themen wie »Haushaltsführerschein« (Kamber/Trunz, 2013) »Verbraucherführerschein: Geld und Konsum« (Steffek, 2012), »Wohnen, Geld & Haushaltsführung« (Pickhan/Riebe, 2012), »Achtung Schuldenfalle« (Winkler, 2012) oder auch »Matheaufgaben aus dem Berufsalltag« (Schwacha, 2011) ergänzen das gegenwärtige Angebot didaktischer Anregungen.

> Das Lehrwerk *NAVI-Mathematik* für Förderschulen (z. B. Feigl/Werner, 2008; 2010a; 2010b), bestehend aus acht Bänden sowie einem Vorkurs, betont diese Kompetenzvermittlung eng gekoppelt an eine funktionale Orientierung am Alltag. Dieses Konzept fokussiert auf die Bewährung von Kompetenzen in authentischen Anwendungssituationen. Auf je einer doppelseitigen Eingangsseite werden Alltagssituationen illustriert, die zum Kommunizieren, Argumentieren und Problemlösen herausfordern. Besonderen Stellenwert haben Rechenkonferenzen zur Entwicklung und Bewertung unterschiedlicher Lösungsstrategien. Damit geht das Konzept weit über die Aufgaben und Ansprüche einer Vermittlung von elementaren Fertigkeiten in Mathematik hinaus. Abgeleitet aus den Forschungsergebnissen zu effektiven Lehr- und Lernprozessen in der Mathematik sind Fragen einer curricularen Validität nachrangig, gegenüber einer Auswahl authentischer und subjektiv bedeutsamer Verwendungs- und Lebenssituationen. Sonderseiten wie »Mathespaziergang« und »Spiel- und Knobelseite« bieten den Schülern Anlässe, die Mathematik in der unmittelbaren Umgebung zu erfahren oder zur spielerischen Umsetzung des erworbenen Wissens und dienen damit als inte-

> grierte Übungs- und Anwendungssituation zur Vertiefung und Wiederholung der vermittelten Strategien. Die sogenannten Kurse dienen zur Erarbeitung und Vertiefung spezieller mathematischer Fertigkeiten, wie die halbschriftlichen und schriftlichen Verfahren. Eingebunden in alltagsnahe Situationen werden hier Rechenverfahren und -strategien in vielfältigen Situationen geübt.

So lässt sich die Alltagsfrage »Wann kann ein Bäcker schlafen?« als mathematischer und auch berufsorientierender Lernanlass gestalten. Über ein Einstiegsgespräch, ob heute schon gefrühstückt wurde, wird sicher der Schüler berichten, dass er sich morgens beim Bäcker frische Brötchen gekauft hat. Gespräche dieser Art rufen erfahrungsgemäß eine lebhafte Diskussion hervor, z. B. »Wie kommt das frische Brötchen eigentlich so früh morgens schon in den Bäckerladen? Ist die Bäckerei ein möglicher Arbeitsplatz? Welche Rahmenbedingungen hat diese Tätigkeit?«

Über diesen Einstieg kann die Idee entwickelt werden, einen Mitarbeiter einer Bäckerei nach seinen Arbeitszeiten u. a. Rahmenbedingungen zu interviewen. In der Vorbereitung dafür müssen sich die Schüler Fragen überlegen und Ideen entwickeln, wie ihre Ergebnisse dokumentiert, analysiert und ausgewertet werden können. Diese Aktivitäten fördern sowohl die allgemeinen mathematischen Kompetenzen wie Kommunizieren und Argumentieren (KMK, 2005a) als auch zentrale Inhalte der Bildungsstandards Deutsch, wie Sprache und Sprachgebrauch untersuchen resp. Sprechen und Zuhören (KMK, 2003, S. 8). Exemplarisch lässt sich dies mit einem Situationsbild unterstützen (Feigl/Werner, 2010a, S. 67), über das die Schüler Informationen zu dem Arbeitsalltag des Bäckers erhalten: »Ich muss aufstehen, wenn andere ins Bett gehen. Ein Arbeitstag beginnt um 1.00 Uhr und endet um 9.30 Uhr. Dazwischen habe ich 30 Minuten Pause. Am Mittwoch und am Sonntag habe ich frei« (ebd.). In der allgemeinen Gesprächsrunde sollen die Schüler selbst versuchen, Fragen zu formulieren und eine Sensibilität für Arbeitszeiten entwickeln. Folgende Fragen bieten Anlass zum Dokumentieren, Interpretieren, Analysieren und Verarbeiten selbst erhobener Daten:

- Wie viele Stunden arbeitet dieser Bäcker in einer Woche/in einem Monat/in einem Jahr?
- Wann kann der Bäcker zum Arzt/ins Kino/Einkaufen gehen?
- Wie viele Stunden hat die Backfiliale geöffnet?
- An welchen Wochentagen kann er am längsten schlafen?

Die nötigen Informationen während der Befragung sollen dabei selbst von den Schülern notiert werden. Dies fördert u. a. allgemeine mathematische Kompetenzen wie:

- Daten erheben und darstellen,
- Zeitspannen (Stunden, Tage, Wochen) dokumentieren ,
- Umgang mit Tabellen (KMK, 2004).

Die Arbeitszeiten des Bäckers sollen nun auf der Basis der selbst erhobenen Daten interpretiert und ergänzt werden. Ein angedeuteter, unvollständigen Wochenplan dient dazu als Anregung (Feigl/Werner, 2010a, S. 67). Auch unter dem Aspekt der Kompetenz diskontinuierlicher Texte lesen zu können, bieten sich folgende Fragen für ein Unterrichtsgespräch an:

- Welche Bedeutung haben die Farben?
- Warum sind einzelne Zeitfenster schraffiert?
- Wie müsste die vollständige Wochenübersicht aussehen?
- Welche Maßeinheit für die Zeit und welche Zeitstrukturen bieten sich für einen Tages-, Wochen-, Monats-, Jahresplan an?
- Welche Strategien eignen sich, um Zeitspannen zu berechnen?

Um die erstmalig und innerhalb dieser konkreten Situation ermittelten Daten i. S. der Evaluierung bzw. des Transfers zu vertiefen, bietet es sich z. B. an, einen schon teilweise ausgefüllten Wochenplan (Feigl/Werner, 2010b, S. 56) zu vervollständigen. Hier wird vorgeschlagen, die Arbeitszeiten dreier Angestellten (Kim, Mia und Lea) für die Arbeitstage von Montag bis Samstag tabellarisch darzustellen. Die notwendigen Hinweise zu den Arbeitszeiten finden sich in den jeweiligen Sprechblasen.

Darüber hinaus bieten weiterführende Aufgaben viele Anregungen wie beispielsweise:

- Die Arbeitszeit der Angestellten beginnt 30 Minuten vor der Ladenöffnungszeit und endet 30 Minuten nach Ladenschluss. Welchen Grund könnte das haben?
- Wie viele Stunden arbeiten die drei Angestellten in einer Woche/in einem Jahr, wenn sie 6 Wochen Urlaub haben?
- Berechne die Zeit, die die Angestellten in einer Woche gleichzeitig arbeiten (Feigl/Werner, 2010b, S. 57).

4.3 Diagnose- und Förderkonzepte im Sekundarbereich I

Ich arbeite am Montag, Dienstag, Donnerstag und Freitag den ganzen Tag. Meine Pausen mache ich an diesen Tagen immer zur gleichen Zeit. Am Mittwoch sowie am Samstag arbeite ich von 7.30 Uhr bis 13.30 Uhr und habe um 10 Uhr 30 Minuten Pause.

Am Montag und Dienstag sind meine Arbeitszeiten identisch. Ich arbeite nur vormittags. Am Donnerstag und Freitag sind die Schichten von Lea und mir vertauscht, also arbeite ich nur nachmittags und Lea vormittags. Die Arbeitszeiten und Pausen bleiben jeweils gleich.

Diese Woche muss ich am Samstag arbeiten. Dafür arbeitet Mia am Mittwoch und ich habe frei. An beiden Tagen beginnt die Schicht um 7.30 Uhr und endet um 13 Uhr. Die Pause ist jeweils von 9.30 bis 10 Uhr.

Abb. 4.8: Anregungen zur Erarbeitung von Wochenarbeitszeiten (Feigl/Werner, 2010b, S. 56)

Fragestellungen dieser Art fördern die Fähigkeit, mathematisches Wissen als funktional zu erleben und dieses Wissen einsichtsvoll und flexibel in unterschiedlichen Situationen einzusetzen. Es gilt, mathematisch zu kommunizieren, geeignete heuristische Strategien und Prinzipien auszuwählen und anzuwenden, mathematisch zu modellieren und entsprechende mathematische Darstellungen zu entwickeln. Bei der Sammlung und Interpretation aller Daten kann zu diesem Zeitpunkt dann die Ausgangsfrage beantwortet werden: *Wann kann ein Bäcker schlafen*? Auch diese Antwort bietet Anlässe für viele weiterführenden Fragen wie beispielsweise:

- Hat ein Bäcker insgesamt mehr/weniger Zeit zum Schlafen als andere?
- Schlafe ich selbst mehr/weniger als der Bäcker?
- Gibt es noch andere Berufe mit ungewöhnlichen Arbeitszeiten?
- Was ist mir in meinem späteren Beruf wichtig?

In einem solchen projektähnlich angelegten Unterricht lassen sich fächerübergreifend Themen wie die Zusammensetzung der Löhne (Brutto-, Netto-, Stundenlohn, Lohnsteuer usw.) aufgreifen. Auch Informationen zu Ausbildungsbedingungen, wie Zugangsvoraussetzungen, lassen sich gut mit diesem Thema verbinden. Zu empfehlen ist es, dass die Schüler je nach persönlichem Interesse unterschiedliche Berufsfelder (z. B. Hauswirtschaft, Friseur, Gartenbau, Gastgewerbe, Holzbearbeitung) erkunden. Zudem lassen sich all die Themen auf die drei Anforderungsbereiche (Reproduzieren, Zusammenhänge herstellen, Verallgemeinern und Reflektieren) sowie sämtliche außer- und nachschulische Themenfelder modifizieren, so dass auch leistungsstärkere Schüler gefordert und gefördert werden. In derartig lebensrelevanten Kontexten hebt sich für die Schüler die strenge schulische Trennung zwischen den Unterrichtsfächern auf. Sie erleben, dass die Anwendung schriftsprachlicher und mathematischer Kenntnisse und Fertigkeiten als notwendige und sinnvolle Kulturtechniken der Lösung alltäglicher Probleme dient.

Gerade der Umgang mit Zeit und Geld als zentrale alltagsrelevante mathematische Kompetenz wird durchgängig in je unterschiedlichen Sachsituationen in jedem Band thematisiert. Die Vorbereitung auf die Ausbildung und den Beruf beginnt in Band 7 mit den Kapiteln »Berufe erkunden« und »Schülerfirmen« und wird in Band 8 anhand der Situationen »Schülercafé« und »Betriebspraktikum« vertieft. Im Jahr 2012 wurde dieses Lehrwerk vom Georg-Eckert-Institut für internationale Schulbuchforschung im Rahmen der Leipziger Buchmesse als »Schulbuch des Jahres 2012« in der Kategorie »MINT« ausgezeichnet.

Schlussbemerkung

Inklusiver Mathematikunterricht unter Berücksichtigung des Förderschwerpunktes Lernen muss die je individuellen Bildungs- und Sozialisationspotentiale, aber auch -defizite aufgreifen. Die unangemessene Verknüpfung von prekären Lebenslagen und schulischen Bildungsangeboten wird als maßgebliche Ursache für die Entkopplung junger Menschen von institutionalisierten Bildungsangeboten betrachtet (Schroeder, 2012, S. 22). Einem inklusiven Mathematikunterricht muss es gelingen, solche »Verknüpfungsformen« zu finden, die den Erwerb von Bildung sichern und in diesem Kontext mathematische Kompetenzen als individuellen Teil gesellschaftlicher Teilhabe grundlegen. Der Schwerpunkt verlagert sich von einem rein fachwissenschaftlichen und -didaktisch geprägten Unterricht zu einer konzeptionellen Verknüpfung zwischen Schule, Ausbildung und Erwerbstätigkeit sowie Alltagsbewältigung. Die je situationsbezogenen mathematischen Kompetenzen bilden die fachliche Rahmung für eine individualisierte Förderung. Dieses Grundverständnis von Mathematikunterricht verzichtet auf stigmatisierende, anthropologisierende Phänomene wie »Dyskalkulie« und ermöglicht allen Schülern individuelle Zugänge zu mathematischen Sachverhalten. Ein derartig gestalteter Mathematikunterricht vermag den vier Strukturelementen eines menschenrechtsbasierten Bildungsansatzes entgegen zu kommen (Lindmeier/Lindmeier, 2012, S. 114f.). In diesen didaktischen Überlegungen wird vor allem den beiden Strukturelementen »Annehmbarkeit« (d. h. Form und Inhalt der Bildung müssen relevant, kulturell und hochwertig sein) und »Adaptierbarkeit« (d. h. Bildung muss sich einerseits den veränderten Gesellschaften und dem Gemeinwesen anpassen, andererseits auch den Bedürfnissen der Schüler entsprechen) entsprochen.

Literaturverzeichnis

Amrhein, Bettina: Inklusion in der Sekundarstufe. Bad Heilbrunn: Klinkhardt, 2011

Arnhofer, Jochen/Lohmann, Michael: Kochen mit Jochen. In: Braune-Krickau, Tobias/Ellinger, Stephan/Sperzel, Clara (Hrsg.): Handbuch Kulturpädagogik. Weinheim: Beltz, 2013, S. 941–948

Basendowski, Sven: Die soziale Frage an (mathematische) Grundbildung: Eine empirische Studie zu dem Wesen, der Funktion und der Relevanz mathematischer Kompetenzen in einfachen Erwerbstätigkeiten sowie Analysen für didaktische Implikationen. Bad Heilbrunn: Klinkhardt, 2013

Basendowski, Sven: Grundbildung – Ein Konzept für alle in einem inklusiven Bildungssystem? Erste Befunde und Schlussfolgerungen. In: Vierteljahresschrift für Heilpädagogik und ihre Nachbargebiete 83 (2014), S. 191–204

Bettner, Marco/Dinges, Erik: Kompetenztests Mathematik. Klassen 5/6; 7/8 und 9/10. Bergedorf: Persen, 2009; 2011; 2012

Biehler, Rolf/Hartung, Ralph: Die Leitidee Daten und Zufall. In: Blum, Werner/Drüke-Noe, Christina/Hartung, Ralph/Köller, Olaf (Hrsg.): Bildungsstandards Mathematik: konkret. Berlin: Cornelsen, 2010, S. 51–80

Bildungsbericht 2012: Bildung in Deutschland 2012. Ein indikatorengestützter Bericht mit einer Analyse zur kulturellen Bildung im Lebenslauf. Im Internet unter www.bildungsbericht.de [10.09.2014].

Bildungsbericht: Bildung in Deutschland 2014. Ein indikatorengestützter Bericht mit einer Analyse zur Bildung von Menschen mit Behinderungen. 2014. Im Internet unter: www.bildungsbericht.de [10.09.2014].

Bitsch, Werner/Ebert, Harald: Mit dem Cateringservice zum Erfolg. In: Braune-Krickau, Tobias/Ellinger, Stephan/Sperzel, Clara (Hrsg.): Handbuch Kulturpädagogik. Weinheim: Beltz, 2013, S. 949–957

Blum, Werner/Drüke-Noe, Christina/Hartung, Ralph/Köller, Olaf (Hrsg.): Bildungsstandards Mathematik: konkret. Berlin: Cornelsen, 2010

Blum, Werner: Die Bildungsstandards Mathematik. In: Blum, Werner/Drüke-Noe, Christina/Hartung, Ralph/Köller, Olaf (Hrsg.): Bildungsstandards Mathematik: konkret. Berlin: Cornelsen, 2010, S. 14–32

BMAS (Bundesministerium für Arbeit und Soziales, Hrsg.): Teilhabebericht der Bundesregierung über die Lebenslagen von Menschen mit Beeinträchtigungen Teilhabe

- Beeinträchtigung – Behinderung. 2013. Im Internet unter http://www.bmas.de/¬DE/Themen/Teilhabe-behinderter-Menschen/Meldungen/teilhabebericht-2013.html [18.08.2014]
BMBF (Bundesministerium für Bildung und Forschung)/Projektgruppe Jahr der Mathematik (Hrsg.): Wissenschaftsjahr 2008. Mathematik. Alles, was zählt. o. J. Im Internet unter https://www.wissenschaftsjahr.de/2008/coremedia/generator/wj2008/de/Start¬seite.html [08.04.2018]
Cornelsen Verlag: Fördermaterialien Mathematik. Berlin: Cornelsen, 2012
Drüke-Noe, Christina/Möller, Gerd/Pallack, Andreas/Schmidt, Siegbert/Schmidt, Ursula/Sommer, Nobert/Wynand, Alexander: Basiskompetenzen Mathematik für Alltag und Berufseinstieg am Ende der allgemeinen Schulpflicht. Berlin: Cornelsen, 2011
Ennemoser, Marco/Krajewski, Kristin/Schmidt, Siegbert: Entwicklung und Bedeutung von Mengen-Zahlen-Kompetenzen und eines basalen Konventions- und Regelwissens in den Klassen 5 bis 9. In: Zeitschrift für Entwicklungspsychologie und Pädagogische Psychologie 43 (2012) 4, S. 228–242
Erpenbeck, John/Rosenstiel, Lutz: Handbuch Kompetenzmessung. Erkennen, verstehen und bewerten von Kompetenzen in der betrieblichen, pädagogischen und psychologischen Praxis. Stuttgart: Schäffer-Poeschel, 2. Auflage 2007.
Feigl, Walter/Werner, Birgit (Hrsg.): Navi Mathematik. Lehrwerk Mathematik. Band 5. Troisdorf: Bildungsverlag Eins, 2008.
Feigl, Walter/Werner, Birgit (Hrsg.): NAVI Mathematik 7. Arbeitsheft. Troisdorf: Bildungsverlag Eins, 2010b
Feigl, Walter/Werner, Birgit (Hrsg.): NAVI Mathematik 7. Schülerbuch. Troisdorf: Bildungsverlag Eins, 2010a
Frey, Andreas/Heinze, Aiso/Mildner, Dorothea/Hochweber, Jan/Asseburg, Regine: Mathematische Kompetenz von PISA 2003 bis PISA 2009. In: Klieme, Eckhard/Artelt, Cordula/ Hartig, Johannes/Jude, Nina/Köller, Olaf/Prenzel, Manfred/Schneider, Wolfgang/Stanat, Petra (Hrsg): PISA 2009. Bilanz nach einem Jahrzehnt. Münster: Waxmann, 2010, S. 153–176
Friedrich-Verlag (Hrsg.): Der Mathekoffer. Ein Projekt im Jahr der Mathematik. 2008. Im Internet unter: https://www.friedrich-verlag.de/shop/der-mathekoffer [20.09.2014]
Gerlach, Maria/Fritz, Annemarie/Leutner, Detlef: MARKO-T. Mathematik-und Rechenkonzepte im Vorschul-und Grundschulalter. Göttingen: Hogrefe, 2013
Götz, Lukas/Lingel, Klaus/Schneider, Wolfgang: DEMAT 5+. Deutscher Mathematiktest für fünfte Klassen. Göttingen: Hogrefe, 2013a
Götz, Lukas/Lingel, Klaus/Schneider, Wolfgang: DEMAT 6+. Deutscher Mathematiktest für sechste Klassen. Göttingen: Hogrefe, 2013b
Grabowski, Joachim: Kompetenz: ein bildungswissenschaftlicher Begriff. In: Grabowski, Joachim (Hrsg.): Sinn und Unsinn von Kompetenzen. Opladen: Budrich, 2014, S. 9–28
Hecht, Teresa/Sinner, Daniel/Kuhl, Jan/Ennemoser, Marco: Differenzielle Effekte eines Trainings der mathematischen Basiskompetenzen bei kognitiv schwachen Grundschülern und Schülern der Förderschule mit dem Schwerpunkt Lernen – Reanalyse zweier Studien. In: Empirische Sonderpädagogik 4 (2011), S. 308–323
Herget, Wilfried: Foto-Fermi-Fragen – fast ohne Worte. In: Fritz, Annemarie/Schmidt, Siegbert (Hrsg.): Fördernder Mathematikunterricht in der Sekundarstufe I. Weinheim: Beltz, 2009, S. 257–269

Hinze, Robert/Probst, Holger: Kompetenztest. Basiskenntnisse in der beruflichen Bildung. Berlin: Cornelsen, 2011

Humbach, Martina: Arithmetisches Basiswissen in der Jahrgangsstufe 10. In: Fritz, Annemarie/Schmidt, Siegbert (Hrsg.): Fördernder Mathematikunterricht in der Sekundarstufe I. Weinheim: Beltz, 2009, S. 58–71

IQB (Institut für Qualitätsentwicklung im Bildungswesen): Vera 8. o. J. a. Im Internet unter https://www.iqb.hu-berlin.de/vera [15.09.2014]

IQB (Institut für Qualitätssicherung im Bildungswesen): Beispielaufgaben Mathematik Sek I. o. J. b. Im Internet unter https://www.iqb.hu-berlin.de/vera/aufgaben/ma1 [08.04.2018]

Jung, E. (2010): Kompetenzerwerb: Grundlagen, Didaktik, Überprüfbarkeit. München: Oldenbourg.

Kamber, Ann-Kathrin/Trunz, Wiebke: Der Haushaltsführerschein. Kopiervorlagen zur Vermittlung lebenspraktischer Kompetenzen. Buxtehude: Persen, 2013

Klein, Helmut E./Schöpper-Grabe, Sigrid: Was ist Grundbildung? Schulische Mindestanforderungen an die Ausbildungsreife. 2013. Im Internet unter: http://www.bwpat.de/ht2013/ft18/klein_schoepper-grabe_ft18-ht2013.pdf [20.09.2014].

KMK: Bildungsstandards im Fach Deutsch für den Mittleren Schulabschluss (Jahrgangsstufe 10, Beschluss der Kultusministerkonferenz vom 4.12.2003). Berlin: Luchterhand, 2003

KMK: Bildungsstandards im Fach Mathematik für den Mittleren Schulabschluss (Jahrgangsstufe 10, Beschluss vom 4.12.2003). München, Luchterhand, 2004

KMK: Bildungsstandards im Fach Mathematik für den Hauptschulabschluss (Jahrgangsstufe 9, Beschluss vom 15.10.2004). München: Luchterhand, 2005a

KMK: Bildungsstandards im Fach Mathematik für den Primarbereich (Jahrgangsstufe 4, Beschluss vom 15.10.2004). München: Luchterhand, 2005b

KMK: Inklusive Bildung von Kindern und Jugendlichen mit Behinderungen in Schulen (Beschluss der Kultusministerkonferenz vom 20.10.2011). 2011. Im Internet unter http://www.kmk.org/bildung-schule/allgemeine-bildung/sonderpaedagogische-foerderung.html [10.10.2013].

Krajewski, Kristin/Nieding, Gerhild/Schneider, Wolfgang: Kurz- und langfristige Effekte mathematischer Frühförderung im Kindergarten durch das Programm »Mengen, zählen, Zahlen«. In: Zeitschrift für Entwicklungspsychologie und Pädagogische Psychologie 40 (2008) 3, S. 135–146

Krajewski, Kristin/Ennemoser, Marco: Entwicklung und Diagnostik der Zahl-Größen-Verknüpfung zwischen 3 und 8 Jahren. In: Hasselhorn, Marcus/Heinze, Aiso/Schneider, Wolfgang/Trautwein, Ulrich (Hrsg.): Diagnostik mathematischer Kompetenzen: Tests & Trends Göttingen: Hogrefe, 2013, S. 41–65

Krajewski, Kristin/Nieding, Gerhild/Schneider, Wolfgang: Mengen, zählen, Zahlen: die Welt der Mathematik verstehen. Förderkonzept. Berlin: Cornelsen, 2007

Krajewski, Kristin/Ennemoser, Marco: Entwicklung mathematischer Basiskompetenzen in der Sekundarstufe. In: Empirische Pädagogik 24 (2010) 4, S. 252–370

Krajewski, Kristin: Vorhersage von Rechenschwäche in der Grundschule. Hamburg: Dr. Kovač, 2003

Lauth, Gerhard/Brunstein, Joachim: Wirkfaktoren beim Lernen. In: Lauth, Gerhard/Grünke, Matthias/Brunstein, Joachim (Hrsg.): Interventionen bei Lernstörungen. Göttingen: Hogrefe, 2014, S. 367–383

Lebens, Morena/Lauth, Gerhard: Direkte Instruktion. In: Lauth, Gerhard/Grünke, Matthias/Brunstein, Joachim (Hrsg.): Interventionen bei Lernstörungen. Göttingen: Hogrefe, 2014, S. 418–428

Leuders, Timo: Kompetenzorientierte Aufgaben im Unterricht. In: Blum, Werner/Drüke-Noe, Christina/Hartung, Ralph/Köller, Olaf (Hrsg.): Bildungsstandards Mathematik: konkret. Berlin: Cornelsen, 2010, S. 81–95

Leuders, Timo: Qualität im Mathematikunterricht der Sekundarstufe I und II. Berlin: Cornelsen Scriptor, 2001, S. 104

Linderkamp, Friedrich: Motivierung durch operante Verstärkung. In: Lauth, Gerhard/Grünke, Matthias/Brunstein, Joachim (Hrsg.): Interventionen bei Lernstörungen. Göttingen: Hogrefe, 2014, S. 232–242

Lindmeier, Bettina/Lindmeier, Christian: Pädagogik bei Behinderungen und Benachteiligungen. Band I: Grundlagen. Stuttgart: Kohlhammer, 2012

Lindmeier, Christian: Übergänge von jungen Erwachsenen mit Behinderung/Benachteiligung in die Erwachsenen- und Berufswelt barrierefrei gestalten – was heißt das? In: Sonderpädagogische Förderung heute 1 (2014), S. 92–103

Luhmann, Niklas: Das Erziehungssystem der Gesellschaft. Frankfurt/M.: Suhrkamp, 2002

Moser Opitz, Elisabeth: Erwerb grundlegender Konzepte der Grundschulmathematik als Voraussetzung für das Mathematiklernen in der Sekundarstufe I. In: Fritz, Annemarie/Schmidt, Siebert (Hrsg.): Fördernder Mathematikunterricht in der Sekundarstufe I. Weinheim: Beltz, 2009, S. 29–43

Moser Opitz, Elisabeth: Lernschwierigkeiten Mathematik in Klasse 5 und 8. In: Vierteljahreszeitschrift für Heilpädagogik und ihre Nachbargebiete 74 (2005), S. 113–128

Moser Opitz, Elisabeth/Reusser, Lis/Moeri Müller, Magdalena/Anliker, Brigitte/Wittich, Claudia/Freesemann, Okka: BASIS-MATH 4–8. Basisdiagnostik Mathematik für die Klassen 4–8. Göttingen: Hogrefe, 2010

Penzenstadler, Brigitte: Mathetraining in 3 Kompetenzstufen (Band 1 und 2), Bergedorf: Persen, 2012

Pickhan, Sandra/Riebe, Tanja: Wohnung, Geld & Haushaltführung. Arbeitsmaterialien für Jugendliche zur Förderung der Alltagskompetenz. Mühlheim: Verlag an der Ruhr, 2012

PISA-Konsortium (Hrsg.): PISA 2000. Basiskompetenzen von Schülerinnen und Schülern im internationalen Vergleich München: Opladen: Leske + Budrich, 2001

Ricken, Gabi/Fritz, Annemarie/Balzer, Lars: Mathematik- und Rechenkonzepte im Vorschulalter – Diagnose. Göttingen: Hogrefe, 2013

Ricken, Gabi/Fritz, Annemarie/ Balzer, Lars: Mathematik und Rechnen – Test zur Erfassung von Konzepten im Vorschulalter (MARKO-D) – ein Beispiel für einen niveauorientierten Ansatz. In: Empirische Sonderpädagogik 3 (2011), S. 256–271

Rolfs, Christiane: Mathematik im Museum: Kunst als Fördermittel im Mathematikunterricht. In: Braune-Krickau, Tobias/Ellinger, Stephan/Sperzel, Clara (Hrsg.): Handbuch Kulturpädagogik. Weinheim: Beltz, 2013, S. 452–461

Roth, Jürgen: Eine geometrische Lernumgebung. In: Fritz, Annemarie/Schmidt, Siegbert (Hrsg.): Fördernder Mathematikunterricht in der Sekundarstufe I. Weinheim: Beltz, 2009, S. 186–200

Scherer, Petra: Entdeckendes Lernen im Mathematikunterricht der Schule für Lernbehinderte. Theoretische Grundlegung und evaluierte unterrichtspraktische Erprobung. Heidelberg: Schindele, 1995

Schiefele, Ulrich: Förderung von Interessen. In: Lauth, Gerhard/Grünke, Matthias/Brunstein, Joachim (Hrsg.): Interventionen bei Lernstörungen. Göttingen: Hogrefe, 2014, S. 251–261

Schmassmann, Margit: »Geht das hier ewig weiter«? In: Fritz, Annemarie/Schmidt, Siegbert (Hrsg.): Fördernder Mathematikunterricht in der Sekundarstufe I. Weinheim: Beltz, 2009, S. 167–185

Schmidt, Sabrina/Ennemoser, Marco/Krajewski, Kristin: DEMAT 9. Deutscher Mathematiktest für neunte Klassen. Göttingen: Hogrefe, 2012

Schneider, Wolfgang/Küspert, Petra/Krajewski, Kristin: Die Entwicklung mathematischer Kompetenzen. Paderborn: Ferdinand Schöningh, 2013

Schroeder, Joachim: Die Vielfalt berechnen. In: Dunker, Ludwig/Popp, Walter (Hrsg.): Fächerübergreifender Unterricht in der Sekundarstufe I und II. Bad Heilbrunn: Klinkhardt, 1998, S. 56–79

Schroeder, Joachim: Fragen an einen Grabstein. In: Mathematik lehren (2003) 116, S. 16–18.

Schroeder, Joachim: Gar nicht so einfach! Arbeitsplatzanalysen zum Gebrauch der Kulturtechniken in einfachen Tätigkeiten. In: Bindl, Ann-Kathrin/Schroeder, Joachim/Thielen, Marc (Hrsg.): Arbeitsrealitäten und Lernbedarfe wenig qualifizierter Menschen. Bad Heilbrunn: Klinkhardt, 2011, S. 159–208

Schroeder, Joachim: Mathematik. In: Reich, Hans/Holzbrecher, Alfred/Roth, Hans-Joachim (Hrsg.): Fachdidaktik interkulturell. Ein Handbuch. Opladen: Leske + Budrich, 2000

Schroeder, Joachim: Schulen in schwierigen Lebenslagen. Münster: Waxmann, 2012

Schwacha, Karin: Mathe-Aufgaben aus dem Berufsalltag – Klasse 7 – 8. Buxtehude: AOL-Verlag, 2011

Selter, Christoph/Spiegel, Hartmut: Wie Kinder rechnen. Leipzig: Klett, 1997

Selter, Christoph: Projekt »mathe sicher können« (Projekt MSK). o. J. Im Internet unter http://mathe-sicher-koennen.dzlm.de [23.09.2014]

Sinner, Daniel/Ennemoser, Marco/Krajewski, Kristin: Entwicklungspsychologische Frühdiagnostik mathematischer Basiskompetenzen im Kindergarten- und frühen Grundschulalter (MBK-0 und MABK-1). In: Hasselhorn, Marcus/Schneider, Wolfgang (Hrsg.): Frühprognose schulischer Kompetenzen. Göttingen: Hogrefe, 2011, S. 109–126

Spöttl, Georg: Kompetenzmodelle als Grundlage für eine valide Kompetenzdiagnostik. Anforderungen an Theorie und Empirie. In: Fischer, Martin/Becker, Matthias/Spöttl, Georg (Hrsg.): Kompetenzdiagnostik in der beruflichen Bildung – Probleme und Perspektiven. Frankfurt/M.: Peter Lang, 2011, S. 13–39

Stalder, Barbara E.: Berufsausbildung mit geringen Lesekompetenzen? Ergebnisse der Schweizer PISA-Folgestudie TREE. In: Fischer, Martin/Becker, Matthias/Spöttl,

Georg (Hrsg.): Kompetenzdiagnostik in der beruflichen Bildung – Probleme und Perspektiven. Frankfurt/M.: Peter Lang, 2011, S. 190–203

Steffek, Frauke: Verbraucherführerschein: Geld und Konsum. Vermittlung lebenspraktischer Kompetenzen. Buxtehude: Persen, 2012

Stern, Elisabeth/Hasemann, Klaus/Grünke, Matthias: Aufbau elaborierter Rechenfertigkeiten. In: Lauth, Gerhard/Grünke, Matthias/Brunstein, Joachim (Hrsg.): Interventionen bei Lernstörungen. Göttingen: Hogrefe, 2014, S. 220–231

Thielen, Marc: Anforderungen und Widersprüche arbeitsplatzorientierter Alphabetisierung und Grundbildung. In: Vierteljahresschrift für Heilpädagogik und ihre Nachbargebiete 82, (2013) 3, S. 190–201

UN-Konvention: Die UN-Behindertenrechtskonvention. 2009. Im Internet unter http://www.behindertenbeauftragte.de/DE/Koordinierungsstelle/UNKonvention/UNKonvention_node.html [30.01.2015]

v. Hofe, Rudolf/Kleine, Michael/Blum, Werner/Pekrun, Reinhard: Zur Entwicklung mathematischer Grundbildung in der Sekundarstufe – theoretische, empirische und diagnostische Aspekte. In: Hasselhorn, Marcus/Marx, Harald/Schneider, Wolfgang (Hrsg.): Diagnostik von Mathematikleistungen: Göttingen: Hogrefe, 2005, S. 263–292

v. Saldern, Matthias: Schulleistung 2.0. Von der Note zum Kompetenzraster. Norderstedt: Druck on demand GmbH, 2011

Waasmeier, Susanne: Aktiv-entdeckendes, metakognitives Lernen im Mathematikunterricht der Hauptschule. Hildesheim: Franzbecker, 2009

Walter, Jürgen/Suhr, Kristina/Werner, Birgit: Experimentell beobachtbare Effekte zweier Formen von Mathematikunterricht in der Förderschule. In: Zeitschrift für Heilpädagogik 52 (2001) 4, S.143–151

Walther, Gerd: Bildungsstandards Mathematik. Kompetenzen überprüfen 2008. Im Internet unter: http://www.sinus-transfer-grundschule.de/fileadmin/MaterialienIPN/Bildungsstandards_komp_ueberpruef120908_handout.pdf. [15.03.2013]

Werner, Birgit/Peters, Anne: Lineare Gleichungen in der Förderschule?! Substantielle Aufgabenformate im Unterricht an der Förderschule – exemplarische Erprobung anhand des Themas »Partnerzahlen«. In: Zeitschrift für Heilpädagogik 58 (2007) 4, S. 122–129

Werner, Birgit: Dyskalkulie – Rechenschwierigkeiten. Stuttgart: Kohlhammer, 2009

Werner, Birgit: Mathematikunterricht. In: Kaiser, Astrid/Schmetz, Ditmar/Wachtel, Peter/Werner, Birgit (Hrsg.): Didaktik und Unterricht. Enzyklopädisches Handbuch der Behindertenpädagogik. Band 4. Stuttgart: Kohlhammer, 2011, S. 255–259

Werning, Rolf/Arndt, Anne-Katrin: Unterrichtsgestaltung und Inklusion. In: Kiel, Ewald (Hrsg.): Inklusion im Sekundarbereich. Stuttgart: Kohlhammer, 2015, S. 53–96

Winkler, Isabel: Achtung Schuldenfalle. Arbeitsblätter für Jugendliche zum richtigen Umgang mit Geld. Mühlheim: Verlag an der Ruhr, 2012

Wittmann, Erich C./Müller Gerhard N.: Das Zahlenbuch – Handbuch zum Frühförderprogramm. Stuttgart: Klett, 2009

Wittmann, Erich C./Müller, Gerhard N.: Das Zahlenbuch. Band 1 – 4. Lehrer- und Schülerbände. Stuttgart: Klett 2004

Wittmann, Erich C.: Das ZAHLENBUCH-Frühförderprogramm. o. J. Im Internet unter http://www.mathe2000.de/sites/default/files/das-zahlenbuch-fruehfoerderprogramm.¬pdf [09.04.2018]

Wittmann, Erich. C.: Mathematikdidaktik als »design science«. In: Journal für Mathematikdidaktik 13 (1992), S. 55–70

Wollring, Bernd: Zur Kennzeichnung von Lernumgebungen für den Mathematikunterricht in der Grundschule. 2007. Im Internet unter: http://www.sinus-transfer.de/¬fileadmin/MaterialienIPN/Lernumgebungen_Wo_f_Erkner_070621.pdf [09.04.2018]

5

Zwischen Spezialisierung und Generalisierung in der Lehrerbildung – Professionalisierung für Inklusion im Förderschwerpunkt Lernen

Rainer Benkmann & Magdalena Gercke

> Seit Inkrafttreten der UN-BRK gibt es zahlreiche Bemühungen, die Lehrerbildung auf den Hochschulen zu verändern: Ein inklusives Bildungssystem stellt andere professionelle Herausforderungen an Lehrkräfte als ein mehrgliedriges Schulsystem. Allgemeine Pädagogik und Sonderpädagogik müssen näher aneinanderrücken und das Verhältnis von generellem und speziellem Kompetenzerwerb neu bestimmen. Am Beispiel des Förderschwerpunkts Lernen soll deutlich gemacht werden, welche Bedeutung sonderpädagogisches Wissen zur lebenslagensensiblen Pädagogik und inklusiven Unterrichten für den Kompetenzerwerb in allen Lehramtsstudiengängen hat. Hierbei handelt es sich allerdings nur um eine Basisqualifizierung. Sie reicht nicht aus, um den Anforde-

> rungen von Diversität im inklusiven Unterricht gerecht zu werden. Eine zusätzliche sonderpädagogische Qualifizierung im Förderschwerpunkt Lernen wird erforderlich, die auf einen vertieften und ergänzenden Erwerb spezieller Kompetenzen zielt.

Vorbemerkung

Viele für Lehrerprofessionalität entstandene nationale und internationale Modelle lassen sich drei wesentlichen Perspektiven zuordnen, der kompetenztheoretischen, strukturtheoretischen und berufsbiografischen Perspektive (Terhart, 2010). Eine weitere ist die systemtheoretische, die die Interaktion zwischen Professionellen und Klienten im gesamtgesellschaftlichen Kontext in den Vordergrund rückt und nicht nur in der Diskussion um Lehrerprofessionalität, sondern auch um andere Professionen wie Ärzten und Rechtsanwälten eine Rolle spielt (Stichweh, 1997). Struktur- und systemtheoretische Perspektive stimmt darin überein, dass die pädagogische Interaktion strukturell mit dem Risiko des Scheiterns behaftet ist, dem nur durch einen kollegialen und (selbst-)reflexiven Umgang begegnet werden kann. Das wird auch im Rahmen des kompetenztheoretischen und berufsbiografischen Ansatzes berücksichtigt. Gleichwohl werden hier andere Aspekte für wichtiger gehalten: Das kompetenztheoretische Modell etwa zielt auf der Basis von Beschreibungen konkreter Aufgaben zur Lehrertätigkeit auf die Entwicklung von Wissen und Kompetenzen für deren professionelle Bewältigung (Baumert/Kunter, 2006). An diesem Modell orientiert sich schwerpunktmäßig der folgende Beitrag.

Für die Profession der sonderpädagogischen Lehrkräfte war das Aufgabenfeld über Jahrzehnte in Deutschland klar definiert. Dieses Feld wurde durch eine eigene Schulart gerahmt, dem hochdifferenzierten Sonderschulwesen, getrennt vom allgemeinen Schulsystem. Die erste Ausbildungsphase auf Universität und Pädagogischer Hochschule bildete angehende Lehrkräfte im Hinblick auf Unterricht, Erziehung, Diagnostik, Beurteilung und Beratung für den Einsatz an Sonderschulen aus, in denen sie ganz überwiegend als Klassenlehrkräfte für die Primarstufe und Sekundarstufe I eingesetzt wurden. Die fachrichtungsspezifische Ausbildung, meist in zwei Förderschwerpunkten, orientierte sich dabei an die für typisch gehaltenen Behinderungen und Benachteiligungen des Personenkreises und ihrer Förderung in dem entsprechenden Sonderschultyp. Dabei wurde einige Jahrzehnte vorzugsweise die Fachrichtung »Lernbehindertenpädagogik«, meist in Kombination mit der Fachrichtung »Verhaltensgestörtenpädagogik« studiert, weil sie die Klientel der am häufigsten vorkommenden Behinderungsart repräsentiert.

Vor dem Hintergrund der am 26. März 2009 in Deutschland in Kraft getretenen UN-Konvention über die Rechte von Menschen mit Behinderungen (BRK, 2011) ergab sich nun eine neue Situation. Die auf den Menschenrechten basierende Konvention löste eine breite öffentliche Debatte um inklusive Bildung aus, die das Förderschulwesen in Frage stellte. Deutschland hat sich mit der Unterzeichnung zur Entwicklung eines inklusiven Bildungssystems auf allen Ebenen verpflichtet (BRK, Art. 24 [1]). Kein Kind und kein Jugendlicher mit Behinderung soll vom Regelschulsystem bzw. von der allgemeinen Schule ausgeschlossen werden (BRK, Art. 24 [2]), weil »jede ... Ausschließung ... aufgrund von Behinderung« eine Diskriminierung darstellt (BRK, Art. 2) und eine gleichberechtigte Teilhabe am gesellschaftlichen Leben, wie sie anderen Menschen ohne Behinderungen zusteht, einschränkt. Da »jede Ausschließung« von der allgemeinen Schule einer Diskriminierung gleichkommt, ist der Besuch von Förderschulen prinzipiell als diskriminierend anzusehen. Angesichts des »Nichtdiskriminierung«- Grundsatzes des Artikels 3 lässt sich die Existenz von separaten Einrichtungen und Förderschulen für Menschen mit Behinderungen im Sinne der BRK nicht mehr legitimieren (auch Wocken, 2011a, S. 94).

Seitdem wächst der Anteil der Schülerinnen und Schüler mit sonderpädagogischem Förderbedarf an allgemeinen Schulen kontinuierlich und hat sich von 15,7 % im Schuljahr 2006/07 auf 28 % im Schuljahr 2012/13 erhöht (Autorengruppe Bildungsberichterstattung, 2014, S. 178). Der Anteil der Schüler im Förderschwerpunkt Lernen in der allgemeinen Schule beträgt inzwischen 31 % an allen Schülern in diesem Schwerpunkt, allerdings mit erheblichen Unterschieden zwischen einzelnen Bundesländern (Autorengruppe Bildungsberichterstattung, 2014, S. 178f.).

Trotz erheblicher bildungspolitischer Widerstände in mehreren Bundesländern, der Ablehnung gegenüber Inklusion bei Regelschul- und sonderpädagogischen Lehrkräften und Eltern von Kindern mit oder ohne Behinderungen lässt sich voraussagen, dass der Anteil der Schüler in verschiedenen Förderschwerpunkten in der allgemeinen Schule in den nächsten Jahren steigen wird. Die allgemeine Schule wird sich den Anforderungen im Umgang mit den besonderen Lernbedürfnissen dieser Schüler stellen müssen, die noch vor einigen Jahren wie selbstverständlich ausgesondert wurden. Hauptakteure in diesem Inklusionsprozess sind Schulleiter, Regelschullehrkräfte und sonderpädagogische Lehrkräfte. Ihre Rollen und Professionsverständnisse werden sich ändern.

Daher fordert die BRK in Artikel 24, Abs. 4, die Schulung von Fachkräften und Mitarbeitern für ein inklusives Bildungswesen, die »die Schärfung des Bewusstseins für Behinderungen und die Verwendung geeigneter ergänzender und alternativer Formen, Mittel und Formate der Kommunikation sowie pädagogische Verfahren und Materialien zur Unterstützung von Menschen mit Behinderungen« einschließt. Der Sonderpädagogik wird dabei eine erhebliche Bedeutung beigemessen (Senatsverwaltung Berlin, 2012, S. 60). Entsprechend hat die Kultusministerkonferenz (KMK) ihre Standards für die Bildungswissenschaften hinsichtlich der Anforderungen inklusiver Bildung verändert (KMK, 2014). Das bedeutet, dass auch die Lehrerbildung an Hochschulen vor ganz neuen Herausforderungen steht. Im Blick auf die zukünftigen professionellen Rollen der Regelschullehrkräfte und sonderpädagogischen Lehrkräfte ist im Studium zu klären, welche generellen und speziellen Kompetenzen für den inklusiven Unterricht erworben werden müssen.

Bisher zielt die Lehrerbildung zu wenig auf den Einsatz von angehenden Lehrkräften in einem inklusiven Schulsystem, sondern weiterhin in verschiedenen Schularten, sei es eine Förder-, eine Sekundarschule oder ein Gymnasium. Seit 2009 gibt es zwar erhebliche Bemühungen der Lehrerbildung, Module zu sonderpädagogischem Wissen in die Lehramtsstudiengänge für das selektive Regelschulsystem meist im Sinne einer additiven Ergänzung einzubeziehen. Das kann aber nur als ein Zwischenschritt gesehen werden und steht im Widerspruch zur Forderung der BRK zur Entwicklung einer inklusiven Schule, die eine grundlegende und komplexe Transformation des gesamten Schulsystems und damit eine inklusionsorientierte Lehrerbildung vorsieht (Weißhaupt, 2015).

Daher wollen wir in folgendem Beitrag Professionalisierungserfordernisse zukünftiger Aufgabenbereiche in einer inklusiven Schule skizzieren, in denen sonderpädagogische Lehrkräfte im Förderschwerpunkt Lernen eingesetzt werden. Wir konzentrieren uns auf die Lehrämter an Grundschulen und Sekundar- bzw. Gemeinschaftsschulen von Klassenstufe 1 bis 10 aufgrund der inklusiven Struktur dieser beiden Schularten. Die sich hier stellenden professionellen Herausforderungen werden unter den Überschriften Basisqualifizierung für alle Lehramtsstudiengänge im Förderschwerpunkt Lernen (▶ Kap. 5.2) und sonderpädagogische Qualifizierung für Inklusion im Förderschwerpunkt Lernen erörtert (▶ Kap. 5.3). Grundlegendes enthält das Kapitel inklusionsorientierte Lehrerbildung (▶ Kap. 5.1), das die Übersicht des Beitrags in einen inhaltlichen Begründungszusammenhang stellt.

5.1 Inklusionsorientierte Lehrerbildung

Für die oben erwähnte Orientierung am kompetenztheoretischen Ansatz spricht wesentlich die Bestimmung von Kompetenzen, die mit Hilfe der Beschreibung von Aufgaben der Lehrkräfte vorgenommen wird (Terhart, 2010, S. 91). Dazu liegt die auf Forschungsbefunden beruhende COAKTIV-Studie zur professionellen Handlungskompetenz von Lehrkräften vor. Professioneller Handlungskompetenz bedarf es für die Bewältigung der »Kernaufgabe von Lehrkräften«, nämlich »Unterricht zu erteilen und verständnisvolles Lernen von Schülerinnen und Schülern systematisch anzubahnen und zu unterstützen« (Baumert/Kunter, 2006, S. 470). Vier Kompetenzaspekte werden dabei unterschieden: »Professionswissen, Überzeugungen und Werthaltungen, motivationale Orientierungen und Selbstregulation«, die sich in weitere Kompetenzbereiche und -facetten untergliedern lassen (Baumert/Kunter, 2011, S. 32 [Abb. 2]) zeigt. Professionswissen wird weiter in »Fachwissen, fachdidaktisches Wissen, pädagogisch-psychologisches Wissen, organisatorisches Wissen, Beratungswissen« (ebd.) differenziert. Die meisten Aspekte dieser professionellen Handlungskompetenz stecken den Rahmen unseres Beitrags mit dem Ziel ab, das Qualifikationsprofil der Lehrkräfte im Förderschwerpunkt Lernen für die inklusive Schule und Unterrichtung zu schärfen.

Das Letztere bedeutet, sich nicht nur der Aufgabe der »Umprofessionalisierung« für sonderpädagogische Lehrkräfte (Lindmeier, 2010, S. 200) zu stellen. Ebenso wichtig erscheint die Forderung nach einer sonderpädagogischen Basisqualifizierung im Förderschwerpunkt Lernen für angehende Lehrkräfte der allgemeinen Schule (Grund-, Gemeinschaftsschule). Damit soll der Entwicklung eines bisherigen professionellen Selbstverständnisses vorgebeugt werden, das die Überwindung von Lernschwierigkeiten als lediglich randständiges Aufgabengebiet von Regelschullehrkräften betrachtet. Im gegliederten Schulsystem lassen sich die damit verbundenen Probleme letztlich immer lösen, indem Schülerinnen und Schüler in nächstniedrigere Bildungsgänge verwiesen werden. In einer inklusiven Schule besteht diese Möglichkeit nicht mehr. Die Regelschullehrkräfte sind weit mehr gefordert, das Auftreten von Lernschwierigkeiten im Unterricht als ihre Aufgabe zu akzeptieren. Wenn sie zukünftig für diese Aufgabe verantwortlich sind, brauchen sie Wissen und Kompetenzen, um zu verhindern, dass Kinder zu schnell und zu häufig an die sonderpädagogischen Lehrkräfte abgegeben werden. Die Kinder erhielten durch permanente sonderpädagogische Zuwendung den Status von Hilfsbedürftigkeit, der Scham erzeugt und die Gefahr von Stigmatisierung und Exklusion erhöht.

Eine Basisqualifizierung für die Lehrämter der allgemeinen Schule trägt außerdem dazu bei, eine inklusionsorientierte Sonderpädagogik nicht in die Rolle einer Nachhilfepädagogik zu drängen. Sie wäre dann quasi ein »Anhängsel«, wenn Schüler innerhalb und außerhalb des Unterrichts gefördert werden, ohne dass sich der Regelunterricht verändert und an die Förderbedarfe aller anpasst. Reiser (2005) hatte diese Entwicklung bereits in den 1990er Jahren als »personalisierte additive Service-Leistung« der Sonderpädagogik kritisiert, weil sie eine getrennte Verantwortung vorsieht, sonderpädagogische Lehrkräfte für Schüler in den Förderschwerpunkten, Regelschullehrkräfte für alle anderen. Insofern ist die Forderung nach einer gemeinsamen Verantwortung, die eine gemeinsame Basisqualifizierung von Regelschul- und sonderpädagogischen Lehrkräften unterstützt, nicht neu. Nicht zuletzt findet sich diese Forderung auch schon in den KMK-Empfehlungen aus dem Jahre 1994, in denen es heißt, dass der prioritäre Beschulungsort von Kindern und Jugendlichen mit Behinderungen die allgemeine Schule ist (KMK, 1994).

Bei der gemeinsamen Basisqualifizierung muss jede angehende Lehrkraft über die in der UN-BRK grundgelegten menschenrechtsbasierten Einstellungen und Überzeugungen sowie elementares Wissen und Verständnis über inklusive Bildungsprozesse verfügen. Bereitschaft und Fähigkeit zur Kooperation mit Kolleginnen und Kollegen und anderen an Schule beteiligten Professionellen gehören ebenso dazu wie umfassende kommunikative und (selbst-)reflexive Kompetenzen. Diese Aspekte sind integraler Bestandteil der nachfolgenden Kapitel. Sie sollten sich in allen Bereichen des inklusionsorientierten Lehramtsstudiums (Bildungs-, Fachwissenschaften, Fachdidaktik, schulpraktische Studien) wiederfinden. Im Folgenden werden sie aber nicht in einem eigenständigen Kapitel ausgewiesen.

Die Frage nun, welche theoretischen Grundlagen und Kompetenzen im Förderschwerpunkt Lernen die Basisqualifizierung für Regelschul- und sonderpädagogische Lehrkräfte ausmachen, wird in Kapitel 5.2 erörtert. Die dort erläuterten Module vermitteln beiden Gruppen von Lehrkräften eine grundlegende Qualifizierung. Sonderpädagogische Lehrkräfte vertiefen im weiteren Verlauf des Studiums dieses Wissen. Eine vertiefte Qualifizierung von Regelschullehrkräften kann nicht stattfinden, da Fachdidaktiken und Fachwissenschaften einen breiten Raum einnehmen. Hinzu kommt, dass diese bisher kaum Vorstellungen zur inklusiven Bildung berücksichtigen. Daran ändert vermutlich auch die von Kultusminister- und Hochschulrektorenkonferenz gemeinsam beschlossene Empfehlung in absehbarer Zeit nichts, die »Lehrerbildung für eine ›Schule der Vielfalt‹« als Querschnittsaufgabe von Bildungs-, Fachwissenschaften und Fachdidaktik für alle Lehramtsstudiengänge zu verstehen (KMK/HRK, 2015). Bereits umgestellte Studiengänge zeigen, dass nur im begrenzten Umfang von maximal 15 Leistungspunkten inklusive Anteile in Regelstudiengängen studiert werden (Hillenbrand/Melzer/Hagen, 2013, S. 53).

Der begrenzte Umfang und der von uns für die theoretischen Grundlagen gewählte bildungssoziologische Ansatz legen nahe, die Vermittlung wesentlicher Kenntnisse und Kompetenzen nicht nur hinsichtlich des Förderschwerpunkts Lernen, sondern auch hinsichtlich der Schwerpunkte emotionale und soziale Entwicklung sowie Sprache vorzunehmen. Dies erscheint auch aus sonderpädagogischer Sicht aufgrund der Überschneidung der drei Förderschwerpunkte angezeigt. Es verhindert eine isolierte Betrachtung einzelner Förderschwerpunkte. Die Basisqualifizierung muss das übergreifende Grundlagenwissen der drei Förderschwerpunkte Lernen, emotionale und soziale Entwicklung sowie Sprache vermitteln. Sie verzichtet auf die Kategorisierung einzelner Schwerpunkte. Das führt zur Annäherung von Sonder- und Regelpädagogik in der Lehrerbildung, nicht zuletzt auch dadurch, dass regelschul- und sonderpädagogische Lehramtsstudierende Veranstaltungen zur Basisqualifizierung gemeinsam besuchen.

Das Kapitel 5.3 stellt sich der Aufgabe, die professionellen Anteile des Qualifikationsprofils von sonderpädagogischen Lehrkräften im Förderschwerpunkt Lernen als »spezialisierte Generalisten« herauszuarbeiten. Eine Übertragung traditioneller Ausbildungsinhalte der Fachrichtung Lernbehindertenpädagogik ist nicht angezeigt, weil andere Qualifikationen der Lehrkräfte für inklusive Schulen erforderlich sind als für die Förderschule. Allein, dass die sonderpädagogische Lehrkraft nicht mehr in einer eigenen Schulklasse, sondern mit der Regelschullehrkraft zeitweise und vorwiegend in unterstützender, beobachtender und beratender Funktion im Unterricht tätig ist, verweist auf ihre veränderte professionelle Rolle. Darin zeichnet sich die in unserem Beitrag vertretene subsidiäre Funktion sonderpädagogischer Förderung aus. Sie versteht sich als eine »institutionalisierte systembezogene Service-Leistung« der Sonderpädagogik in der allgemeinen Schule (Reiser, 2005), die eine schulbezogene, d. h. an

Förderquoten und Sozialstrukturdaten orientierte, statt kindbezogene Ressourcenzuweisung vornimmt und auf Kategorisierungen verzichtet. Vor diesem Hintergrund wird für die Aufrechterhaltung eines inklusionsorientierten Förderschwerpunkts Lernen plädiert, um zu verhindern, dass man sich »der internen Differenzierung (begibt) und ... sowohl die notwendige Individualisierung wie die Spezialisierung der Handlungsregulative (versäumt)« (Tenorth, 2010, S. 26).

Bisherige Ausführungen lassen erkennen, dass wir die als *Integrated Model* bezeichnete Form der Lehrerbildung favorisieren. Im Unterschied zum *Discrete Model*, das für die Regelschulpädagogik ein bis zwei Module zum Thema Inklusion vorsieht, und dem *Merged Model*, nach dem sonderpädagogische Anteile in die allgemeine Lehrerbildung vollständig aufgelöst werden, betont das *Integrated Model* eine zeitweise gemeinsame Ausbildung der verschiedenen Lehrämter wie auch eine spezialisierte Ausbildung für sonderpädagogische Lehrkräfte (Pugach/Blanton zit. nach Heinrich et al., 2013, S. 95f.).

Daher wird abschließend die Frage nach der relativen Eigenständigkeit sonderpädagogischer Studiengänge oder deren »Inklusion« in die Studiengänge der Lehrerbildung für die allgemeine Schule diskutiert (▶ Kap. 5.4). Für das Letztere zu plädieren, scheint auf den ersten Blick konsequent zu sein. Es beträfe dann alle Förderschwerpunkte der sonderpädagogischen Disziplin in der Lehrerbildung und führte zur Verschmelzung von Speziellem und Generellem, von Sonderpädagogik und Allgemeiner Pädagogik.

5.2 Basisqualifizierung für alle Lehramtsstudiengänge im Förderschwerpunkt Lernen

Im Folgenden bildet der Aufgabenbereich einer Pädagogik im Förderschwerpunkt Lernen für Inklusion den Bezugsrahmen, um die Bedeutung der bildungssoziologischen Perspektive zu Lebenslage, Nichtpassung von Lebenslage und Schule sowie lebenslagensensibler Pädagogik aufzuzeigen. Wir erörtern dazu zunächst die theoretischen Grundlagen, die den Förderschwerpunkt Lernen für inklusive Bildung neu profilieren.

Anschließend werden konkrete Aufgaben von Lehrkräften beschrieben, die sich aus einer lebenslagensensiblen Perspektive nunmehr auf der Schul- und Unterrichtsebene ergeben. Dabei wird sich im Wesentlichen an der Struktur der KMK für die ländergemeinsamen Standards in den Bildungswissenschaften orientiert (KMK, 2014). Konsequenzen dieser Perspektive ergeben sich in den Kompetenzbereichen Unterrichten – Erziehen ist darin eingeschlossen – hinsichtlich der lebenslagensensiblen Gestaltung von Lernangeboten im Rahmen einer Kultur der Anerkennung (▶ Kap. 5.4.5), Diagnostik und Leistungsbewertung (▶ Kap. 5.4.6) und Schulentwicklung (▶ Kap. 5.4.7). Damit wird deutlich, dass diese Inhalte alle bildungswissenschaftlichen Ausbildungsbereiche betreffen, ungeachtet dessen, ob Lehramtsstudierende eine Spezialisierung im Primar-, Sekundar- oder sonderpädagogischen Bereich anstreben.

5.2.1 Aufgabenbereich

Zentraler Ausgangspunkt für die Professionalisierung im Förderschwerpunkt Lernen in inklusiven Schulen ist »die pädagogische Unterstützung bei der Überwindung von Lernschwierigkeiten in erschwerten Lebens- und Lernsituationen als lebenslaufbegleitende Perspektive mit dem Ziel der gesellschaftlichen Inklusion ...« (Heimlich, 2008, S. 11). Das bedeutet, dass der wesentliche Auftrag in der Bereitstellung von Lernhilfe und -unterstützung besteht, die beim Auftreten von Schwierigkeiten in Lernsituationen erfolgen. Nicht die als lernbehindert diagnostizierten Kinder und Jugendlichen, sondern die auf einen Lerngegenstand hin bezogene problemhaltige Interaktion zwischen Lehrkraft und Schüler sowie Schülern untereinander, steht im Fokus. Eine ganzheitliche Sicht auf die Lernsituation mit ihren Akteuren erfordert die Einbeziehung der Analyse emotional-sozialer und sprachlicher Aspekte. Regelschullehrkraft und sonderpädagogische Lehrkraft bieten Lernhilfe und Unterstützung an. Für die Lehrerbildung gilt es, den Erwerb von Kompetenzen zur Kommunikation, Kooperation und Beratung und deren Analyse zu sichern.

Wichtig ist es, dass diese Vorgehensweise nicht nur im Hinblick auf die Kinder im Förderschwerpunkt Lernen beschränkt bleibt, sondern auf alle Kinder, die Schwierigkeiten beim Lernen haben, ausgeweitet wird. Dies legen eine Perspektive und Befunde US-amerikanischer Forschung zu den am häufigsten auftretenden Störungen und Behinderungen bzw. *high-incidence disabilities* in Regelschulen nahe. Entscheidendes Kriterium ist ihre hohe Häufigkeitsrate und nicht die Klassifikation nach Behinderungsarten. Zunächst zählten in den USA Lern-, Verhaltensstörungen und leichte geistige Behinderungen bzw. *mild intellectual disabilities* dazu, mittlerweile auch Sprachstörungen. In einer umfangreichen Studie konnten keine signifikanten Unterschiede zwischen den Gruppen von Schülern mit Lern-,

5.2 Basisqualifizierung für alle Lehramtsstudiengänge im Förderschwerpunkt Lernen

Verhaltens- und Sprachstörungen in den Dimensionen kognitive Kompetenz und Schulleistung ermittelt werden. Nur die Schüler mit Verhaltensstörungen unterschieden sich hinsichtlich der Verhaltensdimension von Gruppen mit Lern- und Sprachstörungen (Gage/Lierheimer/Goran, 2012, S. 174). Auch eine Meta-Analyse zu *high-incidence disabilities* kommt trotz der Feststellung von Unterschieden zwischen den Gruppen mit Lern-, Verhaltensstörungen und *mild intellectual disabilities* zum Schluss: Die drei Gruppen erforderten kein kategorial spezifisches Lehren und Lernen. Eine » ›effektive Instruktion ist eine effektive Instruktion‹, unabhängig davon wer sie erhält« (Sabornie/Cullinan/Osborne/Brock, 2005, S. 58). Insofern sind nach gleicher Klassifikation zusammengesetzte Lerngruppen pädagogisch nicht sinnvoll (Gage et al., 2012). Seit Langem wird ein dekategorialer Ansatz hinsichtlich schulischen Lernens bei hohen Raten von Störungen und Behinderungen empfohlen (Hallahan/Kauffman, 1977). Vergleichbare Folgerungen legen im deutschsprachigen Raum Diskussionen zu Ko-Morbidität bzw. Überschneidung (»*overlap*«) nahe, indem sie auf das gleichzeitige Auftreten von Lern- und Verhaltensstörungen sowie Verhaltens- und Sprachstörungen aufmerksam machen (Ricking, 2005; Hillenbrand, 2014). Das bedeutet für sonderpädagogische Förderung in der inklusiven Pädagogik: Sie hat sich vom Denken in Gruppenkategorien zu verabschieden. Nicht die Zuordnung der Schülerinnen und Schülern zu traditionellen Behinderungskategorien ist entscheidend, sondern die Bestimmung von Förderschwerpunkten, in denen mit Hilfe einer lebenslage- und lernprozessorientierten Diagnose die Konstruktion von Maßnahmen zur Lernhilfe und -unterstützung vorgenommen wird. Diese Maßnahmen sind umfangreicher und komplexer anzulegen, weil sie sich auf Schüler in den Förderschwerpunkten Lernen, emotionale und soziale Entwicklung sowie Sprache und auf Schüler mit vorübergehenden Schwierigkeiten beziehen. Diese Auffassung findet sich auch in den Empfehlungen inklusiver Pädagogik für den Einsatz einer sonderpädagogischen Lehrkraft, zusammen mit der Regelschullehrkraft sind Schwierigkeiten aller Kinder in Lernsituationen in den Blick zu nehmen.

Insofern ist es erforderlich, dass die Regelschullehrkraft Basiswissen und die sonderpädagogische Lehrkraft vertieftes Wissen über die drei Schwerpunkte hat. Auf professioneller und disziplinärer Ebene verlangt das die Konzeptualisierung eines neuen Verhältnisses der drei traditionellen Fachrichtungen zueinander. Auf professioneller Ebene könnte eine Empfehlung für die inklusionsorientierte sonderpädagogische Ausbildung sein, die Förderschwerpunkte Lernen und emotionale und soziale Entwicklung zu einem Schwerpunkt zusammenzufassen, der mit dem zweiten

Förderschwerpunkt Sprache studiert wird. Auf disziplinärer Ebene müssen Lehre und Forschung in allen drei Fachrichtungen aufgrund ihrer spezifischen Erkenntnisinteressen erhalten bleiben.

Vor diesem Hintergrund ist die Vergabe eines diagnostisch festgestellten Etiketts »Lernbehinderung« oder »sonderpädagogischer Förderbedarf im Lern-/Leistungsbereich« unnötig. Es verringert sich die Gefahr von schulklasseninternen Exklusionsprozessen, wenn besondere Förderung für alle vorgesehen ist. Sollte der Begriff Förderschwerpunkt Lernen zukünftig über das situative Ausmaß von Lernhilfe und -unterstützung bestimmt werden, die jedem Kind zu Teil werden, ist fraglich, ob die Kritik der inklusiven Pädagogik, die »die Sprache des sonderpädagogischen Förderbedarfs (für) ebenso diskriminierend ... wie sexistische und rassistische Sprache« (Hinz, 2009, S. 173) hält, gleichermaßen auf den in unserem Sinne verstandenen Begriff Förderschwerpunkt Lernen zutrifft.

Im eingangs erwähnten Zitat erscheint weiterhin das Stichwort »erschwerte Lebenssituationen«, das auf die soziale Herkunft der Kinder und Jugendlichen mit Lernschwierigkeiten aus Armutslagen und Verhältnissen der sozialen Benachteiligung verweist (Wocken, 2000; Benkmann, 2007; Heimlich, 2016, S. 70–77). Die Dimension der sozialen Herkunft spielte in der Lernbehindertenpädagogik die wesentliche Rolle und ist für den Förderschwerpunkt Lernen weiterhin zentral. Empirische Bildungsforschung weist immer wieder darauf hin (z. B. Müller/Ehmke, 2013): Je niedriger die soziale Herkunft, umso geringer der Bildungsabschluss. Eine Entkopplung zwischen beiden Variablen hat es in Deutschland in nennenswertem Maße nicht gegeben. Soziale Herkunft beeinflusst kumulativ die benachteiligende Wirkung aller anderen heterogenen Merkmale, z. B. den Migrationshintergrund. Davon zeugen die überdurchschnittlichen Anteile dieser Schüler in den niedrigen Bildungsgängen der Förder- und Hauptschule (Konsortium Bildungsberichterstattung, 2006).

Auch in der Diskussion um Heterogenitätsdimensionen der inklusiven Pädagogik wird der Aspekt »soziale Herkunft« thematisiert und eine vergleichbare Bedeutung wie anderen Dimensionen, z. B. Geschlecht, sexuelle Orientierung oder religiöse Herkunft, zugeschrieben. Inklusive Pädagogik fasst dieses Phänomen mit dem Konzept der Intersektionalität, womit auf die sich überschneidenden benachteiligenden Wirkungen verschiedener heterogener Merkmale aufmerksam gemacht wird. Allerdings bleibt offen, ob allen Heterogenitätsdimensionen gleiches oder einzelnen Dimensionen mehr Gewicht bei Benachteiligung und Diskriminierung zukommt. Hinz (2012, S. 177) meint, dass »Behinderung doch eine deutlich größere Rolle ... als andere Aspekte von Heterogenität spielt«. Wir schreiben dagegen der Kategorie soziale Herkunft im Sinne von Armut und sozialer Benachteiligung die wichtigste Bedeutung zu.

Schließlich ist darauf hinzuweisen, dass Prävention und Umgang von und mit Lernschwierigkeiten immer schon Aufgabe der allgemeinen Schule und der Regelschullehrkräfte waren (Bos/Müller/Stubbe, 2010). Wird diese Aufgabe in Zukunft vor dem Hintergrund schulischer Inklusion verstärkt wahrgenommen, geben Forschungsergebnisse im Förderschwerpunkt Lernen Hinweise darauf, auf welche Herausforderungen Hochschullehrende der Allgemeinen Pädagogik und ihrer Nachbardisziplinen Lehramtsstudierende gezielter vorbereiten müssen. So können diese Erkenntnisse zum Beispiel in der allgemeinen Didaktik und Unterrichtsforschung (z. B. Binnendifferenzierung, adaptiver Unterricht, adaptive, individualisierte Instruktion, Mastery Learning) und der pädagogischen Psychologie (z. B. phonologische Bewusstheit, Arbeits- und Langzeitgedächtnis, Lese-/Rechtschreibschwäche) stärker einbezogen werden, ohne dass es einer sonderpädagogischen Kennzeichnung bedarf. Dagegen stellt das Konzept der Armutslage/soziale Benachteiligung und der darauf basierenden lebenslagensensiblen Pädagogik eine eigene Perspektive dar, die den Förderschwerpunkt Lernen für zukünftige Professionalisierungsbestrebungen in inklusiven Settings begründet (Rauh/Laubenstein/Auer, 2012, S. 25; Thielen, 2012, S. 76).

5.2.2 Der Lebenslagenansatz

Der Rückgriff auf den Lebenslagenansatz erscheint angemessen, weil er auf der Mikro- und Makroebene Felder erfasst, in denen sich soziale Ausgrenzungen manifestieren, die durch ihr spezifisches Zusammenwirken selbst wieder zu Ausgrenzung und Marginalisierung führen können (Huster/Boeckh/Mogge-Grotjahn, 2012, S. 27; ▶ Abb. 5.1). Dieser sozialwissenschaftliche Ansatz wurde im Zusammenhang mit sozialpolitischen Debatten ab den 1950er Jahren weiterentwickelt. Heute ist er Grundlage des Armuts- und Reichtumsberichts des Bundesministeriums für Arbeit und Soziales (BMAS). Lebenslage wird dort als »die Gesamtheit der Zusammenhänge, in denen Personen ihre materiellen und immateriellen Teilhabechancen nutzen« (BMAS, 2013, S. 23) definiert. Darin sind objektiv beobachtbare, subjektiv erlebbare sowie materielle und immaterielle Aspekte eingeschlossen.

Mikroebene: Individuen	Makroebene: Strukturen
Individuelle Ressourcen (z. B. psycho-physisches Leistungsvermögen)	Strukturelle Opportunitäten und Constraints
Ökonomisches Kapital (z. B. Einkommen, Sozialtranfers, Vermögen)	Sozialpolitik, Verteilungspolitik (z. B. Ehegattensplitting)
Kulturelles Kapital (z. B. Fähigkeiten, Kenntnisse, Bildung)	Arbeitsmarkt (z. B. Arbeitsplätze, Zugänge, Einkommensverteilung/-unterschiede)
Soziales Kapital (z. B. Nutzung sozialer Netzwerke zum Erhalt knapper Güter)	Kulturelles Milieu (z. B. Arbeitsplatz, Nachbarschaft, ethnische/konfessionelle Gemeinschaften)

Abb. 5.1: Dimensionen der Lebenslage auf Mikro- und Makroebene (Voges/Jürgens/Mauer/Meyer, 2003, S. 47)

Die Übersicht zeigt die Komplexität der Lebenslage einer Person. Gleichzeitig ergeben sich verschiedene Interdependenzen zwischen den Dimensionen. So kann die Lebenslage einer Person als Ergebnis oder als Ursache bestimmter Lebensumstände aufgefasst werden.

Der hier vertretene Lebenslagenansatz basiert folglich auf sozialisationstheoretischen Grundlagen: Persönlichkeitsentwicklung findet in der aktiven Auseinandersetzung und Gestaltung des Individuums mit seiner sozialen und dinglichen Umwelt statt (Hurrelmann/Grundmann/Walper, 2008, S. 15). Das »produktiv Realität verarbeitende Subjekt« ist nicht durch sein Umfeld in der Entwicklung seiner personalen und sozialen Identität determiniert, sondern ist aktiver Konstrukteur seiner Wirklichkeit und damit seiner Lebenslage (ebd.).

Mit dem Lebenslagenansatz werden »Spielräume« aufgezeigt, die eine Gesellschaft den Individuen bietet, um Bedürfnisse und Interessen wahrzunehmen und zu befriedigen (Baum, 2013, S. 225). Die Stärke dieses Ansatzes ist es, dass er neben Einkommens- und Vermögenswerten auch Dimensionen wie Bildung, Ernährung, Wohnen, Gesundheit, Erwerbstätigkeit, Wohnen, soziale Netzwerke oder politische Partizipation sowie intervenierende Variablen wie Gender, Migration, Familie, Alter und Behinderung beachtet (Huster et al., 2012, S. 27; Beck/Greving, 2012). Nahnsen weist ferner auf die immateriellen Aspekte der Lebenslage im Kontakt- und Kooperations-, Lern- und Erfahrungs-, Muße- und Regenerations- sowie im Dispositions- und Partizipationsspielraum hin (Baum, 2013, S. 224).

In armen Lebenslagen sind Ernährung, Gesundheit, Wohnung und deren Umfeld, die soziale Infrastruktur und Bewegungsräume für die kindliche Entwicklung mangelhaft. Lernschwierigkeiten vor allem als Folge von Armut und sozialer Benachteiligung zu beschreiben, unterstützen empirische Erkenntnisse über Schülerinnen und Schüler im Förderschwerpunkt Lernen (▶ Kap. 5.2.1). Kinder in Armutslagen sind in allen schulrelevanten Entwicklungsmerkmalen auffälliger als privilegierte. Sie haben bereits zu Schulbeginn erhebliche Entwicklungsverzögerungen in den Bereichen Visuomotorik und Körperkoordination. Zudem sprechen sie schlechter Deutsch, können sich schlechter konzentrieren und weniger gut zählen als Altersgleiche (Groos/Jehles, 2015, S. 6f.). Die institutionelle Separation dieser Schüler führt dazu, dass »die Sonderschulen für Lernbehinderte Schulen für gesellschaftlich Benachteiligte« sind (Haeberlin, 2011, S. 279).

5.2.3 Nichtpassung von Lebenslage und Schule

Die soziale Auslese entlang von Milieugrenzen durch das deutsche Schulsystem wurde abermals durch die Ergebnisse der PISA-Studien belegt. Als Selektionsmechanismen wirken dabei nicht nur die Struktur des mehrgliedrigen Schulsystems und deren Instrumente wie Zensuren, Klassenwiederholung und Abschulung, sondern auch das Fehlen einer Pädagogik, die lebenslagenbedingte Unterschiede auszugleichen versucht (Vester, 2013, S. 91).

Der bildungssoziologische Erklärungsansatz von Bourdieu kann in diesem Zusammenhang Erkenntnisse zu Bildungsungleichheiten und deren (Re-)Produktion durch das Bildungssystem liefern. Die »Vermitteltheiten und Verstrickungen in gesellschaftliche Reproduktions- und Herrschaftszusammenhänge« (Liebau, 2011, S. 11) der pädagogischen Profession sowie diskriminierende Wirkungsmechanismen im sozialen Feld der Bildung werden damit aufgeklärt. Diese Perspektive auf Schule und Unterricht korrespondiert in Teilen mit schulsystemischen, interaktionstheoretischen und systemisch-konstruktivistischen Erklärungsansätzen in der Sonderpädagogik.

Im Mittelpunkt dieser Ansätze steht ein kulturelles Nichtpassungsverhältnis von Schule und Lebenslage. Es verwundert daher nicht, dass Themen- und Forschungsschwerpunkte im Förderschwerpunkt Lernen mitunter starke Parallelen zu anderen Disziplinen aufweisen, etwa zu Forschungen institutioneller Diskriminierung von Schülern mit Migrationshintergrund (z. B. Gomolla/Radtke, 2007) oder zunehmender Benachteiligung von Jungen im Bildungssystem (Busse, 2009). Wenn die Autoren der ersten PISA-Untersuchung 2001 feststellen, »dass ein enger

Zusammenhang zwischen gesellschaftlichen Verhältnissen und der Struktur schulischen Lernens bestehe, der dazu führe, dass die Teilhabe an schulischer Bildung mit der Teilhabe ›an der herrschenden Kultur‹ zusammenfalle« (Kramer/Helsper, 2010, S. 104), dann tragen die aktuellen neoliberalen gesellschaftlichen Verhältnisse mit ihrem Anliegen zur Ökonomisierung aller Lebenswelten verstärkt dazu bei, Schüler im Förderschwerpunkt Lernen als eine Gruppe von Exkludierten, gar von ›Unnützen‹ oder ›Überflüssigen‹, wahrzunehmen (Benkmann, 2012).

Milieuspezifische Handlungsbefähigungen, wie z. B. frühkindliche soziale und kulturelle Orientierungen, Wertvorstellungen, sowie Bildungsaspirationen und bildungsrelevante Alltagspraktiken der Familie, führen dazu, dass Kinder und Jugendliche aus oberen oder akademischen Milieus ihr sozialisationsbedingtes Hintergrundwissen erfolgreich, scheinbar naturgemäß in verschiedene Kapitalsorten umwandeln können (Hiller, 2007, S. 42). »Wie einer spricht, ..., lacht, liest, was er liest, was er mag, welche Bekannten und Freunde er hat« (Bourdieu, 1992, S. 32), sind Resultate familiärer Sozialisationsprozesse. Individuelle Wahrnehmungs-, Denk- und Handlungsmuster entwickeln sich im Kontext wechselseitig sich beeinflussender sozialstruktureller und sozialkonstruktivistischer Prozesse und formen die allgemeine Grundhaltung eines Individuums, seinen Habitus. Die Kompetenzen und Handlungsmuster sowie milieuspezifische Gewohnheiten der Schüler aus benachteiligten Milieus erweisen sich dagegen in der Schule meist als Handicap, weil der familiär vermittelte Habitus der Bildungsfremdheit (Kramer/Helsper, 2010, S. 119) nicht den Erwartungsstrukturen der Schule als »Mittelschichtinstitution« entspricht. Schulischen Leistungs- und Verhaltenserwartungen begegnen die Schüler mit drei Formen des Habitus der Bildungsfremdheit: »versuchte(r) Anpassung, offene(r) Opposition oder fatalistische(r) Resignation« (ebd.).

Durch Kommunikation im pädagogischen Alltag werden naturalisierende Zuschreibungsprozesse ausgelöst, die dazu beitragen, soziale Schwierigkeiten als Defekte oder Behinderungen des Individuums wahrzunehmen und damit entsprechend umzugehen. Pädagogische Deutungsmuster, die bestimmte Schülerinnen und Schüler als lernbehindert, verhaltens-, oder sprachgestört kategorisieren, sind als Akt der symbolischen Gewalt zu demaskieren und abzuschaffen (Grundmann/Bittlingmayer/Dravenau/Groh-Samberg, 2010, S. 65f.). Schüler, deren »kulturelle Praktiken und sozialisatorisch erworbene Wissensvorräte gesellschaftlich wenig erwünscht sind und schon gar nicht prämiert werden« (Bittlingmayer, 2011, S. 47), inkorporieren diese Erfahrungen des Scheiterns, sodass »ihnen in beliebigen bildungsbezogenen Handlungskontexten (Prüfungssituationen, Bewerbungen, strategische Wahl der beruflichen Tätigkeiten usw.), aber auch in alltäglichen Handlungssituationen die Handlungssouveränität« (ebd.) fehlt. Kinder und Jugendliche, die quasi als Mängelwesen kategorisiert werden, übernehmen dieses Stigma und fügen sich in eine scheinbar naturgegebene, angeborene Rolle des ›Unbegabten‹, ›Dummen‹ oder ›Ungebildeten‹. Folgen sind Schamgefühle, ein niedriges Selbstwertgefühl und geringe Selbstachtung, Leistungsängste, Frustration und negative Leistungsmotivation inner- und außerhalb der Schule (ebd., S. 46).

Somit trägt der primäre Habitus zum Erfolg oder Misserfolg in der Schule bei: Ursprünglich soziales oder kulturelles Erbe manifestiert sich in schulischem Erbe (Kramer, 2014, S. 188). Der Zusammenhang wird als natürliche Begabungs- und Leistungsdifferenz verschleiert, und nicht als fundamentale Chancenungleichheit im Feld Schule gesehen. Diese Mechanismen reproduzieren und stabilisieren soziale Ungleichheit und führen seit Langem zur Bildungsbenachteiligung von Kindern und Jugendlichen aus unterprivilegierten Milieus.

Erwerben angehende Lehrkräfte ein vertieftes Verständnis der systembezogenen Zusammenhänge und Wirkungen ihres pädagogischen Handelns, lassen sich eher Maßnahmen finden, die erfolgreich zum Abbau der (Re-) Produktion von Bildungsungleichheiten beitragen. Für die Qualifizierung der Lehrkräfte aller Schularten im Schwerpunkt Lernen ist demnach Wissen über Armutsforschung, Forschungen zu sozialer Ungleichheit und Bildungsungleichheit unverzichtbar.

5.2.4 Lebenslagensensible Pädagogik im Förderschwerpunkt Lernen

Die lebenslagensensible Pädagogik zielt auf die pädagogische Beachtung der wesentlichen Handlungsspielräume einer spezifischen Lebenslage sowie die darin vorhandenen Herkunftsmilieus und Habitusformen der Schüler bei der Gestaltung von Lehr-/Lernarrangements. Insofern liegt die Wahl einer systembezogenen Sicht auf institutionalisierte Bildungs- und Lernprozesse als Grundlage inklusiven Basiswissens im Förderschwerpunkt Lernen nahe. Sie entspricht den Grundsätzen inklusiver Bildung (Europäische Agentur, 2012, S. 13f.) und der Forderung nach Dekategorisierung in der Sonderpädagogik, nach der die personengebundene Sprache des sonderpädagogischen Förderbedarfs überwunden wird (Hinz, 2009). Gleichzeitig muss inklusive Bildung eine genaue Beschreibung von Barrieren für Lernen und Teilhabe bzw. der Mechanismen der Reproduktion von Bildungsungleichheit ermöglichen. Folgt man der These, »dass jedes

Milieu eigene alltagsrelevante Rationalitäten entwickelt, die mit unterschiedlichen Anerkennungsformen gekoppelt und in verschiedenem Maße an die schulischen Praktiken, Leistungs- und letztlich Anerkennungsprozesse anschlussfähig sind« (Grundmann/Bittlingmayer/Dravenau/Groh-Samberg, 2004, S. 129f.), erweitert sich das Wirkungsfeld einer lebenslagensensiblen Pädagogik. Schroeder (2007, S. 11) geht davon aus, dass derzeit 15 % der Schülerinnen und Schüler eines jeden Geburtsjahrganges das Schul- und Ausbildungssystem mit erheblichen Schwierigkeiten und wenig befriedigenden Ergebnissen durchläuft. Bis zu einem Viertel der Schülerschaft kommt nicht über die erste Kompetenzstufe im Lesen hinaus (Bittlingmayer, 2011, S. 41). Deren Zugang zur Erwerbsarbeit und gesellschaftlichen Teilhabe ist dadurch gefährdet.

So dient eine Diagnose der Lebenslagen in Armut und sozialbenachteiligten Milieus dem Ziel, Sichtweisen, Probleme und Verhalten von Kindern und Jugendlichen zu verstehen, um lebenslagensensible Bildungsangebote zu konstruieren und im Unterricht anzubieten. Lehrkräfte verhelfen den Interessen dieser Schüler zur Geltung und schaffen Teilhabe- und Partizipationsmöglichkeiten, indem sie Interaktion und Kommunikation von Kindern und Jugendlichen aus unterschiedlichen Milieus anregen, wechselseitiges Verständnis und Akzeptanz unter den Peers fördern und Exklusionsprozesse in Schule und Unterricht verhindern.

Dem Förderschwerpunkt Lernen wird damit »die fachliche, aber nicht unbedingt die organisatorische Verantwortung für ein Wiedergelingen, ein Wiederermöglichen von Bildungsprozessen« (Rauh et al., 2012, S. 17) zugeschrieben. Eine institutionsabhängige Gegenstandsbeschreibung ist überflüssig. Schwierigkeiten beim Lernen werden als Konsequenz eines Nicht-Passungsverhältnisses auf drei Ebenen, und zwar zwischen Bildungsangebot und (1) Lern- und Entwicklungsvoraussetzungen, (2) Lebenswelt und (3) Bewältigungsversuchen von aktuellen Entwicklungskrisen der Kinder gesehen (Rauh, 2012, S. 63f.).

Die Fähigkeit zum Wahrnehmen von und Einfühlen in andere Milieu- und Habitusformen im Sinne einer *Habitussensibilität* (Lange-Vester/Teiwes-Kügler, 2014) wird zu einer Grundkompetenz von Lehrkräften in inklusiven Schulen. Für das Lehramtsstudium bedeutet dies neben der Vermittlung bildungs- und ungleichheitssoziologischer Grundlagen (▶ Kap. 5.2.3), den Studierenden Möglichkeiten zu eröffnen, über eigene milieubedingte Denk-, Wahrnehmungs- und Handlungsmuster sowie über ihre bildungsbiografischen Erfahrungen nachzudenken. Das ist wichtig, da durch die Gruppe angehender Lehrkräfte kaum benachteiligte Milieus repräsentiert sind und pädagogische Deutungsmuster und Handlungspräferenzen Zusammenhänge mit der Milieuzugehörigkeit aufweisen (Bremer/Lange-Vester, 2014, S. 71ff.). Über »die Einsicht in die untrennbar verwobenen psychischen und sozialen Prägungen, die mit der Position und dem biographischen Werdegang einer Person im Sozialraum einhergehen« (Bourdieu, zit. n. Lange-Vester/Teiwes-Kügler, 2014, S. 176) kann sich eine Sensibilität gegenüber dem eigenen und fremden Habitus entwickeln. Habitussensibilität drückt sich vor allem in kommunikativen Kompetenzen aus und ist nicht nur in der Interaktion mit Schülern, sondern auch in der Elternarbeit bedeutsam.

5.2.5 Inklusiver Unterricht

Unterricht für eine heterogene Lerngruppe zu gestalten, der für jede/jeden ein individuell adaptives Lernangebot bereithält, ist die zentrale Aufgabe inklusiver Schulen. Lernen im inklusiven Unterricht – vor allem mit Blick auf die Förderschwerpunkte Lernen, emotionale und soziale Entwicklung und Sprache – findet in einer wertschätzenden und anerkennenden Atmosphäre statt. Für die Gestaltung und Organisation von Bildungszielen, Kern- und Wahlcurriculum und Lerninhalten helfen Grundannahmen einer Rationalen Pädagogik.

5.2.5.1 Kultur der Anerkennung

Die Beachtung der Beziehungen zwischen den Schüler untereinander sowie zwischen Lehrkraft und Schüler ist für unterrichtliche und erzieherische Aspekte der Lehrertätigkeit in inklusionspädagogischer Perspektive bedeutsam. *Systeminterne* Exklusionsrisiken (Thielen, 2012, S. 86f.) werden durch eine heterogene Schülerschaft offensichtlich, z. B. wenn sich Kinder und Jugendliche aus ganz unterschiedlichen sozialen Milieus in einer Klasse befinden. Peerbeziehungen können z. B. durch Wettstreit um höhere soziale Positionen innerhalb der Klassengemeinschaft von Diskriminierung und symbolischer Gewalt bestimmt sein (Lange-Vester/Teiwes-Kügler, 2014). Aus sonderpädagogischer Forschung ist bekannt, dass besonders Schülerinnen und Schüler mit Lernschwierigkeiten, unangepasstem oder aggressivem Verhalten sowie Sprach- und Kommunikationsproblemen ein hohes Risiko haben, von ihren Mitschülern ignoriert oder abgelehnt zu werden (Huber/Wilbert, 2012). Dies führt, wie gesagt, zu Überschneidungen bei Förderbedarfen und erfordert ein Grundlagenwissen über Erscheinungsformen und Wechselwirkungen der drei Förderschwerpunkte Lernen, emotionale und soziale Entwicklung und Sprache. Dabei werden gender-, rassismus- und migrationssensible Perspektiven vor dem Hintergrund des Intersektionalitätskonzeptes berücksichtigt (Melter, 2009, 69f.). Das Potential einer heterogenen Lerngruppe entfaltet sich erst dann, wenn Gemeinschaft bewusst symbolisiert, inszeniert und gefördert wird. Sonst droht durch organisatorisch veranlassten gemeinsamen Unterricht die emotionale und soziale Exklusion dieser Schüler (Rauh, 2011, S. 50). Möglichkeiten mit diesen Prozessen pädagogisch umzugehen, finden sich in pädagogischen Konzepten, wie z. B. der Gender-Pädagogik, der antirassistischen Erziehung oder der Diversity Education (Prengel, 2013, S. 74). Dazu gehören auch demokratische Sozialformen wie der Klassenrat oder reflexiv mit der gesamten Lerngruppe erarbeitete Verhaltensregeln. Angehende Lehrkräfte sollten über ein Repertoire an Strategien verfügen, mit denen sie gezielt darauf hinwirken, dass Peerinteraktionen an Solidarität, wechselseitiger Achtung und Wertschätzung orientiert sind (ebd., S. 71).

Gleiches gilt für die Interaktionen von Lehrkräften und Schüler. Kommen Lehrkräfte und Schüler aus unterschiedlichen sozialen Milieus, sind ihre »Interaktionsbeziehungen durch unterschiedliche Grade des Verstehens bzw. Nicht-Verstehens, der Wertschätzung und Anerkennung gekennzeichnet« (Lange-Vester/Teiwes-Kügler, 2014, S. 199). Sind sie in der Lage, dass Verhalten ihrer Schüler vor dem Hintergrund ihrer »Sozialisationserfahrungen und verinnerlichten milieuspezifischen Alltagskulturen und Praktiken« (ebd., S. 200) zu interpretieren, führt es zu persönlicher Anerkennung, sozialer Mitgliedschaft und fairem Nachteilsausgleich beim Lernen, also zu einer »emotionalen Grundsicherung« (Prengel, 2012), die in jedem Lehr-/Lernarrangement gewährleistet werden muss.

In Anbetracht der sozialen und emotionalen Bedürfnisse der Kinder und Jugendlichen aus deprivierten Lebenslagen muss Schule zuallererst ein Ort des Sich-Wohlfühlens sein sowie ein stabiles und sicheres Umfeld schaffen, damit sich Schüler auf das Lernen einlassen können (Rauer, 2010, S. 109). Dies ist die Voraussetzung für erfolgreiches Fördern und Fordern im unterrichtlichen Kontext. Schule als Lebensraum kompensiert unter Umständen auch familiäre Defizite, indem sie Beziehungsangebote unterbreitet, die in der Familie nicht bestehen. Das bedeutet, »Druck von den Kindern und Jugendlichen zu nehmen, Gesprächsangebote zu machen, für sie zu sorgen, vertraute und verlässliche Kontakte innerhalb der Schülerschaft und zwischen LehrerInnen und SchülerInnen zu schaffen« (Nyssen/Stange, 2003, S. 48). Diese Anforderung bedeutet nicht, dass Lehrkräfte Elternersatz werden sollen. Die Beziehung zu Schülern bleibt stets eine professionelle und darf bestimmte Persönlichkeitsgrenzen nicht überschreiten.

5.2.5.2 Adaptivität von Bildungszielen

Neben dem Bestreben, eine Kultur der Anerkennung zu schaffen, zielt der inklusive Unterricht ferner darauf, die Hierarchisierung von Praxis- und Wissensformen zu überwinden (Grundmann et al., 2010, S. 56). Zweck von Bildung, Grundeinstellungen zu Bildung und biografisch orientierte Bildungsstrategien unterscheiden sich zwischen den verschiedenen sozialen Milieus. So dient Bildung als Mittel zum Erwerb eines Berufes oder trägt zur Selbstverwirklichung, Autonomie und Statussicherheit bei oder erfüllt einen Selbstzweck. Daran angelehnt sind unterschiedliche Erwartungen an das Handeln einer Lehrkraft, z. B. Respekt auf Augenhöhe, Hilfe zur Selbsthilfe oder richtungsweisendes bzw. direktives Lehrerhandeln (Vester, 2013, S. 105f.).

Kinder und Jugendliche aus bildungsfremden Milieus haben einen praxisorientierten Zugang zur Bildung, praktische und berufsbezogene Tätigkeiten werden in ihren Lebenswelten höher bewertet als intellektuelle, geistige Tätigkeiten (Grundmann et al., 2004, S. 132f.). Lernangebote sollten so geplant werden, dass sie milieuspezifische Bildungs- und Wissensformen sowie Handlungsbefähigungen, Kompetenzen und Orientierungen einbeziehen (Kramer/Helsper, 2010, S. 107; Vester, 2013, S. 110). So hat die spezifische Lebensführungskompetenz in diesen Milieus eigene Qualitäten, die bisher kaum beachtet werden (Grundmann et al., 2010, S. 57). Die Umwelt benachteiligter Milieus erfordert es z. B.

> »stabile und befriedigende Partnerschafts- und Freundschaftsbeziehungen einzugehen, biografische und berufliche Risikopassagen zu meistern, in denen weitreichende Entscheidungen getroffen und möglicherweise tiefgreifende Krisen und Frustrationen verarbeitet werden müssen (...). Sie markieren zentrale Eigenschaften der im klassischen Bildungsbegriff konzipierten gebildeten Persönlichkeit, die sich in mündiger Autonomie ihrer Biografie und den Anforderungen ihrer Umwelt zu stellen weiß« (Grundmann et al., 2010, S. 57f.).

Darüber hinaus werden auch andere milieuspezifische Denk-, Wahrnehmungs- und Handlungsmuster, die nicht auf die formale Logik einer akademisierten Hochkultur ausgerichtet sind, in der derzeitigen Schulpädagogik abgewertet (Vester, 2013, S. 110). Diese Potentiale und Fähigkeiten sind es, die den Anforderungen moderner Wissensgesellschaften entsprechen, in denen Wissen an Anwendbarkeit und Machbarkeit gekoppelt ist und damit auf selbstgesteuertes, lebenslanges Lernen zielt (Grundmann et al., 2010, S. 67). Schule ist aufgefordert, diese Potentiale zur Entfaltung zu bringen, damit das Ausmaß an Bildungsungleichheit tatsächlich abgeschwächt werden kann.

Nyssen und Stange (2003) folgern daher: Wenn bei Schülern im Förderschwerpunkt Lernen Qualifikationsziele im Erreichen eines Schulabschlusses und in der Vermittlung von sozialer und emotionaler Kompetenz sowie von Strategien zur Lebensbewältigung liegen, deckt sich dieses Qualifikationsverständnis eher mit den Anforderungen veränderter Kindheit und Jugend in postmodernen Gesellschaften, als eine pure Leistungsorientierung, die »einseitig nur die Effizienz von Schule hinsichtlich kognitiver Lernprozesse betont« (ebd., S. 54). Eine an der Lebenslage orientierte institutionalisierte Bildung muss auf die Muster der Lebensführung abgestimmt sein. Sie vermittelt Basiswissen, das für die Lebensführung in den verschiedenen Herkunfts- oder Zielmilieus relevant ist (Schroeder, 2010, S. 128). Will man z. B. einen positiven Schulbezug für Kinder und Jugendliche aus bildungsfremden Milieus herstellen, sollte an die Peer-, Freizeit- und frühe Beschäftigungswelt angeknüpft werden (Kramer/Helsper, 2010, S. 119) und laterale und handlungsbedingte Lerntransfertypen sollten zeitweise oder längerfristig im Vordergrund stehen. Die Ziele und Formen des unterrichtlichen Lernens sind systematisch an den Bedürfnissen der Lerngruppe auszurichten, wonach dann über die Auswahl der Unterrichtsform entschieden wird (▶ Abb. 5.2).

Konzept	Lernziel	Lernform	Unterrichtsform
vertikaler Lerntransfer	Ermöglichung und Erleichterung des weiteren Lernens im gleichen Inhaltsgebiet	Erwerb intelligenten Wissens	direkte Instruktion (lehrergesteuerter, systematischer, verständnisintensiver Unterricht)
horizontaler Lerntransfer	intelligentes und adaptives Anwenden des Gelernten in sehr unterschiedlichen Situationen	situiertes Lernen	situiertes Lernen (variables, lebensnahes Üben, Projektunterricht, Gruppenunterricht, Teamarbeit)
lateraler Lerntransfer	Lernen lernen; Erwerb von Schlüsselqualifikationen	(angeleitetes) selbstständiges Lernen	Vermittlung und Einübung metakognitiver Kompetenzen (Lernkompetenz); Anleitung zu und Ermöglichung von selbstständigen Lernen; offener Unterricht
Handlungsbedingter Lerntransfer	Allgemeinbildung; kognitive Förderung; Persönlichkeitsbildung; Wertorientierung und moralische Erziehung; Verhaltensformung	Gewohnheitsbildung; persönliche Erfahrungen; Reflexion; implizites Lernen	Schul- und Klassenkultur; Verhaltensregeln, Anspruchniveau und Anregungsgehalt des Unterrichts, Lehrervorbild, Reflexionsklima

Abb. 5.2: Lerntransfertypen und Unterrichtsform (Weinert, 1998; zit. n. Saldern v., 2007, S. 48)

Angehende Lehrkräfte sollten folglich in der Lage sein, ihren Schülern verschiedene Zugänge zu dem gemeinsamen Lerngegenstand anzubieten: Zugänge, die sowohl theoretischer als auch praktischer, handlungsorientierter Natur sind, wie Abbildung 5.2 zeigt. Es gilt Denk- und Handlungsstile, die z. B. eher das Inhaltliche denn das Formale fokussieren, die eher bildhaft auf Gesamtzusammenhänge als auf abstrahierende, analytische Zerlegungen abzielen, die eher einfühlend als klassifizierend sind, zu fordern und zu fördern (Vester, 2013, S. 110). Alle Arten der Auseinandersetzung mit dem Lerngegenstand sind als gleichwertig anzuerkennen. Schließlich sind in inklusiven Unterrichtssettings verstärkt jene Sozialformen einzusetzen, die diese unterschiedlichen Zugänge zu Lerngegenständen nutzbar machen. Damit anerkennt inklusive Bildung das Leistungsprinzip unserer postmodernen Gesellschaft und »fördert die Leistungsfähigkeit aller Lernenden auf allen Leistungsniveaus (...)« (Prengel, 2015, S. 31).

5.2.5.3 Kern- und Wahlcurriculum

Inklusiver Unterricht leistet im Sinne einer Rationalen Pädagogik einen Beitrag zum Abbau der (Re-)Produktion schulischer Bildungsungleichheiten, indem »methodisch und kontinuierlich die Wirkung der sozialen Faktoren kultureller Ungleichheit« aufgedeckt und eliminiert werden (Grundmann et al., 2004, S. 152).

Für den Unterricht vor allem im Primarbereich bedeutet dies im Sinne eines Kerncurriculums, elementare Arbeitstechniken, grundlegende Operationen sowie intellektuelle Techniken und Denkgewohnheiten zu vermitteln, die für den Erfolg in der Schule unverzichtbar sind (Böttcher, 2005, S. 68). Diese Aufgabe darf nicht den Elternhäusern überantwortet werden, um zu vermeiden, dass Schüler Lernschwierigkeiten entwickeln, weil ihnen Voraussetzungen fehlen, die andere durch ihre familiäre Sozialisation mit in die Schule bringen.

Inklusiver Unterricht verlangt ein *individualisierbares* Kerncurriculum, damit »jede und jeder Lernende (...) in den als wesentlich erachteten Kompetenzbereichen von seiner jeweils schon erreichten Leistungsgrenze aus anhand seiner individuell bestmöglichen nächsten Lernschritte diese Leistungsgrenze in individuellem Tempo verschieben [kann]« (Prengel, 2015, S. 36). Die Inhalte des Kerncurriculums werden hinreichend transparent gemacht und für jeden Schüler individuell präzise definiert (Rieger-Ladich, 2011, S. 154). Prengel (2015) schlägt den Einsatz stufenförmig aufgebauter Kompetenzraster vor. Das Kerncurriculum ist anspruchsvoll und gleichzeitig verbindlich, da es Selektion ausschließt und damit inklusiven

Grundsätzen entspricht. Von Regelschullehrkräften wird erwartet, dass sie ihre methodischen und didaktischen Kompetenzen entsprechend einsetzen, d. h. dass sie zu jeder Lernstufe angemessene Lerngelegenheiten und -aktivitäten gestalten und dazu passende Lernmaterialien bereitstellen (Böttcher, 2002a, S. 8f.). Im Hinblick auf didaktisch-methodische Entscheidungen ist das Kerncurriculum also nicht präskriptiv. Lehrkräfte sind aufgefordert »[zu] experimentieren und heraus[zu]finden, mit welchen unterrichtlichen Aktivitäten und in welchen schulischen Organisationsformen sich das Ziel realisieren lässt, dass alle Kinder (...) mit einer grundlegenden Wissens- und Kompetenzbasis« (ebd., S. 9) weitere Wege im Bildungssystem gehen können. Sie beziehen sonderpädagogische Unterstützung in die Planung, Durchführung und Evaluation der Lehr-/Lernarrangements mit ein. Kontinuierliche Evaluationen führen zur Überarbeitung oder Aktualisierung des Kerncurriculums oder tragen dazu bei, dass Schulen und Lehrkräfte ihre Arbeit verbessern oder ggf. mit zusätzlichen Ressourcen ausgestattet werden. Letzteres erhöht die Chancengleichheit im Bildungssystem: Wird ein für alle gültiges Kerncurriculum eingeführt, wird sichtbar, welche Schulen Probleme bei der Umsetzung haben bzw. unter ungünstigen Bedingungen arbeiten. Hier kann eine erhöhte Ressourcenzuteilung für Kompensation sorgen. Inklusive Schulen in segregierten Stadtteilen sollten die am besten ausgestatteten Schulen sein (▶ Kap. 5.2.7).

Neben dem obligatorischen individualisierbaren Kerncurriculum bedarf eine inklusive Didaktik gleichermaßen eines fakultativen, offenen Wahlcurriculums. Böttcher (2002b, S. 29) schlägt vor, dass die Vermittlung des Kerncurriculums ca. 60 % der Lernzeit einer Schule einnehmen soll. Die restliche Lernzeit ist für fakultative Angebote des Wahlcurriculums vorgesehen, das individuelle, niveaudifferenzierte Lernangebote enthält und damit ein Kernproblem des gleichschrittigen Unterrichts im Regelschulsystem löst, nämlich »die (...) systematisch gegebene Vernachlässigung jener stets anwesenden Lernenden, die schon über den erwarteten Stand hinaus oder noch dahinter zurück sind (...)« (Prengel, 2015, S. 33). Wichtig erscheint, dass Schülerinnen und Schüler eigene Interessen einbringen, um die kulturelle Passung zwischen familiärem und schulischem Habitus zu erhöhen, und bei der Entdeckung und Bearbeitung dieser Interessen von Erwachsenen unterstützt werden.

5.2.5.4 Adaptivität von Lerninhalten

Wird die Lebenslage der Schüler beachtet, wirkt sich dies auf die inhaltliche Gestaltung des Unterrichts aus. Lebenslagensensible Adaptivität bedeutet, dass Inhalte und Themen von Lernangeboten anschlussfähig an die Lebenswirklichkeit in unterschiedlichen Milieus sein müssen (Thielen, 2012, S. 78f.). Dies entspricht den Grundsätzen der Welterklärung »Bildung für alle«, in der eine Grundbildung gefordert wird, die den Bedürfnissen aller Kinder und Jugendlichen entspricht. Sie beinhaltet Lernmittel und Lerninhalte »die von allen Menschen benötigt werden, um zu überleben, ihre vollen Kapazitäten zu entwickeln, in Würde zu leben und zu arbeiten, voll an Entwicklungen teilzuhaben, ihre Lebensqualität zu verbessern, informierte Entscheidungen zu treffen und fortwährend zu lernen« (Deutsche UNESCO Kommission, 2009, S. 10). Das Wissen um die Lebenslage der Schüler beeinflusst alle Ebenen des Unterrichts. So fanden Nyssen und Stange (2003) durch Interviews mit Lehrkräften an Förderschulen mit dem Schwerpunkt Lernen heraus, dass sich dieses Wissen vor allem auf die Vergabe von Hausaufgaben, die Leistungsbewertung und das Curriculum auswirkte. Häusliche Arbeitsaufträge wurden von den Lehrkräften unter Beachtung der familiäre (Wohn-)Situation und des Engagements der Eltern erteilt, was auch bedeutete auf besonders viele oder umfangsreiche Hausaufgaben zu verzichten (Nyssen und Stange, 2003, S. 50). Das pädagogische Handeln der Lehrkräfte zielte darauf ab, die Lernmotivation der Schüler aufrecht zu erhalten und nicht durch schlechte Noten und schulische Disziplinarmaßnahmen zu zerstören. Die Beziehungsebene hatte hier gegenüber der Wissensvermittlung Vorrang (Nyssen und Stange, 2003, S. 51).

Gemäß einer lebenslagensensiblen Didaktik überprüfen Lehrkräfte die Inhalte der Curricula daraufhin, welche *Relevanz* sie für Kinder und Jugendliche aus unterschiedlichen sozialen Milieus haben (Hiller, 2007, S. 44). Einerseits sollten Themen vermieden werden, die Schüler beschämen oder verletzen (Nyssen/Stange, 2003, S. 49). Andererseits können Themen bewusst aufgenommen werden, die den Schülern »unter den Nägeln brennen« (ebd.). Diese Adaptionen, Modifikationen und Ergänzungen der Unterrichtsinhalte schließen nicht aus, dass auch Lehr-/Lernarrangements realisiert werden, die aufgrund von Nichtpassung zu Irritationen führen (Schroeder, 2010, S. 139). Hierzu bedarf es allerdings der sorgfältigen Planung und Antizipation von Konflikten mit entsprechenden Lösungsstrategien, die gemeinsam mit der sonderpädagogischen Lehrkraft abgesprochen werden.

Allen Kindern ungeachtet ihrer kulturellen oder sozialen Herkunft sollte es ermöglicht werden, die Anforderungen des Kerncurriculums zu erfüllen. Dazu müssen schülerorientierte Lehr-/Lernformate mit der Möglichkeit der individuellen Lernförderung und des kooperativen Lernens eingesetzt werden (▶ Kap. 5.5.1). Als Planungs-, Durchführungs- und Reflexionshilfe für den Unterricht eignet sich z. B. die Differenzierungsmatrix (Sasse/Schulzeck, 2013, S. 18ff.). Es handelt sich dabei um eine zweidimensionale Gitterstruktur, in der ein gemeinsamer Lerngegenstand nach kognitiven und inhaltlichen Gesichtspunkten unterschiedlich komplex ausgearbeitet werden kann. Eine dreifache Differenzierung ist möglich, indem der Lerngegenstand auf der Achse der kognitiven, der inhaltlichen oder auf beiden Achsen gleichzeitig den individuellen Lernbedürfnissen angepasst werden kann. Ferner können bei der Erarbeitung der Differenzierungsmatrix Vorstellungen und Wünsche der Schüler berücksichtigt werden (ebd., S. 19f.). Kommt es dabei zum Einsatz offener Unterrichtsmethoden, ist es wichtig, für Schüler mit Lernschwierigkeiten weit mehr Strukturierung und direkte Instruktion einzuplanen (Wember, 2007).

5.2.6 Diagnostik und Leistungsbewertung

Eine weitere Kompetenz angehender Lehrkräfte besteht darin, milieuspezifische Bildungsvoraussetzungen ihrer Schüler, z. B. Orientierungen, Interessen, bildungsrelevante Alltagspraktiken und Wertvorstellungen, zu erkennen. Sie stellen individuelle Potentiale, verfügbare Ressourcen aber auch Unterversorgung und Unterstützungsbedürfnisse fest. Neben diesen individuellen Lebenslagenanalysen werden auch milieuorientierte Sozialraumanalysen, z. B. mit Hilfe statistischer Daten von kommunalen Bildungsmonitoringstellen, genutzt. Von angehenden Lehrkräften wird erwartet, diese empirischen Sozial- und Bildungsdaten zu verstehen und daraus Konsequenzen für ihre pädagogische Praxis zu ziehen (Maritzen/Sturm, 2010, S. 99). Die Kenntnis datengestützter Analysen zu Sozialraum und lebensweltlicher Positionierung der Schüler ist für eine lebenslagensensible Aufbereitung von Unterricht und individueller Förderung notwendig. Dabei wird ein hohes Maß an kooperativen Fähigkeiten der Lehrkräfte vorausgesetzt: Eine gute inklusive Schule mit dem Anspruch einer optimalen Förderung für die Schüler lässt sich oft nur über das Netzwerk verschiedener Akteure in kommunalen Bildungslandschaften verwirklichen (Schroeder, 2010, S. 135f.).

Auf der Basis von Wahrnehmung, Erklärung und Bewertung problematischer Situationen werden Sinn und Funktion von lern- und leistungsbezogenen, emotional-sozialen sowie kommunikativen Verhaltensweisen verständlich (Palmowski, 2015, S. 132f.). Fehlende Anstrengungsbereitschaft, Hyperaktivität oder Schulverweigerung von Schülern sind vor diesem Hintergrund meist subjektiv sinnvolle Antworten auf die Verfasstheit des

Regelschulsystems. Pädagogische Handlungsmöglichkeiten ergeben sich in der Veränderung des Kontextes »bzw. in der Veränderung der Spielregeln des relevanten Kontextes« (ebd., S. 134). Die Fähigkeit zur Perspektivübernahme sowie dialogische, symmetrische Kommunikationsformen sind dafür nötig.

Relationale Bedingungen des Lernens finden zudem in einer Kind-Umfeld-Analyse Ausdruck. Zur Erstellung der Förderdiagnostik und spezifischer Förderpläne arbeiten Regelschul- und sonderpädagogische Lehrkräfte zusammen (▶ Kap. 5.3.3). Prioritär geht es dabei um die Bestimmung des »sonderpädagogischen Förderbedarf[s] des Systems« (Ricken, 2010, S. 319) und nicht des Individuums.

Verbale und schriftliche Beurteilungen sollten so gestaltet werden, dass sie sich auf »eingrenzbare, exakt zu beschreibende Ausschnitte des individuellen Leistungsvermögens beziehen« (Rieger-Ladich, 2011, S. 155), um Be- und vor allem Abwertungen der gesamten Person, Etikettierungen und Stigmatisierungen zu vermeiden, die zur Entwicklung von Misserfolgsorientierungen und Demotivation beitragen. Die Lehrkräfte sind sich ihrer Position im Macht- und Hierarchiegefälle der Institution inklusive Schule bewusst und gehen deshalb mit Leistungsurteilen und Bewertungen sensibel um.

Angehende Lehrkräfte lernen, deutlich zu machen, dass ihre Urteile revidierbar sind, und zeigen auf, wie weitergelernt werden kann. Jeder Schüler erhält in der inklusiven Schule Möglichkeiten, für sein erworbenes Wissen und seine Handlungskompetenzen anerkannt und wertgeschätzt zu werden. Grundlage jeder Bewertung ist »die leistungsunabhängige Achtung jedes Kindes als Mitglied der Schul- und Klassengemeinschaft« (Prengel, 2013, S. 88).

Wird im Rahmen inklusiver Wertorientierungen Gleichheit, Fairness und Gerechtigkeit gefordert, bedeutet dies für Bewertungen in der Schule, dass Formen des Nachteilsausgleiches geschaffen werden, um sozialisationsbedingte Unterschiede, z. B. in den Lebensverhältnissen, im Status oder Einkommen, auszugleichen (Booth, 2010, S. 11).

Prengels (2015) mehrperspektivischer Leistungsbegriff ist die Grundlage für Bewertungen von Lernzielen in inklusiven Settings. Auf »universeller Ebene« werden im Schulalltag Gelegenheiten und Riten inszeniert, bei denen alle Schüler die Erfahrung der Zugehörigkeit und Akzeptanz in der Schulgemeinschaft machen. Auf individueller Ebene erfahren Schüler Wertschätzung für individuell erreichte Lernfortschritte und Kompetenzziele. Darauf aufbauend kann drittens ein sozialer Vergleich stattfinden. Dieser Vergleich zwischen Schülern bleibt auch in inklusiven Schulen vor allem bei der Vergabe von Bildungsabschlüssen nicht aus (ebd., S. 38f.). Vergleichende Bewertungen mit Ziffernoten hierarchisieren Leistungen und tragen dazu bei, Lernen zu blockieren, sobald jemand als »schlechter Schüler« kategorisiert wird (Prengel, 2013, S. 87). Für inklusive Schulsettings folgt daraus eine Trennung zwischen Lernsituationen und der Leistungsbewertung, wodurch ohne Notendruck gelernt werden kann.

Ferner eignet sich das »formative Assessment« als Lernprozessbegleitung. Für alle, insbesondere für schwache Schüler, sind substantielle Lerngewinne empirisch belegt (Prengel/Riegler/Wannack, 2009, S. 254). Es beinhaltet Formen des Self- und des Peerassessments, die dazu beitragen, dass Schüler selbst Teilziele kennen und Lernschritte kontrollieren können. Interpersonelle Vergleiche sind damit nicht ausgeschlossen. Gleichwohl können ihre negativen Effekte im Kontext des mehrperspektivischen Leistungsbegriffs, der leistungsunabhängigen Anerkennung und der Zugehörigkeit zur Gruppe gemildert werden (ebd.). So sollen Schule und andere Bildungseinrichtungen ihrer Qualifikations- und Sozialisationsfunktion besser nachkommen und »dennoch ihren Beitrag zur – nun in ihrer Destruktivität begrenzten – meritokratischen Selektionsfunktion leisten« (Prengel, 2015, S. 40).

5.2.7 Schulentwicklung

Wird die Lebens- und Erfahrungswelt der Schüler im Unterricht beachtet, orientieren sich die Bildungsangebote vermehrt an der Sozialstruktur des direkten regionalen Umfeldes der Schule. Inklusive Schule stellt sich das Problem der sozialräumlichen Segregation, weil sie alle Schüler des Stadtteils aufnimmt. Diese kann nicht einfach durch »partikulare sozialpolitische oder pädagogische Interventionen« (Dammer, 2011, S. 12) aufgehoben werden, sondern bedarf eines komplexen gesellschaftlichen Strukturwandels. Fraglich ist dabei, »inwieweit moderne Gesellschaften überhaupt noch integrierbar sind« (ebd.). Die soziale Segregation hat in den letzten Jahren zugenommen, wohingegen die ethnische Segregation abnimmt (BMAS, 2013, S. 133). Treten beide Segregationsformen gleichzeitig auf, wie es in einigen westdeutschen Großstädten der Fall ist, haben vor allem Schulen verstärkt eine Integrationsfunktion. Das Grundproblem der sozialräumlichen Segregation jedoch, kann die inklusive Schule nicht lösen.

> »Das Aufwachsen in problematischen Sozialräumen kann bei Jugendlichen und jungen Erwachsenen zu einer Identifikation mit den milieuspezifischen Gegebenheiten und subkulturellen Werthaltungen sowie Verhaltensroutinen führen. Solche Ent-

5.2 Basisqualifizierung für alle Lehramtsstudiengänge im Förderschwerpunkt Lernen

wicklungen werden oft durch den Umstand verstärkt, dass die Segregationswirkung durch verschiedene Schulen und die unterschiedlichen Schularten häufig stärker ist als diejenige der Wohngegend« (BMAS, 2013, S. 134).

Eine inklusive Schule ist folglich im Unterschied zur traditionellen Schule aufgefordert, schulische Segregationseffekte, die durch ihre Lage in problematischen Sozialräumen entstehen, möglichst zu vermeiden.

Lehramtsstudierende erwerben Wissen und Fähigkeiten, um sich zukünftig kontinuierlich an Schul- und Unterrichtsentwicklungen zu beteiligen. Auf dessen Grundlage identifizieren sie Kulturen, Strukturen und Praktiken, die bestimmte Gruppen von Schülern systematisch benachteiligen, diskriminieren oder ausgrenzen, und versuchen als Lehrkräfte, sie möglichst zu beheben. Der Einsatz strukturerzeugender Entwicklungsinstrumente wie der Index für Inklusion (Boban/Hinz, 2003; Achermann/Amirpur/Braunsteiner/Demo/Plate/Platte, 2017) ist dabei von Vorteil. So können konkrete Entwicklungen in der Schule angestoßen werden, die die Schülerkomposition und die spezifische sozialräumliche Situation der inklusiven Schule beachten. Beispielhaft beschreibt Schroeder (2010, S. 134) hierfür Schulen aus Hamburg-Wilhelmsburg, die sich z. B. auf die Situation von geflüchteten oder Sinti- und Romakindern einstellen, auf die Bedürfnisse von delinquenten, suchtkranken und sich prostituierenden Kindern und Jugendlichen eingehen oder mehrsprachige Angebote für die diversen Muttersprachen ihrer Schüler vorhalten. Somit wird sich auch die inhaltliche Gestaltung des Lernens in Schulen verschiedener Lebensräume voneinander unterscheiden. Inklusiver Unterricht, ob in benachteiligten oder in privilegierten Wohngegenden, zeichnet sich dadurch aus, dass er allen Schülern entsprechend ihrer individuellen Lernausgangslage ein qualitativ hochwertiges Bildungsangebot unterbreitet.

Daher muss die personelle, sächliche und bauliche Ausstattung der Schule den Bedürfnissen der Schülerschaft angepasst sein. Der Raum bzw. das Schulgebäude als »dritter Pädagoge«, wie es schon die reformpädagogischen Ansätze Montessoris, Petersens und Reggios beschreiben, wirkt auf die Schulkultur, fördert Lernfähigkeit und die Leistungsbereitschaft der Schüler und wird in der Lehramtsausbildung deshalb zukünftig mehr berücksichtigt (Buddensiek, 2003; Dahlinger, 2009; Derecik, 2015, S. 28). Wird das Raumkonzept mit dem pädagogischen Profil der Schule und der Einrichtung, Ausstattung und Möblierung abgestimmt, ergibt sich daraus eine räumliche Gestaltung des Schulgebäudes und Schulgeländes unter Berücksichtigung des Stadtteils (Derecik, 2015, S. 29). Wie eng Raum und Pädagogik verknüpft sind, zeigen Projekte kommunaler Bildungslandschaften wie der »Rütli Campus« in Berlin-Neukölln oder das »Tor zur Welt« in Hamburg-Wilhelmsburg (Niemann, 2014, S. 153ff.). Besuchen Kinder und Jugendliche aus deprivierten Lebenslagen die inklusive Schule, wird ein entsprechender Ausgleich dieser ungünstigen sozialisationsbedingten Voraussetzungen geschaffen (▶ Kap. 5.3.3). Inklusive Schulen in benachteiligten oder segregierten Stadtteilen müssen mit einem angemessenen Bücherbestand in der Schulbibliothek und ausreichend Computerarbeitsplätzen, die die gesellschaftlichen Teilhabechancen dieser Schüler steigern, ausgestattet sein. Ressourcen des Stadtteils sind aufzuspüren, zu vernetzen und für Schüler nutzbar zu machen. Der Zusammenarbeit mit außerschulischen Einrichtungen kommt damit eine besondere Bedeutung zu (▶ Kap. 5.3.7).

Das Wissen um gesellschaftliche Zusammenhänge, soziale Ungleichheit und kulturelle Unterschiede trägt dazu, dass sich angehende Lehrkräfte der Problematik eurozentrischer Wertvorstellungen bewusst werden. Sie fördern dann eine Schulkultur, die auf mehr Solidarität, Gemeinschaft und Selbstbesinnung aufbaut (Helsper/Wiezorek, 2006, S. 448). Dabei sollte die Schulkultur in der Ausgestaltung des sekundären schulischen Habitus wesentliche Aspekte der Herkunft der Schüler im Einzugsgebiet der Schule beachten und aufgreifen. »Schulkulturen können (...) enge Korrespondenzverhältnisse mit spezifischen Milieus aufweisen. Sie können aber auch offener und milieuunspezifisch sein« (Kramer/Helsper, 2010, S. 110). Trifft das Letztere zu, lässt sich von einer Pluralität schulkultureller Habitusformen ausgehen, wie sie für inklusive Schulen kennzeichnend ist. Eine kulturelle Passung an plurale Habitusformen wird durch eine entsprechende Schulkultur hergestellt, die das Passungsverhältnis zum primären Habitus der Schüler moderiert. Ein besonderes Potential bieten dafür Ganztagsschulkonzepte. Solche an der Lebenslage der Schüler angepasste Konzepte nehmen z. B. Armut und soziale Benachteiligung, Interkulturalität, individuelle Lernförderung, Aufmerksamkeitsstörung und Hyperaktivität, Störungen im Bindungsverhalten oder schulaversives Verhalten in den Fokus (Ellinger/Koch/Schroeder, 2007).

5.2.8 Zusammenfassung

Eine lebenslagensensible Perspektive auf schulische Lern- und Bildungsprozesse hat weitreichende Folgen für die Tätigkeitsfelder der Lehrkräfte. Eine inklusionsorientierte Lehramtsausbildung muss weit mehr als bisher auf gesellschaftliche Problemlagen aufmerksam machen und Schule, Unterricht und Bildung darin kontextualisieren. Das bedeutet einerseits den Lehramtsstudierenden Wissen zu gesellschaftlicher Desintegration und Bildungssoziologie in Verbindung mit den Grundlagen der Förderschwerpunkte Lernen, emotionale und soziale Entwicklung und Sprache zu vermitteln, andererseits die Kompetenzentwicklung in den Ausbildungsbereichen Unterrichten, Erziehen, Diagnostik, Leistungsbewertung und Schulentwicklung in Richtung der lebenslagensensiblen Pädagogik zu akzentuieren.

Für ihre Umsetzung ist Habitussensibilität grundlegend. Diese Fähigkeit kann im Rahmen der universitären Ausbildung nur in innovativen, selbstreflexiven hochschuldidaktischen Formaten erworben werden.

5.3 Sonderpädagogische Qualifizierung für Inklusion im Förderschwerpunkt Lernen

Die inklusive Praxis der lebenslagensensiblen Pädagogik erfordert eine gemeinsame Verantwortung von Regel- und sonderpädagogischer Lehrkraft für die pädagogische Arbeit. Dies kommt der Vorstellung vom Generalisten-Modell für die sonderpädagogische Lehrkraft nahe, das in Deutschland von Anbeginn der schulischen Integration favorisiert und in Schulversuchen umgesetzt wurde. Danach ist sie gemeinsam und gleichberechtigt mit der Regelschullehrkraft für alle Kinder und ihre schulischen Belange zuständig. Das Modell sieht keine spezielle Qualifikation für die Förderschwerpunkte Lernen, emotionale und soziale Entwicklung sowie Sprache vor und setzt übergreifendes dekategoriales Wissen und Können voraus.

5.3.1 Aufgabenbereich

Dass dadurch allerdings die spezifischen Förderbedarfe aus dem Blick geraten können, auf diese Gefahr weisen sonderpädagogische Lehrkräfte in der Inklusion hin (Lütje-Klose/Neumann, 2015, S. 103). Dieser Gefahr kann die Übernahme einer Spezialistenrolle vorbeugen. Sie führt jedoch zu einer geteilten Zuständigkeit, die zur Entwicklung von zwei unterschiedlichen Gruppen beiträgt. Als Zwei-Gruppen-Theorie bekannt (Hinz, 2009), erzeugt sie eine Situation, die die oben kritisierte »personalisierte additive Service-Leistung« der Sonderpädagogik herstellt (▶ Kap. 5.1).

Der inklusive Unterricht verlangt daher von der sonderpädagogischen Lehrkraft, eine ausbalancierte Rolle zwischen Generalistin und Spezialistin einzunehmen, um die mit den beiden einzelnen Rollen verbundenen Gefahren zu vermeiden. Insofern lässt sich von einer spezialisierten Generalistin, die eine »systembezogene Service-Leistung« anbietet, reden, bei der Regelschullehrkraft von einer Generalistin.

Unter Maßgabe der gemeinsamen Zuständigkeit beider Lehrkräfte ist es aufgrund der Heterogenität der inklusiven Lerngruppe notwendig, in Förderschwerpunkten vertieft qualifiziert zu sein. Für die Spezialisierung im Förderschwerpunkt Lernen spricht, Lernschwierigkeiten vor allem durch Veränderungen von Kontextbedingungen in Unterricht, Schule und Lebenslage zu reduzieren. Das ist aufwendig: Die sonderpädagogische Lehrkraft als spezialisierte Generalistin übernimmt im Unterricht die Rolle einer Lernbegleiterin und Beraterin. In der Schule berät sie Kollegium und Eltern und bietet Fortbildung an. Sie koordiniert und leitet Zusammenkünfte mit außerschulischen Expertinnen und Experten und widmet sich signifikanten Anderen in der Lebenswelt des Kindes, die eine positive Lernentwicklung beeinflussen können. Dadurch wird nicht nur der Einsatz von Interventionen, sondern auch von präventiven Maßnahmen möglich, mit deren Hilfe die Verfestigung von Lern-, Verhaltens- und Sprachschwierigkeiten vermieden wird. Sie braucht dafür Kenntnisse über Sozialisation und Entwicklung in benachteiligten Lebenslagen und Milieus sowie Beratungs- und Managementkompetenzen. Ziel ist die Beseitigung von Lernbarrieren durch die Herstellung der Passung von Unterricht, Schule und Lebenslage.

Eine solche Akzentuierung im Förderschwerpunkt Lernen setzt zusätzliches Wissen und Können in den Schwerpunkten emotionale und soziale Entwicklung sowie Sprache voraus und erfordert das Studium zweier Förderschwerpunkte. Wenn das sonderpädagogische Studium laut Rahmenvereinbarung der Kultusministerkonferenz im Umfang von 120 Leistungspunkten erfolgt (KMK, 2013), verteilen sich die Punkte auf übergreifende und spezifische Aspekte. So qualifizierte Lehrkräfte sind in jedem inklusiven Unterricht mit hohen Förderschwerpunktraten einsetzbar. Bei extremen Schwierigkeiten wissen sie abzuschätzen, wann das Hinzuziehen zum Beispiel sozialpädagogischer, -psychiatrischer und sprachtherapeutischer Fachdienste notwendig ist (KMK, 2011, S. 7). Erkenntnis und Wissen für den Kompetenzerwerb liefern auf disziplinärer Ebene die drei sonderpädagogischen Fachrichtungen in universitärer Lehre und Forschung.

Die spezifische Professionalisierung im Förderschwerpunkt Lernen wird durch die grundlegenden Perspektiven – das »situative Ausmaß von Lernhilfe und Unterstützung« und die »lebenslagensensible Pädagogik« (▶ Kap. 5.2.4) – fundiert. Sie sind zentrale Bestandteile von Aufgabenbereichen inklusiver Schule und Unterrichtung für inklusiv arbeitende Sonderpädagoginnen und Sonderpädagogen. Dazu können folgende Bereiche zählen, die mit Hilfe einer Analyse von sechs europäischen und anglo-amerikanischen Studien vor allem auf der Grundlage von Befragungen von Regel- und sonderpädagogischen Lehrkräften ermittelt wurden (Hillenbrand et al., 2013). Sie decken sich weitgehend mit den Ergebnissen einer deutschsprachigen Fallstudie (Werner/Quindt, 2014):

- »Zusammenarbeit mit Kollegen, Schülern, Eltern, Kooperationspartnern;
- sowohl die pädagogische Unterstützung der Schüler mit Beeinträchtigung bis zur Intervention als auch die Unterstützung aller Lerner;
- Identifikation der Diversität als Ressource und Implementation eines die Inklusion unterstützenden Schulklimas, Schulprogrammentwicklung;
- Diagnostik;
- Übernahme von Führungs-, Koordinations- und Managementaufgaben;
- Weiterentwicklung der eigenen Professionalität durch stete Fort- und Weiterbildung;
- Beiträge zur Fortbildung der Mitarbeiter und Erweiterung des Repertoires der inklusiven Schule;
- juristische Zuständigkeiten.« (Hillenbrand et al., 2013, S. 46)

Obwohl keine Angaben gemacht werden, in welchen Förderschwerpunkten die Sonderpädagogen qualifiziert waren, lassen sich diese Aufgaben vorzugsweise der professionellen Rolle der Lehrkräfte im Schwerpunkt Lernen zuordnen. Sie sind für die pädagogische Unterstützung bei der Überwindung von Lernschwierigkeiten zuständig. Die ersten drei Bereiche (Zusammenarbeit, Unterstützung, Identifikation) betreffen weitgehend die direkte Arbeit mit Kindern und Jugendlichen, die übrigen die indirekte Arbeit mit anderen Akteuren. Es zeigt sich die Veränderung ihrer Rolle im Sinne einer Verschiebung von direkter zu mehr indirekter Arbeit für Schüler. Insgesamt wird ihre Tätigkeit aber nur dann Erfolge verzeichnen, wenn auch die Regelschullehrkräfte vor allem in den ersten vier Aufgabenbereichen Basiswissen und Kompetenzen erwerben, damit elaborierte Formen der Kooperation zwischen unterschiedlich qualifizierten Lehrkräften zustande kommen.

Wie oben wird hier ebenso von der Beschreibung von Aufgaben ausgegangen, die die Grundlage für die professionelle Handlungskompetenz darstellen. Für die sonderpädagogische Lehrkraft im Schwerpunkt Lernen gilt wie für die Regelschullehrkraft, Unterricht durchzuführen und verständnisvolles Lernen zu fördern (Baumert/Kunter, 2006, S. 470). Hinsichtlich des inklusiven Unterrichts und Lernens besteht eine weitere Aufgabe in der individuellen Lernförderung und in der Förderung des kooperativen Lernens und des Peer Tutoring zwischen Schülern mit und ohne Förderbedarf.

Ausgewählte Aspekte dieser Handlungskompetenz stecken den folgenden Rahmen ab und werden im Zusammenhang mit den Grundlagenperspektiven und Aufgabenbereichen erörtert. Es gilt, die sonderpädagogische Fachrichtung und den Förderschwerpunkt Lernen für die inklusive Schule und Unterrichtung weiter zu profilieren.

5.3.2 Individuelle Lernförderung und kooperatives Lernen

Der zeitweise Einsatz im Rahmen des Zwei-Pädagogen-Systems ermöglicht der sonderpädagogischen Lehrkraft die individuelle Förderung bei der Überwindung von gravierenden bis hin zu leichteren Lernschwierigkeiten im inklusiven Unterricht. Hiermit ergibt sich für Lehramtsstudierende die Notwendigkeit des Wissenserwerbs über die Grundlagenperspektive vom »situativen Ausmaß von Lernhilfe und Unterstützung«. Die individuelle Förderung, die direkte Arbeit mit den Schülern, setzt sowohl fachdidaktisches und -wissenschaftliches Wissen als auch pädagogisch-psychologisches Wissen über Probleme der phonologischen Bewusstheit, des Arbeitsgedächtnisses, der metakognitiven Handlungsorganisation und -steuerung, Motivation und Konzentration, Lern- und Gedächtnisstrategien voraus. Ferner Wissen über risikoreiche Lebenslagen und deren Folgen, sozialisatorische Erfahrungen und biografische Entwicklung in Armuts- und prekären Lebenslagen, um den gemeinsamen Lerngegenstand so aufzubereiten, dass eine Passung zwischen Gegenstand und Schüler hergestellt wird. Diese Passung findet auf unterschiedlichem Lernniveau statt, so dass differenzielle Lernziele erreicht werden. Im inklusiven Unterricht werden nicht in gleichem Lerntempo die gleichen Lernziele, sondern verschiedene Lernziele auf verschiedenen Wegen erreicht. Das damit verbundene Risiko der Vereinzelung wird vermieden, wenn Gemeinsamkeit durch Lernen am »gemeinsamen Gegenstand« hergestellt wird (Feuser, 1995).

Die individuelle Förderung bei Lernschwierigkeiten beachtet besonders die bourdieusche Vorstellung von der kulturellen Passung. Sie setzt Professionswissen über die Grundlagenperspektive der lebenslagen- und milieusensiblen Pädagogik voraus. Der Habitus der Bildungsfremdheit der Kinder und Jugendlichen ist veränderbar, wenn fachdidaktisch und fachwissenschaftlich aufbereitete Lerngegenstände für die handlungsorientierte Bewältigung von Herausforderungen besonderer Lebenslagen und Milieus wie für deren Bildungsbiografie und Perspektiven relevant sind. Wird dagegen ihr primärer Habitus nicht berücksichtigt, läuft individuelle Förderung ins Leere, wie am Beispiel der kompensatorischen Erziehung deutlich wird (Bourdieu, 2001, S. 48). Hierbei profitieren nur die schwachen Schüler aus bildungsnahen Milieus, diejenigen aus bildungsfernen Milieus nicht, sondern fallen noch weiter in ihren Leistungen zurück.

Vor diesem Hintergrund stellt sich die Aufgabe, die auf lebensweltliche Herausforderungen, biografische Erfahrungen und kindliche Perspektiven bezogene Lerninhalte zu untergliedern, mehr Wiederholung, Übung und Rückmeldung, Training von Teilfertigkeiten zwecks Erwerb von komplexen Fertigkeiten und direktes Fragen zu Aufgaben zu praktizieren sowie die Kontrolle des Schwierigkeitsgrads der Anforderungen, der Lernzielüberprüfung und die Demonstration von Problemlösungsschritten und Strategien durchzuführen. Mehrere dieser Verfahren werden unter dem Begriff »Scaffolding«, ein »Gerüst in Form genau dosierter Hilfen« (Wellenreuther, 2004, S. 169), zusammengefasst.

Diese evidenzbasierten Methoden der direkten individuellen Förderung ermöglichen erfolgreiches Lehren bei Schülern im Förderschwerpunkt Lernen (Benkmann, 2009) und sind erforderlich, wenn es um den Erwerb von Grundbildung im schriftsprachlichen und mathematischen Kompetenzbereich geht. In diesem Zusammenhang bietet sich die Förderung von Arbeitstechniken, Selbststeuerungskompetenzen, Selbstvertrauen und sozialer Kompetenzen sowie der Einsatz von empirisch überprüften Lese-, Schreib- und Rechenprogrammen an (▶ Kap. 3 und 4). Das *Handbuch Förderung* von Arnold, Graumann und Rakhkochkine (2008) weist auf weitere Verfahren zur individuellen Förderung von Schülern hin.

Direktes individuelles Fördern kann allerdings schnell das Odium von Gängelung annehmen, die vermieden wird, wenn es eine gute Beziehung zwischen sonderpädagogischer Lehrkraft und Schüler gibt, die auf Vertrauen basiert und auf selbstständige Lernfortschritte zielt. Behindern bei der Überwindung von Lernschwierigkeiten massive Lebensprobleme das Lernen, entscheidet die Lehrkraft, ob darüber zuvor gesprochen wird und Lernaufgaben zunächst zurückgestellt werden.

Professionelles Wissen und Können zur individuellen Förderung sind nicht nur von der sonderpädagogischen Lehrkraft, sondern auch von der Regelschullehrkraft zu erwarten. Droht die Förderung der Letzteren bei

Schülern mit Lernschwierigkeiten zu scheitern, ist die kooperative Bewältigung der Situation angezeigt. Wie weiter vorgegangen wird und welche Interventionen welche Lehrkraft durchführt, entscheidet letztlich das situative Ausmaß der Lernförderung vor dem Hintergrund einer pragmatischen Aufgabenteilung, die die verstärkte Zuständigkeit der Regelschullehrkraft für den Unterricht der gesamten Klasse und der sonderpädagogischen Lehrkraft für die individuelle Förderung vorsieht. Das heißt nicht, dass angehende Sonderpädagoginnen und -pädagogen für die Übernahme des gesamten Unterrichts nicht ebenso vorzubereiten sind wie Regelschullehrkräfte für die individuelle Förderung.

Individuelle Förderung im inklusiven Unterricht ist seltener notwendig, wenn er den Standards guten Unterrichts entspricht (Hofmann/Koch/v. Stechow, 2012). Seine Basisdimensionen – eine »klare, strukturierte Unterrichtsführung«, ein »schülerorientiertes, unterstützendes Lernklima« und »kognitiv aktivierende Anforderungen« – sind aus der Unterrichtsforschung bekannt (Klieme/Steinert/Hochweber, 2010, S. 238). Als zentral für den inklusiven Unterricht sehen daher Heinrich, Urban und Werning (2013, S. 84) die Kompetenz zur »effiziente(n) Klassenführung«, die Lernzeiten wirksam nutzt und das Auftreten von Störungen verhindert. Davon profitieren alle Schülerinnen und Schüler.

Neben Kenntnissen der empirischen Unterrichtsforschung ist das Wissen der für den Gemeinsamen Unterricht adaptierten reformpädagogischen Konzepte von Peter Petersen, Maria Montessori, Célestin Freinet und John Dewey für die individuelle Förderung durch die sonderpädagogische Lehrkraft nützlich. Sie weisen einige Elemente zur Basisdimension des guten Unterrichts hinsichtlich des schülerorientierten, unterstützenden Lernklimas auf. Außerdem betont die Reformpädagogik im Sinne einer Pädagogik vom Kinde aus, an Bedürfnisse und Interessen anzuknüpfen sowie aktives, handlungsorientiertes und selbstgesteuertes Lernen zu fördern. Formen der Umsetzung sind Freie Arbeit, Wochenplanunterricht und Projektlernen. Allerdings setzen sie ein hohes Maß an Selbststeuerungskompetenzen und Interesse zum Lernen voraus, das bei vielen Schülern mit Lernschwierigkeiten noch nicht entwickelt ist. Insofern ist der Einsatz der sonderpädagogischen Lehrkraft und anderer Schüler mit bildungsaffinem Habitus (Kramer/Helsper, 2010, S. 116) zur Förderung selbstbestimmten Lernens gefragt. Gelingensbedingungen für Inklusion stellen zwar die Lehrkräfte her. Inklusion selbst aber findet in den Interaktionsprozessen der Gleichaltrigen innerhalb und außerhalb des Unterrichts statt.

Um das heterogene Potenzial der Peers im inklusiven Unterricht, das in den niedrigen Bildungsgängen wie der Haupt- und Förderschule kaum noch existiert (Baumert/Stanat/Watermann, 2006), nutzbar zu machen, sind Lerngelegenheiten zu schaffen, die kooperatives Lernen und Peer Tutoring Prozesse anregen. Viele angloamerikanische Studien belegen die Wirksamkeit solcher Unterrichtsformen für inklusive Lernprozesse und die Steigerung der Lernleistungen (Grskovic, 2012). Kooperatives Lernen stellt das notwendige Gegengewicht zur individuellen Förderung dar, die das Risiko der Vereinzelung enthält. Auch Seitz' inklusive Didaktik (2008) betont die Bedeutung des Gemeinsamen im Sinne einer inhaltsbezogenen Ko-Konstruktion der Kinder untereinander vor aller Individualisierung. Schwierigkeiten entstehen, wenn Lehrkräfte diese Lerngelegenheiten in Klassen mit Schülerinnen und Schülern aus ganz unterschiedlichen Lebenslagen und auseinanderdriftenden Leistungen nicht professionell strukturieren und begleiten. Die Förderung kooperativen Lernens ist eine entscheidende Aufgabe für die sonderpädagogische Lehrkraft mit dem Förderschwerpunkt Lernen, soll Inklusion gelingen.

Individuelle Förderung und kooperatives Lernen sind in deutschen Schulen nicht weit verbreitet (Wischer, 2007a, b). Es dominiert der lehrergesteuerte frontale Unterricht, der die Heterogenität der Schüler kaum berücksichtigt. Am ehesten gehen Lehrkräfte in der Grundschule konstruktiv mit Heterogenität um. Es braucht Zeit, bis sich Bemühungen um individuelle Förderung und kooperatives Lernen und die damit verbundene Überzeugung hinsichtlich der Stärken der Schüler und das Vertrauen auf ihre Leistungsbereitschaft und -fähigkeit umfassend durchsetzen. Bei diesen Bemühungen sollten sonderpädagogische Lehrkräfte im Förderschwerpunkt Lernen eine führende Rolle einnehmen, was nur mit Hilfe entsprechend professionellem Wissen und Können erreicht wird.

5.3.3 Diagnostik und Leistungsbewertung

Individuelle Förderung und kooperatives Lernen setzen Wissen und Kompetenzen zur Durchführung einer differenzierten Förderdiagnostik im Unterricht voraus. Ohne lernprozessorientierte Diagnose ist eine Anpassung der Fördermaßnahmen an die individuelle Lernausgangslage der Schüler nicht möglich, lassen sich genauere Unterstützung und Interventionen nicht bestimmen. Während die traditionelle sonderpädagogische Diagnostik auf die Kategorisierung von Schüler zielte und hauptsächlich auf der Basis eines festgestellten Intelligenzquotienten die Überweisung in die Sonderschule legitimierte, setzte das in den 1970er Jahren aufkommende Konzept der Förderdiagnostik als Folge der Diskussion um schulische Integration andere Akzente (z. B. Kornmann/Meister/Schlee, 1994). Förderdiagnostik strebt eine Dekategorisierung in den Förderschwerpunkten Lernen, emotionale und soziale Entwicklung und Sprache an, findet nur gelegentlich in Testsituationen, dagegen ganz überwiegend im Unterricht statt, nutzt ihre Ergebnisse unmittelbar für die Lernfortschritte der Schülerinnen und Schüler und fokussiert vor allem deren Kompetenzen und Ressourcen. Das bekannteste förderdiagnostische Konzept, das sich in Disziplin und Praxis etabliert hat, ist die Kind-Umfeld-Analyse (Sander, 2002). Indem die Lernausgangslage im Hinblick auf unterrichtsbezogene Ziele und Kompetenzen etwa in den Bereichen Lern- und Arbeitsverhalten sowie Sozialverhalten und Sprache im Zusammenhang mit Daten zu Lebenslage und den wichtigen beteiligten Akteuren diagnostiziert wird, sind sowohl Ressourcen als auch »Lernbarrieren« in Kind und Umwelt zu identifizieren, die in den Förderplan und ins Fördergutachten einbezogen werden. Plan und Gutachten sehen Maßnahmen sowohl für die Lernfortschritte der Schüler als auch die Veränderung ihrer Lernumgebung in Schule, Unterricht, Familie und Wohnumfeld vor. Die Kind-Umfeld-Analyse eignet sich daher besonders für inklusive Schul- und Unterrichtsprozesse (Heimlich, 2016, S. 130ff.).

Hier wird zum wiederholten Male die Notwendigkeit des Einsatzes der kooperierenden Lehrkraft im Förderschwerpunkt Lernen deutlich. Sofern die Regelschullehrkraft als Einzelperson den Unterricht für alle durchführt, ist es kaum möglich, der Diagnose und Überwindung von Lernschwierigkeiten einzelner Schüler die notwendige Aufmerksamkeit zu schenken. Gleichzeitig für die gesamte Klasse Unterricht zu planen, durchzuführen und zu evaluieren sowie Förderpläne für einzelne auf der Basis von Ergebnissen differenzierter Unterrichtsbeobachtung zu erstellen, anschließend zu intervenieren und die Wirksamkeit der Fördermaßnahmen zu überprüfen sowie die Lebenssituation zu beeinflussen – diese Fülle von komplexen Aufgaben ist von einer Lehrkraft nicht zu bewältigen.

Es bedarf der diagnostisch qualifizierten Lehrkraft im Förderschwerpunkt Lernen als Expertin für die Kind-Umfeld-Analyse. Sie ist fähig zu differenzierter Beobachtung von Lernschwierigkeiten und Teilhabechancen im Unterrichtsprozess sowie zur Sammlung wichtiger Informationen zu aktuellen Anforderungen von Unterrichtsfächern, um die Lernausgangslage und -präferenzen mit dem Ziel der Bestimmung der »Zone der nächsten Entwicklung« zu beschreiben. Sie ist zur Befunderhebung in Bereichen wie Lern- und Arbeitsverhalten, emotionales und Sozialverhalten sowie Kommunikation und Sprache in der Lage ebenso wie zur Ermittlung wichtiger Daten zu Lebenslage und benachteiligtem Milieu, die Schlussfolgerungen für dort vorhandene Ressourcen, den Abbau von Lernbarrieren und die Bedeutung von potenziellen Lerngegenständen zulassen.

Die Zusammenstellung der förderdiagnostischen Ergebnisse dient zum einen der Erstellung eines Förderplans, der den Gegenstandsbereich eines Unterrichtsfachs, zu erreichende Ziele, geeignete Fördermaßnahmen im Sinne von *Scaffolding* und konkrete Anhaltspunkte für den Förderverlauf enthält. Dies setzt Kooperation und Absprache der Lehrkräfte mit Eltern und Kind sowie eine prozessbegleitende Diagnose und gemeinsame Evaluation der Fördereffekte voraus. Zum anderen basiert die Erstellung von Fördergutachten auf diesen Befunden. Fördergutachten klären bei einzelnen Kindern mit extremen Schwierigkeiten unter Einbeziehung von Ergebnissen medizinischer und psychologischer Expertise, ob ein vorübergehender Aufenthalt in stationären oder ambulanten medizinischen Einrichtungen angezeigt ist. Außerdem sind solche Gutachten bei Übergängen von der Kindertagesstätte in die Schule und von der Schule in den Beruf von Bedeutung. Sie sind das Ergebnis der Arbeit eines multiprofessionellen Teams, denen die Lehrkräfte angehören. Je nach Fragestellung werden von ihnen der kompetente Umgang mit Beobachtungs-, Gesprächs- und Testverfahren sowie Fähigkeiten zur Kooperation, Kommunikation und Dokumentation erwartet. Da die im Förderplan und -gutachten dargestellten pädagogischen Maßnahmen nicht aus den diagnostischen Befunden abzuleiten sind (Schlee, 2008), stellt ihre Formulierung eine gesonderte Anforderung an die pädagogisch-psychologische und soziologische Professionalisierung angehender sonderpädagogischer Lehrkräfte. Fördergutachten dienen nicht der Begründung für die Zuweisung kindbezogener Ressourcen, sondern der Ermittlung des pädagogischen Unterstützungsbedarfs bei gravierenden Lernschwierigkeiten.

Auch der inklusive Unterricht wird nicht umhinkommen, Leistungen von Schülern zu bewerten. Allerdings drängt er die übliche Bewertung durch Ziffernnoten soweit wie möglich zugunsten einer Verbalbeurteilung zurück. Die Letztere sollte für alle möglich sein, ist aber für diejenigen erforderlich, die immer wieder im Leistungsvergleich mit Mitschülern unterlegen sind. Durch individualisiertes Lernen lässt sich jedoch Vergleich und Konkurrenz insgesamt reduzieren. Und Förderplangespräche machen Kindern und Jugendlichen mit Lernschwierigkeiten ihre Fortschritte bei Zugrundelegung von individuellen und kriterialen Bezugsnormen deutlich. Entscheidend ist es, die grundlegende Wertschätzung eines jeden Kindes und Jugendlichen nicht von seiner Leistungsfähigkeit abhängig zu machen und Teilhabemöglichkeiten zu schaffen, damit ihr wertvoller Beitrag zur Vielfalt der Klassengemeinschaft sichtbar wird.

5.3.4 Kooperation

Generell unterscheiden sich erfolgreiche von weniger erfolgreichen Schulen durch ein höheres Ausmaß und eine bessere Qualität der Kooperation zwischen Lehrkräften (Terhart/Klieme, 2006). Als wesentlicher Indikator anspruchsvoller Kooperation gelten Lernerfolge und bessere Lernleistungen. Ergebnisse einer Befragungsstudie von Steinert, Klieme, Maag Merki, Döbrich, Halheer und Kunz (2006) zeigen, dass hinsichtlich des kooperativen Handelns von Lehrkräften fünf Niveaustufen unterscheidbar waren und selten hohe Niveaus in den Schulen anzutreffen waren. Besonders oft wurde die niedrige Stufe 2 »Differenzierung« ermittelt, auf der Informationen über Arbeitsabläufe, -ergebnisse und Noten formell ausgetauscht wurden (Steinert et al., 2006, S. 194).

Dieses ernüchternde Ergebnis ist bei der Entwicklung von inklusiven Schulen zu berücksichtigen, weil gelingende Kooperation die zentrale Voraussetzung für eine erfolgreiche Inklusion auf schul- und unterrichtsorganisatorischer Ebene ist (Lütje-Klose/Urban, 2014). Im deutschsprachigen Raum wird Kooperation vor allem als Zusammenarbeit zwischen Regel- und sonderpädagogischer Lehrkraft fokussiert. Chilla (2012) weist darauf hin, dass sich Erfolge bei gegenseitiger Wertschätzung der Lehrkräfte, ihrer unterschiedlichen Kompetenzprofile, ihres professionellen Könnens und gemeinsamer Absprachen im Team einstellen. Kooperation im Sinne einer Schulentwicklungsaufgabe beider Gruppen von Lehrkräften basiert auf dem Austausch über divergierende Ziele, Planung, flexible Arbeitsteilung und Wertorientierungen, um Einigung herzustellen. Sie scheitert, wenn keine gemeinsamen Ziele angestrebt werden, konkurrierendes Verhalten an den Tag gelegt wird und unterschiedliche Rollenmuster dem jeweils anderen nicht bekannt sind. Beim Auftreten von Misserfolgen verhilft die gemeinsame Rekonstruktion von kooperativen Prozessen mit dem Ziel der Gestaltung einer zukünftig erfolgreichen Zusammenarbeit.

Die Arbeit in inklusiven Lernsettings verändert die Rolle der Lehrkraft als »Einzelkämpferin«, vor allem der sonderpädagogischen Lehrkraft, die fast nur noch im Team und Zwei-Pädagogen-System tätig sein wird. Sie sollte dazu beitragen, dass Kooperation und Teamarbeit nicht nur auf niedrigen Stufen stattfindet, sondern anspruchsvolle Formen entstehen. Dafür bieten Modelle hilfreiche Hinweise, etwa das Modell mit drei unterschiedlichen Kooperationstypen Austausch, arbeitsteilige Kooperation und Ko-Konstruktion (Gräsel/Fußangel/Pröbstel, 2006), mit höheren und niedrigeren Kooperationsniveaus (Lütje-Klose/Willenbring, 1999) und mit der Entwicklung von Lerngemeinschaften (Heinrich et al., 2013, S. 91). Angehende sonderpädagogische Lehrkräfte sollten darauf vorbereitet werden, die Ziele ihrer Lehr-, Lern- und Förderangebote eindeutig zu bestimmen, offen zu legen und kritisch zu reflektieren. Fähigkeiten zur Aushandlung eines gemeinsamen Verständnisses über gelingende Lernprozesse sind zu erwerben, die im gemeinsamen Teil des veränderten Lehramtsstudiums ansatzweise erworben werden können.

Regelschul- und sonderpädagogische Lehrkräfte gestalten dann Zusammenarbeit so, dass sie zum Lernen und zur Teilhabe der Schülerinnen und Schülern beiträgt, ohne zu diskriminieren oder zu segregieren. Da sich in inklusiver Schule und Unterrichtung vielfältige Aufgaben zur Überwindung von Lernschwierigkeiten stellen, wird die sonderpädagogische Lehrkraft als Ansprechpartnerin und Expertin beraten, unterstützen und kooperieren, wenn Regelschullehrkräfte Hilfe und Unterstützung signalisieren. Das betrifft verschiedene Bereiche, den gemeinsamen Unterricht, die Schulleitung, die Arbeit mit Eltern, Sozialpädagogen und Erzieherinnen an der Schule. Die Entwicklung solcher sozialen Unterstützungssysteme ist Aufgabe der Lehrkraft im Förderschwerpunkt Lernen. Dabei wird sie über die Schule hinaus mit sozialen, kommunalen und gesundheitlichen Diensten der Kinder- und Jugendhilfe wie auch mit Justiz, Polizei und Freizeiteinrichtungen kooperieren, um lokale und regionale Netzwerke zu entwickeln.

5.3.5 Haltungen und Einstellungen

Auf den ersten Blick erscheint es plausibel, dass Haltungen und Einstellungen zur Inklusion professionelles pädagogisches Handeln wesentlich beeinflussen. Positive Einstellungen und entsprechende Änderungen von Lehrkräften zur Inklusion wirken sich auf eine niveauvollere Gestaltung des Unterrichts aus (Heinrich et al., 2013, S. 86). Diese Auffassung ist allerdings umstritten. Andere Forschungen verweisen auf die Schwierigkeit, Einstellungen zur Inklusion zu verändern. Und selbst wenn, müssen davon die »Wissens- und Handlungsebene« nicht tangiert sein (Hillenbrand et al., 2013, S. 58). Das heißt, inklusiver Unterricht wird dadurch nicht besser. Im Folgenden orientieren wir uns jedoch an Befunden, die belegen: Haltungen und Einstellungen »stellen neben dem professionellen Wissen eine wesentliche Einflussgröße für das Gelingen von Unterricht dar« (Moser, 2013, S. 142; auch Opalinski/Benkmann, 2012).

In einer Befragungsstudie wurde mittels Gruppendiskussion von sonderpädagogischen Schulleitern, Lehrkräften und Seminarleiterinnen für den Förderschwerpunkt Lernen herausgefunden, dass die von ihnen sehr oft genannte Kategorie der »Annahme« eine »wertschätzende pädagogische Haltung« widerspiegelte, die für ihre Arbeit als »unabdingbar« erachtet wurde. Mit dieser Haltung war die Forderung verknüpft, sich mit den Milieus der Kinder und Jugendlichen und ihren oft von der Schule abweichenden Einstellungen auseinanderzusetzen (▶ Kap. 5.2). Sie ist handlungsorientierend für angehende inklusionsorientierte Lehrkräfte (Weiß/Kollmannsberger/Kiel, 2014). Erfahrungen im Rahmen der Umsetzung von Inklusion machten aber deutlich, dass in der allgemeinen Schule auch skeptische oder ablehnende Haltungen gegenüber solchen Schülern vorhanden sind, nicht zuletzt auch deswegen, weil Regelschullehrkräfte sich nicht kompetent genug im Umgang mit Kindern und Jugendlichen mit Behinderungen und Benachteiligungen fühlen.

Dass Ausbildung und Fortbildung hier nachhaltig Einfluss ausüben, zeigt die Forschung. So waren sonderpädagogische Lehrkräfte im Unterschied zu Regelschullehrkräften gegenüber Inklusion positiver eingestellt, weil sie sich durch ihre spezielle Ausbildung besser vorbereitet fühlten, während sich die Regelschullehrkräfte kaum in der Lage sahen, inklusive Prozesse kompetent zu planen und durchzuführen (Hsien/Brown/Bortoli, 2009). Kontinuierliche Fortbildung von Regelschullehrkräften führte jedoch zu verbesserten Einstellungen im Hinblick auf Inklusion (Avramidis/Kalyva, 2007). Allein die Kontakte mit Schülern mit Behinderungen und Benachteiligungen, vor allem aber die Qualität der Erfahrungen und Erfolge im inklusiven Unterricht trugen zur Entwicklung einer positiven Einstellung von Regelschullehrkräften bei (Koutrouba/Vamvakari/Steliou, 2006; Opalinski/Benkmann, 2012).

Die Ausbildung von angehenden Lehrkräften im Förderschwerpunkt Lernen wird folglich vertiefte Kenntnisse und Wissen über Schüler in Armutslagen und benachteiligten Milieus vermitteln, die eine wertschätzende pädagogische Haltung fördern. Da dies bei zukünftigen Regelschullehrkräften nur in Ansätzen geschehen kann, sind bei Bedarf sonderpädagogische Lehrkräfte zur Fortbildung der Mitarbeiter an inklusiven Schulen aufgefordert.

Ein weiteres wesentliches Element der Haltung ist die Übernahme eines gesellschaftspolitischen Mandats für die Belange der Schüler im Förderschwerpunkt Lernen. Die Artikulation der Interessen durch die Schüler selbst, ihre Eltern und Lobbygruppen in der Gesellschaft ist schwach. Die Lehrkräfte müssen deren Belange ohne paternalistische Bevormundung mit vertreten. Das ist in der inklusiven Schule umso nötiger, weil die Schüler in den konkurrierenden Leistungsvergleichen zurückbleiben, mit Spott, Beschämung und Mobbing rechnen müssen. Viele Studien weisen auf die Schwierigkeiten bei der sozialen Integration und auf die Gefahr sozialer Exklusion und Marginalisierung hin (Bless, 2007), wenn pädagogisch nicht gegengesteuert wird. So können die Schülerinnen und Schüler weitgehend aus dem »Wettbewerb« herausgenommen werden (Wocken, 2011b, S. 214). Es kann auf Ziffernnoten verzichtet und die gesamte Leistungsbeurteilung verändern werden (Huber/Wilbert, 2012). Dazu brauchen angehende Lehrkräfte Kenntnisse und Wissen sowie Vorstellungen, wie Veränderungen durch kollegiale Zusammenarbeit zu erreichen sind.

5.3.6 Beratung

Als sonderpädagogisches Aufgabenfeld spielte Beratung immer eine wichtige Rolle. Besonders im Förderschwerpunkt emotionale und soziale Entwicklung wurden in den letzten Jahrzehnten verschiedene Modelle entwickelt und erprobt. In einigen Bundesländern besteht die veränderte professionelle Rolle von Sonderpädagogen bereits ausschließlich in beratender Tätigkeit in inklusiven Settings.

Bisher erörterte Aufgabenbereiche implizieren Elemente der Beratung. Herausforderungen durch individuelle Lernförderung oder kooperatives Lernen, diagnostische oder kooperative Situationen im inklusiven Unterricht sind ohne beratende Anteile nicht zu bewältigen. Praktisch bewährt haben sich hier Modelle, die die Konstellation eines Oben und Unten zwischen Experten und Adressaten vermeiden und Beratung als einen egalitär strukturierten Austausch- und Aushandlungsprozess gestalten. Verbreitete Modelle in der Sonderpädagogik sind die kooperative Beratung (Mutzeck, 2008) und die systemische Beratung (Palmowski, 2014). Mit der kollegialen Beratung liegt ein evaluiertes Konzept vor (Tietze, 2010).

Für den Förderschwerpunkt emotionale und soziale Entwicklung wurde ein indirekter Beratungstyp in inklusiven Settings als wirksam nachgewiesen. Er vermeidet die Etikettierung eines auf das Kind bezogenen sonderpädagogischen Förderbedarfs, indem Hilfs- und Unterstützungsangebote systembezogen zum Einsatz kommen (▸ Kap. 5.1). Dies ermöglicht Lehrkräften und anderen Akteuren, Problemlösungen mit Familien und Einrichtungen der Kinder- und Jugendhilfe zu entwickeln, die Einfluss auf das pädagogische Handeln im Umfeld und auf das Verhalten der Schüler haben (Urban, 2010). Wie im Aufgabenbereich Kooperation geht es hier um die Koordination von Einzelmaßnahmen.

Für sonderpädagogische Lehrkräfte wird die Bedeutung der pädagogischen Beratung hinsichtlich der Systemveränderungen in inklusiver Schule und Unterrichtung eine größere Rolle spielen. Der »Zustand der Ratlosigkeit« (Hechler, 2010, S. 43) bzw. der Beratungsbedarf wird größer, weil die erhöhte Heterogenität der Lerngruppe zu einer Komplexitätssteigerung führt, die mehr und neue Probleme als das traditionelle Schulsystem schafft. Hinzu kommen die sozialen und psychischen Folgen und Schwierigkeiten für Familien durch die Ökonomisierung sämtlicher Lebensbereiche und die wachsende gesellschaftliche Desintegration.

Sonderpädagogische Studiengänge bieten bereits Module zur Beratung an, die ein Aufgabenfeld für inklusive Settings darstellt. Das gilt für alle Förderschwerpunkte. Grundlagen der Beratungskonzepte im Schwerpunkt emotionale und soziale Entwicklung gelten für den Schwerpunkt Lernen. Inhalte und Hilfen werden allerdings andere Aspekte akzentuieren, etwa rechtliche Hinweise und Unterstützung zur Verbesserung der Lebenslage, Abbau von Lernbarrieren in Familie, Umfeld und Schule sowie Programme zur Förderung kognitiver und sozialer Kompetenzen und Fertigkeiten.

5.3.7 Schulentwicklung

Eine inklusive Schule kann nicht verordnet werden. Sie entsteht auch nicht innerhalb kurzer Zeit (Wocken, 2011a, S. 104). Inklusive Schulentwicklung ist, wie alle Schulentwicklungsprozesse, von Erfolgen und Misserfolgen begleitet. Jede Schule geht ihren eigenen Weg, es gibt keine übertragbare Vorgehensweise (Heinrich et al., 2013, S. 92). Angehende Lehrkräfte im Förderschwerpunkt Lernen spielen in diesen Prozessen eine wichtige Rolle, weil sie die zukünftige Aufgabe haben, erfolgreiches Lernen für alle zu ermöglichen. Von ihnen gehen Impulse und Innovationen im Rahmen der inklusiven Unterrichts- und Schulentwicklung aus. So kann zu Beginn die förderdiagnostische Bestimmung der Bedarfe aller Schüler stehen, um das unterschiedliche Ausmaß des Hilfe- und Unterstützungsbedarfs zu ermitteln (Heimlich, 2014, S. 196). Es erfolgt die Anpassung des inklusiven Unterrichts an die jeweiligen Bedarfe mit dem Ziel der Entwicklung eines ausgewogenen Verhältnisses zwischen individueller Förderung und gemeinsamem Lernen, um Teilhabe aller zu ermöglichen. Innerhalb und außerhalb der Schule geht es darum, Ressourcen zu akquirieren und Unterstützernetzwerke zu schaffen. Sonderpädagogische Lehrkräfte nehmen in diesen Entwicklungsprozessen führende Rollen ein, da sie im Rahmen ihrer Ausbildung vertiefte Kenntnisse und Fähigkeiten in den Bereichen Kooperation, Kommunikation und Beratung erworben haben. Insbesondere werden sie beim Übergang von der Kindertagesstätte in die Grundschule und von der Schule ins Arbeitsleben Schülerinnen und Schüler mit Lernschwierigkeiten unterstützen, um deren Inklusion zu fördern. Sie regen Diskussionen über Leitbilder zur Inklusion auf der Schulebene an und sorgen für die Ausweitung der Schularbeit in Gemeinde und Stadtteil. Vor diesem Hintergrund wird die wichtige Rolle der Schulleitung deutlich, die inklusive Schulentwicklung wirksam vorantreiben oder torpedieren kann. Auf die besonderen Herausforderungen von Schulentwicklungsprozessen sind angehende sonderpädagogische Lehrkräfte vorzubereiten, indem sie in ihrem Studium Instrumente zur Schulentwicklung kennenlernen und sie kritisch reflektieren.

5.3.8 Zusammenfassung

Vorangegangene Ausführungen konstruieren die Rolle der sonderpädagogischen Lehrkraft für die inklusive Schule im Sinne einer spezialisierten Generalistin. Sie sollte im Förderschwerpunkt Lernen/emotionale und soziale Entwicklung und im Förderschwerpunkt Sprache aufgrund ähnlicher Problemlagen und Überschneidungen der Schwerpunkte qualifiziert sein. Im Förderschwerpunkt Lernen wird sie Wissen und Kompetenzen zur individuellen Förderung und Förderung kooperativen Lernens der Schüler aus unterschiedlichen Lebenslagen erwerben. Weitere Qualifikationsbereiche sind Diagnostik und Leistungsbewertung, Beratung und Schulentwicklung. Ein wichtiger Bereich betrifft Haltungen und Einstellungen, da nicht ausgemacht ist, dass sonderpädagogische Lehrkräfte frei von Klischeevorstellungen und Vorurteilen gegenüber Menschen mit Beeinträchtigungen und Benachteiligungen sind. Gerade diejenigen mit der Spezialisierung im Förderschwerpunkt Lernen werden sich immer wieder in ein reflexives Verhältnis zu ihren eigenen Haltungen und Einstellungen setzen müssen, weil sie meist nicht aus Armutslagen kommen und ihnen daher Verhalten und Denken ihrer Schülerinnen und Schüler fremd ist. Hierin besteht auch eine ihrer wesentlichen Aufgabe im Rahmen der Fortbildung von Regelschullehrkräften.

5.4 Eigenständigkeit oder Inklusion sonderpädagogischer Studiengänge?

Abschließend stellt sich die Frage, ob die Eigenständigkeit sonderpädagogischer Studiengänge, in denen als erster Förderschwerpunkt Lernen und emotionale und soziale Entwicklung und als zweiter Schwerpunkt Sprache studiert werden, aufrechterhalten werden soll. Wenn nicht, wären sie in die allgemeine Lehrerbildung so einzubeziehen, dass sie den bisherigen Umfang des zu vermittelnden Wissens und der Kompetenzen nicht unterschreiten. Für diesen Vorschlag, eine Inklusive Pädagogik/Sonderpädagogik im Umfang eines großen Unterrichtsfachs bzw. Kernfachs für die Lehrämter der Grund- und der Gemeinschaftsschule vorzusehen und auf einen eigenständigen Studiengang zu verzichten, wie das etwa in Berlin und Brandenburg der Fall ist, gibt es gute Gründe: Inklusion hat den Status eines Querschnittsthemas für die Lehrerbildung. Danach besäßen alle Lehrkräfte eine sonderpädagogische Basisqualifikation, ein Teil eine darüberhinausgehende Qualifikation in den zwei Förderschwerpunkten. Das Risiko einer Selbst- und Fremdisolierung der Sonderpädagogik wäre verringert und ihre bisherige Nischenposition in der Erziehungs- und Bildungswissenschaft beendet. Eine solche inklusionsorientierte Lehramtsausbildung legt darüber hinaus die Entwicklung gemeinsamer Forschungsvorhaben für die Professionalisierung für die inklusive Schule nahe.

Allerdings gibt es auch gute Gründe für die Aufrechterhaltung relativ eigenständiger sonderpädagogischer Studiengänge. Ökonomisierung und Desintegration der Gesellschaft führen zu auseinanderdriftenden Lebenslagen und Sozialmilieus, die massive Folgen für Erziehung und Unterricht der Kinder und Jugendlichen aus armen und sozialbenachteiligten Milieus haben. Das Wissen darüber ist aufgrund der gesellschaftlichen Veränderungen neu, umfangreich und speziell, auch deswegen, weil mehrere Disziplinen Aspekte und Bereiche vor dem Hintergrund ihrer eigenen Perspektive untersuchen. Die Bündelung dieses wachsenden Spezialwissens macht das Aufgabenfeld einer neu zu konfigurierenden inklusionsorientierten Sonderpädagogik deutlich, was insgesamt der Lehrerbildung zugutekäme. In anderen Staaten mit inklusiven Bildungssystemen, z. B. in Finnland und den USA, bestehen seit Langem eigenständige Studiengänge und Promotionsstudiengänge (Hillenbrand et al., 2013, S. 52).

Der Verzicht auf eine separate Verankerung sonderpädagogischer Studiengänge birgt schließlich die Gefahr, dass die sonderpädagogischen Anteile nicht in ausreichendem Maße berücksichtigt werden, weil andere disziplinäre Anteile, z. B. fachwissenschaftliche, für wichtiger gehalten werden und im Rahmen der Universitäten machtpolitisch eher durchsetzbar sind. Ökonomisierung und die Hegemonie eines Elitedenkens in Universitäten lassen bezweifeln, ob Belange gesellschaftlicher Gruppen wie der Behinderten, Benachteiligten und Schwachen hinreichend beachtet werden. Folge ist das Ausdünnen der sonderpädagogischen Anteile bis hin zu einem entsprechenden Minimalprogramm. Gerade in der Zeit der Veränderung und Umstellung hinsichtlich einer inklusionsorientierten Lehrerbildung ist zu befürchten, eine in der Entwicklung befindliche inklusionsorientierte Sonderpädagogik als Einsparbereich zu nutzen.

Schlussbemerkung

Unsere Ausführungen stehen unter einem Vorbehalt: Selbst wenn die Vermittlung inklusiven Wissens und Könnens sowie entsprechender Haltungen durch Professionalisierungsprozesse auf Hochschulen erfolgt, bleibt offen, ob die Umsetzung in der pädagogischen Praxis wirksam und erfolgreich ist. Struktur- und systemtheoretische Perspektive zur Lehrerprofessionalisierung weisen darauf hin, dass pädagogisches Handeln immer auch das Risiko des Scheiterns enthält. Das gilt ebenso für das hochschuldidaktische Handeln. Wir wissen nicht, ob das, was wir beabsichtigen so ankommt, wie wir es beabsichtigen. Wenn nicht, müssen wir anders handeln, ohne nun Gewissheit zu haben, das zu erreichen, was wir wollen. Diese doppelte Kontingenz tritt in allen pädagogischen Settings auf, so dass Misserfolge und Prozesse des Scheiterns einzukalkulieren sind. Damit ist auch bei den Innovationsprozessen zum Aufbau einer inklusiven Schule zu rechnen und stellt sie vor die Herausforderung, nach erfolgreichen Lösungsmöglichkeiten zu suchen.

Literaturverzeichnis

Achermann, Bruno/Amirpur, Donja/Braunsteiner, Maria-Luise/Demo, Heidrun/Plate, Elisabeth/Platte, Andrea: Index für Inklusion. Ein Leitfaden für Schulentwicklung. Weinheim: Beltz, 2017

Arnold, Karl-Heinz/Graumann, Olga/Rakhkochkine, Anatoli (Hrsg.): Handbuch Förderung. Weinheim: Beltz, 2008

Autorengruppe Bildungsberichterstattung: Bildung in Deutschland 2014. Ein indikatorengestützter Bericht mit einer Analyse zur Bildung von Menschen mit Behinderungen. Bielefeld: Bertelsmann, 2014

Avramidis, Elias/Kalyva, Efrosini: The influence of teaching experience and professional development on Greek teachers' attitudes towards inclusion. In: European Journal of Special Needs Education 22 (2007) 4, S. 367–389

Baum, Detlef: Soziale Risiken sind immer auch Exklusionsrisiken. Welchen Beitrag leistet Soziale Arbeit als Teil der Sozialpolitik zur sozialen Integration von Menschen in modernen Gesellschaften. In: Keller, Jan/Baum, Detlef/Gojová, Alice (Hrsg.): Neue soziale Risiken und Soziale Arbeit in der Transformationsgesellschaft. Wiesbaden: Springer, 2013, S. 217–239

Baumert, Jürgen/Kunter, Mareike: Das Kompetenzmodell von COAKTIV. In: Kunter, Mareike/Baumert, Jürgen/Blum, Werner/Klusmann, Uta/Krauss, Stefan/Neubrand, Michael (Hrsg.): Professionelle Kompetenz von Lehrkräften – Ergebnisse des Forschungsprogramms COACTIV. Münster: Waxmann, 2011, S. 29–53

Baumert, Jürgen/Kunter, Mareike: Stichwort: Professionelle Kompetenz von Lehrkräften. In: Zeitschrift für Erziehungswissenschaft 9 (2006) 4, S. 469–520

Baumert, Jürgen/Stanat, Petra/Watermann, Rainer: Schulstruktur und die Entstehung differenzieller Lern- und Entwicklungsmilieus. In: Baumert, Jürgen/Stanat, Petra/Watermann, Rainer (Hrsg.): Herkunftsbedingte Disparitäten im Bildungswesen. Vertiefende Analysen im Rahmen von PISA 2000. Wiesbaden: VS Verlag, 2006, S. 95–188

Beck, Iris/Greving, Heinrich (Hrsg.): Lebenslage und Lebensbewältigung. Behinderung, Bildung, Partizipation. Enzyklopädisches Handbuch der Behindertenpädagogik. Stuttgart: Kohlhammer, 2012

Benkmann, Rainer: Kinderarmut und Lernbeeinträchtigung – Zur Ungleichheit sozialer Beteiligungschancen in der Kinderwelt. In: Salzberg-Ludwig, Karin/Grüning, Eberhard (Hrsg.): Pädagogik für Kinder und Jugendliche in schwierigen Lern- und Lebenssituationen. Stuttgart: Kohlhammer, 2007, S. 79–92

Benkmann, Rainer: Individuelle Förderung und kooperatives Lernen im gemeinsamen Unterricht. In: Empirische Sonderpädagogik 1 (2009) 1, S. 143–156

Benkmann, Rainer: Inklusive Schule in einer desintegrierten Gesellschaft? In: Benkmann, Rainer/Chilla, Solveig/Stapf, Evelyn (Hrsg.): Inklusive Schule – Einblicke und Ausblicke. Immenhausen: Prolog, 2012, S. 54–70

Bittlingmayer, Uwe H.: Die Diskussion um funktionalen Analphabetismus aus der Perspektive der Bildungs- und Herrschaftssoziologie Pierre Bourdieus. In: Erler, Ingolf/Laimbauer, Viktoria/Sertl, Michael (Hrsg.): Wie Bourdieu in die Schule kommt. Analysen zu Ungleichheit und Herrschaft im Bildungswesen. Innsbruck: Studienverlag, 2011, S. 37–54

Bless, Gérard: Zur Wirksamkeit der Integration: Forschungsüberblick, praktische Umsetzung einer integrativen Schulform, Untersuchungen zum Lernfortschritt. Bern: Haupt, 2007

BMAS (Bundesministerium für Arbeit und Soziales): Lebenslagen in Deutschland. Der vierte Armuts- und Reichtumsbericht der Bundesregierung. Bonn, 2013
Boban, Ines/Hinz, Andreas (Hrsg.): Index für Inklusion – Lernen und Teilhabe in der Schule der Vielfalt entwickeln. Halle/Saale, 2003
Booth, Tony: Wie sollen wir zusammen leben? Inklusion als wertebezogener Rahmen für die pädagogische Praxis. Vortrag zur Internationalen Fachtagung von Kinderwelten und GEW »Bildung konsequent inklusiv« am 11. Juni 2010 in Berlin.
Bos, Wilfried/Müller, Sabrina/Stubbe, Tobias C.: Abgehängte Bildungsinstitutionen: Hauptschulen und Förderschulen. In: Quenzel, Gudrun/Hurrelmann, Klaus (Hrsg.): Bildungsverlierer. Neue Ungleichheiten. Wiesbaden: VS Verlag, 2010, S. 375–397
Böttcher, Wolfgang: Das Projekt Kerncurriculum – ein Grund zum Streiten? In: Böttcher, Wolfgang/Kalb, Peter E. (Hrsg.): Kerncurriculum. Was Kinder in der Grundschule lernen sollen. Eine Streitschrift. Weinheim: Beltz, 2002a, S. 7–12
Böttcher, Wolfgang: Für ein verbindliches Kerncurriculum an Grundschulen. In: Böttcher, Wolfgang/Kalb, Peter E. (Hrsg.): Kerncurriculum. Was Kinder in der Grundschule lernen sollen. Eine Streitschrift. Weinheim: Beltz, 2002b, S. 14–37
Böttcher, Wolfgang: Einige Bemerkungen zur Zukunft der europäischen (Aus-)Bildung. Oder: Zehn Jahre Weißbuch »Lehren und Lernen« der Europäischen Kommission. In: Tertium comparationis 11 (2005) 1, S. 69–81
Bourdieu, Pierre: Die verborgenen Mechanismen der Macht. Hamburg: VSA-Verlag, 1992
Bourdieu, Pierre: Wie die Kultur zum Bauern kommt: Über Bildung, Schule und Politik. Hamburg: VSA, 2001
Bremer, Helmut/Lange-Vester, Andrea: Die Pluralität der Habitus- und Milieuformen bei Lernenden und Lehrenden. Theoretische und methodologische Überlegungen zum Verhältnis von Habitus und sozialem Raum. In: Helsper, Werner/Kramer, Rolf-Torsten/Thiersch, Sven (Hrsg.): Schülerhabitus. Theoretische und empirische Analysen zum Bourdieuschem Theorem der Kulturellen Passung. Wiesbaden: Springer VS, 2014, S. 56–81
BRK (Behindertenrechtskonvention): Übereinkommen der Vereinten Nationen über die Rechte von Menschen mit Behinderungen (englischsprachige Version). Hrsg. vom Bundesministerium für Arbeit und Soziales, Bonn, 2011
Buddensiek, Wilfried: Schularchitektur als dritter Pädagoge. Ganztagsschule als Lern- und LebensRaum. In: Nds – das Magazin der Bildungsgewerkschaft 55 (2003), S. 22–23
Busse, Susann: Männlichkeit – ein Risikofaktor in der Schule? Die Rolle der Familie bei der Bearbeitung schulischer Benachteiligungsstrukturen. In: Hummrich, Merle (Hrsg.): Benachteiligung im Bildungssystem. Frankfurt/M.: Peter Lang, 2009, S. 77–92
Chilla, Solveig: Kooperation von Lehrkräften – Standort und Perspektiven. In: Benkmann, Rainer/Chilla, Solveig/Stapf, Evelyn (Hrsg.): Inklusive Schule – Einblicke und Ausblicke. Immenhausen: Prolog, 2012, S. 103–121
Dahlinger, Sarah: Der Raum als dritter Pädagoge. In: In: PÄD-Forum: unterrichten erziehen 37/28 (2009), S. 247–250

Dammer, Karl-Heinz: All inclusive? oder: Dabei sein ist alles? Ein Versuch, die Konjunktur des Inklusionsbegriffs in der Pädagogik zu verstehen. In: Pädagogische Korrespondenz 43 (2011), S. 5–30
Derecik, Ahmet: Praxisbuch Schulfreiraum. Gestaltung von Bewegungs- und Ruheräumen an Schulen. Wiesbaden: Springer VS, 2015
Deutsche UNESCO Kommission: Inklusion: Leitlinien für die Bildungspolitik. Bonn, 2009
Ellinger, Stephan: Förderung bei sozialer Benachteiligung. Stuttgart: Kohlhammer, 2013
Ellinger, Stephan/Koch, Katja/Schroeder, Joachim: Risikokinder in der Ganztagsschule. Ein Praxishandbuch. Stuttgart: Kohlhammer, 2007
Europäische Agentur (Europäische Agentur für Entwicklungen in der sonderpädagogischen Förderung): Inklusionsorientierte Lehrerbildung. Ein Profil für inklusive Lehrerinnen und Lehrer. Dänemark, 2012
Feuser, Georg: Behinderte und Jugendliche. Zwischen Integration und Aussonderung. Darmstadt: Wissenschaftliche Buchgesellschaft, 1995
Gage, Nicholas A./Lierheimer, Kristin S./Goran, Lisa G.: Characteristics of students with high-incidence disabilities broadly defined. In: Journal of Disability Policy Studies 23 (2012) 3, S. 168–178
Gomolla, Mechthild/Radtke, Frank-Olaf: Institutionelle Diskriminierung: Die Herstellung ethnischer Differenz in der Schule. Die Herstellung ethnischer Differenz in der Schule. Wiesbaden: VS Verlag, 2. Auflage 2007
Gräsel, Cornelia/Fußangel, Kathrin/Pröbstel, Christian: Lehrkräfte zur Kooperation anregen – eine Aufgabe für Sisyphos. In: Zeitschrift für Pädagogik 52 (2006) 2, S. 205–219
Groos, Thomas/Jehles, Nora: Der Einfluss von Armut auf die Entwicklung von Kindern. Ergebnisse der Schuleingangsuntersuchung. Schriftenreihe Arbeitspapiere wissenschaftliche Begleitforschung »Kein Kind zurücklassen!«. Gütersloh, 2015
Grskovic, Janice A.: Die Vorbereitung von Regelschullehrkräften auf den inklusiven Unterricht an weiterführenden Schule – eine Literaturübersicht aus den USA. In: Heilpädagogische Forschung 38 (2012) 4, S. 208–215
Grundmann, Matthias/Bittlingmayer, Uwe H./Dravenau, Daniel/Groh-Samberg, Olaf: Die Umwandlung von Differenz in Hierarchie? Schule zwischen einfacher Reproduktion und eigenständiger Produktion sozialer Bildungsungleichheit. In: Zeitschrift für Soziologie der Erziehung und Sozialisation 24 (2004) 2, S. 124–145
Grundmann, Matthias/Bittlingmayer, Uwe H./Dravenau, Daniel/Groh-Samberg, Olaf: Bildung als Privileg und Fluch – zum Zusammenhang zwischen lebensweltlichen und institutionalisierten Bildungsprozessen. In: Becker, Rolf/Lauterbach, Wolfgang (Hrsg.): Bildung als Privileg. Erklärungen und Befunde zu den Ursachen der Bildungsungleichheit. Wiesbaden: VS Verlag, 4. aktual. Auflage 2010, S. 51–78
Haeberlin, Urs: Behinderte integrieren – alles klar? In: Vierteljahresschrift für Heilpädagogik und ihre Nachbargebiete 80 (2011) 4, S. 278–283
Hallahan, Daniel P./Kauffman, James M.: Labels, categories, behaviors: ED, LD, and EMR reconsidered. In: Journal of Special Education 11 (1977) 2, S. 140–149
Hechler, Oliver: Pädagogische Beratung. Stuttgart: Kohlhammer, 2010, S. 43

Heimlich, Ulrich: Die »Schule der Armut« – Armut und soziale Benachteiligung als Herausforderung an die Lernbehindertenpädagogik. In: Vierteljahresschrift für Heilpädagogik und ihre Nachbargebiete 77 (2008) 1, S. 11–22

Heimlich, Ulrich: Pädagogik bei Lernschwierigkeiten. Sonderpädagogische Förderung im Förderschwerpunkt Lernen. Bad Heilbrunn: Klinkhardt, 2. Auflage 2016

Heimlich, Ulrich: Inklusive Schulen/Inklusive Schulentwicklung. In: Wember, Franz B./ Stein, Roland/ Heimlich, Ulrich (Hrsg.): Handlexikon Lernschwierigkeiten und Verhaltensstörungen. Stuttgart: Kohlhammer, 2014, S. 195–197

Heinrich, Martin/Urban, Michael/Werning, Rolf: Grundlagen, Handlungsstrategien und Forschungsperspektiven für die Ausbildung und Professionalisierung von Fachkräften für inklusive Schulen. In: Döbert, Hans/Weishaupt, Horst (Hrsg.): Inklusive Bildung professionell gestalten. Situationsanalyse und Handlungsempfehlungen. Münster: Waxmann, 2013, S. 69–134

Helsper, Werner/Wiezorek, Christiane: Zwischen Leistungsanforderung und Fürsorge. Perspektiven der Hauptschule im Dilemma von Fachunterricht und Unterstützung. In: Die deutsche Schule 98 (2006) 4, S. 436–455

Hillenbrand, Clemens: Verhalten und Sprache: Risiken – Resilienz – Entwicklungsförderung. In: Praxis Sprache 4 (2014), S. 243–248

Hillenbrand, Clemens/Melzer, Conny/Hagen, Tobias: Bildung schulischer Fachkräfte für inklusive Bildungssysteme. In: Döbert, Hans/Weishaupt, Horst (Hrsg.): Inklusive Bildung professionell gestalten. Situationsanalyse und Handlungsempfehlungen. Münster: Waxmann, 2013, S. 33–68

Hiller, Gotthilf G.: Aufriss einer kultursoziologisch fundierten, zielgruppenspezifischen Didaktik. In: Heimlich, Ulrich/Wember, Franz B. (Hrsg.): Didaktik des Unterrichts im Förderschwerpunkt Lernen. Stuttgart: Kohlhammer, 2007, S. 41–55

Hinz, Andreas: Inklusive Pädagogik in der Schule – veränderter Orientierungsrahmen für die schulische Sonderpädagogik!? Oder doch deren Ende?? In: Zeitschrift für Heilpädagogik 60 (2009) 5, S. 171–179

Hinz, Andreas: Die Adaption des »Index für Inklusion« in Deutschland. In: Reich, Kersten (Hrsg.): Inklusion und Bildungsgerechtigkeit. Standards und Regeln zur Umsetzung einer inklusiven Schule. Weinheim: Beltz, 2012, S. 171–180

Hofmann, Christiane/Koch, Arno/v. Stechow, Elisabeth: Standards inklusiven Unterrichts – Standards guten Unterrichts. In: Benkmann, Rainer/Chilla, Solveig/Stapf, Evelyn (Hrsg.): Inklusive Schule – Einblicke und Ausblicke. Immenhausen: Prolog, 2012, S. 122–137

Hsien, Michelle/Brown, P. Margaret/Bortoli, Anna: Teachers' qualifications and attitudes toward inclusion. In: Australasian Journal of Special Education 33 (2009) 1, S. 26–41

Huber, Christian/Wilbert, Jürgen: Soziale Ausgrenzung von Schülern mit sonderpädagogischem Förderbedarf und niedrigen Schulleistungen im gemeinsamen Unterricht. Empirische Sonderpädagogik 4 (2012) 2, S. 147–165

Hurrelmann, Klaus/Grundmann, Matthias/Walper, Sabine: Zum Stand der Sozialisationsforschung. In: Hurrelmann, Klaus/Grundmann, Matthias/Walper, Sabine (Hrsg.): Handbuch Sozialisationsforschung. Weinheim: Beltz, 7., vollst. überarb. Auflage 2008, S. 14–31

Huster, Ernst-Ulrich/Boeckh, Jürgen/Mogge-Grotjahn, Hildegard: Handbuch Armut und Soziale Ausgrenzung. Wiesbaden: Springer VS, 2. Auflage 2012

Klieme, Eckhard/Steinert, Brigitte/Hochweber, Jan: Zur Bedeutung der Schulqualität für Unterricht und Lernergebnisse. Festschrift für Jürgen Baumert. In: Bos, Wilfried/Klieme, Eckhard/Köller, Olaf (Hrsg.): Schulische Lerngelegenheiten und Kompetenzentwicklung. Münster: Waxmann, 2010, S. 231–255

KMK (Kultusministerkonferenz): Empfehlungen zur sonderpädagogischen Förderung in den Schulen der BRD. Beschluss der Kultusministerkonferenz vom 06.05.1994. Im Internet unter http://www.kmk.org/fileadmin/veroeffentlichungen_beschluesse/1994/1994_05_06-Empfehlung-sonderpaed-Foerderung.pdf [14.10.2014]

KMK (Kultusministerkonferenz): Inklusive Bildung von Kindern und Jugendlichen mit Behinderungen in Schulen (Beschluss der Kultusministerkonferenz vom 20.10.2011). Im Internet unter http://www.kmk.org/fileadmin/veroeffentlichungen_beschluesse/2011/2011_10_20-Inklusive-Bildung.pdf [14.10.2014]

KMK (Kultusministerkonferenz): Rahmenvereinbarung über die Ausbildung und Prüfung für ein sonderpädagogisches Lehramt (Lehramtstyp 6). Beschluss der Kultusministerkonferenz vom 06.05.1994 i. d. F. vom 10.10.2013. Im Internet unter http://www.kmk.org/fileadmin/veroeffentlichungen_beschluesse/1994/1994_05_06-RV_Lehramtstyp_6.pdf [14.10.2014]

KMK (Kultusministerkonferenz): Standards für die Lehrerbildung: Bildungswissenschaften. Beschluss der Kultusministerkonferenz vom 06.12.2004 i. d. F. vom 12.06.2014. Im Internet unter http://www.kmk.org/fileadmin/veroeffentlichungen_beschluesse/2004/2004_12_16-Standards-Lehrerbildung-Bildungswissenschaften.pdf [04.03.2015]

KMK/HRK (Kultusministerkonferenz/Hochschulrektorenkonferenz): Lehrerbildung für eine Schule der Vielfalt. Gemeinsame Empfehlung von Hochschulrektorenkonferenz und Kultusministerkonferenz. Beschluss der Kultusministerkonferenz vom 12.03.2015/Beschluss der Hochschulrektorenkonferenz vom 18.03.2015. Im Internet unter http://www.hrk.de/uploads/tx_szconvention/HRK-KMK-Empfehlung_Inklusion_in_LB_032015.pdf [14.04.15]

Konsortium Bildungsberichterstattung (Hrsg.): Bildung in Deutschland. Ein indikatorengestützter Bericht mit einer Analyse zu Bildung und Migration. Bielefeld: Bertelsmann, 2006

Kornmann, Reimar/Meister, Hans/Schlee, Jörg (Hrsg.): Förderdiagnostik. Konzept und Realisierungsmöglichkeiten. Heidelberg: Ed. Schindele, 3., erw. Auflage 1994

Koutrouba, Konstantina/Vamvakari, Malvina/Steliou, Marina: Factors correlated with teachers' attitudes towards the inclusion of students with special needs in Cyprus. In: European Journal of Special Needs Education 21 (2006) 4, S. 381–394

Kramer, Rolf-Torsten: Kulturelle Passung und Schülerhabitus – Zur Bedeutung der Schule für Transformationsprozesse des Habitus. In: Helsper, Werner/Kramer, Rolf-Torsten/Thiersch, Sven (Hrsg.): Schülerhabitus. Theoretische und Empirische Analysen zum Bourdieuschem Theorem der kulturellen Passung. Wiesbaden: Springer VS, 2014, S. 183–202

Kramer, Rolf-Torsten/Helsper, Werner: Kulturelle Passung und Bildungsungleichheit – Potenziale einer an Bourdieu orientierten Analyse der Bildungsungleichheit. In:

Krüger, Heinz-Hermann/Rabe-Kleberg, Ursula/Kramer, Rolf-Torsten/Budde, Jürgen (Hrsg.): Bildungsungleichheit revisited. Bildung und soziale Ungleichheit vom Kindergarten bis zur Hochschule. Wiesbaden: VS Verlag, 2010, S. 101–125

Lange-Vester, Andrea/Teiwes-Kügler, Christel: Habitussensibilität im schulischen Alltag als Beitrag zur Integration ungleicher sozialer Gruppen. In: Sander, Tobias (Hrsg.): Habitussensibilität. Eine neue Anforderung an professionelles Handeln. Wiesbaden: Springer VS, 2014, S. 177–208

Liebau, Eckart: Was Pädagogen an Bourdieu stört. In: Erler, Ingolf/Laimbauer, Viktoria/Sertl, Michael (Hrsg.): Wie Bourdieu in die Schule kommt. Analysen zu Ungleichheit und Herrschaft im Bildungswesen. Innsbruck: Studienverlag, 2011, S. 10–21

Lindmeier, Christian: Welche Pädagogik braucht eine inklusive Schule. In: Ellger-Rüttgardt, Sieglind/Wachtel, Grit (Hrsg.): Pädagogische Professionalität und Behinderung. Herausforderungen aus historischer, nationaler und internationaler Perspektive. Stuttgart: Kohlhammer, 2010, S. 193–202

Lütje-Klose, Birgit/Neumann, Philipp: Die Rolle der Sonderpädagogik im Rahmen der Lehrerinnen- und Lehrerprofessionalisierung für eine inklusive schulische Bildung. In: Häcker, Thomas/Walm, Maik (Hrsg.): Inklusion als Entwicklung. Konsequenzen für Schule und Lehrerbildung. Bad Heilbrunn: Klinkhardt, 2015, S. 101–116

Lütje-Klose, Birgit/Urban, Melanie: Professionelle Kooperation als wesentliche Bedingung inklusiver Schul- und Unterrichtsentwicklung. Teil 1: Grundlagen und Modelle inklusiver Kooperation. In: Vierteljahresschrift für Heilpädagogik und ihre Nachbargebiete 83 (2014) 2, S. 112–123

Lütje-Klose, Birgit/Willenbring, Monika: »Kooperation fällt nicht vom Himmel« – Möglichkeiten der Unterstützung kooperativer Prozesse in Teams von Regelschullehrerin und Sonderpädagogin aus systemischer Sicht. In: Behindertenpädagogik 38 (1999), S. 2–31

Maritzen, Norbert/Sturm, Tanja: Heterogenität und Homogenität an Hamburger Schulen. In: Schwohl, Joachim/Sturm, Tanja (Hrsg.): Inklusion als Herausforderung schulischer Entwicklung. Bielefeld: transcript, 2010, S. 85–102

Melter, Claus: Interkulturelle Kompetenzen im Verhältnis zu geschlechtsspezifischer und ethnisierender institutioneller Diskriminierung in der Schule. In: Hummrich, Merle (Hrsg.): Benachteiligung im Bildungssystem. Frankfurt/M.: Peter Lang, 2009, S. 57–76

Moser, Vera: Professionsforschung als Unterrichtsforschung. In: Döbert, Hans/Weishaupt, Horst (Hrsg.): Inklusive Bildung professionell gestalten. Situationsanalyse und Handlungsempfehlungen. Münster: Waxmann, 2013, S. 135–146

Müller, Katharina/Ehmke, Timo: Soziale Herkunft als Bedingung der Kompetenzentwicklung. In: Prenzel, Manfred/Sälzer, Christine/Klieme, Eckhard/Köller, Olaf (Hrsg.): PISA 2012. Fortschritte und Herausforderungen in Deutschland. Münster: Waxmann, 2013, S. 245–274

Mutzeck, Wolfgang: Kooperative Beratung. Grundlagen, Methoden, Training, Effektivität. Weinheim: Beltz, 6. Aufl. 2008

Niemann, Lars: Steuerung lokaler Bildungslandschaften. Räumliche und pädagogische Entwicklung am Beispiel des Projektes Altstadt Nord Köln. Wiesbaden: Springer VS, 2014

Nyssen, Elke/Stange, Helmut: Lebenswelten von Schülerinnen und Schülern der Schule für Lernbehinderte – Bedeutung für Schule und Unterricht aus der Sicht von Lehrerinnen – Ein Werkstattbericht. In: Gehrmann, Petra/Hüwe, Birgit (Hrsg.): Kinder und Jugendliche in erschwerten Lernsituationen. Aktuelle sonderpädagogische Forschungs- und Arbeitsfelder. Stuttgart: Kohlhammer, 2003, S. 38–55.

Opalinski, Saskia/Benkmann, Rainer: Einstellungen zur schulischen Inklusion – eine Untersuchung an Thüringer Lehrkräften. In: Benkmann, Rainer/Chilla, Solveig/Stapf, Evelyn (Hrsg.): Inklusive Schule – Einblicke und Ausblicke. Immenhausen: Prolog, 2012, S. 85–102

Palmowski, Winfried: Systemische Beratung. Stuttgart: Kohlhammer, 2. Auflage 2014

Palmowski, Winfried: Nichts ist ohne Kontext. Systemische Pädagogik bei »Verhaltensauffälligkeiten. Dortmund: verlag modernes lernen, 3. Auflage 2015

Prengel, Annedore: Anerkennung in Lehrer-Schüler-Beziehungen als Bedingung sozialen und kognitiven Lernens. In: Hellmich, Frank/Förster, Sabrina/Hoya, Fabian (Hrsg.): Bedingungen des Lehrens und Lernens in der Grundschule (Jahrbuch Grundschulforschung 16). Wiesbaden: Springer VS, 2012, S. 73–76

Prengel, Annedore: Pädagogische Beziehungen zwischen Anerkennung, Verletzung und Ambivalenz. Opladen: Budrich, 2013

Prengel, Annedore: Inklusive Bildung: Grundlagen, Praxis, offene Fragen. In: Häcker, Thomas/Walm, Maik (Hrsg.): Inklusion als Entwicklung. Konsequenzen für Schule und Lehrerbildung. Bad Heilbrunn: Klinkhardt, 2015, S. 27–46

Prengel, Annedore/Riegler, Susanne/Wannack, Evelyne: »Formative Assessment« als Re-Impuls für pädagogisch-didaktisches Handeln. In: Röhner, Charlotte/Henrichwark, Claudia/Hopf, Michaela (Hrsg.): Europäisierung der Bildung. Konsequenzen und Herausforderungen für die Grundschulpädagogik. Wiesbaden: VS Verlag, 2009, S. 253–257

Rauer, Wulf: Eine Schule für alle in der deutschen Großstadt mit der schärfsten Polarisierung von Reichtum und Armut. In: Schwohl, Joachim/Sturm, Tanja (Hrsg.): Inklusion als Herausforderung schulischer Entwicklung. Bielefeld: transcript, 2010, S. 103–118

Rauh, Bernhard: Die Dialektik von Inklusion und Exklusion und ihre Bedeutung für die ›Schule für alle‹. In: Lütje-Klose, Birgit/Langer, Marie-Therese/Serke, Björn/Urban, Melanie (Hrsg.): Inklusion in Bildungsinstitutionen. Eine Herausforderung an die Heil- und Sonderpädagogik. Bad Heilbrunn: Klinkhardt, 2011, S. 47–53.

Rauh, Bernhard: Trägt der Begriff des Lernens die fachliche Arbeitsperspektive noch hinreichend? In: Rauh, Bernhard/Laubenstein, Désirée/Anken, Lars/Auer, Hans-Ludwig (Hrsg.): Förderschwerpunkt Lernen – wohin? Oberhausen: Athena, 2012, S. 53–74

Rauh, Bernhard/Laubenstein, Désirée/Auer, Hans-Ludwig: Für welches Ziel und zu welchem Zweck braucht man heute noch einen Förderschwerpunkt Lernen? In: Rauh, Bernhard/Laubenstein, Désirée/Anken, Lars/Auer, Hans-Ludwig (Hrsg.): Förderschwerpunkt Lernen – wohin? Oberhausen: Athena, 2012, S. 13–31

Reiser, Helmut: Professionelle Konzepte und das Handlungsfeld Sonderpädagogik. In: Horster, Detlef/Hoyningen-Süess, Ursula/Liesen, Christian (Hrsg.): Sonderpädagogische Professionalität. Beiträge zur Entwicklung der Sonderpädagogik als Disziplin und Profession. Wiesbaden: VS Verlag, 2005, S. 133–150

Ricken, Gabriele: Ansätze einer (behinderten-)pädagogischen Diagnostik in einer inklusiven Schule. In: Schwohl, Joachim/Sturm, Tanja (Hrsg.): Inklusion als Herausforderung schulischer Entwicklung. Bielefeld: transcript, 2010, S. 315–332

Ricking, Heinrich: Der »Overlap« von Lern- und Verhaltensstörungen. In: Sonderpädagogik 35 (2005) 4, S. 235–248

Rieger-Ladich, Markus: Rationale Pädagogik: Siegfried Bernfeld – Heinz Joachim Heydorn – Pierre Bourdieu. In: Faulstich-Wieland, Hannelore (Hrsg.): Umgang mit Heterogenität und Differenz (Band 3 der Reihe »Professionswissen für Lehrerinnen und Lehrer«). Hohengehren: Schneider, 2011, S. 141–159

Sabornie, Edward J./Cullinan, Douglas/Osborne, Susan, S./Brock, Lynne, B.: Intellectual, academic, and behavioral functioning of students with high-incidence disabilities: A cross-categorial meta-analysis. In: Exceptional Children 72 (2005) 1, S. 47–63

Saldern v., Matthias: Heterogenität und Schulstruktur. Ein Blick auf Restriktionen und Selbstrestriktionen des deutschen Schulsystems. In: Boller, Sebastian/Rosowski, Elke/Stroot, Thea (Hrsg.): Heterogenität in Schule und Unterricht. Handlungsansätze zum pädagogischen Umgang mit Heterogenität. Weinheim: Beltz, 2007, S. 42–51.

Sander, Alfred: Kind-Umfeld-Analyse: Diagnostik bei Schülern und Schülerinnen mit besonderen Förderbedarf. In: Mutzeck, Wolfgang (Hrsg.): Förderdiagnostik. Konzepte und Methoden. Weinheim: Beltz, 3. Auflage 2002, S. 12–24

Sasse, Ada/Schulzeck, Ursula: Differenzierungsmatrizen als Modell der Planung und Reflexion inklusiven Unterrichts – zum Zwischenstand in einem Schulversuch. In: Jantowski, Andreas: Thillm.2013 – Gemeinsam leben. Miteinander lernen. Bad Berka, 2013. Im Internet unter http://www.gu-thue.de/material/Beitrag_Sasse_Schulzeck_Thillm_Jahr2013.pdf [20.12.2014]

Schlee, Jörg: 30 Jahre »Förderdiagnostik« – eine kritische Bilanz. In: Zeitschrift für Heilpädagogik 59 (2008) 4, S. 122–131

Schroeder, Joachim: Was ist eine Ganztagsschule für Risikokinder? In: Ellinger, Stephan/Koch, Katja/Schroeder, Joachim: Risikokinder in der Ganztagsschule. Ein Praxishandbuch. Stuttgart: Kohlhammer, 2007, S. 9–36

Schroeder, Joachim: Die Schule für alle – überall? Rückfragen zum Hamburger Schulversuch »Integrative Grundschule im sozialen Brennpunkt«. In: Schwohl, Joachim/Sturm, Tanja (Hrsg.): Inklusion als Herausforderung schulischer Entwicklung. Widersprüche und Perspektiven eines erziehungswissenschaftlichen Diskurses. Bielefeld: transcript, 2010, S. 119–138

Seitz, Simone: Leitlinien didaktischen Handelns. In: Zeitschrift für Heilpädagogik 59 (2008) 6, S. 226–233

Senatsverwaltung Berlin: Ausbildung von Lehrkräften in Berlin. Empfehlungen der Expertenkommission. Berlin: Senatsverwaltung für Bildung, Jugend und Wissenschaft, 2012

Steinert, Brigitte/Klieme, Eckhard/Maag Merki, Katarina/Döbrich, Peter/Halheer, Ueli/ Kunz, André: Lehrerkooperation in der Schule: Konzeption, Erfassung, Ergebnisse. In: Zeitschrift für Pädagogik 52 (2006) 2, S. 185–204

Stichweh, Rudolf: Professionen in einer funktional differenzierten Gesellschaft. In: Combe, Arno/Helsper, Werner (Hrsg.): Pädagogische Professionalität. Untersuchungen zum Typus pädagogischen Handelns. Frankfurt/M.: Suhrkamp, 2. Auflage 1997, S. 49–69

Tenorth, Heinz-Elmar: Sonderpädagogische Professionalität – zur Geschichte ihrer Entwicklung. In: Ellger-Rüttgardt, Sieglind Luise/Wachtel, Grit (Hrsg.): Pädagogische Professionalität und Behinderung. Herausforderungen aus historischer, nationaler und internationaler Perspektive. Stuttgart: Kohlhammer, 2010, S. 13–27

Terhart, Ewald: Heterogenität der Schüler – Professionalität der Lehrer: Ansprüche und Wirklichkeiten. In: Ellger-Rüttgardt, Sieglind Luise/Wachtel, Grit (Hrsg.): Pädagogische Professionalität und Behinderung. Herausforderungen aus historischer, nationaler und internationaler Perspektive. Stuttgart: Kohlhammer, 2010, S. 89–104

Terhart, Ewald/Klieme, Eckard: Kooperation im Lehrerberuf: Forschungsproblem und Gestaltungsaufgabe. Zur Einführung in den Thementeil. In: Zeitschrift für Pädagogik 52 (2006) 2, S. 163–166

Thielen, Marc: Fragen inklusiver Schulentwicklung aus der Perspektive einer lebenslagen- und lebensaltersensiblen Pädagogik im Förderschwerpunkt Lernen. In: Rauh, Bernhard/Laubenstein, Désirée/Anken, Lars/Auer, Hans-Ludwig (Hrsg.): Förderschwerpunkt Lernen – wohin? Oberhausen: Athena, 2012, S. 75–92

Tietze, Kim-Oliver: Wirkprozesse und personenbezogene Wirkungen von kollegialer Beratung. Theoretische Entwürfe und empirische Forschung. Wiesbaden: VS Verlag, 2010

Urban, Michael: Beratungsdienste der schulischen Erziehungshilfe als Ausdifferenzierung reflexiver Strukturen im Schulsystem. In: Göhlich, Michael/Weber, Susanne Maria/Seitter, Wolfgang/Feld, Timm C. (Hrsg.): Organisation und Beratung. Beiträge der AG Organisationsberatung. Wiesbaden: VS Verlag, 2010, S. 203–211

Vester, Michael: Das schulische Bildungssystem unter Druck: Sortierung nach Herkunft oder milieugerechte Pädagogik? In: Dietrich, Fabian/Heinrich, Martin/Thieme, Nina (Hrsg.): Bildungsgerechtigkeit jenseits von Chancengleichheit. Theoretische und empirische Ergänzungen und Alternativen zu ›PISA‹. Wiesbaden: Springer VS, 2013, S. 91–113

Voges, Wolfgang/Jürgens, Olaf/Mauer, Andreas/Meyer, Eike: Methoden und Grundlagen des Lebenslagenansatzes. Endbericht. Bremen, 2003

Weiß, Sabine/Kollmannsberger, Markus/Kiel, Ewald: Was sollen Lehrerinnen und Lehrer im Förderschwerpunkt Lernen können? Ein Anforderungsprofil aus Sicht von Lehrkräften und Ausbildungspersonen. In: Vierteljahresschrift für Heilpädagogik und ihre Nachbargebiete 83 (2014) 4, S. 305–317

Weishaupt, Horst: Aus-, Fort- und Weiterbildung für ein Schulwesen auf dem Weg zur inklusiven Schule. In: Zeitschrift für Heilpädagogik 66 (2015) 5, S. 216–229

Wellenreuther, Martin: Lehren und Lernen – aber wie? Hohengehren: Schneider, 2004

Wember, Franz B.: Direkter Unterricht. In: Walter, Jürgen/Wember, Franz B. (Hrsg.): Sonderpädagogik des Lernens. Handbuch: Sonderpädagogik, Band 2. Göttingen: Hogrefe, 2007, S. 437–451

Werner, Birgit/Quindt, Felina: Aufgabe von Lehrkräften in inklusiven Settings. Eine empirisch-analytische Studie zur Erfassung und Klassifikation von Aufgaben von Lehrkräften in inklusiven Settings. In: Zeitschrift für Heilpädagogik 65 (2014) 12, S. 462–471

Wischer, Beate: Umgang mit Heterogenität in der Schule – Zwischen Veränderungsnotwendigkeiten und Veränderungsmöglichkeiten. In: Behindertenpädagogik 46 (2007a) 1, S. 19–32

Wischer, Beate: Wie sollen LehrerInnen mit Heterogenität umgehen? Über »programmatische Fallen« im aktuellen Reformdiskurs. In: Die deutsche Schule 99 (2007b) 4, S. 422–433

Wocken, Hans: Leistung, Intelligenz und Soziallage von Schülern mit Lernbehinderungen. Vergleichende Untersuchungen an Förderschulen in Hamburg. In: Zeitschrift für Heilpädagogik 51 (2000) 12, S. 492–503

Wocken, Hans: Architektur eines inklusiven Bildungswesens. Eine bildungspolitische Skizze. In: Wocken, Hans: Das Haus der inklusiven Schule. Baustellen – Baupläne – Bausteine. Hamburg: Feldhaus Verlag, 2011a, S. 91–139.

Wocken, Hans: Sonderpädagogen in der Inklusion. In: Wocken, Hans: Das Haus der inklusiven Schule. Baustellen – Baupläne – Bausteine. Hamburg: Feldhaus Verlag, 2011b, S. 199–242

Ausblick

Rainer Benkmann & Ulrich Heimlich

Die sonderpädagogische Förderung im Förderschwerpunkt Lernen sieht sich angesichts der Inklusionsaufgabe vor einem dreifachen Ablösungsprozess. Schülerinnen und Schüler mit gravierenden Lernschwierigkeiten werden im gesamten Bildungssystem gefördert. Ihre fachlich fundierte Unterstützung und Begleitung bei der Wahrnehmung von Bildungsangeboten ist nicht mehr an den besonderen Förderort »Förderschule« bzw. »Sonderpädagogisches Förderzentrum« gebunden. Dem sonderpädagogischen Förderbedarf im Förderschwerpunkt Lernen kann auch im allgemeinen Schulsystem entsprochen werden, so hat es die Kultusministerkonferenz bereits 1994 in ihren Empfehlungen zur sonderpädagogischen Förderung gefordert und für den Förderschwerpunkt Lernen 1999 noch einmal bestätigt. In der Folge kam es zu einer Pluralisierung sonderpädagogischer Organisationsformen zwischen Förderschulen und allgemeinen Schulen und zahlreichen Übergangsformen wie Mobilen sonderpädagogischen Diensten, ambulanten Förderzentren und Kooperationsklassen. Sonderpädagogische Lehrkräfte sind seither zunehmend in Beratungs- und Kooperationsprozesse in einer Region gefordert und übernehmen die Verantwortung für die Qualität der sonderpädagogischen Förderung nicht nur am besonderen Förderort, sondern ebenso in den umliegenden allgemeinen Schulen. Diese Entwicklung wird flankiert durch einen *Prozess der Deinstitutionalisierung* im Sinne eines sukzessiven Abbaus bzw. eine Umwandlung der Förderschule für den Förderschwerpunkt Lernen. Der hier skizzierte erste Ablösungsprozess dürfte gegenwärtig zum fachlichen Konsens zählen.

Seit der Ratifizierung der UN-Konvention von 2009 steht die sonderpädagogische Förderung im Förderschwerpunkt Lernen vor einem zweiten Ablösungsprozess, der vor allem mit dem Leitbild der Inklusion einhergeht. Inklusive Schulen heißen alle Schülerinnen und Schüler einer Region willkommen und begrüßen die dadurch sich erweiternde Heterogenität ihrer Schülerschaft als Bereicherung für alle. Damit steht aber auch das Gruppendenken mit der Unterscheidung in eine Gruppe von Kindern mit sonderpädagogischem Förderbedarf und eine Gruppe ohne diesen Förderbedarf zur Disposition. Lernschwierigkeiten können insofern zunächst einmal alle Schülerinnen und Schüler haben. Lernschwierigkeiten sind auch nicht beschränkt auf eine Gruppe von Schülerinnen und Schülern mit dem Förderschwerpunkt Lernen. Vielmehr kommt es in allen Förderschwerpunkten zu Lernschwierigkeiten. Damit ist der zweite Ablösungsprozess näher gekennzeichnet, ein *Prozess der Dekategorisierung* der Gruppe dieser Kinder, der allerdings nicht die Auflösung des Förderschwerpunkts zur Folge hat. Denn individuelle Lernförderung bei Lernschwierigkeiten mit den Elementen Diagnose, Intervention, Evaluation und Beratung muss zukünftig zu einem Qualitätsmerkmal aller Schulen zählen. Dazu ist weiterhin die sonderpädagogische Fachkompetenz im Bereich der individuellen Lernförderung unverzichtbar. Aber sie wird eben im gesamten Bildungssystem erforderlich sein. Von daher dürfen wir uns auch in diesem Bereich auf eine wachsende Nachfrage nach dieser sonderpädagogischen Fachkompetenz einstellen, wie gegenwärtig alle Bemühungen um eine Ausweitung der Studienplatzkapazitäten im Bereich sonderpädagogischer Studiengänge, insbesondere im Bereich der Lehramtsstudiengänge zeigen.

Damit zeichnet sich ein dritter Ablösungsprozess im Hinblick auf die sonderpädagogische Lehramtsausbildung ab. Zunächst betrifft dieser Prozess ausgewählte Inhalte des bisherigen grundständigen Studiums der Sonderpädagogik. Module zur Deinstitutionalisierung und Dekategorisierung werden darauf abzielen, sich von der Vorstellung, sonderpädagogische Fachkompetenzen seien an separate Institutionen und Kategorisierungen gebunden, zu lösen. Andere Inhalte können, wenn nicht schon geschehen, so transformiert werden, dass sie inklusionsorientierte Belange in den Mittelpunkt stellen. Daneben braucht es Module, die den Prozess der Inklusion kritisch-konstruktiv beleuchten. Hierin finden sich auch Vorstellungen zur Sonderpädagogik als eine gesellschaftskritische, Normen hinterfragende Disziplin.

Die veränderte inhaltliche Orientierung und das Erfordernis, sonderpädagogische Fachkompetenz an inklusiven Schulen einzusetzen, lassen das grundständige Studium und das Studium anderer lehrerbildenden Studiengänge näher aneinanderrücken. Statt getrennter wird zukünftig eine gemeinsame Entwicklung von Allgemeiner Pädagogik und Sonderpädagogik angestrebt. Inklusion ist nach der von der Kultusminister- und Hochschulrektorenkonferenz beschlossenen Empfehlung als Querschnittsthema in den bildungswissenschaftlichen, fachdidaktischen und fachwissenschaftlichen Modulen aller Lehramtsstudiengänge zu verankern. Alle Lehramtsstudierende werden also mindestens Basisqualifikationen in den Förderschwerpunkten Lernen, emotionale und soziale Entwicklung sowie Sprache erwerben. In gemeinsamen Veranstaltungen geht es dabei auch um die Thematisierung von Einstellungen und Haltungen gegenüber Differenz. Es besteht die Möglichkeit, ansatzweise auf die Bewältigung der zukünftigen Herausforderungen des Zwei-Pädagogen-Systems, der Arbeit im Team und der Rolle der Beratung an inklusiven Schulen und ihrer Weiterentwicklung vorzubereiten. Insofern findet ein Transfer von sonderpädagogischen Inhalten mit inklusiver Ausrichtung in die Bildungswissenschaften und alle lehramtsbezogenen Studiengänge statt. Diese sind nun aufgefordert, die Inhalte nicht als additive, sondern integrale Elemente in die Module einzuarbeiten, so dass die Förderschwerpunkte als Strukturkategorien eines inklusiven Bildungssystems berücksichtigt werden.

Dem grundständigen Studium der Sonderpädagogik bleibt der Erwerb von Fachkompetenzen für zwei Förderschwerpunkte vorbehalten. Es geht um die Vertiefung und Erweiterung des Wissens, der Fähigkeiten und Fertigkeiten im Hinblick auf eine inklusiv orientierte Sonderpädagogik. Themen wie Inklusion, soziale Ungleichheit, Differenz und Intersektionalität sind nicht nur unter kompetenzorientierten Gesichtspunkten zu erörtern, sondern auch unter Einstellungs- und Haltungsfragen. Hierfür böte sich der erste Teil des Studiums, das Grundstudium bzw. BA-Studium an.

Im Hauptstudium bzw. Masterstudiengang erfolgt die weitere Spezialisierung in den zwei Förderschwerpunkten sowie die Vertiefung für inklusiv orientierte Schulstufen und Unterrichtsfächer. Ebenso ist es denkbar, dass das grundständige Lehramtsstudium der Sonderpädagogik in den verschiedenen Förderschwerpunkten um Inhalte und Anforderungen einer inklusiven Pädagogik erweitert wird und angehende sonderpädagogische Lehrkräfte bei Erhaltung und Weiterentwicklung ihrer spezifischen sonderpädagogischen Fachkompetenz in den verschiedenen Förderschwerpunkten auf eine berufliche Tätigkeit in einem regionalen Netzwerk an unterschiedlichen inklusiven Settings vorzubereiten. Daneben trägt auch hier die Annäherung von Allgemeiner Pädagogik und Sonderpädagogik zur Durchführung gemeinsamer Veranstaltungen der Studierenden aller Lehramtsstudiengänge bei, die sich thematisch mit den Herausforderungen und Aufgaben einer inklusiven Schulentwicklung auseinandersetzen. Studierende der Sonderpädagogik und anderer Lehramtsstudiengänge sind dabei gefordert, sich über erworbene Kenntnisse, divergierende Perspektiven sowie über Einstellungen und Haltungen auszutauschen.

Der dritte Ablösungsprozess zielt folglich auf die Erörterung von Aspekten der Deinstitutionalisierung und Dekategorisierung sonderpädagogischer Förderung und auf die inklusionsorientierte Transformation sonderpädagogischer Inhalte, ferner auf einen Transfer von inklusionsorientierten Perspektiven aus der Sonderpädagogik und deren integraler Verarbeitung in den Modulen der anderen Lehramtsstudiengänge.

Wir hoffen und würden uns sehr freuen, wenn die Buchbeiträge zur weiteren Diskussion zwischen Allgemeiner Pädagogik und Sonderpädagogik anregen und sind davon überzeugt, dass sie für das lehrerbildende Studium nützliche Vorschläge enthalten, die in die Lehramtsausbildung Eingang finden sollten.

Autorenverzeichnis

Senior Prof. Dr. Rainer Benkmann,
Lehrstuhl für Pädagogik bei Lernbeeinträchtigungen, Universität Erfurt,
Fachgebiet Sonder- und Sozialpädagogik,
Nordhäuser Straße 63, 99089 Erfurt

Magdalena Gercke, M.A.,
Lehrstuhl für Inklusive Unterrichtsforschung mit dem Schwerpunkt
Lernen, Universität Erfurt, Fachgebiet Sonder- und Sozialpädagogik,
Nordhäuser Straße 63, 99089 Erfurt

Prof. Dr. Michaela Greisbach,
Lehrstuhl für Erziehungswissenschaften mit dem Schwerpunkt Beeinträchtigung des Lernens, Justus-Liebig-Universität Gießen, Fachgebiet Heil- und Sonderpädagogik,
Karl-Glöckner-Straße 21B, 35394 Gießen

Prof. Dr. Ulrich Heimlich,
Lehrstuhl für Lernbehindertenpädagogik, Ludwig-Maximilians-Universität München, Department Pädagogik und Rehabilitation,
Leopoldstraße 13, 80802 München

Prof. Dr. Clemens Hillenbrand,
Lehrstuhl für Pädagogik und Didaktik bei Beeinträchtigungen des Lernens,
Carl von Ossietzky Universität Oldenburg, Institut für Sonder- und Rehabilitationspädagogik,
Ammerländer Heerstraße 114–118, 26129 Oldenburg

Prof. Dr. Conny Melzer,
Lehrstuhl für sonderpädagogische Grundlagen, Universität zu Köln,
Department für Heilpädagogik,
Gronewaldstraße 2, 50931 Köln

Andrea Schäfer, Dipl. Päd.,
Lehrstuhl für Mathematik und Informatik, Pädagogische Hochschule Heidelberg, Fachgebiet Mathematik,
Keplerstraße 87, 69120 Heidelberg

PD Dr. Andrea C. Schmid,
Lehrstuhl für Lernbehindertenpädagogik, Ludwig-Maximilians-Universität München, Department Pädagogik und Rehabilitation,
Leopoldstraße 13, 80802 München

Prof. Dr. Franz B. Wember,
Lehrstuhl für Rehabilitation und Pädagogik bei Lernbehinderung, Technische Universität Dortmund, Fakultät Rehabilitationswissenschaften,
Emil-Figge-Straße 50, 44227 Dortmund

Prof. Dr. Birgit Werner,
Lehrstuhl für Pädagogik der Lernförderung, Pädagogische Hochschule Heidelberg, Fachgebiet Sonderpädagogik,
Keplerstraße 87, 69120 Heidelberg

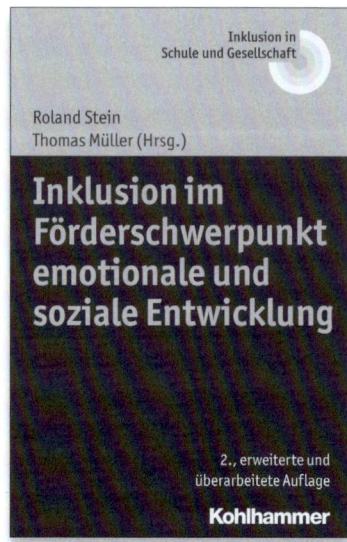

Roland Stein/Thomas Müller (Hrsg.)

Inklusion im Förderschwerpunkt emotionale und soziale Entwicklung

2., erweiterte und überarbeitete Auflage 2017. 271 Seiten, 9 Abb., 6 Tab. Kart. € 34,–
ISBN 978-3-17-032962-1

Inklusion in Schule und Gesellschaft, Band 5

Der Umgang mit Verhaltensstörungen bildet einen der Brennpunkte der Schulentwicklung in den nächsten Jahren und eine Nagelprobe der Inklusion. Verhaltensstörungen sind nicht nur verbreitet und vielfältig; sie stellen die Lehrkräfte auch vor erhebliche Probleme. Das Buch zeichnet zunächst ein exaktes Bild der gegenwärtigen schulischen Situation in diesem Förderschwerpunkt und arbeitet die wichtigsten Entwicklungs- und Leitlinien zusammen mit den sich heute abzeichnenden Zukunftsperspektiven heraus. Anschließend geht es um wirksame Maßnahmen im Hinblick auf spezifische Auffälligkeiten im Verhalten und Erleben und die Organisationsformen inklusiver Förderung. Der Bogen wird dabei von der schulischen Prävention bis zur intensiven Intervention gespannt.

Prof. Dr. Roland Stein ist Lehrstuhlinhaber für Pädagogik bei Verhaltensstörungen an der Universität Würzburg. PD **Dr. Thomas Müller** ist dort Akademischer Oberrat.

Leseproben und weitere Informationen unter www.kohlhammer.de

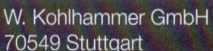

Annette Leonhardt (Hrsg.)

Inklusion im Förderschwerpunkt Hören

2018. 255 Seiten. Kart.
€ 32,–
ISBN 978-3-17-026888-3

Inklusion in Schule und Gesellschaft, Band 7

Inklusion im Förderschwerpunkt Hören ist nichts Neues! Schon die Anfänge der Taubstummenlehrer(aus)bildung vor 200 Jahren stand im Zeichen des Bedarfs an qualifizierten Lehrkräften für eine angestrebte gemeinsame Beschulung von hörenden und hörgeschädigten Schülern. Die UN-BRK hat die Diskussion neu belebt. Das Buch erörtert die inklusive Beschulung von Schülern mit Hörschädigung unter den aktuellen schulischen Bedingungen. Neben dem Basiswissen zu Hörschädigungen und der Darstellung der spezifischen Entwicklungsbereiche der Schüler mit Hörschädigung sowie der Rahmenbedingungen für eine inklusive Beschulung widmet sich ein umfangreiches Kapitel den didaktischen Maßnahmen für einen gemeinsamen Unterricht. Ein unverzichtbares Buch für jede Lehrkraft, die hörgeschädigte Schüler unterrichtet.

Prof. Dr. Annette Leonhardt ist Inhaberin des Lehrstuhls für Gehörlosen- und Schwerhörigenpädagogik an der Ludwig-Maximilians-Universität München.

Leseproben und weitere Informationen unter www.kohlhammer.de

W. Kohlhammer GmbH
70549 Stuttgart

Ulrich Heimlich/Franz B. Wember (Hrsg.)

Didaktik des Unterrichts im Förderschwerpunkt Lernen

Ein Handbuch für Studium und Praxis

3. Auflage 2015. 429 Seiten, 41 Abb., 13 Tab. Kart.
€ 34,-
ISBN 978-3-17-030891-6 auch als EBOOK

Kinder und Jugendliche mit dem Förderschwerpunkt Lernen werden nicht nur in eigenen Förderschulen, sondern auch in allgemeinen Schulen unterrichtet. Besonderes Kennzeichen dieser Schülergruppe ist ein erhöhter Förderbedarf im Lern- und Leistungsverhalten, der häufig mit Problemen im Denken, in der sozialen und emotionalen Entwicklung, in der Wahrnehmung und der Motorik sowie in der Sprache verbunden ist. Über 30 namhafte Autoren und Autorinnen erörtern in diesem Band didaktische Grundfragen und Modelle, entwickeln erprobte und wirksame Unterrichtskonzepte, unterbreiten Vorschläge für die systematische Förderung in den Lernbereichen Sprache und Mathematik und nehmen die Praxis der Unterrichtsplanung und -evaluation in den Blick.

Prof. Dr. Ulrich Heimlich und **Prof. Dr. Franz B. Wember** sind Lehrstuhlinhaber für Lernbehindertenpädagogik an den Universitäten München bzw. Dortmund.

Leseproben und weitere Informationen unter www.kohlhammer.de

W. Kohlhammer GmbH
70549 Stuttgart